W0044757

Daisy Gräfin von Arnim

Einfach anfangen!

15 Unternehmerinnen im Porträt

francke

Über die Autorin:
Daisy Gräfin von Arnim ist gelernte Buchhändlerin. Nach der
Wende zog sie mit ihrem Mann in die Uckermark, wo die Familie
von Arnim jahrhundertelang beheimatet war. Dort betreibt die Unternehmerin das Apfel-Delikatessengeschäft „Haus Lichtenhain".

Bibliografische Information der Deutschen Nationalbibliothek
Die Deutsche Nationalbibliothek verzeichnet diese Publikation
in der Deutschen Nationalbibliografie; detaillierte bibliografische
Daten sind im Internet über http://dnb.dnb.de abrufbar.

ISBN 978-3-86827-635-0
Alle Rechte vorbehalten
© 2017 by Verlag der Francke-Buchhandlung GmbH
35037 Marburg an der Lahn
Fotos im Innenteil: S. 12, 17, 23: Christoph Große;
S. 96, 100, 104: Eva Toens; S. 126: Anja Bauerfeind, Seidel &
Seidel; S. 129, 131: Fotografie & Fotodesign Carina Leithold;
sonstige Fotos: Privat
Umschlagfoto: Margit Wild
Umschlaggestaltung: Verlag der Francke-Buchhandlung GmbH /
Christian Heinritz
Satz: Verlag der Francke-Buchhandlung GmbH
Printed in Czech Republic

www.francke-buch.de

INHALT

Für Michael

Danksagung

Mein Dank gilt zuallererst meinem Schöpfer und Geber aller guten Gaben, Gott, meinem besten Freund Jesus und dem wundervollsten Beistand und Helfer, dem Heiligen Geist!

Danken möchte ich so vielen Menschen, die im Laufe der Zeit die Idee zu diesem Buch haben wachsen lassen. Zuallererst danke ich allen Frauen für die Bereitschaft und den Mut, so viel von sich preiszugeben und frei über ihre Erfolge und Misserfolge zu berichten.

Danken möchte ich meinem Mann Michael für seinen außerordentlichen Beratungseinsatz und sein selbstloses Engagement in Form von Kraft, Zeit und Nerven für das Unternehmen „Haus Lichtenhain". Danke, dass du dich mit so niederen Dingen wie Apfelstückchen in Schokolade und deren Kalkulation auseinandersetzt, wo du doch zu Höherem geboren bist. Danke, dass du dich um all die Technik und den Bau und so vieles mehr immer wieder kümmerst. Schließlich hast du ja auch noch einen eigenen Beruf, der dich fordert!

Unendlicher Dank gebührt über die vielen Jahre, die wir uns nun schon kennen, meinen Pastoren Matthias und Gabi Schmöcker für alle Ermutigung, alles Mitnehmen auf den Weg mit Gott, alle Vergebung und Langmut mit mir.

Danken möchte ich meinem Bruder Johann v. Löbbecke, der

mein „Gebiet" durch seine Beratung erweitert und mir schon so viel geholfen hat. Auch Ulrich v. Harnier und Ulrike Kleinhans möchte ich ganz besonders und von Herzen danken für ihren selbstlosen Einsatz an Zeit für mich. Ihr seid KLASSE-Berater! Ein Plan kommt zustande, wenn man gute Ratgeber hat.

Besonders danken möchte ich auch meiner Bank, dem Bankhaus Seeliger in Wolfenbüttel, Viktoria Zimmermann, Friedrich Karl Heidebroek, Thorsten Behme, Camill v. Dungern und meinem Steuerberater Marcus Kalinowsky. Danke, dass das „Haus Lichtenhain" aus Ihrem Leben nicht mehr wegzudenken ist und dass Sie an mich glauben, trotz des harten Zahlenwerks! Ein herzlicher Dank gebührt ebenso Cord Amelung!

Ein besonderer Dank geht auch an die Mitarbeiterinnen aus „Haus Lichtenhain". Ihr macht mich zu dem, was ich werden soll: eine gute Chefin! Und da ist noch viel Luft nach oben! Danke für eure Geduld und dass ihr immer wieder mit all den neuen Projekten mitgeht.

Kathrin Arlt, Steffi Baltes und Christian Heinritz vom Verlag der Francke-Buchhandlung danke ich für das In-Form-Bringen dieses Buches und den unternehmerischen Mut, ein neues Produkt auf den Markt zu bringen!

VORWORT

„Einfach anfangen!" – Dieser Titel soll ermutigen und die Vorteile des Unternehmerdaseins interessant machen. Anhand der Porträts von 15 christlichen Geschäftsfrauen soll aufgezeigt werden, wie spannend es sein kann, als Unternehmerin zu arbeiten.

Auf meinen vielen Touren quer durch Deutschland, auf denen ich Vorträge halte, finde ich immer gerne heraus, ob sich in der Stadt oder an dem Ort, wo ich gerade bin, noch so eine wie ich befindet. Eine gläubige Frau mit einem Unternehmen, vielleicht mit Angestellten, aber auf gar keinen Fall mit einem Chef.

Es war nicht einfach, sie zu finden – christliche Unternehmerinnen – denn von denen gibt es gar nicht so viele. Schon gar nicht Frauen, die noch dazu bereit sind, aus ihrem Erfahrungsschatz zu erzählen und damit eventuell Gefahr zu laufen, der Konkurrenz etwas über sich mitzuteilen, was ausgenutzt werden könnte. Aber sie sind auch nur Menschen, diese Unternehmerinnen. Menschen mit Ängsten, die sie vielleicht besser zu beherrschen gelernt haben, mit Gefühlen und Träumen wie jeder andere auch.

Ich habe schnell festgestellt, dass es für die meisten Frauen das erste Mal war, dass sie etwas über sich berichten konnten. Kaum eine hatte bisher schon einmal die Geschichte ihrer Geschäftsgründung erzählt und schon gar nicht über ihren Glauben in Verbindung mit dem Geschäft reden dürfen. Dabei ist ein Geschäft das Leben pur.

Menschen kommen zusammen, die sich innerhalb der Belegschaft näher kennenlernen. Jeden Tag gibt es Neues und Spannendes, etwa durch Kunden und Lieferanten. Man erlebt Erfolg und Misserfolg und kämpft für dieses eine übermächtige Wort: „Die Firma!" Für viele Menschen ist das Unternehmen Lebensinhalt, Broterwerb, Identifikationsobjekt und Kontaktpunkt mit den Kollegen.

Aber es gibt noch mehr. Wie lebt ein Mensch den Tag über in so einer Firma? Wie geht er mit anderen um? Wie kommt er mit Stress klar, mit großen Aufträgen, mit Herausforderungen und Pleiten? Und wo um Himmels willen ist Gott in all dem? Schon gar an einem Montagmorgen nach einem wundervollen, mit dem Tatort abschließenden Wochenende. Da muss es doch noch mehr geben!

Aus meinem eigenen Erleben heraus hat es mich interessiert, wie die anderen das machen, den vollen, hektischen, immerzu belastenden, nie enden wollenden Arbeitsalltag mit Gott zu meistern. Ich wollte von anderen Unternehmerinnen lernen. Denn eines ist all diesen Frauen klar: Ohne Gott könnten sie ihr Unternehmen nicht führen. Und viele haben es ausdrücklich betont – ohne ihre Männer auch nicht. Das fand ich besonders schön, zeigt es doch, dass es zusammen viel besser geht als allein.

Das Buch heißt „Einfach anfangen", weil es Frauen vorstellt, die spontan aus einer Idee heraus ein Unternehmen gegründet haben oder die Entscheidung treffen mussten, ein Unternehmen zu übernehmen. Bis auf eine Unternehmerin aus der Schweiz kommen alle Frauen aus Deutschland. Spannend wird es sicherlich, wenn man zukünftig auch einmal in andere Länder schaut.

Sucht man in der Geschichte nach christlichen Unternehmerinnen, so ließe sich damit ein weiteres Buch füllen. Kurz sei nur erwähnt, dass die Frauen des Alten Testaments es wohl wesentlich schwerer hatten als diejenigen zur Zeit des Neuen Testaments. Und trotzdem beschreibt das 31. Kapitel im Buch der Sprüche wohl zuallererst eine Geschäftsfrau – so denke ich zumindest. Im Neuen Testament wird im 8. Kapitel des Lukasevangeliums von einigen reichen Frauen gesprochen, die den Dienst von Jesus unterstützt haben. Des Weiteren sei aus der biblischen Geschichte exemplarisch die Purpurhändlerin Lydia erwähnt (Purpur war ein Luxusprodukt) und aus der Kirchengeschichte die Frau Martin Luthers, Katharina von Bora, sowie Erdmuthe Dorothea Gräfin von Zinzendorf. Sie hatte die Verwaltung sämtlichen Eigentums Zinzendorfs inne und war ebenso Ortsherrin in Herrnhaag, der ersten planmäßig angelegten Herrnhuter Siedlung. Katharina von Bora betrieb Acker- und Obstbau, braute selbst Bier und stellte Wein her. Als die Pest kam, führte sie eine Krankenstation. Sie wurde von ihrem Mann ob ihrer Fähigkeiten auch „Herr Käthe" genannt und durfte als einzige Frau an Luthers berühmten „Tischgesprächen" teilnehmen. Luther bezog sie aufgrund ihrer profunden Bibelkenntnis in alle Gespräche mit ein. Sie war für ihn da, aber auch für ihre Kinder und Pflegekinder.

Es hat lange gedauert, bis Frauen gesellschaftlich und politisch als gleichberechtigt anerkannt wurden. In Preußen wurde 1848 das Dreiklassenwahlrecht eingeführt. Männer ab 24 Jahren aus drei verschiedenen „Klassen" durften wählen, aber Frauen und Fürsorgeempfängern war es untersagt. Wie unwirklich kommt es uns heute vor, dass Frauen in unserem Land erst seit 1918 wählen und 1919 das erste Mal in der Weimarer Nationalversammlung das Wort ergreifen durften. Der Satz „Männer und Frauen sind gleichberechtigt" im Grundgesetz wurde 1949 von Frauen, in erster Linie von Dr. Elisabeth Selbert, hart erkämpft. Erst 1984 wird in Liechtenstein als letztem westeuropäischen Land das Frauenwahlrecht eingeführt.

2012 gab es 3.663.432 Unternehmen in Deutschland. Davon sind 2/3 Einzelunternehmen. Nur einige wenige Unternehmen in Deutschland haben über 250 Mitarbeiter, der Großteil hat weit weniger. VW und Daimler, also zwei Automobilhersteller, sind in Deutschland die größten Unternehmen. Laut einer Untersuchung der Kreditanstalt für Wiederaufbau aus dem Jahr 2015 wird ungefähr jedes fünfte kleinere oder mittlere Unternehmen von einer Frau geführt.

Seit über 60 Jahren gibt es den Verband deutscher Unternehmerinnen, gegründet von mutigen Frauen, die mehr wollten, als es die Gesellschaft für das Leben einer Frau in den 1950er-Jahren vorsah. Die Frauen wurden von den Herren zunächst jedoch als „Nelke im Knopfloch der deutschen Wirtschaft" belächelt oder als Übergangserscheinung nach den Wirren der Kriegsjahre betrachtet. Seitdem jedoch haben viele engagierte Unternehmerinnen dazu beigetragen, dass den Frauen in der Wirtschaft mehr Respekt entgegengebracht wird. Heute ist das Chefin-Sein eine Selbstverständlichkeit. Aber Unternehmerinnen gab es schon immer, sie wurden nur nicht wahrgenommen: Schon vor über hundert Jahren waren fast ein Viertel aller unternehmerisch Tätigen Frauen, wie die Gewerbestatistik des Kaiserlichen Statistikamtes von 1895 zeigt.

Die Freiheit, in der wir heute leben dürfen, wird meines Erachtens nicht genug genutzt und viel zu schnell als selbstverständlich angesehen. Viele Chancen, die unser Land bietet, werden mit Füßen getreten. Die Möglichkeit, seine Talente voll ausleben zu können, bietet nicht jedes Land auf der Welt. Aber haben wir damit nicht auch eine Verantwortung und Vorbildfunktion als Bewahrer dieser Freiheit? Manchmal kommen Menschen zu mir und sagen, sie beneiden mich darum, dass ich ein eigenes Geschäft führe. Ich weise dann auf den nächsten Ort hin mit dem Satz: Da ist das Gewerbeamt, dort muss man nur einen Schein ausfüllen und „einfach anfangen". Jedem steht diese Freiheit offen, das Risiko liegt einzig und allein verborgen im eigenen Herzen.

Warum werden nun so wenige christliche Frauen selbständig? Muss da etwas nachgeholt werden? Dieses Buch möchte eine Anregung dafür sein, dass sich mehr christliche Frauen aufmachen und große Dinge für Gott und unser Land bewegen. Gerne möchte ich hiermit das „Unternehmer-Gen", das gewiss in vielen Menschen schlummert und dort noch vor sich hin träumt, wecken.

Daisy Gräfin von Arnim

Was Gott im Leben eines Menschen tun kann

Ich wurde im Jahr 1960 geboren und wuchs auf dem Land bei Oldenburg in Niedersachsen auf. Dort hatte mein Vater nach dem Krieg als Flüchtling aus Schlesien mit seiner Frau, die selbst aus Mecklenburg geflüchtet war, einen Tierpark gegründet.

Meine Eltern waren traditionell gläubig. Für meinen Vater wurde der Glaube so wichtig, dass er noch einmal ein Theologiestudium aufnahm und mit 60 Jahren Pfarrer der oldenburgischen Landeskirche wurde. Gemeinsam mit ihm ging ich schon als Kind in die Gottesdienste und nahm lieber am Erwachsenengottesdienst als am Kindergottesdienst teil. Eines der ersten Bücher, die ich nachts mit der Taschenlampe unter der Bettdecke verschlang, war die Kinderbibel von Anne de Vries.

Von Kind an war ich es gewöhnt, an der Seite meiner Mutter zu arbeiten. Das hieß, zusammen zu kochen, zusammen die Besucher des Tierparks zu begrüßen und zu bedienen, zusammen mit der Mutter die ersten Bratwürstchen zu braten und schließlich abends das Kleingeld zu zählen und in Rollen zu verpacken. Große Massen von Obst und Gemüse mussten eingekocht und viele Menschen versorgt werden. Punkt ein Uhr hatte das Essen auf dem Tisch zu stehen. So habe ich mich früh daran gewöhnt, dass immer fremde Menschen im Haus waren. Auch mit den Mitarbeiterinnen meiner Mutter arbeitete ich zusammen und lernte viel von ihnen. Jeden Samstag musste ich die Wege des Tierparks für die Besucher harken. Gerne habe ich zusammen mit meiner Mutter die Rhododendronblüten von den unendlich vielen Büschen des Parkes abgeknipst, damit diese im folgenden Jahr wieder schön blühen konnten. Dabei habe ich meine Mutter immer nach „früher" und nach Geschichten aus ihrem Leben gefragt. Wie jetzt in Lichtenhain kamen auch damals schon besonders am Wochenende viele Besucher und Busgruppen in den Tierpark. Der Ruf, der dann durchs Haus schallte – „Ein Bus, ein Bus, da kommt der Bus!" –, wird mich wohl ewig verfolgen. Die Besucherbusse bedeuteten schließlich Leben, Freude, Umsatz und Bewegung.

Meine Mutter hat eigentlich zu viel gearbeitet. Schon als kleines Mädchen habe ich das bemerkt und ihr immer helfen wollen. Dabei habe ich viel gelernt, mir die Aufgaben gemerkt, alles abgearbeitet und wenn nichts mehr da war, kam ich mit der Frage zu meiner Mutter: „Was jetzt?" Die Motivation dazu erhielt ich auch durch den überschwänglichen Dank meiner Mutter, der ich anscheinend wirklich eine Erleichterung und Hilfe war. Als einmal Freundinnen von mir mithalfen, die dann einen kleinen Obolus bekamen, mein Obolus aber in Bettwäsche für die Aussteuer gesteckt wurde, fand ich das furchtbar ungerecht. Später freute ich mich ...

Mit meinem Vater bin ich viel in seinem Transporter unterwegs gewesen. Ich war dabei, als er Hunderte von Fasanen vom Flughafen Bremen abholte, und ebenso, als er Tiere von den Waggons vom Bahnhof abholte, zu Kleintierzüchtern in der Umgebung fuhr und Fasane und Enten aufkaufte. Einige Male hatte ich schon als Kind viele Hundert DM-Scheine in der Hand. Mein Vater bat mich, diese zum Schalter zu bringen, um die Fracht zu bezahlen. Er erklärte mir, dass man als selbständiger Unternehmer oft viel Bargeld in der Hand habe. Das aber, was am Ende übrig bliebe, sei sehr hart erarbeitet, da ja viele Rechnungen zu bezahlen seien. Oft sah ich meinen Vater abends noch über den Abrechnungsbüchern sitzen. Aber er hat uns drei kleine Kinder auch immer wieder der Reihe nach auf seinen Schreibtisch gesetzt und uns ein Märchen aussuchen lassen. Wir haben natürlich das Längste ausgewählt und uns Aladins Wunderlampe vorlesen lassen. Und das tat mein Vater dann auch, mitten am Tag, mitten im Betrieb!

Ich habe frohe Zeiten miterlebt, wenn die Geschäfte gut liefen. Schon als kleines Mädchen habe ich am Telefon mit den Worten „Tierpark Sagerheide, Daisy v. Löbbecke, was kann ich für Sie tun?" Bestellungen für Tiere angenommen. Mein Vater hatte ein Büro und lauter Preislisten, die verschickt wurden, woraufhin die Kunden anriefen und bestellten. „2,1" bedeutete z. B. „zwei männliche Tiere und ein weibliches".

Für meine Mutter war es immer schlimm, wenn sie das Essen fertig hatte und wieder einmal jemand mit einem Anliegen vor der Tür stand. Aber die Kunden gingen immer vor. Oft gab es auch Konflikte wegen des Geldes. Meine Mutter wollte eine gute Ausbildung für die Kinder, aber mein Vater wollte den Betrieb nach vorne bringen. Als mein Vater noch mit 60 Jahren Pfarrer in Wilhelmshaven wurde, verändert sich die Situation unserer Familie mit einem Mal. Der Tierpark wurde verkauft und aus dem erfolgreichen Unternehmer wurde ein Pfarrer. Damals gab es eine Initiative der oldenburgischen Landeskirche, Menschen aus anderen Berufen in die Pfarrämter zu holen und auszubilden, da es zu wenig Pfarrer gab. Einer der ältesten Berufseinsteiger ins Pfarramt wurde mein Vater. So bin ich dann mit meinem Vater viel zu Gemeindebesuchen unterwegs gewesen oder habe in den Gottesdiensten die Orgel gespielt.

Nach dem Abitur verbrachte ich ein Jahr in Kanada. Als ich wieder nach Wilhelmshaven in mein Elternhaus zurückkehrte, absolvierte ich eine Ausbildung zur Buchhändlerin. Danach studierte ich in Tübingen Englisch und Deutsch. Dort besuchte ich die Studentengemeinde SMD und entschied mich ganz bewusst dafür, dass mein Leben Jesus Christus gehören sollte und nicht mir selbst. 1991 heiratete ich Michael Graf v. Arnim. In der ersten Zeit unserer Ehe arbeitete ich in Helmstedt bei einer Krankenkasse als Sekretärin. 1995 zog ich mit meinem Mann Michael in die Uckermark in das Vorwerk Lichtenhain, ein Gutshaus, welches wir im Jahr 1997 von der Gemeinde zurückkaufen konnten. Es gehörte ursprünglich zum früheren Arnimschen Hauptsitz Schloss Boitzenburg, dem Zuhause von Michaels Vater.

Auf der Suche nach einer Geschäftsidee machte ich viele Erfahrungen und erlebte Enttäuschungen. Doch es war mir wichtig, immer wieder aufzustehen. In Lichtenhain widmete ich mich zunächst der Buchführung für meinen Mann, stellte aber nach einiger Zeit fest, dass ich dies nicht für den Rest meines Lebens tun wollte, weil es nicht meine Gabe war. Eine Buchhalterin wurde eingestellt. So saß ich in diesem riesengroßen Haus, verheiratet mit einem Traummann, der immerzu unterwegs war, und hatte nicht viel zu tun. Verzweifelt wandte ich mich schließlich an Gott und versuchte, im Gespräch mit ihm und durch das Lesen der Bibel herauszufinden, was denn nun meine „Berufung" war. Ich fand zunächst keine Antwort und suchte ständig nach neuen Geschäftsideen, die aber alle im Sande verliefen – wie zum Beispiel der Verkauf von Steinen unserer Äcker, der Aufbau eines Labyrinthes vor dem Haus für Gäste, das Binden von Buchsbaumkränzen, das Aussägen und Bemalen von Holzengeln zur Dekoration, das Verkaufen von Misteln, das Züchten von Gänsen … Aber all das wollte nichts werden und auch mein Mann fand die Ideen nicht immer akzeptabel. Oft fragte ich mich, welche Gaben und Stärken ich wohl hatte, und kämpfte mit Minderwertigkeitsgefühlen. Bei einer Beratung nahm ich an einer Stärken-Schwächen-Analyse teil und fand so z. B. heraus, dass ich kreativ bin. Doch ich wusste nicht, was ich damit in der Uckermark anfangen sollte. Auch meine Begeisterung für das Schreiben wurde deutlich. Das hatte Gott mir sogar zuvor schon einmal gesagt.

Als ich eines Tages im Jahr 2000 mit dem Auto über lauter Äpfel fuhr, die auf dem Weg lagen, kam mir die zündende Idee – Apfelsaft zu machen! Mit dieser Idee ging ich zu meinem Mann, der das gut fand. Daraufhin lächelte ich ihn an und meinte, wenn er das gut fände, bräuchte ich jetzt zwei Dinge vom ihm: Platz und Geld. Er war begeistert. Schnell – die Ernte lag ja schon auf der Erde – wurden Maschinen für die Hobbymosterei gekauft und Äpfel zu Saft verarbeitet. Mit einigen Mitarbeiterinnen fing ich zunächst an. Doch im November war die Ernte verarbeitet und die Frauen standen vor meiner Tür mit der Frage, ob ich denn noch andere Arbeit hätte. Nach und nach sind so fast 25 Delikatessen aus dem Apfel entstanden. Genug, um das ganze Jahr über meine Mitarbeiterinnen beschäftigen zu können. Dabei bin ich selbst, wie so viele Kleinunternehmer, alles in einem: Verkäuferin, Pressesprecherin, Bürokraft, Außendienstmitarbeiterin, Produktentwicklerin, Personalchefin.

▶ *Ein kleiner Einblick in die Produktpalette von Haus Lichtenhain*

Angefangen hat alles sehr klein und aus meiner jetzigen Sicht fast peinlich. An einer zugigen Ecke hatte ich beim Stadtfest in Prenzlau einen kleinen Klapptisch aufgebaut, mich dahintergestellt und abgewartet, was passieren würde. Als Erstes kam ein großer Unternehmer um die Ecke, der mich mitleidig anlächelte und mit den Worten „Jeder fängt mal klein an" bedachte. Zu diesem Zeitpunkt hatte ich Apfelsaft und Apfelgelees im Angebot und im Winter zusätzlich Buchsbaumkränze sowie selbst gestaltete Holzengel. Erste kleine Preislisten wurden geschrieben und an die Verwandtschaft geschickt, die sich rührenderweise bereit erklärte, auch zu kaufen. Im Flur meines Hauses war ein kleines Regal aufgebaut. Sämtliche Geschäftskunden meines Mannes und sämtliche Besucher wurden zu diesem Regal geführt und beinahe gedrängt, etwas zu kaufen. Ich verstand, dass ich neue Ideen entwickeln musste und außerdem eine Mitarbeiterin brauchte, die mich unterstützte.

An einem Weihnachtsfest waren mein Mann und ich wieder einmal bei meinen Schwiegereltern zu Besuch. Der Plätzchenteller war immer mit einer besonderen Plätzchensorte gefüllt, die stets als Erste aufgegessen war. Ich bat meine Schwiegermutter um das Rezept und backte die Plätzchen nach. Damit ging ich wieder zu meinem Mann und meinte, das wäre doch ein gutes Produkt, das ich gerne ins Programm aufnehmen würde. Er sagte daraufhin nur: „Oh, die Guten!", überlegte kurz und meinte, die hätten ja die arnimschen Wappenfarben: Rot und Weiß. Was man habe, das müsse man doch nutzen. Im gemeinsamen Gebet kam uns dann der passende Name und so entstanden die „Arnim-Thaler", die einiges an Arbeit forderten. Womit die nächste Herausforderung entstanden war: Wer backt die Plätzchen? Eine Mitarbeiterin, die Bäckerin war, konnte gewonnen werden. Eine Küche musste her, welche die Lebensmittelüberwachung abnehmen würde. Ganz einfach wurde in einer kleinen, notdürftig renovierten, den Auflagen entsprechenden Küche begonnen. Zu der Lebensmittelüberwachung des Landes Brandenburg besteht inzwischen ein guter Kontakt, jedoch die Anfänge waren schwer, da ich vieles noch nicht wusste. Dass es eine Berufsgenossenschaft gibt, bei der man die Mitarbeiter anmelden muss, war mir zuerst nicht unbedingt klar, und auch mit den Arbeitssicherheitsauflagen und den arbeitsmedizinischen Erfordernissen war ich zunächst nicht vertraut. Auch die dazugehörigen Kosten mussten getragen und der Zeitaufwand bewältigt werden. Aber alles nötige Wissen konnte ich mir mit der Zeit aneignen.

Die Arbeit mit der Presse erlebte ich im wahrsten Sinne des Wortes als Pressearbeit, aber auch als großen Segen, da über meinen Betrieb immer wieder in Zeitschriften, die sich mit der Freude am Landleben beschäftigten, berichtet wurde. Als der Verband der Tourimusmarketingagentur Brandenburg TMT anfragte, ob ich bereit sei für eine Plakataktion in Berlin mit meinem Konterfei und dem Slogan „Raus aufs Land", sagte ich zu. Überall hingen die Plakate wohl sechs Wochen lang, im Bahnhof Friedrichstraße, an den U-Bahn-Stationen und anderswo. Ich hoffte im Stillen, dass mir das zum Durchbruch verhelfen und die Internetseite nun vor Bestellungen platzen würde. Eine ähnliche Hoffnung hatte ich zu Beginn bei fast jedem Beitrag, der über mich geschrieben wurde, aber diese Hoffnungen zerschlugen sich schnell. Ein langer Weg begann. Immerhin brachte ein Beitrag in „Brigitte Woman" sehr viele Bestellungen – eine Anzeige in dieser Zeitschrift wäre für mich unbezahlbar gewesen.

Durch Umbaumaßnahmen im Haus entstanden nach und nach eine Backstube, eine Kochküche, ein Bekleberaum (in dem alle Gläser und Tüten beklebt werden), ein Packraum für die Bestellungen und ganz nah am Geschehen auch mein Büro. Schließlich entstand gegenüber noch der kleine Hofladen. Alles Geld, das in der Mosterei bisher verdient worden war, wurde in die Kleinproduktion gesteckt.

Es war und ist mir ein Herzensanliegen, etwas in der Uckermark zu bewegen und auch immer ein offenes Ohr für meine Mitarbeiterinnen zu haben. Ich wünsche mir, dass sie sich wohlfühlen und zu mir kommen, wenn es Probleme gibt. Schon viele Nöte haben wir gemeinsam durchgestanden. Als die erste Firma aus Schwedt Weihnachtspräsente bestellte, kam ich wieder an eine Grenze. Die Firma, die mir dekorative Äpfel für das im Katalog angegebene Präsentpaket zuliefern sollte, konnte nicht liefern. Daraus lernte ich, die Präsentpakete nur mit ganz sicher lieferbaren Produkten anzubieten.

Fünf Jahre nach Gründung war die Firma auf fünf Mitarbeiterinnen angewachsen. Als dann im Jahr 2005 meine Mutter während des Weihnachtsgeschäftes verstarb, organisierten die Mitarbeiterinnen alles alleine – vielleicht sogar besser, als wenn ich mit dabei gewesen wäre. Ich bin sehr dankbar für die Menschen in meiner Umgebung, „dat jute Kollektiv" und die Kameradschaftlichkeit, die auf den Dörfern noch herrscht.

Wie durch ein Wunder entstand schließlich im alten Schuppen gegenüber dem Hofladen ein Apfel-Café, das weitere Arbeitsplätze bot. So bestand endlich auch die Möglichkeit, Gruppen, die übrigens schon recht früh zu uns kamen, nicht mehr ins Zelt oder in die Scheune setzen zu müssen, sondern einen richtigen Raum anbieten zu können.

In den Monaten Januar und Februar sah ich oft verzweifelt aus dem Fenster, weil kein Mensch zu sehen war und auch keine Aufträge kamen. Doch ich sagte mir immer wieder: „Der Januar ist genauso mein Monat wie der Februar und wie einfach jeder Monat." Mir wurde klar, dass ich meine Komfortzone Lichtenhain verlassen und raus unter die Leute musste. So bin ich dann viel auf Märkten unterwegs gewesen. Das liebe ich – den direkten Kontakt mit den Kunden, jeden Tag woanders sein, aufbauen, abbauen und den Kontakt mit den Kollegen pflegen, von denen ich viel gelernt habe. Auf den Märkten ließ sich auch ausprobieren, welche Produkte beim Kunden ankommen und welche nicht, doch auch Niederlagen und Unfreundlichkeiten waren zu verarbeiten. Eines Tages zeigte mir mein Mann jedoch die Rote Karte und bat mich dringend, mehr zu Hause zu sein, er schaffe das nicht mehr so. Das hieß für mich, dass ich mir wieder etwas Neues einfallen lassen musste.

Der kleine, nebenbei erteilte Rat eines gläubigen Geschäftsfreundes – „Mach doch Vorträge" – brachte den Stein ins Rollen. Ich fuhr zu ihm, um mir anzusehen, wie er das machte. Der Wagen wurde mit Ware vollgepackt, aus dem Auto geladen, der Vortrag vor Publikum gehalten, die Ware herumgereicht und verkauft und dann wurde mit leerem Auto wieder zurückgefahren. Das war zwar Knochenarbeit, brachte aber den erwünschten Erfolg. Den Rat dieses Geschäftsfreundes empfinde ich im Nachhinein immer noch als einen großen Hinweis von Gott. Ich überlegte mir daraufhin, worüber ich reden könnte und zu wem. Ich schrieb Kirchengruppen, Chöre, Volkssolidaritäten, AWO-Gruppen und viele mehr an und stellte mein Angebot vor. So erhielt ich erste Anfragen. Durch meine Vortragsreisen bis in die verlassensten Dörfer kenne ich die Uckermark nun fast wie meine Westentasche. Viele Gruppen fragten mich, ob sie nach Lichtenhain zu Besuch kommen könnten. Aber wohin sollte ich alle Besucher setzen? Die große Küche des Gutshauses musste zunächst herhalten, denn dort fanden bis zu 25 Personen Platz. Eine Zeit lang funktionierte das.

Auf dem Kongress der christlichen Führungskräfte in Düsseldorf stellte ich meine Produkte aus. Es gab ja nicht nur Metallbauer, Konstrukteure, Planer, sondern noch so viel mehr Berufszweige, die sich Unternehmen nennen durften. Mein Betrieb war zwar klein, aber dennoch auch ein Unternehmen. Ich wurde dann gebeten, auf diesem Kongress an einem Podiumsgespräch teilzunehmen. Weil ich mir ja vorgenommen hatte, aus meiner Komfortzone heraus- und hinter meinem Verkaufsstand hervorzukommen, sagte ich zu. Ich versuchte, mich sorgfältig und mutig vorzubereiten, durfte aber meine Notizen nicht mit auf die Bühne nehmen. Nach der Veranstaltung sprachen mich drei Verlage an. Ein Traum für jemanden, der viel schreibt! Die Briefe, die ich in der Aufbauphase in Lichtenhain an meine Schwiegermutter schrieb, hatte ich zusammengefasst und zuvor schon an einige Verlage geschickt, aber immer eine Absage bekommen. Jetzt wusste ich, weshalb. Die Zeit war einfach noch nicht reif gewesen, aber nun war es so weit. Ich entschied mich für den Verlag der Francke-Buchhandlung in Marburg, der einmal von Diakonissen gegründet worden war. Ich selbst bin auch einige Zeit meines Lebens von einer Diakonisse erzogen worden.

Mittlerweile standen immer mehr Frauen auf der Suche nach Arbeit vor meiner Tür, auch einmal eine Frau, die sehr erschöpft wirkte und von einer komplizierten familiären Situation berichtete. Eigentlich hatte ich zu diesem Zeitpunkt keine Stelle anzubieten, aber ich schuf einen neuen Arbeitsplatz, um der Frau eine Perspektive zu ermöglichen. So entstanden die Kochküche und ein vollwertiger Arbeitsplatz. Doch um noch mehr Arbeit zu finden und Arbeitsplätze zu schaffen, musste ich weitere Schritte gehen. Auf einer Messe, die ich einmal im Winter besuchte, lernte ich viel und war schon ab dem darauffolgenden Jahr regelmäßig mit einem eigenen Messestand vertreten. Dort bot ich Produkte für kleine Teegeschäfte und Hofläden an. Besonders das „Alte Land" kaufte gut. Obwohl die Menschen dort mit Äpfeln vertraut sind, schienen unsere besonderen Apfelprodukte sehr interessant zu sein.

Inzwischen fahre ich im März regelmäßig auf Lesereise. Anfangs hatte ich aus meinem ersten Buch – „Die Apfelgräfin" – vorgelesen und erzählt. Bei der folgenden Lesereise stellte ich dann ein anderes meiner Bücher in den Mittelpunkt. Bei den Lesungen ist es mir immer sehr wichtig, auch von meinem Glauben zu erzählen und Menschen nahezubringen, dass Gott sie liebt und sie retten möchte. Jede meiner Lesungen beinhaltet diese gute Botschaft. Ich erzähle, wie ich ganz praktisch versuche, im Alltag mit Gott zu leben. Auch meine Ehe mit Michael nehme ich immer wieder als Beispiel dafür, wie wichtig es ist, als Ehepaar zusammen Entscheidungen zu treffen, und betone, dass mein Mann die bedeutsamste Person in meinem Leben ist. Wenn Menschen ein signiertes Buch von mir möchten, bitte ich Gott um Weisheit, welche Worte ich in die Widmung schreiben soll – oft ist es ein Psalmvers. Manchmal stelle ich den Käufern meiner Bücher auch die Frage, ob sie an Gott glauben und Jesus kennen. Daraus haben sich schon sehr viele gute Gespräche ergeben, während derer ich Menschen zu Jesus führen konnte. Das ist immer wie ein Sechser im Lotto für mich, weil ich weiß, dass die Engel im Himmel dann ein Fest feiern. Aber es gibt auch lange Durststrecken. So bete ich oft, dass Gott mir Gelegenheiten geben möge, ihn zu bezeugen.

Ohne meinen Mann Michael geht gar nichts. Morgens bei der Besprechung ist er meistens dabei, weil organisiert werden muss, dass seine Mitarbeiter irgendetwas im Betrieb richten oder reparieren müssen. Michael ist zur Stelle, wenn etwas kaputt ist, und hilft und organisiert. Der große Kochkessel stünde schon längst in der Ecke, wenn ich nicht immer wieder seine Hilfe in Anspruch nehmen könnte. Michael ermutigt mich auch zur Kommunikation mit ihm, damit es nicht zu Missverständnissen kommt. Und er beschwichtigt mich und zeigt mir eine Alternative auf, wenn ich mich gerade einmal wieder über etwas oder jemanden aufrege. Er hilft mir, gute Gedanken zu denken und damit zu rechnen, dass Gott für uns eintritt. Auch meine Mitarbeiterinnen profitieren von Michaels Gaben – so gehen sie oft zu ihm, wenn sie krank sind oder sich nicht wohlfühlen, und lassen für sich beten.

Michael arbeitet auch in Lichtenhain in einem eigenen Büro. Er ist Landwirt und landwirtschaftlicher Berater. Er hat sich auf Mediation (Streitschlichtung) und Coaching spezialisiert und eine Zusatzausbildung absolviert. Viele Kunden besucht er deutschlandweit. Es kommen aber auch oft Kunden für einige Tage nach Lichtenhain, um die persönliche Situation mit ihm auf dem Hochsitz oder auf Spaziergängen („Walk & Talk") zu überdenken. Durch seinen Verdienst kann mein Mann zwei Mitarbeitern Arbeit geben, die sich um Haus und Hof kümmern, was wiederum auch dem Apfelgeschäft zugutekommt, da so alles immer gepflegt aussieht.

Einmal saß ein besonderer Gast in meinem Café – Verena Rannenberg. Sie betreibt eine große Firma in Hamburg, die unter anderem viele dekorative Produkte zum Apfel – wie Servietten, Tassen, Kerzen, Tabletts, Taschen und vieles mehr – mit wunderschönen Motiven entwickelt hat. Die Produkte werden in erster Linie im Nonbook-Bereich des Buchhandels vertrieben. Es kam zu einer Zusammenarbeit und die Produkte aus Haus Lichtenhain landeten im Katalog von „Rannenberg & Friends" und erreichten so einen viel größeren Kundenkreis. Ein weiterer wichtiger Schritt, in dem ich das Wirken Gottes erlebte. Er schickte mir oft die richtigen Menschen zur richtigen Zeit über den Weg. Für die Kooperation stellte ich das gesamte Etikettenprogramm auf die Produkte von „Rannenberg & Friends" um. Das Ergebnis konnte sich sehen lassen. Allerdings war es auch sehr kostspielig, weil ich in Vorleistung treten musste und – für meine Verhältnisse – riesige Mengen auf ein-

▶ *Äpfel machen Freude – nicht nur als Delikatessen, sondern auch als Dekoartikel*

mal drucken oder herstellen musste, damit sich die einzelne Stückzahl dann lohnte. In solchen Fragen berate ich mich mit der Firma „creativ verpacken" und bilde mich durch Fachzeitschriften zu allen möglichen Themen fort. Meine Lieblingszeitung ist das „Manager Magazin", in dem Neuigkeiten über sehr große Unternehmen und Unternehmer dargestellt werden.

In der Firma habe ich mir besondere Wege als Gebetswege eingerichtet. Denn die Wege auf meinem Gelände, z. B. zur Mosterei, sind lang und so bietet sich eine gute Möglichkeit, für meine Kunden und Mitarbeiter und viele andere Anliegen zu beten. Den Mitarbeitern erzähle ich nicht ständig vom christlichen Glauben, aber wenn es sich ergibt, nehme ich sie schon einmal mit hinein ins Gebet – wenn z. B. ein großer Auftrag fertig gepackt bereitsteht, sage ich: „Kommt, wir beten dafür, dass alles gut ankommt und aus dieser Lieferung weitere Aufträge entstehen!" Einmal hat sich eine Mitarbeiterin sehr schmerzhaft mit einem Messer verletzt. Michael betete sofort für sie und die Mitarbeiterin meinte dann: „Det war krass", und berichtete, sie habe im Anschluss überhaupt keine Schmerzen gehabt und der Heilungsprozess sei extrem schnell verlaufen. Ein anderes Mal hatte ich immer wieder den Eindruck, für die Mitarbeiter besonders um Schutz und Bewahrung beten zu müssen. In dieser Zeit hatte der Mann einer der Hauptmitarbeiterinnen, ein Landmaschinentechniker, einen schlimmen Arbeitsunfall. Arzt und Schwestern waren sich hinterher einig, dass es noch viel schlimmer hätte kommen und er um ein Haar hätte sterben können. Oft ermutige ich meine Mitarbeiterinnen, das „Vaterunser" zu beten und Gott auch für sich selbst, für die Kinder oder den Ehepartner um Bewahrung und Hilfe zu bitten. Wenn es um Todesfälle in der Familie der Mitarbeiterinnen geht und sich ein tieferes Gespräch entwickelt, weise ich auch immer auf die Ewigkeit hin und darauf, wie wichtig es ist, sein Leben Jesus zu geben. Dabei bin ich aber nicht aufdringlich, auch wenn es mir unter den Nägeln brennt, weil ich durch das Lesen in der Bibel um die Ernsthaftigkeit dieser Entscheidung weiß. Für mich ist die Gemeinschaft mit den Mitarbeitern fast wie eine Familie, denn man verbringt viel Zeit zusammen und kennt sich über die Jahre schon sehr gut – das ist schön. Schlimm für meine Mitarbeiterinnen ist Kritik von den Kunden, sei es einmal an einem Apfelblütenfest oder einmal an einem Cappuccino. Das vertragen sie nicht so gut und dann stelle ich mich schon mal vor sie, verteidige sie und versuche, sie zu beschwichtigen.

Mein Wunsch, durch das Unternehmen auch für Gott Werbung machen zu können, ist groß. In meinem Verkaufstisch habe ich Schubladen voll mit evangelistischem Material. Zu Weihnachten verteile ich immer den gleichen Abreißkalender mit kleinen Andachten, der von vielen Kunden schon sehr erwartet wird. Im Café läuft leise instrumentale Musik, die auch in Gottesdiensten gespielt wird. Das genießen die Kunden. In der Weihnachtszeit fahre ich nicht mehr auf den Weihnachtsmarkt, sondern lade die Menschen an den Adventsnachmittagen zum Weihnachtsliedersingen mit Instrumenten zu uns ein. In diesem Bereich versuche ich, visionär zu denken. So träume ich davon, die große Scheune auf dem Hof mit

Musik zu erfüllen. Ich lasse mich von Gottes Geist leiten, wem ich eine kleine evangelistische Schrift in die Hand drücken soll und wem nicht. Einige Male in der Woche habe ich in meinem Laden auch die Gelegenheit, für Menschen zu beten – das ist für mich das Schönste. In meinem kleinen Hofladen haben sich dadurch schon bewegende Szenen abgespielt. Den Teilnehmern der Busgruppen gebe ich oft, wenn ich glaube, dass es passt, eine schöne Karte mit einem Bibelvers mit. Auf den Tischen im Café stehen überdies kleine Kärtchen mit Apfelbildern drauf, auf denen ein Segensspruch abgedruckt ist. Das wird gerne angenommen und mitgenommen.

Sicher habe ich manchmal auch ein zu starkes „Sendungsbewusstsein", aber ich muss fröhlich das weitergeben, was mir wichtig geworden ist. Durch die Predigten des Pastors meiner Gemeinde, Matthias Schmöcker, werde ich regelmäßig geschult. Die Gemeinde in Prenzlau ist mein Dreh- und Angelpunkt geworden. Ohne die Gemeinde und die Geschwister dort, die sich wie Eisen an Eisen gegenseitig schärfen, ermutigen und helfen, wäre ich nicht da, wo ich jetzt bin. Auch Bücher über christliche Unternehmer und ihren Umgang mit Mitarbeitern, Finanzen und vieles mehr lese ich und wünsche mir, all diese Ratschläge auch umsetzen zu können. Das, was ich gelernt habe, versuche ich weiterzugeben. So unterstütze ich meine Nichte Verena Gräfin Hahn (Alte Pomeranze-Bitterliköre) durch mein unternehmerisches Wissen und dadurch, dass ich meine Erfahrungen mit ihr teile. Inzwischen habe ich auch immer wieder gerne „Haustöchter", die bei mir zwischen Abitur und Studium ein Praktikum machen und denen ich praktisches Arbeiten bis hin zum Kochen beizubringen versuche. Das unternehmerische Gen muss bei den jungen Leuten erst geweckt werden. Auch meinen Patenkindern bringe ich schon früh das Verkaufen bei – mit meiner Hilfe dürfen sie z. B. die Kasse bedienen. Ein Patensohn, der inzwischen selber in einer großen Firma in leitender Position tätig ist, meinte vor einiger Zeit: „Tante Daisy, wenn ich bei dir nicht arbeiten gelernt hätte, wäre ich nicht da, wo ich jetzt bin." Diesen junge Mann habe ich wirklich sehr herausgefordert und viel arbeiten lassen, aber es hat ihm nicht geschadet. Ein anderer Patensohn spielte einmal für eine von meinen Busgruppen während des Kaffeetrinkens Saxofon und innerhalb von einer halben Stunde hatte er mehr als sein monatliches Taschengeld eingespielt. Das wird er nie vergessen, sondern sich merken, wie wertvoll seine Talente sein können.

Pläne habe ich viele. Auf einem prall gefüllten Ordner in meinem Büro steht „Investitionen". Abgeheftet sind dort lauter Angebote für Maschinen und Pläne für Umbauten, die umgesetzt werden sollen, wenn Gott weiterhin Segen und die nötigen Finanzen schenkt. Am meisten aber wünsche ich mir, dass Menschen, wenn sie an mich denken, nicht nur das vor Augen haben, was geschaffen wurde – wie z. B. das alte, in freundlichem Gelb gestrichene Gutshaus mit seinen 600 m² Wohnfläche –, sondern dass sie in mir eine fröhliche, mutige Christin sehen und erkennen, was Gott im Leben eines Menschen alles tun kann, wenn man sich ihm zuwendet.

Helge Bunzmann

Alles hat seine Zeit

In Helge Bunzmanns Leben spielen zwei Orte eine bedeutende Rolle: Schlegel und Tiefengrün – bcide in Franken bei der schönen Stadt Hof gelegen. Einige Menschen sind ihr besonders wichtig: ihr Mann Erich, die drei Töchter mit Schwiegersöhnen, die Enkelkinder und „die Mama", wie Helge ihre Mutter liebevoll nennt.

Ihr Mann Erich ist landwirtschaftlicher Berater mit dem eigenen Beratungsunternehmen *Agrimor* in Zeulenroda mit Angestellten. Er ist deutschlandweit in Fachkreisen sehr geschätzt, berät Landwirte in der Betriebswirtschaft und Strategie ihrer Unternehmensführung. „Der Erich gibt mir viel Kraft", sagt Helge über ihren Mann, der sie auch in geschäftlichen Angelegenheiten berät.

Helge Bunzmann, geborene Monien, erblickte 1949 in Schlegel das Licht der Welt. Der Vater war Offizier der Luftwaffe, kam aus Ostpreußen und hatte französische Vorfahren. Helges Mutter war mit drei Schwestern auf einem Rittergut in Franken aufgewachsen. Es war eine Zeit, in der Sätze wie: „Man streitet nicht in der Familie" und Traditionen großgeschrieben wurden. Die Freiheit, wie wir sie heute kennen, gab es noch nicht. Helges Großvater ahnte, dass die Ehe seiner Tochter eines Tages scheitern würde. So bekam Helges Mutter als Erbe zwei Hektar Land und ein kleines Haus als Grundlage für eine eigene Existenz, eine Geflügelfarm. Helges Mutter war da gerade 27 Jahre alt. In den 1950er-Jahren half Helges Großvater seiner Tochter dann, auf dem Gelände einen Geflügelbetrieb aufzubauen. Die Geflügelzucht lag nahe, weil das Rittergut ein landwirtschaftlicher Betrieb war und das Haus, das der Großvater Helges Mutter vererbte, am Rande des Betriebes lag. So konnten seine eigenen Arbeiter am Anfang der Tochter helfen, den Betrieb aufzubauen. Für ihre Situation war das damals die nächstliegende Lösung. Die ersten zwanzig Jahre nach dem Krieg war die „Brüterei" ein gutes Geschäft. Viele Menschen hielten eigene Hühner und kamen gerne auf den Zuchtbetrieb zurück. „Die Mama" hat zu dieser Zeit sehr gut verdient, sie konnte sich einen Mercedes leisten und die finanzielle Versorgung ihrer Kinder war gesichert. Bezahlt wurde immer bar.

Als Helge neun und ihr Bruder 14 Jahre alt waren, verließ der Vater die Familie. Nach der Trennung von ihrem Mann zog sich Helges Mutter zehn Jahre von jedem gesellschaftlichen Leben zurück. Ihre inneren Nöte erstickte sie in Arbeit. Sie konnte nicht mehr beten, so wie sie es von ihrer Mutter beigebracht bekommen hatte. Sie wurde hart, verbittert und fleißig. Sie hatte immer dieses Motto: „Man kann alles, wenn man nur will." Für Helges älteren Bruder war die Trennung der Eltern eine Katastrophe. Er war in einem Alter, in dem er den Vater dringend gebraucht hätte. Zu der damaligen Zeit war es oft so, dass die Söhne viel mehr galten als die Töchter. Der Sohn war auf dem Gymnasium, die Tochter ging auf die Hauptschule. Die Mutter nahm Helge stark für den Geflügelbetrieb in Anspruch. Die Arbeit war nie geschafft, nie war man mit allem fertig, alles war irgendwie mit dem Geschäft verbunden.

Solange Helge denken kann, spielten Arbeit und die Hühner die Hauptrolle in ihrem Leben. Noch vor der Schule ging es in die Brüterei, um die Küken zu versorgen. Schon als Kind konnte sie stolz sein auf das, was sie erarbeitet hatte, und sie sagt, die Arbeit habe ihr nicht geschadet. Für die Schule war wenig Zeit, aber sie meisterte sie trotzdem gut. Nach dem Schulabschluss absolvierte Helge eine Ausbildung im Bereich der landwirtschaftlichen Geflügelwirtschaft. Den Abschluss der Ausbildung machte sie in einem Internat in einem Intensivkurs für landwirtschaftliche Tierzucht und Vermarktung.

Weil der Betrieb der Mutter so gut lief, ergab es sich, dass Helge in die Fußstapfen ihrer Mutter trat. Es war die wirtschaftliche Blütezeit in der Bundesrepublik Deutschland. „Mama" hatte aus Kohlenstaub einen Musterbetrieb gemacht! Nach der Ausbildung arbeitete Helge wieder zu Hause, aber es gab niemanden, der sagte: „Mach mal Pause, es ist genug." Sie war das Aushängeschild und der

▶ *Helges Tochter Susanne mit den Küken*

Knecht zugleich. Diese Erkenntnis ließ sie zunächst bitter werden, aber das ist nun vorbei. Helge kann jetzt von Herzen vergeben und hat gelernt, die Verhaltensweise „der Mama" zu verstehen: Diese hatte sich von ihrem eigenen Vater nicht geliebt gefühlt, weil der immer auf einen Sohn gewartet und stattdessen „nur" vier Töchter bekommen hatte. Helge ist sehr streng erzogen worden, doch diese Erkenntnis über ihre Mutter hat Helge geholfen zu vergeben. Das Arbeiten zu Hause hatte immer Vorrang, ohne Bezahlung und mit wenig Freizeit. Alles, was sie brauchte, hat die Mutter ihr gekauft. Um eigenes Geld zu besitzen, hat Helge noch nebenbei in einem renommierten Hotel an der Rezeption gearbeitet. Das war möglich, weil das Hotel ein Dauerabnehmer für Eier und Geflügel war. Für Helge bedeutete das, noch früher aufzustehen, den Stall zu versorgen, ins Hotel zu gehen und dann wieder zur Arbeit auf dem Hof. Das war der normale Tagesablauf.

Drei ernsthafte Bewerber wollten Helge heiraten. Einer davon war sogar sehr reich, aber er passte nicht, weil sie für ihn nach Bayreuth hätte ziehen müssen. Und dann kam die scheinbare Katastrophe: Sie verliebte sich in Erich Bunzmann und heiratete ihn – komplett gegen den Willen der Mutter. Erich passte als Mensch, aber er war erst am Anfang der Ausbildung und konnte keine Familie ernähren. „Er soll kommen, wenn er fertig ist." So war das damals. Ohne irgendeine Unterstützung hat Helge in aller Stille und Beständigkeit die Hochzeit organisiert. Ein Cousin aus Amerika kaufte ihr das Brautkleid. Helge wusste nicht, ob „die Mama" wirklich zur Hochzeit kommen würde. Sie kam zwar, aber dass Helge mit Erich auch noch an einer Tagung des Marburger Kreises teilnahm, war für die Mutter furchtbar. Die Mutter, die kirchlich geprägt war, fand den Marburger Kreis völlig übertrieben. Sie wollte, dass Helge weder Urlaubsreisen unternahm noch auf Freizeiten fuhr und christliche Tagungen waren ein rotes Tuch für sie. Aber einmal im Jahr hat sich Helge diese Auszeit erkämpft. Doch auch das ist inzwischen alles aufgearbeitet.

Vor ihrer Hochzeit hat Helge 1969 auf einer Tagung des Marburger Kreises ihr Leben Jesus Christus gegeben. Da war sie zwanzig Jahre alt. Einer der zentralen Sätze von Helge, wenn man mit ihr über den Glauben spricht, ist: „Ich bete immer." Mit ihrem Mann Erich frühstückt sie jeden Tag zusammen und dabei werden die Losungen gelesen und es wird zusammen gebetet. Die Tage, an denen dieses Ritual ausfällt, laufen nicht so gut und „geführt". Das Frühstück ist die einzige Mahlzeit, die sie zusammen einnehmen können und für beide der wichtigste Moment am Tag. Diese kostbare Zeit haben sie über all die Jahre hinweg gerettet.

Zum großen Leidwesen und Entsetzen der Mutter zogen Helge und Erich 1971 nach Baden-Württemberg, wo Erich Landwirtschaft studierte. Im Finanzamt Nürtingen fand Helge eine Stelle in der Kfz-Steuer-Finanzbuchhaltung, wo sie das Geld für die junge Ehe verdiente. In der Buchhaltung war sie top. Nach acht statt dreißig Wochen wurde sie als Buchhalterin im Finanzamt vereidigt und verdiente von da an ihren Unterhalt selbst und war stolz darauf! Die finanzielle Lage wurde jedoch schwieriger, als die erste Tochter Ute geboren wurde.

Nach dem Studium kehrten Helge und Erich zurück in die Heimat. Der Geflügelbetrieb lief nach wie vor gut und es bestand für Helge die Möglichkeit, wieder einzusteigen. Die Mutter überließ

Helge die Hälfte des Verdienstes. In dieser Zeit wurde die Tochter Ulrike geboren. Erich wollte nicht nach Schlegel ziehen und sollte überdies seinen elterlichen Hof in Tiefengrün übernehmen. Dort baute sich die Familie eine Wohnung aus. Tiefengrün ist ein wunderschöner Ort nahe Hof und auch in der Nähe von Helges Elternhaus in Schlegel gelegen. Also fuhr Helge jeden Morgen um 7.30 Uhr vom gemeinsamen Haus in Tiefengrün los, brachte die große Tochter in den Kindergarten und fuhr mit der kleinen Tochter nach Schlegel. Es war eine gute Arbeit, die es Helge erlaubte, gleichzeitig die Kinder bei sich zu haben. Ihren Verdienst steckte sie in die Autos, in den Hof in Tiefengrün und in die Ausbildung der Kinder. Was in Schlegel gebaut wurde, hat ihre Mutter finanziert. Die Arbeit erledigten Helge und ihre Mutter immer zusammen: füttern, misten, schlachten, Bestellungen annehmen, Auslieferungen, die praktische Arbeit. Je älter die beiden Frauen wurden, desto besser verstanden sie sich dabei. Die Buchhaltung des Betriebes war Helges Sache. Der Betrieb lief gut. Besonders Gänse und Enten waren gefragt und zu Kirchweihen, Hochzeiten und Weihnachten, also während der Hochsaison, fiel viel Nachtarbeit an.

Im Jahr 1977 war das Schlachthaus noch immer auf dem Stand von 1950, was die Arbeit schwierig machte. Mannshohe Kessel mussten mit Holz und Kohle geschürt werden, um die Tiere abzubrühen, es gab Rupfmaschinen für zehn Tiere, die Feinarbeit musste aber mechanisch erledigt werden. Getötet wurden die Tiere kopfüber mithilfe eines Edelstahlgestells mit zehn Trichtern. „Gans oben rein, Kopf nach unten, Wanne fürs Blut drunter … So habe ich es gelernt. Ich habe es nie gerne gemacht, aber so was musst du können!" Der Bau einer modernen Anlage wurde oft besprochen, aber immer wieder vertagt, worüber Helge heute sehr froh ist, denn finanziell hätte das eine langjährige Bindung bedeutet. Heute weiß sie, dass das von Gott so geführt war.

Das Geschäft lief trotzdem gut und Helge und ihre Mutter lieferten überaus gute Qualität. Es gab Hühner, Gänse, Puten, Perlhühner, dazu die Kükenaufzucht, Brüterei und Brutmaschinen mit 12 000 Eiern Fassung in den Brutapparaten. Die Küken wurden bis zur Legereife verkauft. Alle Tiere wurden von Hand geschlachtet. Zusätzlich brachten die Daunen der Gänse beste Bettdecken.

Entendaunen hat Helge nicht verarbeitet, das sei mindere Qualität, meint sie. Die Menschen auf den Dörfern wüssten oft gar nicht, wie reich sie seien. Eine Nacht in Tiefengrün in einer der Ferienwohnungen unter den hauseigenen, leicht nach wunderbarem Lavendel duftenden Daunendecken schlafen zu dürfen, das ist schon ein Erlebnis. Jede ihrer Töchter hat von Helge zur Hochzeit vier feinste, im wahrsten Sinne des Wortes federleichte Daunendecken geschenkt bekommen.

1977 erlitt Helges Mutter durch den tödlichen Unfall des Bruders einen schrecklichen Zusammenbruch. Sie wurde apathisch, aß nichts mehr. Die Haare wurden schneeweiß und die Nerven wurden schwach. Bis zum März 1978 konnte sie nicht mehr arbeiten. So übernahm Helge auch noch die Arbeit der Mutter und schuftete Tag und Nacht. Erich machte sich große Sorgen, aber keiner von seinen Vorschlägen, die Situation zu verbessern, drang zu Helge durch.

Erich und Helge berieten sich mit anderen Christen. Die Liebe und Beständigkeit von Erich und Helge erreichten schließlich das Herz der Mutter. Helge konnte mit ihr zur Christusbruderschaft nach Selbitz fahren. Die gläubigen Ärzte, Schwestern und gute Seelsorger vor Ort brachten die Mutter schließlich langsam in ihr aktives Leben zurück. „Die Ärzte dort, das sind unsere Ärzte!", sagt Helge. „Die kennen uns in- und auswendig." Die Kraft der Mutter kam wieder und sie begann erneut zu arbeiten. Auch Helges gläubige Großmutter hat immer für sie gebetet und war immer für sie da. Durch die Selbitzer und Freunde im Marburger Kreis, durch ihren Hauskreis und Geschäftsleute, die ähnlich „tickten", haben Helge und Erich über die Jahre viel Hilfe erfahren, aber auch viel Hilfe geben können.

So, wie die Schwestern und Ärzte sie ins Leben zurückholten, so wuchs auch der Glaube der Mutter. Sie hat sich für viele Dinge entschuldigt und ihre Fehler erkannt. In der Seelsorge haben Erich und Helge vor Zeugen alte Ketten durchtrennt, Bindungen, Sünden, schwere Erlebnisse und Erbkrankheiten aufgearbeitet. Es war nicht spektakulär, aber tiefgreifend und schön.

1981 kam die dritte Tochter Susanne zur Welt und Erich meinte, dass aller guten Dinge schließlich drei seien. Es folgten glückliche

Jahre mit Ute, der mittleren Tochter Ulrike und Susanne, die inzwischen alle mit gläubigen Männern verheiratet sind. Auf die Frage hin, inwieweit Epheser 5 Helges Leben beträfe (dort spricht Paulus einerseits von der Unterordnung der Frau unter den Mann und gleichzeitig von der Unterordnung des Mannes unter Jesus), meint sie: „Eigentlich überhaupt nicht." Für viele sei das eine schwierige Bibelstelle, aber Erich würde diese Frage mit seiner Liebe komplett beantworten. Helge empfindet es als schlimm, dass vieles heute extrem umgedreht ist und Frauen die Männer manchmal demütigen wollen. Erich unterstütze sie immer, sie hätte nichts ohne ihn gemacht. Sie sagt Sätze wie: „Ich nehme meinem Mann das Heft nicht aus der Hand." Und er sagt ihr, sie habe für vieles das bessere Gefühl. Wenn Helge Hilfe braucht, holt sie Erich oder ihre Kinder, aber sie sucht auch immer wieder Beratung von außerhalb, z. B. aus der Communität Christusbruderschaft Selbitz. Mit einer Schwester, die sich um den Garten der Communität kümmert, ist sie besonders verbunden.

Nach und nach ging das Geschäft mit den Küken zurück und mehr bratfertiges Geflügel war gefragt. Also passte die Familie den Betrieb an. Immer wurde sehr gute Qualität geliefert und jedes Jahr war der gesamte Bestand ausverkauft – von 1949 bis heute. Werbung musste nie gemacht werden. Helge und Erich sehen das als ein riesiges Geschenk Gottes. Die Arbeit hat Helge all die Jahre voll gefordert und der Verdienst war so gut, dass die Kinder studieren und die Wohnungen in Tiefengrün ausgebaut werden konnten.

Die Vorzeigeanlage des Geflügelbetriebes war irgendwann veraltet und die Brüterei musste eingestellt werden, weil die Kunden sich keine Hühner mehr hielten. Die Arbeit verlagerte sich auf das Wassergeflügel, welches Helge bis heute im privaten kleinen Stil nebenbei weiterführt. „Ich war Unternehmerin und für meine Verhältnisse erfolgreich", sagt sie mir, als wir im Jahr 2016 mal wieder zusammensitzen. Immer wieder betet sie, dass sie das Richtige tut. Ihre Gebetsanliegen sind, dass sie nicht negativ denkt und sie richtig mit den Menschen umgeht, die ihr über den Weg laufen. Streit hasst sie. Gott sei Dank gebe es wenig Streit, sagt sie.

An ein sehr schlimmes Erlebnis kann sie sich dennoch erinnern. Die jährlichen Investitionen waren immer sehr kostspielig, bis die Tiere schließlich aufgezogen waren. Kurz vor der Legereife kam einmal ein Marderpärchen in die Anlage und tötete den gesamten Geflügelbestand auf einem Bereich von zwei Hektar. Helges Mutter saß auf dem Boden, Hunderte von weißen toten Hühnern um sich herum. Das war das erste Mal, dass Helge ihre Mama bitterlich hat weinen sehen.

Leute, die Geflügel essen, wissen meist nicht, wie viel Arbeit die Aufzucht bedeutet. Der befreundete jüngere Kollege von Helge, der die gleiche Arbeit macht und auch einen Geflügelbetrieb führt, hatte schon einen Herzinfarkt und muss seine Hände über Weihnachten immer kühlen, weil die Arbeit so hart ist. Massentierhaltung sei keine Qualität. Heute stopften die Menschen alles in sich hinein. Wer aber einmal eine richtige Freilandgans gegessen habe, schmecke den Unterschied und nehme Abstand von anderem Fleisch, meint Helge.

Freude und Befriedigung während der harten Arbeit erfuhr Helge sehr oft durch liebe Worte der Kunden, die die gute Qualität lobten und die wertvollen Daunendecken schätzten. Einige große Familien haben besonders zu Weihnachten die federleichten Decken erworben, was für Helge zu einem guten zusätzlichen Standbein wurde.

Die Beziehung zu Gott ist für Helge nach wie vor ein lebendiges Bedürfnis. „Ich kenne meine Fehler, ich merke es, wenn ich etwas schon längst mit Gott hätte bereden müssen. Das Bedürfnis, mit Gott zu reden, ist groß. Ich wache auf und bitte ihn, dass ich meine Gelenke bewegen und kraftvoll durch den Tag gehen und arbeiten kann."

Ihr Gebet, das Helges Großmutter ihr beigebracht hat, lautet:

Gib, dass ich tu mit Fleiß
was mir zu tun gebühret,
wozu mich dein Befehl
in meinem Stande führet.

Hilf, dass ich rede stets
womit ich kann bestehen.
Lass kein unnützlich Wort
aus meinem Munde gehen.

(O Gott, du frommer Gott, aus Strophe 2 und 3)

Im Jahr 2016 hat Helge mit ihrer Arbeit in Schlegel aufgehört. „Alles hat seine Zeit", sagt sie. Menschen, die im Krieg alles verloren haben, hängen auch nicht sehr an Besitz. Das ist ihr Vorbild. Die Mitarbeiter sind alt geworden und in Rente gegangen. Parallel zu der langsamen Verabschiedung von ihrem Geflügelbetrieb in Schlegel hat sich Helge quasi aus dem Nichts heraus ein neues Geschäftsfeld in Tiefengrün aufgebaut. Der große, denkmalgeschützte Hof forderte ein Konzept. Aus dem stark renovierungsbedürftigen Vierseitenhof mit seinem vernachlässigten Garten, aber sehr schönen alten Bäumen und einer wundervollen Lage hat sie ein richtiges Idyll entwickelt. Nun sind Ferienwohnungen entstanden, die gut angenommen werden, sowie ein weitläufiger, kreativer und gepflegter Garten, der über die Region hinaus bekannt ist. Der Hof ist für das Erscheinungsbild des Dorfes unverzichtbar geworden.

Im inzwischen mit Blumen übersäten Garten gibt es imposante hundertjährige Birnenspalierbäume, die reiche Früchte tragen. Aus dem alten Traditionsgarten, der früher der Ernährung der Familie diente, ist nun ein kleines Paradies geworden. Immer blüht dort etwas. Der Garten wird gerne von den Urlaubern angenommen. Die Gäste sagen, man fühle sich hier geborgen und wohl an Körper, Seele und Geist. Einmal hat sich ein Gast in den Garten gelegt und ist auch dann noch liegen geblieben, als es zu nieseln anfing – so hat er neue Kraft geschöpft. Es ist Helge wichtig, dass der Garten fantasievoll gestaltet ist, aber dennoch Ruhe und Geborgenheit zum Ausdruck bringt.

Ursprünglich in England entwickelt, kam die Bewegung „Tag der offenen Gartentür" auch nach Bayern. Bekannt wurde Helges Garten durch das Projekt „Dorferneuerung" vor 20 Jahren mit dem Slogan „Unser Dorf hat Zukunft". Der Vorsitzende der Vereinigung meinte, der Tiefengrüner Hof müsse der Öffentlichkeit zugänglich gemacht werden, da er ortsbildprägend sei. So öffnete Helge vor nunmehr 18 Jahren zum ersten Mal mit großer Resonanz ihren Garten zum „Tag der offenen Gartentür", der in Bayern immer am letzten Wochenende im Juni stattfindet. Was erst ein Hobby war, wurde Schritt für Schritt zu einem neuen Geschäftszweig und für Helge ein Aufbruch ins Ungewisse. Zum zweitägigen Gartenfest kommen jährlich weit über tausend Besucher. Es gibt Gartenführungen, Workshops und lokale Angebote. An einem der Wochenenden wurde dann auch das inzwischen traditionelle Hoffest in Tiefengrün eingeführt. Es gibt Führungen und Vorträge und meistens ein kleines Konzert und natürlich kann man auf Anmeldung hin auch gut fränkisch essen. Manchmal wird sie von lieben Geschwistern aus der Gemeinde gefragt, warum sie sich das antue und ob es nicht endlich an der Zeit wäre, sich um Ehemann und Familie zu kümmern.

Helges Leben steckt immer noch voller vielfältiger Aufgaben und Herausforderungen – als Geschäftsfrau, Mutter und Tochter. Ihre „Mama" ist inzwischen 93 Jahre alt und immer noch gesund, aber trotzdem gibt es im Haushalt der Mutter und auf dem Gelände der ehemaligen Hühnerfarm noch Arbeit, um die sich Helge kümmert. Und dann sind da ja auch noch die Enkelkinder, die gerne Zeit mit ihr verbringen möchten. Das alleine wäre schon ein Vollzeitjob, meint sie. Neben all dem hat sie die komplette Immobilienverwaltung für Tiefengrün inne, mit den inzwischen sehr gut vermieteten, liebevoll eingerichteten Ferienwohnungen.

Als Helges beste Freundin, eine Kinderärztin, nach dreißig Jahren Freundschaft starb, war das ein großer persönlicher Verlust für sie. Sie verwaltet jetzt auch dieses Haus, die Arztpraxis und zwei Wohnungen komplett mit Bau, Vermietung und Restaurierung und kümmert sich für den Sohn ihrer Freundin auch um die steuerlichen Angelegenheiten. Sie koordiniert die Handwerker und weist diese ein. Die Verwaltung all dieser Immobilien nimmt viel von ihrer Zeit in Anspruch.

Als die Kinder aus dem Haus waren, absolvierte Helge einen Lehrgang der Bayerischen Gartenakademie und ließ sich zur Gästeführerin ausbilden. Erich hatte sie angemeldet und ermutigt.

„Du schaffst das!", sagte er oft. Nach einer fünfmonatigen Ausbildung und einer guten Abschlussarbeit durfte sich Helge schließlich „zertifizierte Gästeführerin, Gartenerlebnis Bayern" nennen und wird als solche von der Akademie beraten, betreut und in der Öffentlichkeitsarbeit unterstützt durch Kataloge, Gartenbroschüren und den Internetauftritt. Das ist sehr wichtige Werbung für sie.

▶ *Helge bietet im „Landhausgarten Bunzmann"*
eineinhalbstündige Gästeführungen an

Von Anfang Mai bis Ende September bietet Helge Gästeführungen im „Landhausgarten Bunzmann", ihrem großen privaten Garten, an. Die eineinhalbstündigen Gästeführungen decken viele Themen wie Pflegen und Gestalten und anderes mehr ab. Im Anschluss können die Gäste eine deftige Brotzeit oder Kaffee und Kuchen bestellen. In diese Vorträge arbeitet Helge auch Themen wie Betriebsamkeit und Einkehr ein. Das ist genau ihr Thema. Wie schön und vollkommen die Pflanzen wachsen, erfreut sie und ihre Gäste. Selbst wenn Schnecken kommen, die ja auch Geschöpfe Gottes sind, behält Helge doch die Oberhand. Sie betont, dass der Garten für sie da ist und nicht sie für den Garten. Deshalb gebe es auch überall Sitzplätze. Nie wird stundenlang durchgearbeitet, sie nimmt sich auch Zeit zum Genießen und Betrachten, und dafür ist sie unendlich dankbar.

Die Besucher ihrer Führungen sind sehr erfreut über neue Erkenntnisse aus Themenbereichen wie „Es muss nicht alles perfekt sein", „Spontanvegetation – auch Unkraut hat manchmal seinen Platz", „Was wächst wo?", „Pflanzen für Sonne und Schatten", „Pflegen und Gestalten", „Einkehr und Betriebsamkeit" oder „Rosen und ihre Begleiter". Ihren Gästen vermittelt Helge, dass sie ihren Garten als Schöpfung Gottes und nicht als ein Zufallsprodukt ansieht. Und sie erzählt den Besuchern die Begebenheit, wie sie eines Tages mit Erich auf einer Bank saß und eine Brennnessel aus der Hecke wachsen sah. Als sie daraufhin zu ihrem Mann sagte, sie stehe jetzt nicht auf, um die Brennnessel zu entfernen, meinte er erstaunt, da habe sie aber schon viel gelernt!

Der Garten und alles, was damit verbunden ist, bedeutet für Helge einen neuen Aufbruch. Sie sucht nun die Balance zwischen ihrer Betriebsamkeit und der nötigen Einkehr. Helge sagt, sie habe keine großen Träume mehr, weil ihr Leben schon so reich und voller Vertrauen sei. Sie fühlt sich einfach wohl.

Die positiven Aspekte des Gartens sind ihr wichtig. Es gibt mehr als Arbeit und Stress im Leben. Wir haben eine Stressgesellschaft, meint sie, die sich aber nach Entspannung sehne. Therapien seien dafür zwar gut, aber mit den einfachsten Möglichkeiten, die Gott uns geschenkt hat, sei ihrer Meinung nach ein guter Weg beschritten, Ruhe und Erholung zu finden. Erich habe einmal ganz lange einfach nur im Garten gesessen. Auf ihre Frage hin, was er da mache, habe er nur geantwortet: „Ich sitze hier und schaue. Das müssen wir auch können." Ein schönes Erlebnis war der Besuch von Veronica Carstens, der Frau des ehemaligen Bundespräsidenten Karl Carstens, die gesagt hat: „Ich sitze hier und bleibe noch. Ich habe noch nicht genug geschaut."

Mit ihrem Mann spricht Helge viel über den Garten und auch über die Anschaffungen und sie beten gemeinsam, dass Gott sie in ihren Entscheidungen führt. Manches bleibt auf der Strecke und manches wird in die Tat umgesetzt. Bei Unsicherheiten ebnen sich mitunter Wege, die Helge nicht für möglich gehalten hätte.

Helge hat einen langen Weg mit Gott zurückgelegt, einen Weg

der Emanzipation, auch im geistlichen Bereich. Von alten kirchlichen Traditionen hat sie vielfach Abstand genommen, bleibt allerdings Mitglied der Kirche, aber mit innerer Freiheit und einer neuen lebendigen Beziehung zu Gott, die sie in Kirche und Gemeinde leben will. Die alten Traditionen haben Forderungen gestellt und es kostete sie viel Mut, dazu öfter Nein zu sagen. Sie hat Kraft für Veränderungen erhalten und ist über sich selbst hinausgewachsen. Der Garten ist ihr zu einer neuen Berufung geworden und sie hat gelernt, sich ihren Arbeitsrhythmus einzuteilen. Der Druck, der mit dem Geflügel und den saisonalen Produkten verbunden war, ist nicht mehr da. Während der hektischen Zeit im Geflügelbetrieb habe sie die Blumen in ihrem Garten gar nicht richtig wahrgenommen, erzählt Helge, oder die vielen verschiedenen Grüntöne und was Gott da so alles wachsen lässt. Doch das ist jetzt anders und sie ist dankbar dafür. Es bereitet ihr Freude zu sehen, wie der Garten lebt und wie sie ihn fantasievoll gestalten und verändern kann. Das schenkt ihr Ruhe und Gelassenheit.

Verena Gräfin Hahn von Burgsdorff

Denke nicht klein von dir, nimm dir große Vorbilder

Verena Gräfin Hahn von Burgsdorff, geboren 1980 in New York, ist verheiratet und hat drei Kinder. Sie wuchs in Niedersachsen auf und hat Betriebswirtschaft in Bayreuth, Berlin und Paris studiert. Ihr erster Job begann als Trainee in einer Privatbank im Bereich Privatkundenberatung in Frankfurt und Berlin. Danach verschlug es sie in die Presse- und Marketingabteilung eines mittelständischen Unternehmens in Mecklenburg.

Gemeinsam mit ihrem Mann, einem selbständigen Landwirt, gründete sie im Frühjahr 2010 die *Hahnsche Gutsmanufaktur*, die sich auf die Herstellung eines Bitterlikörs, genannt „Alte Pomeranze", spezialisierte. Ausschlaggebend dafür war die zufällige Entdeckung eines uralten Rezeptes für einen Bitterlikör auf der Basis von Pomeranzen. Diese traditionsreiche Frucht, die auch Bitterorange oder „goldener Apfel" genannt wird, wurde von den Grafen Hahn seit dem 16. Jahrhundert in der Orangerie auf dem Schloss Basedow gezüchtet. Man kann also sagen, dass Verena und ihr Mann sich auf ihre Wurzeln besannen und mit der Liebe zur Pomeranze eine jahrhundertealte Familientradition aufrechterhalten.

Der Beginn der Selbstständigkeit war, wie so oft, kein Zuckerschlecken. Zunächst wurde eine alte Wohnung der LPG (Landwirtschaftliche Produktionsgenossenschaft) renoviert und die Räumlichkeiten gefliest und gestrichen. Die Vorschriften und Regularien des Veterinäramtes mussten dabei unbedingt eingehalten werden. Gleichzeitig entstand eine professionelle Website, ein Onlineshop und Werbematerialien wurden gedruckt.

„Im ersten Jahr lief die Produktion auf Sparflamme. Wir setzten nur dann den Bitterlikör an, wenn wir Zeit hatten, und begannen erst einmal, uns in die Arbeitsschritte einzuarbeiten und dem Produkt einen professionellen Auftritt zu verleihen. Das war uns besonders wichtig, bevor wir richtig starten wollten", berichtet Verena.

Eine besondere Herausforderung war auch, dass die Familiengründung mit dem Anlaufen des Geschäfts zusammenfiel. Die erste Tochter wurde im Sommer 2011 geboren, einem Zeitraum, in dem die Gutsmanufaktur einen immer größeren Teil von Verenas beruflichem Alltag einnahm. Denn nun wurde viel getan, um die „Alte Pomeranze" bekannt zu machen. „Ich vereinbarte Termine mit Händlern, Gastronomen, Feinkostläden etc. und stellte ihnen unsere Alte Pomeranze vor. Unsere erste Akquisitionstour führte uns nach Rügen und wir waren nach wenigen Stunden komplett ausverkauft. Das war das erste Erfolgserlebnis", erinnert sich Verena. Mit jedem Jahr wuchsen dann die Produktion, die Anzahl der Mitarbeiter und der Händlerstamm.

Heute, fünf Jahre und zwei weitere Kinder später, ist nach wie vor Organisationstalent gefragt. „Mein Alltag findet zum größten Teil am Computer und am Telefon statt. Da meine drei kleinen Kinder nur vormittags im Kindergarten sind, muss ich mir meine Zeit sehr genau einteilen. Um die Produktion kümmern sich zur Hälfte meine Mitarbeiter."

Seit Februar 2015 wohnt und arbeitet die Familie auf der Wasserburg Liepen. Dort gibt es nun einen Hofladen und Gewölbekeller,

► *„Alte Pomeranze" – ein Bitterlikör auf Basis von Pomeranzen nach einem uralten Rezept*

der für Verköstigungen des Bitterlikörs genutzt wird. Führungen und kulturelle Veranstaltungen (etwa Lesungen, Puppenspiele für Kinder und Kunstausstellungen) werden ebenfalls organisiert. „Daher habe ich relativ viele Termine, die ich meist in den Vormittag quetsche. Abends geht es dann am Laptop weiter. Durch unser regionales Engagement ist Netzwerkarbeit für uns sehr wichtig geworden. Wir sind mittlerweile in einem regionalen Verbund von Unternehmern, ich bin einem Unternehmerinnenverein beigetreten und Landfrau geworden. Auch regionale Marketingnetzwerke und Tourismustreffen gehören dazu", erläutert die junge Geschäftsfrau. Die „Alte Pomeranze" hat sich inzwischen etabliert, aber natürlich lief nicht immer alles glatt. Schwierigkeiten wie geringe Verkaufszahlen, hoher Stress oder nicht bezahlte Rechnungen sind wohl den meisten Selbständigen bekannt. Man brauche viel Selbstdisziplin und müsse auch mal zurückstecken, meint Verena. „Oft wird man auch unterschätzt und in die Ecke ‚Muddi verkauft Schnaps' gestellt. Aber das überspiele ich komplett und lasse dann Bemerkungen darüber fallen, an welchen hervorragenden Adressen man unser Produkt erwerben kann oder welche Presse bereits über uns geschrieben hat. Viele kann man so überzeugen." Wenn es nicht so läuft, wie es sollte, bleibt Verena sachlich und analysiert die Fehler, versucht Lösungen zu finden, den direkten Kontakt zu Kunden und Mitarbeitern zu suchen und kulant zu sein. Gespräche mit ihrem Mann seien dabei sehr wichtig, denn gemeinsam lasse sich vieles besser bewältigen. Wenn die Geschäfte nicht so gut laufen, macht sie trotzdem weiter, bleibt mit den Händlern in Kontakt und fragt die Kunden nach Wünschen und Ideen. Wichtig sind auch Messen, auf denen sie sich neue Anregungen holt, und auch ab und zu eine Sonderaktion. Wichtig ist es, immer am Ball zu bleiben.

An Urlaub ist bisher noch nicht zu denken, denn Arbeit fällt immer an. „Ich erlebe immer wieder Freunde, die uns in unserer Idylle besuchen und sich einen komplett anderen Alltag vorstellen, als wir ihn haben. Als selbstständiges Ehepaar haben wir nie Urlaub und stehen eigentlich immer parat." Auf die Frage, was sie mache, wenn mal zu viel Arbeit vorhanden sei, meint sie: „Die Arbeit wird immer zu viel sein." Deswegen versuche sie, sich immer Prioritäten zu setzen, zu unterscheiden, was sie zuerst machen muss und was sie vielleicht auch noch am Abend erledigen kann. Man müsse überdies wissen, welche Arbeiten sich an die Mitarbeiter delegieren lassen und dies regelmäßig tun, auch wenn man gerne alles selbst in der Hand hätte.

Wenn man das so hört, kommt einem zwangsläufig die Frage in den Sinn, warum jemand das alles eigentlich macht. Verena hat darauf eine klare Antwort: „Es war eine riesige Chance, die wir damals erhalten haben. Wir konnten die Manufaktur mit relativ wenig Risiko aufbauen. Es war aber immer mein Ziel, dass meine Arbeit sich finanziell rechnet. Gerade auch, weil ich mit drei Kindern für den normalen Arbeitsmarkt eher unattraktiv und gleichzeitig sehr gebunden bin. Ich möchte die Freiheit haben, zu Hause zu bleiben, wenn meine Kinder krank oder noch zu klein für den Kindergarten sind. Dafür bin ich bereit, mehr als viele Arbeitnehmer zu arbeiten. Ich mache es aber auch um der Arbeit willen. Ich möchte nicht nur Hausfrau und Mutter sein. Ich möchte auf eigenen Beinen stehen und Erfolg haben."

▶ *Die Präsentation der Produkte auf Messen steigert den Bekanntheitsgrad*

Die Kraft dafür schöpft sie vor allem aus dem Glauben, der in ihrem Leben mehr und mehr an Bedeutung gewinnt. War er in ihrer Kinderzeit zwar durch Taufe und Konfirmation präsent, aber nicht übermäßig betont, wie sie selbst sagt, wurde er im Laufe des Lebens stetig fester. Etwa dadurch, dass Verena für längere Zeit bei einer sehr gläubigen Familie in Paris wohnte, die jeden Sonntag in die Kirche ging. „Dort waren Kirche und Gottesdienst auch ein Treffpunkt von jungen Leuten. Das hat mich beeindruckt. Als wir dann eine Familie gründeten, wurde es mir nach und nach ein größeres Bedürfnis, mich mehr dem Glauben zu öffnen bzw. den Glauben mehr zu leben und diesen Wert an meine Kinder weiterzugeben."

Dabei geholfen hat ihr auch ihre Familie und dass sie sich nun bewusst mit anderen Gläubigen umgibt. Ihr Mann arbeitet inzwischen im Kirchengemeinderat, sodass ein regelmäßiger Kontakt und Austausch mit Gemeindemitgliedern stattfindet, den Verena sehr schätzt. Daraus erwuchs auch die Idee, einen Bibelkreis zu gründen. „Dies ist ein ganz anderer Zusammenhalt. Wir haben mehrfach im Sommer eine Andacht bei uns auf dem Burghof im Freien organisiert. Hinterher gab es Kaffee und Kuchen und alle genossen die Gemeinschaft – immer mit neuen Leuten", berichtet mir Verena begeistert.

Den Glauben mit ihrer selbständigen Tätigkeit zu verbinden, ist für Verena kein Problem. „Die christlichen Werte sind für mich in meinem Handeln immer die Leitlinie. Ich versuche, ehrlich und fair zu sein. Gegenüber meinen (vor allem jüngeren) Mitarbeitern versuche ich ein Vorbild ohne ,Besserwisserei' zu sein." Die Hälfte ihrer Belegschaft ist gläubig, die andere nicht. Wenn das Thema Glauben aufkommt, versuche sie schon, immer ihre Meinung zu sagen und vielleicht auch mal einen Vorschlag zu machen. „Aber ich dränge mich nicht auf, weil ich Angst habe, das Gegenüber zu vergraulen und eine Aversion zu erzeugen. Dann hätte ich etwas für die Zukunft kaputt gemacht."

Für ihren Betrieb wünscht sich Verena, auch im Hinblick auf christliche Werte, zukünftig Menschen mit Behinderungen oder benachteiligten Lebenswegen zu fördern und einzustellen. Leider sei dies aber ein schwieriger und sehr bürokratischer Weg.

Den Glauben innerhalb der Familie trotz der vielen Arbeit zu leben, ist Verena ein großes Anliegen. Während der Ernte- und Bestellzeit schaffe sie es zwar nicht, jeden Sonntag in die Kirche zu gehen, aber gebetet wird immer, auch mit den Kindern, denen sie gern biblische Geschichten vorliest.

Jesus ist ihr ein ständiger Begleiter und fester Bestandteil des Alltags: „Jesus ist für mich Kraft. Ich versuche mich immer mal wieder am Tag an ihn zu erinnern. Zum Beispiel versuche ich morgens im Auto auf dem Weg zum Kindergarten die Morgenandacht zu hören. Sie gibt einem einen kleinen Anstoß für den Tag und lässt die Gedanken einmal die gewohnten Bahnen verlassen."

Bei all der Arbeit ist es nicht immer leicht, sich Zeit zum Bibellesen oder Gespräch mit Gott zu nehmen, aber Verena versucht, abends manchmal bewusst nichts zu machen und ein gutes Buch zu lesen. Auch Sport ist ihr wichtig, weil sie in dieser Zeit zum Nachdenken kommt. Vor der Nachtruhe lässt sie den Tag Revue passieren, betet und bedankt sich bei Gott für all das Gute, was sie mit ihrer Familie erfahren durfte.

Obwohl sie Geschäftsfrau ist, versucht Verena nicht allzu viel über Geld nachzudenken, denn es sei zwar wichtig, aber doch nicht alles. „Geld ist ein Mittel, um für mich zu sorgen, aber es gibt viel wichtigere Sachen. Ich möchte auch nie wahnsinnig reich werden.

Ich möchte versorgt sein und keine Angst haben müssen, wenn unvorhergesehene Risiken eintreten. Ich wünsche mir für meine Familie und mich ein Leben ohne große Mängel. Aber auf Luxus kann ich gut verzichten." Da man mit Geld viel Gutes tun kann, ist es für Verena auch kein Widerspruch, als Christin Geschäftsfrau zu sein. Es komme eben immer darauf an, was man mit dem Geld macht. Sie selbst spendet jedes Jahr der Kirchengemeinde und unterstützt gerne Menschen, die auf Hilfe angewiesen sind. So gibt sie die Güte, die sie selbst jeden Tag durch Gott erfährt, dankbar an andere weiter.

Ob sie schon mal aufgeben wollte, frage ich. Sie verneint, auch wenn es schon vorkam, dass sich am Ende des Jahres beim Anblick der Zahlen keine Zufriedenheit einstellte. Dann setze natürlich Ernüchterung ein, vor allem, weil man die ganze Arbeit, die dahintersteckt, vor Augen habe. Trotzdem sei sie auf dem richtigen Weg, weshalb Aufgeben nicht infrage komme.

Gründe für sie, weiterzumachen, sind vor allem das Lob, das schöne Feedback, die Zeiten, in denen alles nach Plan läuft und die Kunden zufrieden sind. Dann macht die Arbeit Spaß und die Lust, neue Produkte zu entwickeln, kommt auf. Ob diese letztendlich verwirklicht werden, entscheiden Kunden- und Händlergespräche, aber vor allem auch, ob der erhöhte Aufwand von Nutzen ist.

Träumen kann man natürlich immer, meint Verena. Sie mache es manchmal ganz bewusst, um nicht auf der Stelle zu treten. „Wenn man immer ein wenig größer denkt, als man ist, kommt einem das häufig langfristig zugute. Man darf sich nicht kleinmachen, sollte immer große Vorbilder haben!" Dabei denke sie natürlich auch an Gott und die vielen kleinen Wunder, die sie schon erleben durfte. „Ich bin immer wieder überwältigt, wenn Händler und Kunden sich über unser Produkt freuen. Und wenn ich manchmal denke, dass ich keine Kraft und Lust mehr habe, kommt doch von Gott wieder ein Funken Hoffnung her und es geht weiter. Durststrecken gibt es zwar immer wieder, aber das gehört dazu."

Zurückblickend sagt Verena heute, dass die größten Herausforderungen ihres jungen Unternehmens bisher die Vereinbarkeit mit der Familie, die Weiterentwicklung neuer Produktideen, das Finden von verlässlichen Mitarbeitern und die Kalkulation der eigenen und fremden Kosten gewesen seien. Sie arbeitet weiterhin jeden Tag daran, diese zu meistern. Besonders hilft ihr dabei natürlich ihr Ehemann, der den Schritt zur Gründung der Gutsmanufaktur als selbstständiger Landwirt etwas leichter machte. „Er hat mir viele Tipps gegeben und auch meine Tante hat mich von Anfang an sehr eng begleitet und mir viel Angst genommen. Ihre Ratschläge darf ich auch heute noch nutzen und profitiere sehr davon."

Man merkt, dass Verena und ihr Mann einiges gemeistert haben, um die „Alte Pomeranze" zu etablieren und ein erfolgreiches Familienunternehmen aufzubauen. Der feste Glaube und die Gemeinde halfen dabei auch durch schwierige Zeiten. Verena sagt, es sei bis heute immer noch unheimlich anstrengend. „Aber wir können es uns dafür leisten, viel Zeit mit unseren Kindern zu verbringen und Möglichkeiten ausleben, von denen andere nur träumen können."

Petra Pientka

WIR WOLLEN DEN MENSCHEN DIENEN

Petra Pientka, 1969 als jüngste von zwei Töchtern in Iserlohn geboren, wuchs in einem Unternehmerhaushalt auf. Schon früh wusste Petra, dass sie im Unternehmen arbeiten wollte. Ihr Großvater, Fritz Nolte, hatte die Firma 1914 gegründet. Die Mutter von Petra, Fritzi Bimberg-Nolte, übernahm die Firma nach dessen Tod. Mutter, Tante und Vater führten die Firma in der 2. Generation von ca. 1955–1994.

Ein Blick in die Firmengeschichte ist sehr eindrucksvoll! Das Unternehmen wurde vor über 100 Jahren als Fuhr- und Taxibetrieb in einer Zeit gegründet, in der die Kutschen noch alles beherrschten. Fritz Nolte aber sollte zum Autopionier des Sauerlands werden und eine Tankstelle und eine Autopflegestation bauen.

Schon als Jugendlicher hatte sich Petras Großvater damit beschäftigt, welche Entwicklung die Mobilität wohl nehmen würde, und glaubte fest daran, dass es in nicht allzu ferner Zeit kaum noch Pferde auf den Straßen geben würde, sondern überwiegend selbstfahrende Kraftwagen (motorgetriebene Droschken), mit denen man unterwegs sein konnte. Diese Einschätzung teilte damals jedoch kaum jemand mit ihm. Er wurde dafür eher ein bisschen belächelt und für „verrückt" erklärt.

Doch als Zwanzigjähriger bat Großvater Fritz im Jahr 1914 seinen Vater Heinrich darum, ihm eine Droschke zu kaufen, um sich damit als Taxibetrieb selbständig machen zu können. Er bekam grünes Licht für die Umsetzung seiner Vision, allerdings nur unter der Auflage, seine Eltern bis zum Lebensende umfänglich zu versorgen und seinen sieben Geschwistern ihren Anteil am Erbe, was er ja in Form der Droschke erhalten hatte, auszuzahlen. Fritz war von seinem Weg überzeugt und begeistert und schaffte es schließlich, mit der Droschke als Startpunkt ein erfolgreiches Unternehmen aufzubauen.

Viel später, im Jahr 1951, begann Petras Mutter, Fritzi Bimberg-Nolte, geb. Nolte, mit zwanzig Jahren in der Firma mitzuarbeiten. Um bei einem wichtigen Nachkriegstreffen der Opelhändler teilnehmen zu können, musste sich Fritzi als Rotkreuzschwester verkleiden, denn damals waren Frauen bei Geschäftstreffen noch unerwünscht! Doch nun trägt Fritzi Bimberg-Nolte schon mehr als 65 Jahre lang die Verantwortung für die Firmengruppe. Alle frühen Geschäftsbücher haben ein hübsches gedrucktes Emblem, auf dem „Mit Gott" steht. Mitarbeiter werden nach wie vor sorgfältig ausgewählt und „eingenoltet". Wer einmal zur „Gebrüder-Nolte"-Familie gehört, kann sich des Vertrauens und der Unterstützung der Unternehmensführung sicher sein. Die durchschnittliche Betriebszugehörigkeit beträgt 15 Jahre.

Die beeindruckende Firmenchronik weist ca. 40 Auszubildende und 160 Mitarbeiter auf, von denen einige seit mehr als 50 Jahren in der Firma sind. Es gibt neun Autohäuser in und um Iserlohn herum. Am 1. Mai 2014 feierte die Firma ihr 100-jähriges Bestehen. Von „einfach anfangen" kann man hier nur insofern sprechen, als jede Generation neu anfangen musste. 1955, im Alter von 61 Jahren, starb der Firmengründer Fritz Nolte und seine Töchter

Martha und Fritzi führten das Geschäft weiter, ab 1960 verstärkt durch Fritzis Ehemann Dr. Peter Bimberg. Mit 24 Jahren trat im Jahr 1994 Petra Pientka, geb. Bimberg, in den Betrieb ein und leitete ihn von da an zusammen mit ihrer Mutter. Wie ein roter Faden zieht sich das offene Bekenntnis zum Glauben an Gott klar durch die Firmengeschichte: „Wir brauchen Gott! Wir sind ein Unternehmen, das Gott und den Menschen dient durch treue Verbindungen zu Kunden, Mitarbeitern und Lieferanten und mit einer starken Verbundenheit zu unserer Region."

Petras Mann, Frank Pientka, kommt aus Oberfranken. Seit 1998 sind die beiden verheiratet und haben zwei Töchter. Kennengelernt haben sie sich auf einer Skifreizeit der SMD, einer christlichen Studentenvereinigung. Frank arbeitet als IT-ler und ist Softwarearchitekt. Ehrenamtlich arbeitet er auch als Presbyter und Prädikant (Laienprediger). Er bringt seine Einblicke aus Arbeitnehmersicht immer wieder ins Unternehmen ein. Seine für Petra wertvollen Impulse aus der Kundensicht und als Außenstehender schätzt sie sehr. Beiden ist klar, dass sie sich in ihren verschiedenen Aufgaben nicht beschränken wollen. Frank wäre in Petras Unternehmen überqualifiziert. Als sie sich kennenlernten, war Petra schon Chefin. Die beiden ergänzen sich gut durch ihre unterschiedlichen Temperamente, sie eher pflichtbewusst und er eher locker. Der anfängliche Plan für einen regelmäßigen Eheabend wurde wieder verworfen, da er in der Praxis nicht umzusetzen war. Petra fokussiert sich auf das Gute, was ihre Ehe mit sich bringt, statt traurig zu sein über die Dinge, die ob des vollen Terminplans der beiden vielleicht zu kurz kommen. Abends beten beide oft gemeinsam, das haben sie sich bis heute bewahrt, so verfliegt auch der vielleicht mal angestaute Ärger über Konfliktpunkte. Vergebung kann ausgesprochen oder Sorgen können angesprochen werden. Zeit für das Gebet nimmt sich Petra nicht nur mit ihrem Mann, sondern auch allein auf Spaziergängen, sonntags beim Gottesdienst, beim Autofahren, bei Arbeiten in der Küche, beim Tischgebet mit der Familie, im Hauskreis oder manchmal mit Gesprächspartnern.

Schon als Kind saugte Petra Geschäftliches am Essenstisch auf und zeigte großes Interesse an den Menschen und den Abläufen in der Firma. Auf die Frage, was sie später einmal werden wolle, antwortete sie als Vierjährige: „Chefin, wie meine Mama!" Während des Studiums der Betriebswirtschaft im englischen Canterbury hinterfragte sie immer wieder, ob dies ihr Weg sein solle. Sie bat Gott um Führung und zog in Erwägung, für die Studentenmission (SMD) zu arbeiten, um Studenten in ihrer wichtigen Lebensphase, in der diese Weichen für ihre Zukunft stellen, zu ermutigen. Durch das darauffolgende Theologiestudium in Oxford wurde ihr jedoch immer klarer, wie sie leben und arbeiten wollte: als Christin in der Wirtschaft. Als Geschäftsfrau möchte Petra anderen Geschäftsleuten Zeugnis davon geben, dass Gott das Oberhaupt ihrer Firma ist. Und sie vertraut darauf, dass diese eher ungewöhnliche Haltung als authentisch und glaubwürdig aufgenommen wird. Im Jahr 1993 schloss sie ihr Studium ab und begann eine Nachwuchsausbildung bei der Adam Opel AG. Die Ausbildung beinhaltete zusätzlich zu den Seminareinheiten auch Praktika in verschiedenen Autohäusern an der Seite der Geschäftsführer und Autohausinhaber. Sie lernte also nicht, wie ihre Mutter, das Handwerk von der „Pike" auf, sondern erhielt eher eine „Draufsicht" auf die jeweiligen Unternehmen. In der Ausbildungsgruppe traf sie auf einen Mitchristen. Zufällig?! Beide fühlten sich durch die Anwesenheit des anderen von Gott darin bestätigt, den Weg als Christen in der Wirtschaft zu gehen, Verantwortung zu tragen und Gott damit Ehre zu geben.

Mit 24 Jahren, in ähnlich jungen Jahren wie ihre Mutter bei deren Geschäftsübernahme nach dem Tod des Vaters, plante sie die Gründung eines Saab Autohauses. An ihrem 25. Geburtstag wurde das Saabzentrum Sauerland mit einem Mitarbeiterfest eröffnet. Die offizielle Eröffnung fand danach mit 350 geladenen Gästen statt. Die erste „Fremdmarke" seit der Gründung des Unternehmens zog nun in die Firma ein. Mit dieser Angebotserweiterung über das Opel-Fabrikat hinaus sollte eine neue Klientel erschlossen werden, denn Saab galt als ausgefallener als Mercedes und Audi, war aber nicht so preisintensiv wie Jaguar. Zuvor war aufgrund der Intuition ihrer Mutter die Überzeugung in der Firma gewachsen, dass das Unternehmen auf Dauer nur Bestand haben könne, wenn auch andere Fabrikate mit angeboten würden.

In der ersten Phase des Hineinwachsens in die Unternehmensführung hatte Petra mit ihrer Mutter einige Konfrontationen, die sich immer wieder aus einem Thema heraus ergaben – Petras Überzeugung nämlich, dass sie neue Erkenntnisse habe, alte Zöpfe abschneiden wolle und alles zum „Noch-Besseren" verändern könne. Danach jedoch folgte eine Phase, in der sie in allem den Vorstellungen ihrer Mutter nachgab, da sie selbst mit ihren neuen Ideen mehrfach gegen die Wand gelaufen war – es fehlte Geld in der Kasse, die Mitarbeiter missbrauchten die von Petra gewährten Freiheiten, wichtige Mitarbeiter im Saab-Team kündigten. Zu diesem Zeitpunkt hatte sie riesige Zweifel, ob sie es überhaupt schaffen könne. Von da an habe sie mit großer Hochachtung die Ratschläge ihrer Mutter befolgt, erzählt Petra. Für die

▶ *Petra gratuliert 2011 ihrer Mutter zum 60. Arbeitsjubiläum und dankt ihr*

an sich selbst gestellten überhöhten Erwartungen schämte sie sich im Nachhinein, sowohl vor sich selbst als auch vor den Mitarbeitern. Die dritte Phase nennt sie selber die Ermutigungsphase. In dieser Phase ging es nun darum, in kleinen Schritten in der Geschäftsführung selbständig zu werden. Das Lob ihrer Mutter für ihre Art, bestimmte Vorgänge anzupacken, habe sie dabei unendlich gestärkt, sich selbst immer mehr zuzutrauen. Die darauffolgende und nun seit vielen Jahren anhaltende Phase ist von gegenseitigem Respekt gekennzeichnet. Das schließt Petras Erkenntnis mit ein, dass sie ihre überaus fähige Mutter nicht einfach kopieren kann, sondern so arbeiten und führen muss, wie es zu ihr passt. Inzwischen ergänzen sich die beiden Unternehmerinnen mit ihren jeweiligen Gaben und Neigungen und ermutigen sich, ihre Stärken gezielt und zum Wohle aller einzusetzen.

In der Autobranche fällt Petra unter den vielen Männern als Frau eher auf und erhält mehr Aufmerksamkeit. Aber wenn sie sich entsprechend verhalte, helfe es sogar, mit ihren Anliegen voranzukommen. Sie ist gegen Frauenquoten, weil sie meint, das hätten die Frauen nicht nötig. Die Qualität der Aufgabenerledigung sei nicht vom Geschlecht abhängig, sondern davon, wer was und wie gut könne und mache.

Der Tag beginnt um 5.40 Uhr. Nach dem Aufstehen, Teekochen und Frühstück-Vorbereiten nimmt sie sich Zeit für einen bewussten „Guten-Morgen-Gruß" an Gott und liest einen Bibelabschnitt und die Losungstexte mit ihren Erläuterungen. Das gibt ihr Orientierung. Die vielen Gebetsanliegen – z. B. Familie, Mitarbeiter, Geschäftspartner, Politiker usw. – sind strukturiert nach Wochentagen, so betet sie täglich für einen anderen Themenbereich. Auch legt sie alle Anliegen des Tages in Gottes Hände und vertraut darauf, dass er Einfluss darauf nimmt. Diese Zeit, die sie sich bewusst mit Gott nimmt, dauert manchmal nur ein paar Minuten, aber ohne sie würde ihr etwas fehlen. Es wäre für sie so, als ginge sie aus dem Haus, ohne eine Tasse schwarzen Tees getrunken zu haben. Danach weckt sie die Kinder und ihren Mann, es wird gefrühstückt und Pausenbrote werden zubereitet. Um 7.30 Uhr, nachdem die Mädchen zur Schule und ihr Mann zur Arbeit verabschiedet sind, holt sie ihre Mutter ab, die inzwischen 85 Jahre alt ist, und gemeinsam fahren die beiden in die Firma. Für Betriebliches ist ihre Mutter die permanente Gesprächspartnerin, die Petras Gedanken fast schon über die Entfernung hinweg erkennt. Gegen 8 Uhr sind sie dann im Büro. Beide nehmen sich vor, das Unternehmen gegen 13 Uhr zu verlassen, um am Nachmittag auch für die Kinder und die Familie da zu sein bzw. sich zu erholen. Doch oftmals siegt das Interesse, das jeweilige Gespräch oder eine Erledigung, die gerade noch anliegt, sodass sie erst am Nachmittag nach Hause fahren. Aufgrund einer eigenen durchstandenen Krebserkrankung ist es für Petra allerdings wichtig, die Kräfte richtig einzuteilen und die Aufgaben recht zu dosieren. Und das ist manchmal gar nicht so leicht.

Am Vormittag stehen dann Besprechungen mit den einzelnen Führungskräften oder Geschäftspartnern und die Sichtung aller Vorgänge aus dem Posteingang an. Außerdem stehen Besuche der neun Betriebe vor Ort auf Petras Agenda. Es ist ihr wichtig, die Bodenhaftung zu behalten und, wenn möglich, viel Kontakt mit den Mitarbeitern zu haben. Sie hat Termine mit Lieferanten und besonderen Kunden, nimmt repräsentative Einladungen wahr und ist dann um 14 Uhr hoffentlich wieder zu Hause, was jedoch nicht immer klappt. Ohne Unterstützung im Haushalt und im Büro durch vertraute Mitarbeiter gehe das alles selbstverständlich nicht. Der Nachmittag gehört den Töchtern, aber vieles wird auch von zu Hause aus am Schreibtisch abgearbeitet, wofür sie nicht zwingend im Betrieb anwesend sein muss. Sie bemüht sich, nicht später als um 22 Uhr im Bett zu sein. Einschlafen zu können sieht sie als Geschenk, nutzt aber auch schlaflose Zeiten, um Erkenntnisse, Gedanken und Wichtiges zu notieren und mit Gott zu besprechen – das sind für sie wichtige persönliche Zeiten. Fernsehen hat keinen Platz in Petras Leben und Romane auch nur im Urlaub. Hobbys wie das Chorsingen oder das Geigespielen sind „geparkt" und auf die Zeit nach der Erziehungs- und Ausbildungsphase der beiden Töchter verschoben. Die Zeit mit den Töchtern und ihrem Mann ist ihr unendlich wertvoll.

Der Taufspruch von Petra lautet: „Herr, wie sind deine Werke so groß und viel! Du hast sie alle weise geordnet, und die Erde ist voll deiner Güter" (Psalm 104,24). Das Staunen über Gottes Größe und alles, was von ihm geschaffen wurde, hat sie sich bis heute bewahrt. Ihren Glauben konnte sie schon ganz früh durch eine Schwester von den Bethel-Diakonissen, die sie im evangelischen Kindergarten geprägt hat, entwickeln. Diese strahlte eine echte, innige Liebe zu Jesus aus. Später wurde Petra Mitglied der Kinder- und Jugendkantorei und verliebte sich dadurch in Musik von Bach und die der alten Meister. Der Kindergottesdienst war ihr schon als Kind nicht immer „heilig" genug und sie ging lieber mit in den Erwachsenengottesdienst, wo alles feierlich und andächtig war. Am 01.05.1983 feierte sie die Konfirmation und erklärte damit ihr bewusstes „Ja" zu Gott. Ihr Konfirmationsspruch, den der Pfarrer für sie aussuchte, lautete: „Aber ich will mich freuen des Herrn und fröhlich sein in Gott, meinem Heil!" (Habakuk 3,18). Dieses „Aber" ist ihr heute bei den Herausforderungen und Widersprüchlichkeiten des Lebens wichtiger geworden denn je. In diesem „Aber" hat sie Gott wirklich erlebt und erfahren, dass Gebete erhört werden. Nach der Konfirmation war sie als Jugendliche beim CVJM und auch später suchte sie Kontakt mit Christen, die in der Bibel lasen und das Gelesene und Verstandene in ihr Leben integrierten. Im Studium war sie in christlichen Studentengruppen engagiert.

Heute sei ihr wichtig, authentisch, glaubwürdig und echt zu leben und zu arbeiten und keinen Unterschied zu machen zwischen Petra privat und Frau Pientka in der Firma. Dadurch, sagt sie, hätten sich schon manche Gespräche ergeben, in denen sie auf Gott hinweisen konnte.

Im Rahmen ihrer besonderen Veranstaltungen für Kunden und Interessierte gibt es in ihren Autohäusern von Zeit zu Zeit Gospelkonzerte, Ausstellungen (auch mal zur Bibel und zu biblischer Kunst), Lesungen (z. B. die Vorstellung eines Adventsbuches) und Business-Breakfast-Treffen mit Impulsvorträgen, in denen sie z. B. erläutert, wie sich aus ihrem christlichen Glauben und dem ihrer Mutter die Unternehmensleitlinie herleitet: „Wir wollen den Menschen dienen!" Einladungen zum Glauben werden zusätzlich zu persönlichen Gesprächen auch durch bestimmte Geschenke – z. B. Lebenshilfe aus dem Bereich des christlichen Glaubens – ausgesprochen. Von Zeit zu Zeit ergibt sich auch ein Gebet mit einem Gesprächspartner.

Manchmal begegnet sie zufällig einem Mitarbeiter, für den sie morgens gebetet hat, und das sage sie dann auch. Meist sei die Reaktion: „Oh, danke!" Anderen möchte sie so begegnen, wie sie sich selbst auch wünschen würde, behandelt zu werden. Freundlich, im Unvollkommenen angenommen, offen, ehrlich und unbefangen. Sie versucht, klare Anweisungen zu geben und sich bestätigen zu lassen, ob das Gesagte auch beim Gegenüber angekommen ist. Sie vermeidet es, Schuld zuzuweisen. Sie verhandelt hart, aber herzlich, sodass andere nicht verleitet werden, ihre Freundlichkeit auszunutzen. Zu den Wettbewerbern pflegt sie ein respektvolles Miteinander. Statt über schwierige Marktgegebenheiten zu schimpfen, konzentriert sie sich lieber auf eigene „Hausaufgaben" – auf das, was sie selbst ändern und beeinflussen kann. Besonders bei Menschen, die im Umgang mit anderen etwas komplizierter sind, betet sie gerne um eine liebende, dienende Einstellung und Haltung für sich selbst. Sie möchte durch ihr Leben und ihr Verhalten ein möglichst klar umrissener, nicht „verschwommener" Hinweis auf Gott sein. Ein Lieblingsspruch von ihr ist: „Do your best and Jesus will do the rest!"

Nur einige wenige Mitarbeiter sind praktizierende Christen. Da

Petra vermeiden will, dass nichtgläubige Mitarbeiter unaufrichtig vor Gott treten, hat sie im Betrieb keinen Gebetskreis oder Ähnliches für die Mitarbeiter initiiert. Sie meint, dass alle ja sowieso wüssten, dass Jesus Christus in ihrem Leben die oberste Priorität hat und dass sie für ihre Mitarbeiter betet. Den Rest überlasse sie dem Heiligen Geist. Sie versucht, die Mitarbeiter durch genaues Hinhören und Respektieren des Einzelnen gut zu führen. Sie besucht sie an ihren Arbeitsplätzen und lässt sich erklären, woran sie gerade arbeiten. Das Gespräch über Schwierigkeiten, persönliche Umstände und auch Überlegungen zu individuellen Entwicklungsmöglichkeiten gehört dazu.

Wenn Mitarbeiter langfristig durch Kündigung, intensive Krankheitszeiten oder Zwietracht in Teams ausfallen, belaste sie das, sagt sie. Die Mitarbeiter seien schließlich das wertvollste „Kapital". Wenn es Konflikte gebe, fühle sie sich zunächst bedroht, habe Angst und Sorge vor dem, was folgen wird, beziehe dann aber die betreffenden Menschen mit ein, die Licht in das Dunkel bringen können. Petra versucht, Beteiligte zusammenzubringen und stellt gemeinsam mit ihnen fest, dass alle an einer guten Lösung interessiert sind. Oft breitet sie erst am Ende dieser Maßnahmen ihre Sorgen vor Gott aus, da sie als „Macherin" gerne direkt agiert und nicht abwarten will. Aber sie vertraut darauf, dass Gott sie auch in diesen Sofortmaßnahmen und Aktionsgedanken leitet.

Sie verspürt eine große Freude darüber, wie sehr Gott sie liebt, dass er Gutes mit ihr vorhat und dass sie all das nicht umsonst tut. Sie steht in diesem Dienst, nicht um Menschen oder sich selbst zu gefallen, sondern weil Gott diese Arbeit sehr spezifisch für sie vorgesehen hat. Er will nicht erst am Ende ihres Lebens ein perfektes Werkstück, sondern stellt jetzt schon alles bereit, womit sie arbeiten und ihr „Rezept kochen" darf.

Die Firma ist ein nach vorne denkender Betrieb, der immer wieder versucht, neue Ideen zu noch besseren Dienstleistungen im Bereich der Autobranche umzusetzen. Petra, ihre Mutter und ihr Team probieren neue Wege in der Kundenbetreuung aus. Gemeinsam erwägen sie praktikable Schritte mit den Mitarbeitern, die den Prozess hinterher (möglichst begeistert) umsetzen sollen – getreu der Unternehmensleitlinie „Wir wollen Menschen dienen", die als

Leitvers in der Firma und auf Prospekten zu sehen ist. Inspiriert wurde sie durch einen Vortrag von Dr. Deichmann.

Geld sei natürlich im Unternehmen nötig, um Menschen dienen zu können – den Kunden, den Beschäftigten, den Lieferanten, der Gesellschaft und auch Menschen in Not. Ein Wirtschaftsunternehmen muss Gewinne machen, sonst existiert es bald nicht mehr! Auch in diesem Bereich möchte Petra auf Gottes Stimme hören und darauf, was er ihr aufträgt. Geld dürfe nie Selbstzweck werden und auf keinen Fall will sie ihm Macht verleihen, sondern es lediglich als Werkzeug benutzen. Die Großzügigkeit im persönlichen Bereich hat sie besonders von ihrem Vater geerbt. Sie gibt gerne an Gemeinde, christliche Werke, einzelne Missionare, Evangelisten und Projekte, denn Gott werde durch die Verkündigung geehrt. Und ihm gehöre ohnehin alles, auch das, was er ihr anvertraut habe.

Die große Arbeitslast sei am besten dadurch zu bewältigen, dass sie in kleinere Arbeitsschritte aufgeteilt wird und natürlich durch Delegation, wie es schon im 2. Buch Mose im 18. Kapitel beschrieben wird (Jitro, der Schwiegervater von Mose, rät seinem Schwiegersohn, sich fähige Mitarbeiter zu suchen, die ihm helfen und mit ihm die Last der Verantwortung tragen). Unwichtiges tue sie gar nicht erst, meint Petra, und einige Zeitfresser wie Fernsehen und Partys haben keinen Platz in ihrem Leben. Sie plant ihre Arbeit sorgfältig und versucht immer, ihre Einstellung zur Arbeit selbst zu hinterfragen und richtigzustellen. Die Arbeit sei für sie kein Auslöser von schlechter Laune, sondern etwas, was sie gerne tue – zu ihrer eigenen Erfüllung und zur Ehre Gottes. So sei man befreit vom Zählen der Stunden. Sie möchte selbst kein Workaholic werden, der ohne seine Arbeit nicht leben kann, aber das Wort *Arbeit* sei ihrer Meinung nach heute viel zu negativ besetzt.

Wenn die Geschäfte mal nicht so laufen, wie sie es sich wünscht, wird nach verändernden Lösungen gesucht und deren Umsetzung forciert. Die beteiligten Personen werden mit einbezogen und Vorschläge gesammelt. Petra übergibt diese Situation dann auch Gott und bittet um Weisheit und gute Ideen.

Dankbar sei sie dafür, was Gott alles an Kraft bereitstelle für das, was er für sie vorgesehen habe. Wichtig sei ihr der regelmäßige Schlaf und auch die körperliche Bewegung, gesunde Ernährung und eine glückliche Zeit mit Gott, ihrem Mann, mit den Kindern und Freunden. Das gebe ihr sehr viel Kraft.

Ihr Unternehmerinnen- und Mutterdasein empfindet Petra als Bestimmung und hat Frieden darüber. Eine ihrer Leidenschaften ist es, Gaben von Menschen zu entdecken und dadurch etwas Gutes bewirken zu können. Sie ist dankbar, nicht fremdbestimmt zu sein, sondern fühlt sich als Selbständige, als Macherin. Sie kann selbst gestalten und Spuren hinterlassen – zum Wohl anderer. Das erfüllt sie und gibt ihr Lebenssinn. Wenn es auch manchmal sehr anstrengend ist, viele Aufgaben parallel zu bewältigen, so ist Arbeiten in jedem Fall besser, als nichts zu tun.

Jesus Christus empfindet sie als ihr permanentes Gegenüber, als ihren vertrauten Bruder, als ihren Freund und Mentor, ihren behutsamen Chef, ihren humorvollen Freund, ihren Erlöser, ihren Befreier, Mutmacher und als denjenigen, der ihr immer wieder Kraft zum Aufstehen gibt, ihr hilft und sie unterstützt. Ihr Konfirmationsspruch (Habakuk 3,18), ihr Taufspruch (Psalm 104,24) und dazu noch ihr Trauspruch aus Philipper 2,3 sind ihr ganz wichtig: „Tut nichts aus Eigennutz oder um eitler Ehre willen, sondern in Demut achte einer den andern höher als sich selbst." Jesus ist ihr Vorbild und Ziel.

In ihrem Besprechungsraum in der Firma und in der Küche zu Hause hängt folgender Spruch an der Wand: „Lasst kein faules Geschwätz aus eurem Mund gehen, sondern redet, was gut ist, was erbaut und was notwendig ist, damit es Segen bringe denen, die es hören" (Epheser 4,29). Solche und viele andere Bibelverse sprechen direkt in ihr Leben. Oft schreibt sie sich Bibelworte auf Notizzettel, die sie in der Jackentasche, Handtasche oder im Autoablagefach griffbereit aufbewahrt.

Da ihr Unternehmen viel mit Endkunden zu tun hat, ist Petra die Öffentlichkeitsarbeit sehr wichtig. Neben der bezahlten Werbung für die Angebote und Sponsoring für Vereine investiert sie viel Arbeits- und Denkzeit in Presseinformationen zu besonderen Anlässen wie z. B. Mitarbeiterjubiläen, neue Azubis oder Veranstaltungen. Sie schreibt an Redaktionen, telefoniert und lädt die Presse zu Infogesprächen ein, interessiert sich für die Redakteure. Mit manchen gibt es gute Gespräche und einmal schenkte ihr ein Redaktionsteam sogar selbst gebackene Kekse zum Firmenjubiläum. Petras Pressemitteilungen werden zu 90 Prozent auch veröffentlicht und auf einladende Weise versucht sie dabei, wenn es thematisch passt, auf Gott hinzuweisen. Der von einer Redakteurin frei verfasste Nachbericht zum 85. Geburtstag ihrer Mutter in einem lokalen Anzeigenblatt war christliche Botschaft pur. Dies hätte sie sich selbst nicht getraut zu schreiben. Petra ist dankbar dafür, dass das Verhältnis zur Presse insgesamt von gegenseitiger Wertschätzung geprägt ist.

Eine besondere Aktion ist die Schulranzen-Sammelaktion: Schüler geben ihre nicht mehr gebrauchten Ranzen in den Autohäusern der „Gebrüder Nolte" ab. Sie werden mit Schulmaterial neu gefüllt und an Bedürftige weiterverschenkt. Über tausend Schulranzen hätten so schon in den vergangenen zehn Jahren über Hilfswerke ihre Besitzer gewechselt, erzählt Petra. Was Kinder hier in Deutschland nicht mehr brauchen, sei für Kinder in anderen Ländern wertvoll.

Schlimm, wirklich schlimm war die Zeit, als während ihrer Krankheit die Blutwerte in der Chemotherapie im Jahr 2004 / 2005 sehr schlecht wurden. Sie bekam große Angst. In ihrer Hilfsbedürftigkeit und Traurigkeit und wegen der Ansteckungsgefahr allein auf einer Isolierstation betete sie, dass sie doch die Kinder bis in das Erwachsenenalter hinein begleiten dürfe. Gott hat ihr Gebet bis heute erhört. Aber auch in der gesundheitlichen Krise wollte sie nicht aufgeben, obwohl die äußeren Umstände alles andere als gut waren. Gott hat ihr dieses Leben geschenkt, um damit etwas Sinnvolles anzufangen. Sie hat erlebt, dass nach jedem Karfreitag ein Ostersonntag kommt – auch in ihrem Leben!

Den Sonntag sieht sie als Geschenk Gottes an und arbeitet überwiegend nicht. Gesetzlichkeit findet sie ganz schlimm und bedrückend, aber innere Freiheit beflügelt und treibt sie an, als Christin unterwegs zu sein. Was für den einen schon „Sünde" ist, etwa sonntags Briefe zu schreiben oder Ähnliches, ist für den anderen Entspannung. Die Balance zu halten zwischen sinnvollen, schützenden Regeln einerseits und dem befreienden Ausbrechen aus diesen Regeln andererseits, das gelingt ihr am besten in der ununterbrochenen Nähe Gottes.

▶ *Petra 2015 bei der Eröffnung des neuen Opel Autohauses in Gevelsberg mit Claus Jacobi, Bürgermeister von Gevelsberg, ihrer Mutter Fritzi Bimberg-Nolte, Andreas Niehues, dem Autohausleiter in Gevelsberg und Jürgen Keller, Executive Director Sales, Marketing & Aftersales Adam Opel AG (v.l.n.r.)*

Auf die Frage, wie wichtig Visionen sind, meint Petra, diese seien eine große Gabe und ein Privileg. Visionen verleihen Kraft, auch einmal mutige und im Moment oft unlogische Schritte zu wagen. Manchmal fühlt sie sich im Herzen von einem Gedanken gepackt, dann hört sie erst einmal darauf, aber will diese Sache dann am liebsten auch gleich umsetzen und nicht zu lange aufschieben. Doch inzwischen hat Petra gelernt, mehr auf ihre innere Stimme zu hören und nicht gleich jeder Idee zu folgen. Sie möchte von Gott geleitete Eindrücke haben und gerne noch viel mehr visionäres Vordenken lernen und anwenden. Dass das Verbinden von kindlich-staunendem Glauben und vernunftgeleitetem Wirtschaften im Leben und im Unternehmen Sinn macht, hat sich bereits erwiesen: Auf dem „Kongress christliche Führungskräfte" in Leipzig im Jahr 2007 konnte Petra Pientka für ihren mutigen Glauben den Preis christlicher Führungskräfte vor 3.500 Kongressbesuchern entgegennehmen.

Sollten Christen arm oder reich sein? Auf diese meine Frage hin antwortet Petra: „Weder … noch." Materieller Reichtum ist etwas Neutrales für sie. Sie glaubt, dass Gott in allen Gesellschaftsschichten seine Leute hat.

Die Firma „Gebrüder Nolte" ist nach wie vor ein wachsendes Unternehmen. Dadurch werden Arbeitsplätze in der südwestfälischen Region geschaffen und es kann in die Zukunft investiert werden. „Wir sind Gebrüder Nolte, eine Familie." Dies ist nicht nur ein Werbespruch, sondern lädt ein, sich in die Firma einzubringen und Hilfe und Unterstützung zu bekommen, wenn sie benötigt wird. Für junge Menschen werden zahlreiche Ausbildungsplätze geschaffen. So wird der eigene Nachwuchs ausgebildet. Mit den Mitarbeitern wird ein möglichst persönliches Gespräch geführt, durch genaues Hinhören und Einspüren. Das Gegenüber soll als „Du" wahrgenommen und respektiert werden. Auch hier wird die Zusammenarbeit nach christlichem Werteverständnis – *Einer trage des anderen Last* – gestaltet.

Ute Menze

Liebevolle Stimmung und gute Begegnungen im Geschäft

Ute Menze wurde 1948 in Schwerte / Ruhr als erstes von drei Kindern geboren. Ihr Vater war Meister in einer Gesenkschmiede, die Mutter kaufmännische Angestellte. Ute selbst absolvierte eine Lehre als Industriekauffrau.

1968 heiratete sie im Alter von 19 Jahren ihren Mann Adolf-Hermann, den sie in der Kirchengemeinde kennengelernt hatte. Zwei Kinder wurden ihnen geboren: Arndt Hermann (1969) und Meike (1972). Beide sind heute auch glücklich verheiratet und drei Enkelkinder erfreuen Ute und ihren Mann.

Adolf-Hermann war selbständiger Handelsvertreter und übernahm das 1948 gegründete Geschäft vom Vater. Ute arbeitete von Beginn der Ehe an im Büro mit. Das Geschäft blühte. Trotz der vielfältigen Aufgaben als Ehefrau, Mutter, Geschäftsfrau, Schwiegertochter, Tochter und Freundin versuchte sie sich in der Gemeinde im Posaunenchor und im Besuchsdienst mit einzubringen.

Während eines Dänemark-Urlaubs entdeckte sie die dänische Kreuzstich-Stickerei. Die Leidenschaft am Sticken wurde groß. Vor den Ferien im Sauerland 1988 wollte sie sich mit neuem Handarbeitsmaterial eindecken, fand aber einfach nichts Passendes, woraufhin sie den Entschluss fasste, selbst ein Gewerbe anzumelden. Sie hatte die Vision, dass es sicher vielen Frauen so gehen würde wie ihr. So gründete sie in jenem Jahr in der Diele ihres Hauses ein kleines hübsches Geschäft mit einer geschmackvollen Auswahl an dänischer Handarbeit. „Sticken und Schenken" nannte sie das Lädchen.

Schnell erfuhr sie viel positiven Zuspruch aus dem Freundes- und Bekanntenkreis, der ihr Mut machte, und an vorderster Stelle von ihrem Mann, der alle Ideen unterstützte und sie förderte.

Die Kinder waren recht selbständig und halfen mit. Ute war überwältigt von dem plötzlichen Andrang in ihrem Lädchen. Im angebauten Bürohaus ihres Mannes wurde dank seiner Hilfe ein neuer Raum für ihr kleines Geschäft geschaffen. Der Ansturm auf das Geschäft war schnell so groß, dass sie nicht mehr alles alleine bewältigen konnte. Ihre Mutter und Schwester unterstützten sie. Ihre Schwester war ihre erste Mitarbeiterin, die zunächst ehrenamtlich arbeitete, aber bald darauf von Ute angestellt werden konnte. Immer mehr Mitarbeiterinnen waren nötig, denn es kamen immer mehr Kundinnen von nah und fern. Im Haus wurde stetig mehr Platz für das umfangreiche und ausgefallene Angebot geschaffen. Der Kunde fand alles, um seine Handarbeit zu komplettieren: für gestickte Bilder den richtigen Rahmen, das entsprechende Zubehör, Decken, Kissen zum Nähen und wunderschöner, künstlerisch selbst angefertigter Blumenschmuck. Auch fanden die Kunden immer eine gute Auswahl an christlicher Literatur, Karten und hochwertigem Kunsthandwerk.

Im Frühjahr und an Weihnachten wurden und werden bis heute aufwendige Ausstellungen gestaltet, wobei auch der Gartenbereich stimmungsvoll mit einbezogen wird. Die Kunden kommen von nah und fern angereist. Dafür ist Ute sehr dankbar.

Als Utes Tochter Meike 1997 nach einer kirchlichen Ausbildung in den Betrieb kam, gab es erneut einen Aufschwung durch ihre besondere Kreativität. 1997 wurde die Firma acufactum gegründet. Von da an öffneten sich Ute und ihre Tochter auch für den Fachhandel. Handarbeitsbücher wurden herausgebracht und über einen Großhändler vertrieben. Zwei bis drei Stickerinnen setzten die Ideen von Meike um. Für die Buchgestaltung wurde eine

▶ *Ute und ihre Tochter Meike publizieren inzwischen auch Bücher*

weitere Mitarbeiterin eingestellt und ein Grafikarbeitsplatz eingerichtet. Nur die fertigen Dateien wurden der Druckerei übergeben, alles andere wurde im Haus gemacht. Dadurch gab es kurze Wege und schnelle Entscheidungen. Unterstützt werden die Projekte bis heute von wunderbaren Autoren, Illustratoren, Fotografinnen und von den Mitarbeitern. Die Konzentration auf den Fachhandel hat zugenommen und für die Endkunden finden nach wie vor zwei große Ausstellungen im Jahr statt. Auch auf Fachmessen sind Ute und Meike für den Fachhandel erreichbar. Durch den Onlineshop, Facebook, Pinterest, YouTube und einen Blog sind sie mit Kunden und Interessierten im Austausch.

Aus Liebe zur feinen Handarbeit gestaltet und publiziert Ute heute also mit ihrer Tochter Bücher für Kreative mit feiner Stickerei, Nähprojekten und Deko-Ideen für zu Hause. Passend zu den Büchern fertigen sie in Deutschland hochwertige Bänder, Borten, Porzellan und Geschenkpapier an. Ergänzt wird das Ganze durch Baumwollstoffe, Leinen und in Deutschland hergestellte Jacquard-Strickstoffe.

Von Kindheit an hat Ute an Gott geglaubt, erzählt sie. Ihre Mutter habe immer mit ihr gebetet. Gemeinde hat sie erst durch die Konfirmandenzeit kennengelernt. Dort hat sie sich sehr wohlgefühlt mit den Gottesdiensten, der Kirchenmusik, dem Mädchenkreis und der Mitarbeit im Kindergottesdienst. All das hat ihren Glauben gestärkt. Außerdem war ihr Mann im CVJM tätig. Er führte die Handelsvertretung seines Vaters weiter. Nach Beendigung der Tätigkeit für verschiedene große Firmen aus dem Werkzeugbereich ist er heute für das Unternehmen seiner Frau erfolgreich in ganz Deutschland unterwegs.

Den Tag beginnt Ute mit den Losungen und dem gemeinsamen Frühstück mit ihrem Mann, das immer er vorbereitet. Sie geht, wenn nötig, früh ins Büro, sonst erlaubt sie sich etwas später anzufangen als ihre Mitarbeiterinnen. Einen richtigen Feierabend schafft sie selten, aber sie arbeitet daran. Dankbar ist sie für ihr Team und das Verhältnis zu ihrer Tochter, was von großem Vertrauen und Wertschätzung geprägt ist. Der Glaube verbindet alle und darüber sprechen sie auch offen. Manchmal schaffen sie es auch, eine kleine Wochenandacht unter der Leitung von Christine, einer lieben Mitarbeiterin, miteinander zu halten. Auch in Gesprächen mit den Kunden verschweigen sie nicht, dass sie an Gott glauben, wenn es sich ergibt. Die Jahreslosung hängt in den Geschäftsräumen sowie ein Kreuz und verschiedene schöne christliche Poster. Ute macht gerne Reklame für 1000plus.de, Gott.net und auch die Kindernothilfe. Die wunderschönen evangelistischen Druckerzeugnisse der Stiftung Marburger Medien nutzt sie oft. In vielen Büchern liest man die christlichen Gedanken und Gedichte von Utes Sohn Arndt Hermann, der Pfarrer in Münster ist. Immer wieder erreichen sie Stimmen, die sagen, sie seien von seinen Texten berührt. Es gibt eine schöne Kartenserie und er hat einige Bücher veröffentlicht.

Ein Gedicht von Arndt, das Ute besonders gefällt, lautet wie folgt:

Danke
dass Du es nach jedem Winter
wieder Frühling werden lässt
dass nach jeder Nacht
ein neuer Morgen anbricht
dass Du aus jedem Ende
einen Neuanfang machen kannst

Danke
dass nicht alles schon feststeht
ich mit Dir in Bewegung bleibe
ich mich verändern kann
Du eine Zukunft für mich bereithältst

Danke
dass Du ein Auge auf mein Leben wirfst
mich an Wintertagen wärmst
mir in der Nacht leuchtest
und auch am Ende für mich da bist

Danke

Einen Traum hat Ute noch bis heute: eine direkte, persönliche Got-
teserfahrung zu erleben. Sie habe sich aber immer gesegnet gefühlt
und das Gelingen im geschäftlichen Bereich und auch die Mitarbeiterinnen als Segen empfunden.

Oft seien Kunden in den Laden gekommen und hätten gesagt,
sie müssten sich einmal etwas Gutes tun und zu Frau Menze fahren,
und damit meinten sie nicht nur Ute, sondern auch die Mitarbeiter,
die sich in gleicher Weise für jeden Kunden engagieren. Eine liebe-
volle Stimmung und der Geist Gottes begegnen ihren Kunden im
Geschäft, gute Gespräche und wertvolle Begegnungen finden statt.

Oft spricht Ute zwischendurch still mit Gott und bittet um Beistand oder bedankt sich. Im Umgang mit Lieferanten, Mitarbeiterinnen und Familie sei ihr der Spruch aus der Bergpredigt wichtig
geworden: „Alles nun, was ihr wollt, das euch die Leute tun sollen,
das tut ihnen auch!" (Matthäus 7,12).

Wenn einmal Streit in der Firma herrscht, ist das ganz schlimm
für Ute, sie will Unstimmigkeiten immer schnell beseitigen. In all
den Jahren ist dies „Gott sei Dank" nur selten vorgekommen. Gerne sind Ute und ihr Team auch bereit, Kunden in Engpässen zu
helfen – wenn einmal eine Rechnung nicht bezahlt wird, dann wird
höflich angemahnt. Es kommt schon vor, dass Rechnungen dann
auch in Teilbeträgen bezahlt werden können.

Rechnungen, die sie betreffen, versuchen sie möglichst im Rahmen der Zahlungsvereinbarungen zu begleichen, manchmal auch privat oder mithilfe der Bank, aber auf keinen Fall auf Kosten des Lieferanten.

Geldverdienen war nie Utes Motivation, sondern die Freude, etwas zu gestalten, was ihren Kunden gefiel und was ankam. Dankbar schaut sie auf viele gute Jahre zurück. Es sei viel und lange gearbeitet worden, aber alles habe sich auch gerechnet. Mit ihrem Mann hatte sie viele gute Zeiten und konnte auch viel geben. Aus dem Geschäft heraus habe sie es nicht geschafft, sehr viel für christliche Projekte oder die Kirche zu spenden, aber sie hat viele Arbeitsplätze geschaffen und habe das so gut wie möglich gemacht.

Es gebe Zeiten, in denen fühle sie sich ganz schwach und da sei sie Gott so dankbar, dass er ihr Menschen geschenkt habe, die sie halten. Ihr Mann sei ein großer Halt und auf ihre Kinder könne sie

► *Angefangen hat alles mit der Liebe zu schönem Handarbeitsmaterial*

74

sich verlassen. Selten frage sie sich, warum sie das alles mache, es war ihr Lebensweg und wenn Gott es anders gewollt hätte, hätte sie es spüren müssen.

Es gab auch schon einige bedrückende Situationen und es besteht immer eine Wechselwirkung: Kauft der Endverbraucher weniger, kann auch der Händler nicht so ordern, wie er möchte – das spüre sie dann. Immer wieder prüfe sie an der eigenen Situation, ob sie mit den Produkten richtigliegt und wie der Außendienst verstärkt und der Kundenkreis erweitert werden kann. Wieder und wieder bittet sie Gott um Weisheit, um seinen Segen. Im Buchsegment hat sie noch Träume, sonst sieht sie schon sehr klar die Realität in ihrem Geschäftsbereich. Ihr Traum ist es, ein solides Unternehmen an ihre Tochter übergeben zu können. Aufgeben wollte sie noch nie, obwohl es schwierige Zeiten gab.

Dass sie jeden Tag neu beginnen darf, verdanke sie Jesus. Sie weiß, dass sie durch ihn Vergebung für all ihre Versäumnisse, Fehler und Lieblosigkeiten erfahren kann. All das hat er mit ans Kreuz genommen und ihr dadurch neues Leben ermöglicht.

Neue Produkte entwickelt inzwischen die Tochter Meike. Sie hat ein gutes Gespür für Dinge, die zu ihrem textilen Bereich gehören, und sie hat eine Gabe, Menschen zu entdecken, mit denen die neuen Dinge umgesetzt werden können. Das seien die schönsten Begegnungen und Ute möchte meinen, es ist auch der Fügung Gottes zu verdanken.

Die Freude an dem, was aufgebaut wurde, ist nach wie vor sehr groß, aber gleichzeitig geht damit auch die Verantwortung für die Mitarbeiter einher, mit denen sie zusammenarbeiten.

Traurig sei sie darüber, dass sie nicht alles schaffe, was sie sich wünscht – besonders sei es schwierig, Zeit mit Freunden zu verbringen. Das gelinge nur bruchstückhaft, denn sie will ja auch für den Beruf, die Mitarbeiter und die Familie da sein. Aber sie gibt an dieser Stelle nicht auf.

Ohne die Hilfe ihres Mannes, ohne ihre Tochter Meike, ohne die Mitarbeiterinnen und alle helfenden Hände wie die Stickerinnen und die Schneiderin und andere, die zu ihrem Unternehmen gehören, gäbe es acufactum nicht. Ute meint, sie könne sich bei allen nur immer wieder bedanken. Und besonders bei Gott.

„Du meine Seele singe" ist eines ihrer Lieblingslieder. Oder auch das Lied von Manfred Siebald: „Es geht ohne Gott in die Dunkelheit". In der letzten Strophe heißt es:

Mehr noch als die Luft, die uns umgibt und die uns leben lässt,
brauchen wir die Nähe Gottes jeden Augenblick,
und wer nicht ersticken will, der macht am besten heute fest,
dass er mit Gott leben will, dann lernt er Stück um Stück.
Es geht ohne Gott in die Dunkelheit,
aber mit ihm gehen wir ins Licht …

Renate Frisch

GOTTES WEGE WAREN IMMER GUT

Renate Frisch, geb. Fichtner, erblickte 1934 das Licht der Welt und heiratete Wilhelm Frisch (1927–2002) aus Weinsberg / Württemberg. Sie hat eine Tochter und drei Söhne.

„Unsere Firmengeschichte ist sehr bewegend und es waren nicht immer nur gute Geschäfte. Aber Gott war immer dabei", schreibt sie in einem Brief an mich. Die Firma ist mittlerweile 120 Jahre alt.

Der Gründer der Firma, Hermann Fichtner, war der Großvater von Renate. Er war ein Sohn armer Hausweberleute aus Mittweida in Sachsen. Eigentlich wollte er Lehrer oder Pfarrer werden, was seine Eltern ihm jedoch untersagten. Auch als seine Lehrer ihm kostenlos Lehrbücher und höhere Bildung zu vermitteln suchten, blieben die Eltern hart und er war gezwungen, in einer Fabrik zu arbeiten, um mit zum Lebensunterhalt beizutragen.

In den Abendstunden hat er sich dann in kaufmännischen Fächern weitergebildet. Renate glaubt fest, dass dadurch, dass sich ihr Großvater seinen Eltern untergeordnet hat, Segen entstanden ist. Denn: Hätte er dies nicht getan und wäre Pfarrer oder Lehrer geworden, wäre nie ein Eisenwarengeschäft durch ihn entstanden.

Später zog er nach Hof, wo er nicht nur seine Frau kennenlernte und eine Familie gründete, sondern auch das erste Geschäft „Fichtner" ins Leben rief. Allerkleinste Anfänge waren dies, genau genommen war der erste Ladentisch die Kommode im Wohnzimmer. Die Großeltern waren aber glücklich und zufrieden und freuten sich über jeden neuen Kunden. Die Großmutter schrieb in jedes Kassenbuch in ihrer sauberen Sütterlinschrift „Mit Gott".

Ihr jüngster Sohn, Renates Vater, übernahm später das elterliche Geschäft. Auch ihm war aus wirtschaftlichen Gründen ein Studium versagt geblieben.

Als Renates Vater mit 49 Jahren starb, ihr Bruder mit nur 17 Jahren im Krieg geblieben war und ihre Schwester zu den Marienschwestern nach Darmstadt ging, blieb nur noch die 16-jährige Renate übrig. Sie musste sofort als Lehrling in die Firma der Eltern einsteigen. Dies war nie ihr Herzenswunsch gewesen und sie war todunglücklich. „Aber in allem", sagt sie, „war rückblickend eine Linie drin" (oder die Führung Gottes). So hat sie ihren Mann Wilhelm im Geschäft kennengelernt. Er hatte eigentlich Tierarzt werden wollen, aber nach dem Krieg gab es erst einmal nur Studienplätze für Kriegsversehrte und Verheiratete. Und so kam es, dass sich Wilhelm Frisch nach seiner Flucht aus dem schlimmen Gefangenenlager in Bad Kreuznach und nach einer Erholungspause (er hatte 70 Pfund abgenommen) nach Arbeit umsah. Diese fand er in einem Eisenwarengeschäft in Neckarsulm, nahe seiner Heimatstadt Weinsberg.

▶ *Renate mit ihrem Mann Wilhelm*

Dort arbeitete er sich von der Pike auf als Einkäufer hoch. Danach volontierte er in verschiedenen Firmen, um sich später selbständig machen zu können. So auch in Hof. Eigentlich wollte er das kalte Hof nach einem Jahr schnell wieder verlassen, doch das änderte sich, als er sich in Renate verliebte und sie sich in ihn. Er heiratet sie und machte die Firma groß.

Noch zwei Rückblicke in die Nachkriegszeit: Viele Geschäftsleute horteten Waren in ihren Kellern, bis die Deutsche Mark kam. Über Nacht waren die leeren Schaufenster gefüllt mit Waren, aber die Schaufenster der Firma Fichtner waren auch da leer. Die Menschen konnten sehen, dass Fichtners ehrlich waren und wirklich keine Ware hatten. Sie hatten kein Interesse daran, die Produkte zurückzubehalten und die Kunden zu täuschen.

In den 1950er-Jahren wurde, um den Konsum anzukurbeln, in Hof ein Gesetz verabschiedet, das bestimmte, auch sonntagnachmittags die Läden zu öffnen. Renates Mutter, die nach dem Tod des Vaters die Geschäfte führte, war aber dagegen und ließ den Laden mit dem Hinweis auf das 3. Gebot („Du sollst den Feiertag heiligen") geschlossen. Nun hieß es in der Stadt „Der Fichtner hat's nicht nötig". Doch auf dieser Entscheidung lag der Segen Gottes. Man wollte zwar erfolgreich sein, aber nicht um jeden Preis.

In den 1960er-Jahren zog die Firma in ihr erstes eigenes Geschäftshaus um, es ging aufwärts. Neben der Eisenwaren- und Werkzeugabteilung entstanden Abteilungen für Haushaltswaren, Geschenkartikel, Glas, Porzellan, Gartenmöbel, Garderobenwände u. v. m.

Nachdem Renate vier Kinder großgezogen hatte, begann ein neuer Lebensabschnitt für sie. Begonnen hatte es mit der Kündigung einer Abteilungsleiterin. Plötzlich wusste sie tief drinnen: „Jetzt bin ich dran. Jetzt möchte ich meinem Mann auch im Geschäft eine Gehilfin sein."

Anders als in ihrer Jugend ging sie nun mit großer Freude und Schwung in die Firma. Sie übernahm in Eigenverantwortung mehrere Abteilungen und ihr Mann ließ ihr dabei im Einkauf vollkommen freie Hand. Die neuen Abteilungen kamen bei den Kunden gut an und die Umsatzsteigerungen waren nicht zu übersehen.

Zum großen Renner entwickelten sich die Hochzeitstische, die damals in Mode kamen. Das war nicht nur ein wirtschaftlicher Erfolg, es ergaben sich auch fröhliche, erfrischende Begegnungen mit den jungen Leuten. Überhaupt waren Renate gute Gespräche über den Ladentisch hinweg sehr wichtig. Oft öffneten ihr wildfremde Menschen das Herz und waren dankbar für ein gutes Wort.

Allerdings hatte die Sache mit den Hochzeitstischen auch eine Kehrseite. In der Regel waren die Brautpaare selbst berufstätig und konnten erst nach 18 Uhr kommen. Da war der Laden offiziell schon zu. Die Auswahl ihrer Wünsche nahm viele Stunden in Anspruch und dauerte oft bis weit in den Abend hinein. Keiner Mitarbeiterin hätte man diese Überstunden zumuten können. Doch Renate ging dabei das Herz auf.

Ihr Mann hatte ihr für den Einkauf zwar alle Freiheit gelassen, aber wenn die Messe in Frankfurt anstand, sah es wieder anders aus. Ein Mitarbeiter, der im Einzelhandelsgeschäft der Geschäftsführer und ihr sozusagen übergeordnet war (obwohl der Betrieb ihrer Familie gehörte), beschnitt sie in ihrer Freiheit. Wenn sie zur Messe fuhr, habe sie von diesem Geschäftsführer immer eine Summe vorgeschrieben bekommen, die im Einkauf nicht überschritten werden durfte. Abends im Hotel musste dann alles aufgerechnet werden. Sie hat die vorgegebene Summe allerdings immer überzogen, weil sie Vertrauen in sich und ihr Geschäftsempfinden hatte.

Zu den Adventssamstagen wurden zusätzlich immer die Umsatzzahlen des Vorjahres vorgelegt, und diese Zahlen sollten jedes Jahr höher sein. Diese Vorgabe hat sie damals schwer ertragen. Heute lacht sie darüber. Nach all den Jahren ist sie unbeschwerter geworden.

Wenn Renate nach Frankfurt zum Einkaufen neuer Ware fuhr, nahm sie gerne eine junge, fähige Mitarbeiterin mit und hörte auf ihren Rat, denn sie selbst war mit dem aktuellen jugendlichen Geschmack nicht mehr so vertraut. Das machte sich bezahlt. Alle Ware, zu der ihr jene Mitarbeiterin riet, war später im Geschäft tatsächlich nach kurzer Zeit ausverkauft – selbst teure Sachen. Renate erinnert sich gerne an die wunderbare Zusammenarbeit mit dieser jungen Frau.

Einer ihrer Träume war es, die große Glasgeschenkartikel-Marke „Leonardo" als Extra-Shop bei sich im Geschäft führen zu dürfen. Vor der Messe in Frankfurt hatte sie alles dafür geplant: Sie überlegte sich genau, wie viel Platz und Kapital sie bräuchte, und las die Verträge durch. Voller Erwartung ging sie zum Messestand der Firma, um den Vertrag zu unterschreiben, aber der Chef von Leonardo meinte nur: „Sie sind eine Stunde zu spät, eine andere Firma aus Hof hat den Vertrag gerade unterzeichnet." Das war eine unglaubliche Enttäuschung, aber im Nachhinein weiß Renate, dass auch das von Gott geführt war. Er hatte ja schon im Voraus gewusst, dass der Einzelhandel in der Innenstadt zum Erliegen kommen würde. Sie hätte sich vertraglich aber viel länger gebunden, als das Geschäft noch gelaufen wäre und sich so in große Unkosten gestürzt. Allerdings war sie in diesem Moment auf der Messe sehr niedergeschlagen.

▶ *Das Einzelhandelsgeschäft der Firma Fichtner*

Ende der 1980er-Jahre zeichnete sich ab, dass eine Auflösung des Einzelhandelsgeschäftes erfolgen musste und nur noch der Großhandel mit Baubeschlägen und Werkzeugen weitergeführt werden sollte. Immer mehr große Märkte hatten angefangen, auch gute Markenartikel anzubieten, die bis dahin dem Fachhandel vorbehalten gewesen waren. Die Kunden seien nur noch zur Beratung in den Laden gekommen, was sehr personalintensiv war, aber letztlich nichts brachte. Denn meist seien die Kunden mit der Bemerkung gegangen, sie wollten es sich noch einmal überlegen und hätten dann die Ware im nächsten Großmarkt oder Kaufhaus eingekauft. Das sei sehr enttäuschend gewesen.

Nun begann Renate, sich innerlich von ihrem geliebten Geschäft zu lösen. Sie erkannte langsam die Richtigkeit dieser großen Entscheidung ihres Mannes, das Ladengeschäft aufzugeben.

1990 war es dann so weit. Die Wende hatte gerade erst stattgefunden und kam dem Laden in der Innenstadt, der aufgelöst werden sollte, doch noch entgegen. Einwohner aus Sachsen kamen nicht nur in großer Zahl in die Stadt, sondern auch zur Firma Fichtner. Sie konnten vieles noch irgendwie verwerten. So wurde auch die gesamte Ladeneinrichtung wie Regale und Lochplatten auf Trabis verladen und abtransportiert. Innerhalb von zwei Monaten war das Haus leer. Auch das war ein Segen von Gott.

Die Zeit des Ausverkaufs erinnert Renate an die Geschichte der Brotvermehrung in der Bibel. Ein 14-Stunden-Tag im Geschäft war für sie normal und jeder Gedanke an persönliche Freizeit musste erst einmal gestrichen werden.

Doch wie Jesus Brot und Fisch vermehrte, so vermehrte Gott auch Renates Kraft und schenkte ihr Freude am Arbeiten und Gesundheit, sodass sie trotz weniger Stunden Schlaf jeden Morgen wieder mit neuem Schwung starten konnte. Ein wahres Wunder bei allen Strapazen!

Im Blick auf den Großhandel dachte man, der große Durchbruch sei da, und hatte viele Hoffnungen. In Wirklichkeit sah es ganz anders aus. Die Handwerksbetriebe im Osten brauchten zwar eine ganze Menge, aber viele waren nicht recht zahlungsfähig und manch ein Betrieb konnte zum Nachteil der Firma Fichtner die Rechnungen nicht begleichen. Der Großhandel mit seinen 80 Mitarbeitern existiert jedoch heute nach wie vor und wird in einem eigenen Geschäftshaus nach dem Tod von Renates Mann von ihren Söhnen fortgeführt. Auch hat das Unternehmen immer noch einen Schlüsseldienst mit mehreren beschäftigten Schlossern. Im Wandel der Zeit hat man sich mehr und mehr auf Sicherheitstechnik und Mechatronik spezialisiert. „Interessant ist, dass Mitbewerber, die viel größer waren, schon lange vom Markt sind, aber die Firma Fichtner gibt es immer noch", berichtet Renate voller Dankbarkeit.

Als ihr Bereich, der Einzelhandel, geschlossen worden war, sei sie wie befreit gewesen und bereit für Neues, erzählt Renate.

Das „Neue" kam zunächst in Gestalt einer verstärkten Mitarbeit im Marburger Kreis (eine überkonfessionelle missionarische Arbeitsgemeinschaft von Christen). Renate und ihr Mann hatten bereits 1965 auf einem Seminar des Marburger Kreises zum lebendigen Glauben an Jesus Christus gefunden.

Danach entwickelte sich bei Renate eine unerklärliche Liebe zu Land und Leuten in Israel. Eine Freundin hatte einen Israel-Laden in Hof gegründet, der viele Gebrauchsartikel wie Bücher, Schmuck, Kosmetik und Lebensmittel aus Israel anbietet. „Da gehöre ich hin!", dachte sie damals begeistert und hat dort noch zehn Jahre ehrenamtlich mitgearbeitet. Es wurden auch Überlebende des Holocausts eingeladen, die tagsüber in Schulen referierten, und abends wurden Vorträge organisiert. Ebenso Fahrten zu KZ-Gedenkstätten. „Das war eine sehr reiche Zeit mit interessanten Begegnungen", sagt sie.

Mit 73 Jahren hörte sie auch damit auf. Nun galt es, sich verstärkt der Familie zu widmen, denn die Enkelschar war inzwischen auf neun Kinder angewachsen. Da war und ist eine Oma sehr wichtig – besonders eine mit Führerschein, die ihre Enkel von A nach B fahren kann.

Renate blickt voller Dankbarkeit auf alles zurück. Sie sagt: „Ich sehe deutlich die Führung Gottes in meinem Leben, in guten wie in schlechten Geschäftsjahren. Seine Wege waren immer gut." Mit diesen Worten verabschiedet sie sich von mir.

Antje Köppen

KOMPETENZEN ERWERBEN IM FAMILIENUNTERNEHMEN

Antje Köppen, 1982 als Antje Kroß geboren, wuchs in Boitzenburg in der Uckermark auf und ist verheiratet mit Gustav Köppen. Gustav ist Diplom-Sozialpädagoge und arbeitet im Jugendamt in Prenzlau. Beide haben drei Kinder, Fritz, Johanna und Luise.

Antjes Eltern sind Förster und so wuchs sie mit ihrer älteren Schwester nahe am Wald auf. Sie studierte Landschaftsplanung an der TU Berlin und konnte dort 2007 ihren Abschluss machen. Danach arbeitete sie als wissenschaftliche Mitarbeiterin an der TU Berlin und begann auf Anraten ihrer Professoren mit einer Promotion. Im Jahr 2004, noch während ihres Studiums, heiratete sie Gustav. Im Jahr 2008 ging das Ehepaar nach Prenzlau zurück, damit der erste Sohn nicht in Berlin aufwachsen musste. Es hatte Antje und Gustav ohnehin immer zurück in die Heimat, die Uckermark, gezogen – auch, weil sich dort ihre Kirchengemeinde befindet. 2011 erwarben sie ein Haus aus den 30er-Jahren in Hardenbeck, auf dem Land. In diesem Ort hatte Antje einen Großteil ihrer Kindheit verbracht und dort leben auch die Schwiegereltern. Ihre Eltern, die in Boitzenburg wohnen, sind ebenfalls ganz in der Nähe.

Als Fritz 2009 geboren wurde, gestaltete sich alles zunächst sehr unkompliziert und Antje dachte, sie könne als moderne Frau weiterhin als wissenschaftliche Mitarbeiterin an der TU in Berlin arbeiten, promovieren und gleichzeitig für ihre kleine Familie da sein. In der Realität war dann aber doch alles ganz anders. Die eineinhalb Jahre, die sie nach der Geburt von Fritz arbeitete, waren für sie ein absoluter Stress und sie war hin- und hergerissen zwischen Beruf und Familie. Diese Zerrissenheit wirkte sich zunehmend auf den Familienalltag aus. Antje und Gustav wurde klar, dass sie einen hohen Preis dafür bezahlen würden, wenn beide weiterhin ihren beruflichen Ambitionen *und* dem Wunsch nach einer größeren Familie folgen würden. Einer der beiden Bereiche würde immer zu kurz kommen und es wäre sehr schade, wenn es sich dabei um die Kinder bzw. die Familie handelte. Sie wussten, dass sie sich entscheiden mussten, und wollten auch eine Entscheidung treffen. Mit der Geburt von Johanna entschloss sich Antje Anfang 2011 dazu, ein ausschließliches „Familienunternehmen" zu beginnen. Leicht war es nicht. Sie musste erst lernen, die Arbeit als Hausfrau und Mutter selbst wertzuschätzen. Sie war ja als DDR-Kind großgeworden und nach dem Fall der Mauer in einer Gegend aufgewachsen, in der die Frauen immer gearbeitet hatten und die Erziehung der Kinder den Krippen und Kindergärten vorbehalten gewesen war. Das hatte sie als Krippen-, Kindergarten- und schließlich Hortkind natürlich auch geprägt. Noch heute ist es in Antjes Heimat so, dass es ein absolutes „No-go" ist, wenn die Mutter bei den Kindern bleibt, um diese selbst zu erziehen. Es wird ihrer Meinung nach oft der Eindruck vermittelt, als ob dies der Inbegriff von wertloser Arbeit und verlorener Liebesmüh sei. So bekommt sie oft die Frage gestellt: „Und du machst zur Zeit *nichts*?" Man könne es doch so viel einfacher haben, meint der Fragesteller dann, und mit der Auszahlung eines monatlichen Gehalts habe man doch als Mensch erst einen richtigen Wert und man könne dem Kind so viel mehr bieten. Gegen diese vorherrschende Meinung hat Antje ständig anzukämpfen – nach innen und nach außen.

Die Kinder sind nun aus dem Gröbsten heraus und Antje muss nicht mehr nur wickeln, stillen, tragen und Brei kochen. Doch mit dem zunehmenden Alter der Kinder kommen nun auch andere Herausforderungen dazu. Antje und Gustav haben beschlossen, die Kinder erst mit drei Jahren für zweieinhalb Stunden zwischen Frühstück und Mittagessen in den Dorfkindergarten zu geben. Hier können sie mit anderen Kindern spielen und die Vorschule besuchen. Um aber einen echten Draht

▶ *Antje ist es wichtig, viel Zeit mit ihren Kindern zu verbringen*

zu den eigenen Kindern aufzubauen, um sie wirklich zu verstehen und ihnen einen stressfreien Ruheort zu geben, in dem sie tiefe, sichere Wurzeln schlagen können, müsse man Zeit investieren, findet Antje. In der Regel bedeutet das, einen längeren Arbeitstag zu haben, als sie ihn zuvor im Beruf hatte.

Antje und Gustav sind in ständigem Austausch, unterstützen sich und wissen voneinander. Das ist beiden in ihrem „Unternehmen" wichtig. Das Paar versteht sich als Team und beide haben in ihrem Familienunternehmen ihre Aufgaben. Gustav geht außer Haus arbeiten und verdient das Geld, mit dem sie wirtschaften können. Antje sorgt dafür, „dass der ganze Rest rundläuft", wie sie es nennt. Das bedeutet vor allem, dass sie für die Kinder von morgens bis zum späten Nachmittag da ist. Sie versorgt sie allein und erzieht sie auch hauptsächlich. Sie führt den Haushalt, kocht und kümmert sich um den Hof und die Haustiere (Hühner, Enten, Puten, Hängebauchschweine und die Katze). „Es ist toll, dass die Kinder so nahe mit der Natur aufwachsen und jedes Detail miterleben können", sagt sie. So hat vor Kurzem eine Henne „gegluckt" und aus den Eiern schlüpften nach einiger Zeit tatsächlich Küken, mit denen die Kinder gespielt haben. Das alles zu beobachten und zu lernen, aber auch zu erleben, wie ein Tier geschlachtet wird, lehrt die Kinder vieles.

Im Alltag ist der Tagesablauf ziemlich straff geregelt. Gustav steht um 5 Uhr vor dem Rest der Familie auf und verlässt das Haus. Etwas später steht Antje mit den Kindern auf. Dann folgt eine morgendliche Routine, die das Anziehen, Frühstücken, Brotzeiten-Machen und die Morgenhygiene für alle drei Kinder beinhaltet, sodass Fritz pünktlich um 7:45 Uhr mit dem Schulbus in die Grundschule fahren kann und die beiden Mädchen um 8:30 Uhr im Kindergarten sind. In den folgenden zweieinhalb Stunden hat Antje Zeit für verschiedenste Arbeiten, die im Haus, Garten und Hof erledigt werden müssen. Die Tiere werden versorgt und das Mittagessen gekocht. Um 11 Uhr werden Johanna und Luise vom Kindergarten wieder abgeholt und Antje isst mit ihnen zusammen zu Mittag. Anschließend ist für beide Mädchen Mittagspause. Am frühen Nachmittag kommt Fritz nach Hause und isst sein Mittagessen. Antje fragt nach, wie es in der Schule war. Die Antworten darauf fallen mal mehr und mal weniger ausführlich aus. Der Nachmittag ist dann durch Familienprogramm geprägt. Sie arbeiten zusammen im Garten, gehen spazieren, machen Fahrradtouren, spielen, basteln oder bauen Lego im Haus. Um 17 Uhr kommt Gustav nach Hause und nutzt die Zeit, um auf dem Hof und dem 4500 m² großen Grundstück Arbeiten zu erledigen. Dann beginnt auch schon die Abendroutine, die daraus besteht, dass sie gemeinsam Abendbrot essen, Schulsachen vorbereiten, die Kinder duschen und zu Bett bringen. Antje liest den Kindern vor und betet mit ihnen vor dem Einschlafen. Dann wird aufgeräumt und einige Dinge für den nächsten Tag werden vorbereitet. Gustav und Antje ist es sehr wichtig, dass sie abends ohne die Kinder noch gemeinsam Zeit haben, bevor es auch für sie ins Bett geht. Die Organisation bzw. Logistik des ganzen „Betriebes" sei nicht immer ganz einfach, meint Antje.

Kindern den christlichen Glauben vermitteln kann man nur, meint Antje, indem man authentisch lebt. Wenn sie selbst ein Leben führt, in dem der christliche Glaube alltagsrelevant und nicht nur religiöses Programm ist, spricht das lauter als alle Kindergottesdienste und geistlichen Lektionen, die man den Kindern beibringen will. Dazu gehört es auch, mal Schwäche zu zeigen und nicht so zu tun, als ob man als Erwachsener immer alles im Griff hätte. Die Kinder wollen von sich aus Geschichten aus der Bibel vorgelesen bekommen und wissen schon mehr als so mancher Erwachsene. Als Familie gehen sie jeden Sonntag in den Gottesdienst und die Kinder kommen gerne mit. Das ist Antje und Gustav besonders wichtig. Es gebe sehr viele Momente, erzählt Antje, in denen die Kinder tiefgründige Fragen zum Thema Glauben stellen würden. Dann nimmt sie sich Zeit, um diese Fragen gründlich zu beantworten.

► *Antje beim Vorlesen*

In der Zeit mit den Kindern habe sie gelernt, sich Freiräume auch während zu erledigender Arbeiten zu verschaffen. Die besten Zeiten für ein Gespräch mit Gott habe sie oft sogar beim Arbeiten im Garten oder z. B. beim Fensterputzen. Mittags oder auch mal abends nimmt sie sich Zeit, um sich hinzusetzen und in der Bibel zu lesen. Jesus erlebt sie als ihren Erlöser, antwortet sie knapp und klar auf meine Frage, wer Christus denn für sie sei. „Es geht um eine Beziehung mit Gott, die mit Leben gefüllt werden muss und die auch erlaubt, dass ich mich verändern lasse!", meint sie. Aus ihrem Austausch mit Gott und mit ihrer Familie schöpfe sie die Kraft für all die Herausforderungen des Lebens. Sowohl ihre Eltern als auch ihre Schwiegereltern wohnen in unmittelbarer Nähe und seien da, wenn mal Hilfe oder Rat nötig sei.

Eine große Herausforderung sei es bisher für sie gewesen, dass sie über viele Monate hinweg nachts nicht durchschlafen konnte, sich den Tag über für alles allein zuständig fühlte und der einzige Ansprechpartner für alle Fragen der Kinder und für alle Hilfestellungen war. In vielen Situationen habe sie sich gewünscht, dass sie sich einfach aufteilen könnte, weil sie an mehreren Orten gleichzeitig gebraucht wurde. Inzwischen genieße sie es, dass die Kinder schon etwas älter seien.

Es gab auch Zeiten, in denen sie das Gefühl hatte, dass sie nichts bewege und dass ihre Arbeit nichts bedeute, obwohl sie von früh morgens bis teilweise in den späten Abend hinein beschäftigt sei. Kein Kind kann einschätzen, wie viel Arbeit z. B. die Wäsche oder das Zubereiten der Mahlzeiten macht, und bedankt sich anschließend dafür, saubere Wäsche im Schrank oder gesundes Essen auf dem Tisch zu haben. Dennoch verbringt sie viel Zeit damit. Sie musste lernen, unbeirrbar ihren Weg zu gehen und sich davon nicht frustrieren zu lassen, dass der Wert ihrer Arbeit oft nicht wahrgenommen wird.

Auf meine Frage, wie sie über den Umgang mit Geld denkt, hat sie einiges zu sagen. Fakt sei für sie, dass sie als Familie Geld zum Leben brauchen, das stünde außer Frage. Dennoch sei das Verlangen nach mehr Geld auch eine Versuchung, falsche Entscheidungen zu treffen und in ein Hamsterrad zu geraten. Das habe sie selbst bei ihrer ursprünglichen Entscheidung gesehen, nach dem Studium eine Familie zu gründen und gleichzeitig berufstätig zu bleiben. Rückblickend aber habe sie mit Gustav sehr viele Entscheidungen getroffen, die an wirtschaftlichen Gesichtspunkten gemessen nicht sehr klug erschienen, aber trotzdem richtig waren. Eine dieser Entscheidungen sei z. B. gewesen, in einer strukturschwachen Region mit wenig Karrierechancen und bundesdurchschnittlich niedrigen Löhnen zu leben. Antje erzählt, sie habe sich dabei aber immer gut versorgt gefühlt, und sie glaubt, mit allen diesen Entscheidungen gut gefahren zu sein. Die Idee, dass die Menge an Geld, die sie beide monatlich verdienen, wirklich ein Ausdruck für ihren Wert oder den Wert der von ihnen verrichteten Arbeit sei, haben sie schon lange aufgegeben. Und das sei auch gut so.

Wenn sie nicht weiterwüssten oder unsicher seien, würden sie Eltern oder auch Bekannte um Rat fragen. Bei Erziehungsfragen sind Gustavs Eltern für Antje gute Ratgeber geworden, da auch ihre Schwiegermutter ihre vier Kinder zu Hause erzogen hat und somit die Sorgen und Herausforderungen in dieser Lebenssituation kennt. Antje meint, es sei dumm, die Lebenserfahrungen der älteren Generation hier nicht mit einzubeziehen, und sie sei froh, dass die Kinder in einem so engen Verhältnis zu allen ihren Großeltern und teilweise auch Urgroßeltern aufwachsen könnten.

Auch wenn Antjes Arbeitsplatz im Augenblick zu Hause ist, sieht sie sich nicht auf Kinder, Haus und Hof beschränkt. Sie glaubt, dass viele ein abschreckendes Bild von einer „Hausfrau" im Kopf haben, die eine frustrierte Persönlichkeit sei, die schon lange den Draht zur Außenwelt verloren habe und permanent über ihren Kindern glucken möchte. Alles habe seine Zeit, meint sie und ist sich sicher, dass in ihrem Leben noch viele andere Phasen mit neuen Herausforderungen kommen werden.

In Zeiten, wo schon nach drei Jahren Abwesenheit vom erlernten Beruf von „Berufsentfremdung" gesprochen werde und die größte politische Errungenschaft für Familien die 24-Stunden-Kitas seien, werde völlig außer Acht gelassen, dass man in diesem Lebensabschnitt viele Kompetenzen erwerbe und sich vor allem auch als Persönlichkeit entwickle, meint Antje. Doch gerade das scheint heutzutage nicht mehr gefragt und viele sind der Ansicht, dass die eigene Arbeitskraft und Qualifikation nicht in die Familie gesteckt werden solle. Aber nicht umsonst redet man in der Phase, in der Familien noch kleinere Kinder haben, von der „Rushhour des Lebens", in der so viel anliegt, dass das Leben gefühlt an einem vorbeisaust. Antje und Gustav jedoch wollten nicht, dass ihre Kinder einfach so „nebenbei" großgezogen werden. Als Vollzeitmutter investiere sie nicht in ihre Karriere, ihre Rente, ihre Weltreise, ihren guten Ruf, sondern sie sei in erster Linie für andere da. Das sei zwangsläufig so und ergebe sich aus dem Elterndasein. Sie betrachte das als etwas sehr Gesundes. Jungen Erwachsenen rät sie daher, nicht zu lange mit dem Kinderwunsch zu warten und in den 20ern oder frühen 30ern mit der Familienplanung zu beginnen.

Als allgemeingültiges Rezept möchte sie ihr Lebensmodell nicht verkaufen. Mit einer unglücklichen Mutter zu Hause sei auch niemandem geholfen. Vielmehr möchte sie zum Nachdenken anregen. Eltern sollten sich mit dem Thema Betreuungsformen und frühkindliche Entwicklung zumindest auseinandersetzen und nicht ihre Kinder mit Ablauf des ersten Lebensjahres so mir nichts, dir nichts in eine Vollzeit-Kita geben. Es gebe durchaus Alternativen und Zwischenlösungen. Um dahin zu kommen, müsse man sich jedoch erlauben, sich selbst und auch das vorgegebene System kritisch zu hinterfragen. Dazu gehört auch, dass man bereit ist, unpopuläre Entscheidungen zu treffen.

Hin und wieder komme es vor, erzählt Antje, dass Menschen in ihrer Umgebung sagen, dass ihre Kinder gut erzogen seien oder dass sie eine tolle Familie seien. Viel Ermutigung bekomme sie von der Familie und von Freunden. Noch gewichtiger seien diese Feststellungen aber von jemand Unabhängigem, wie z. B. ihrem Kinderarzt. Da man als Hausfrau und Mutter in der Regel kein Feedback zur Qualität der eigenen Arbeit bekomme, seien das Momente, die ihr zeigen, dass sie doch nicht so danebenliege, wie sie es an schlechten Tagen denke. Dennoch werden die eigentlichen Früchte ihrer Arbeit in aller Konsequenz wohl erst zu sehen sein, wenn die Kinder erwachsen und für ihr eigenes Leben verantwortlich sind. Bis dahin müsse man sich als Eltern gedulden und weitermachen. Bereut habe sie die Entscheidung noch nie, dieses „Familienunternehmen" gegründet zu haben. Es ist ein toller Lebensabschnitt und Antje empfindet es als ein Privileg, ihre Kinder selbst erziehen zu können.

Hanne Keim

Gott hat noch mehr vorbereitet

Hanne Keim wurde 1963 als jüngstes Mädchen der Familie geboren und wuchs auf einem Bauernhof auf. Ihr Vater stammte aus Ostpreußen, die Mutter aus Marxgrün in Oberfranken. Der Vater war Landwirt und die Mutter nähte. 1990 heiratete sie Thomas Keim und bekam mit ihm insgesamt drei Kinder.

Am 1. August 1989 übernahm Hanne auf dem Marktplatz der Stadt Naila in Oberfranken ein Einzelhandelsgeschäft für Farben, Korbwaren, Bastelartikel und Kunstgewerbe. Das Geschäft bestand zu dieser Zeit schon seit 17 Jahren. Bedingung der Übernahme war, den Warenbestand zu übernehmen und zusätzlich eine hohe Summe für den Namen und die Einrichtung zu bezahlen. Hanne war 26 Jahre alt, alleinstehend und hatte sich gerade für Jesus entschieden.

Der Geschäftsführer bot ihr den Laden an und meinte, wenn es einer schaffe, den Laden weiterzuführen, dann sie. Zuvor hatte sie im selben Laden eine Ausbildung zur Einzelhandelskauffrau absolviert und war sowieso schon die meiste Zeit für das Geschäft verantwortlich gewesen, weil der Inhaber an Krebs erkrankt war. Innerhalb von einer Woche musste sie sich entscheiden.

Mit einigen Geschäftsleuten und Erich Bunzmann, über dessen Frau auch in diesem Buch berichtet wird, habe sie sich beraten, erzählt sie. Es wurde gerechnet, gesprochen und gebetet. Ein Geschäftsmann habe ihr damals gesagt, wenn sie den Laden übernähme, dann wäre das so, als ob sie in ein sibirisches Arbeitslager ginge – Jahre später musste sie sich im Gebet von dieser negativen Festlegung lossagen. Hanne schloss mit ihrem Vermieter für den Laden und die Lagerräume Verträge über fünf Jahre, mit einseitiger Option, was bedeutete, dass nur Hanne verlängern konnte. Die Norm waren damals eigentlich Zehn- oder Zwanzigjahresverträge. Wie sich herausstellte, war der Warenbestand zu hoch bewertet und die Bank machte nicht mit. Kurz vor der Unterschrift stand noch einmal alles auf der Kippe. Aber dann fand man doch zu einer Einigung. Weil das Geschäft durch die Wende so gut lief, konnte Hanne der Witwe des früheren Geschäftsinhabers noch einmal 10.000 DM zahlen. Das war im Jahr 1990 viel Geld. Heute weiß sie, dass das Warenlager tatsächlich viel zu hoch angesetzt worden war und dass es ohne Gottes Eingreifen für sie bestimmt sehr schwer geworden wäre.

Als Hanne noch in Coburg zur Schule ging, – und auch während ihrer Ausbildung – habe sie sich mit vielen Weltanschauungen beschäftigt, erzählt sie, doch die hätten sie eher in eine Krise gestürzt. Aber auf einer Tagung des Marburger Kreises bei Hannover an Ostern 1986 entschied sie sich schließlich für Jesus Christus. Nie habe sie das bereut, sagt sie. Es sei die beste Entscheidung ihres Lebens gewesen. Nach ihrer Hinwendung zu Christus hatte sie im Gebet den Eindruck, nach der dreijährigen Ausbildung mit gutem Abschluss weiter im Laden arbeiten zu sollen. Alle Türen zu anderen Optionen hatten sich zu diesem Zeitpunkt erstaunlicherweise geschlossen. Vom Inhaber wurde sie sehr gerne wieder eingestellt, obwohl sie eigentlich lieber etwas hatte machen wollen, was sie mehr forderte. Das Angebot, den Laden zu übernehmen, kam deshalb genau richtig. Denn ein Geschäft mit zwei Auszubildenden und einem Verkaufsraum mit Lagerräumen zu führen, das war in der Tat eine Herausforderung. Ein sehr zuverlässiger Bankberater stand ihr zur Seite. Er erkannte ihr Potenzial und beantragte ein Existenzgründungsdarlehen und eine Grenzlandförderung zu niedrigen Zinsen von 6–8 Prozent. Damals betrug der Hochkonjunkturzins normalerweise bis zu 15 Prozent. Als Sicherheit musste Hanne der Bank ihr gesamtes Warenlager überlassen, einen Teil ihres Erbes und die geerbten erschlossenen Baugrundstücke mit Eintrag ins Grundbuch, welchen sie baldmöglichst löschte. So wurde sie schließlich am 1. August 1989 zu einer selbständigen Geschäftsfrau. Da der frühere Geschäftsführer nur fünf Tage später starb, wurde die Freude durch Trauer getrübt.

Den Abschluss zur Einzelhandelskauffrau hatte sie zwar mit der Note 1,0 gemeistert, aber Theorie und Praxis unterschieden sich dann doch. Auf der Schulschreibmaschine füllte Hanne die ersten Lohnzettel für die Angestellten aus – sie hatte mittlerweile eine Mitarbeiterin voll eingestellt und die zwei Lehrlinge übernommen. Im zweiten Geschäftsjahr absolvierte sie die Ausbildereignungsprüfung bei der Industrie- und Handelskammer in Bayreuth und konnte so im Laufe der Jahre einige Verkäuferinnen und Einzelhandelskaufleute ausbilden. Sie hatte ungefähre Vorgaben, was sie täglich einnehmen musste, um Gewinne zu erzielen. Aber eines Tages, an einem Freitag, hatte sie einmal so wenig Umsatz, dass sie ganz verzweifelt war und in ihrem Zimmer weinte und betete. Ihre Eltern wollte sie damit nicht belasten. Sie schüttete ihr Herz Gott aus und bekam übernatürlichen Frieden und Trost geschenkt, wie sie ihn noch nie zuvor erlebt hatte.

Wenige Tage später öffnete sich die Grenze zur DDR – damit hatte niemand gerechnet, dass die Mauern so schnell und ohne Gewalt fallen würden. Da Hannes Laden nur ungefähr zehn Kilometer von der Grenze entfernt lag, wurden dort die 100 DM Begrüßungsgeld, die die Bundesregierung jedem Einreisenden zahlte, gleich wieder ausgegeben. Es stellte sich heraus, dass die Bedürfnisse der DDR-Bürger ganz anders waren. Normalerweise boomten bei Hanne Leonardo-Glas in allen Farben und handgewebte, bunte Tischdecken. Doch die Ostdeutschen hatten andere Bedürfnisse.

Sie wollten Regenschirme, Übertöpfe, Wäschetruhen, Stofftiere, Hänge-Etageren, vergoldete Ketten, Korbwaren – alles eben, was in der ehemaligen DDR nicht oder nur schwer zu bekommen war. Diesem Bedürfnis konnte Hanne als Geschäftsfrau gut nachkommen, indem sie diese Artikel regelmäßig in großen Mengen nachbestellte. Die Lieferanten von Hanne aus den anderen Bundesländern freuten sich über die große Nachfrage und sie erlebte rührende Szenen zwischen Ost und West im Laden. Besonders die ältere Generation war manchmal emotional sehr aufgewühlt. Später sei das dann auch mal ins Negative umgeschlagen wegen der Trabis, die doch einige Luftverschmutzung verursachten. Hanne erlebte, wie die Stimmung nach und nach kippte. In ihrem Laden versuchte sie dagegenzuhalten, denn sie wusste, dass der Fall der Mauer letztlich eine Bereicherung für alle sein würde. Inzwischen hat sie wunderbare Kunden und Freunde aus den neuen Bundesländern gewonnen.

Die Grenzöffnung war für Hannes Geschäft ein großes Glück, weil sie durch die vielen neuen Kunden ihre Kredite früher zurückzahlen konnte. Schlimm war es, als sich ein Lehrling von ihr genau gegenüber ein Geschäft mietete und dort das gleiche Sortiment anbieten wollte. Die junge Frau hatte ja Zugang zu allen Unterlagen gehabt und Hanne hatte sie gut ausgebildet. Das war sehr schwer für sie, denn jeden Tag musste sie an dem Geschäft vorbeigehen und fühlte sich hintergangen. Da war echte Vergebungsarbeit nötig, aber nach ein paar Monaten habe es ihr nichts mehr ausgemacht, erzählt Hanne. Der Laden existierte nur ein oder zwei Jahre.

Als Unglück erlebte Hanne auch einen Wasserschaden in ihrem Geschäft in Naila, weil die Beziehung zu den Vermietern dadurch zerbrach. Nach über zwanzig Jahren am gleichen Ort zog sie dann, ausgelöst durch den Wasserschaden, aus dem Geschäft aus und gründete in ih-

▶ *Die „Dekoscheune" – ein Einkaufserlebnis über zwei Etagen*

rer Scheune das Geschäft neu, welches fortan „Dekoscheune" hieß. Das war im Nachhinein kein Fehler, sondern ein großer Segen. Schon vor ungefähr 22 Jahren hatte Hanne die Idee gehabt, neben dem Geschäft in Naila in der alten Scheune nur Weihnachtssachen und später dann auch Produkte exklusiv für Ostern zu dekorieren. So etwas gab es damals noch nirgendwo. So betete sie, überlegte und fragte Gott, was sie tun solle. Die Scheune war unbeheizt und sie plante, jedem Kunden einen Glühwein anzubieten und die Scheune weihnachtlich mit antiken Schränken und Ähnlichem zu dekorieren. Damals öffnete sie eine verstaubte Schublade und fand zu ihrer Überraschung drei Flaschen Glühwein darin. Keiner wusste, wie diese dahin gekommen waren. Für Hanne war es jedoch ein Zeichen, ihren Plan umzusetzen – aus dem Verkauf von Weihnachtsartikeln ein Event zu machen. Vor dem Tag der Eröffnung war ihr aber doch recht bange und sie fragte sich, ob überhaupt jemand kommen würde. Aber vom ersten Tag an war die Scheune ein Anziehungspunkt und sie hatte ständig Kunden. Sie hatte nur am Wochenende geöffnet und die Schwiegermutter musste sie unterstützen. Einmal wurde die Idee auch kopiert, doch ein Geschäftspartner tröstete sie und sagte: „Wenn du gut bist, wirst du eben kopiert!" Im Laufe der Zeit erlebte sie das noch öfter. Heute ist die „Dekoscheune" über zwei Etagen ein Erlebniseinkauf.

Hanne erzählt, sie habe nie gedacht, dass aus kleinen Anfängen einmal so etwas entstehen würde. Sie empfinde es auch immer wieder als ein Wunder, dass sie Gunst bei den besten Lieferanten ihrer Branche habe, die ihr sehr gute Konditionen anboten. Sogar richtige Freundschaften seien mit der Zeit entstanden. Immerzu ist sie auf Ideensuche auf den großen Messen in Frankfurt, München, Leipzig oder Köln. Sie geht auch auf verschiedene Hausmessen ihrer Lieferanten. Inzwischen kaufen Thomas und Hanne fast alles zusammen ein. Vor ein paar Jahren war Hanne sogar, vermittelt durch einen Kontakt in ihrer Gemeinde in Schwarzenbach, in Neu-Delhi auf einer Messe und überlegte, ob sie Waren selbst importieren solle. Zusammen mit einer Direktrice gründete sie eine indische Firma, die hochwertige Stoffe wie Seide und Organza verarbeitete, und entwarf eine eigene Kollektion für Gardinen, Läufer, Mitteldecken und Kissen. Die Firma gibt es immer noch. Inzwischen werden dort

Schuluniformen hergestellt. Für Hanne war das alles eine großartige Erfahrung und auch ein gutes Geschäft. Leider konnte dieses Geschäft nicht weitergeführt werden, auch, weil Frauen in Indien nicht ernst genommen werden. Außerdem wurde der Transport der Waren viel zu teuer.

Schwierig war es für sie, Familie, Kinder, Ehe und das Geschäft immer unter einen Hut zu bringen. Das war stets ein Balanceakt. Manchmal lief der eine Bereich sehr gut, doch dann brauchte der andere wieder mehr Aufmerksamkeit. In einem Seminar für christliche Geschäftsleute habe sie einen wichtigen Impuls bekommen, meint Hanne: Man müsse die Prioritäten richtig setzen. An erster Stelle stehe die Beziehung zu Gott und Jesus. An zweiter der Ehepartner, an dritter die Kinder und dann erst an vierter Stelle komme das Geschäft. Das habe sie ausprobiert und gemerkt, dass es gut sei, die Prioritäten derart zu setzen. Früher schon habe sie von Kindern von Geschäftsleuten gehört, die sich vernachlässigt gefühlt haben, weil sie den Eindruck hatten, die Eltern beschäftigten sich nur mit dem Geschäft. Das wollte sie auf gar keinen Fall. Von Anfang an haben ihr Mann Thomas und sie Jobsharing praktiziert, was bedeutete, dass einer von beiden immer bei den Kindern war. Zuerst war nur Hanne zu Hause, als die Kinder noch ganz klein waren, und ihr Mann Thomas war im Geschäft. Dann haben sie sich alles aufgeteilt und im Notfall hatten sie auch noch Omas und Opas, die einspringen konnten. Die Eltern und Schwiegereltern haben viel gekocht, gebügelt und anderes mehr. Heute ist es Hanne wichtig, mit der ihr geschenkten Kraft und Zeit weise umzugehen. Die Kinder sind fast aus dem Haus, aber die Mutter braucht nun auch Aufmerksamkeit.

Ihr Mann Thomas hat u. a. katholische Theologie studiert. Als Hanne ihn kennenlernte, absolvierte er gerade eine Ausbildung zum Zimmermann. Außerdem studierte er noch mehrere Semester Bauingenieurswesen in Coburg. Als Hanne mit dem zweiten Kind schwanger war, wurde ihr alles ein wenig zu viel – die Kinder und das Geschäft forderten einen großen Einsatz und Thomas war oft in Coburg. Nach reiflicher Überlegung stieg Hannes Mann dann in das Geschäft mit ein. Er baute viel im Haus und im Geschäft. Zur Zehnjahresfeier wurde der ganze Laden von Thomas fast allein komplett umgestaltet. Seit ein paar Jahren ist er auch für die Buchführung und die Finanzen des Geschäfts zuständig. Ihr Mann stehe oft hinter ihren Ideen, meint Hanne, aber nicht immer. Wenn sie einmal nicht einer Meinung sind, schieben sie die Sache so lange wie möglich hinaus. Muss diese aber aus Zeitgründen schnell entschieden werden, dann tue das Thomas. Beide beten sehr oft zusammen, besonders für anstehende Entscheidungen. Zusammen erledigen sie auch den Haushalt, das Kochen, Einkaufen, Auspacken der Ware, Dekorieren und Verkaufen. Sie besprechen alles gemeinsam und besonders an den arbeitsintensiven Wochenenden mit Gartenausstellungen sind beide sehr gefordert.

Von Anfang an wusste Hanne, dass das Geschäft sehr gut zu ihr passen würde. In den vergangenen 27 Jahren haben viele Veränderungen stattgefunden, so z. B. zaghafte, aber stetige Schritte beim Sortimentswechsel. Dankbar sei sie für viele wunderbare Kunden, die gerne und ausgiebig bei ihr einkaufen und sehr freundlich sind. Oft sei sie überrascht, wie Gott die Menschen zu ihr führt.

Mit Mitarbeitern und Lehrlingen sei es oft schwer, über den Glauben zu reden, erzählt Hanne. Aber manchmal ergäben sich gute Gespräche und hin und wieder konnten sie und ihr Mann auch schon für eine Angestellte beten. Öfter habe sie auch gläubige Mitarbeiter in ihrem Geschäft gehabt. Hannes Schwester hat sich bei einem Alpha-Kurs (einem Glaubenskurs) bei ihnen zu Hause für ein Leben mit Jesus entschieden.

Nach dem ersten Baby haben Hanne und ihr Mann es nicht mehr geschafft, morgens vor dem Frühstück Zeit mit Gott zu verbringen, in der Bibel zu lesen und zu beten. Aber noch heute nutzen sie lange Autofahrten z. B. dafür, um mit Gott zu sprechen. Hanne und ihr Mann können über alles reden, was sie in ihrem Glauben und auch allgemein beschäftigt. So tauschen sie sich auch über Bücher aus, die sie gerade lesen, und über inspirierende Begegnungen. Bei Problemen wenden sie sich immer gleich an Gott und beten zusammen. Und sie holen sich auch Rat bei befreundeten Geschäftsleuten – so z. B. nach der Euro-Umstellung, als es in ihrer Branche große Umsatzeinbrüche gab. Damals mussten sie so sehr sparen, dass sie sogar ihr Brot selbst gebacken haben.

Finanziell wollte Hanne immer schnell unabhängig sein und hatte das Ziel, langfristige Schulden möglichst bald zurückzubezahlen. Die Darlehen für ihre Geschäfte haben sie und ihr Mann bereits nach sieben Jahren zurückzahlen können, aber es war ein Kraftakt. Als Selbständiger kann man nicht voraussagen, was man verdienen wird, und deshalb sei es am besten, ohne Schulden zu wirtschaften. Nach außen hin sah dann leider manches noch nicht so gut aus, am Haus war nicht gleich alles perfekt und vieles konnte erst nach und nach fertiggestellt werden. Hanne und Thomas versuchen, alle Rechnungen mit Skonto zu bezahlen, das sei ein guter Gewinn. Alle Lieferanten und Angestellten werden sofort bezahlt. Mit ihren Lieferanten habe sie ein gutes Verhältnis, erzählt Hanne, klar, aber herzlich. Da sie immer pünktlich zahle, erwarte sie dann auch perfekte Ware, was gut klappe. Hanne weiß um die durchaus erfolgreichen Geschäftsleute, mit denen sie in Konkurrenz steht, aber sie versucht, weiter ihren Weg zu gehen und nicht nach rechts oder links zu schauen. Letztlich gehöre ihr Geschäft schließlich Gott, meint sie, und sie sehe sich eher als Verwalterin. Hanne ist überzeugt, dass alle ihre Schaffenskraft, ihre Kreativität und Ideen ein Geschenk Gottes sind.

▶ *Hanne sieht sich eher als Verwalterin ihres Geschäfts,*
das letztlich Gott gehöre

Als Selbständige sei es besonders wichtig, erzählt sie, im Gleichgewicht zu bleiben. Immer wieder Ruhe für Geist, Seele und Körper zu finden, das sei ausschlaggebend, um nicht auszubrennen. So versuchen Hanne und ihr Mann, sich den Sonntag wirklich frei zu halten. Wenn das einmal nicht geht, machen sie am Montag einen freien Tag. Manchmal fährt Hanne auch alleine weg, um räumlich von allem getrennt zu sein. Der Abstand tue ihr gut, um sich auf das Wesentliche zu konzentrieren. Jesus sei ihr Ein und Alles, ohne ihn würde sie nie dieses spannende und gesegnete Leben führen, meint sie. Er habe ihre Trauer in Freude verwandelt und sie aus manchen Tiefen des Lebens wieder emporgeholt.

Aus Dankbarkeit Gott gegenüber unterstützen sie und ihr Mann seit 28 Jahren Patenkinder bei einer ihnen persönlich bekannten Organisation und spenden an unterschiedliche christliche Dienste. Gerne möchte Hanne auch besonders Frauen Mut machen, etwas zu wagen, auch wenn es in deren Umfeld noch niemand zuvor getan habe. Es sei wichtig, in sich hineinzuhören und zu fragen, was man wirklich wolle. Auch die kleinen Anfänge sollte man nicht verachten.

Hanne verteilt zwar viele Flyer für ihr Geschäft (deren Logo ihre älteste Tochter entworfen hat), doch die beste Reklame sind nach wie vor zufriedene Kunden und Mund-zu-Mund-Werbung. Hanne fragte einmal eine Kundin, woher sie denn die Dekoscheune kenne. Diese habe daraufhin nur geantwortet, die Dekoscheune sei doch in aller Munde. Wenn die Geschäfte dann doch einmal nicht so gut liefen, habe sie schon alles Mögliche ausprobiert, berichtet sie: Werbung, Angebote, kreative Schaufenstergestaltung. Doch heute sei sie da gelassener geworden und frage Gott im Gebet nach Ideen für die Vermarktung. Hanne ist davon überzeugt, dass Gott noch mehr für sie vorbereitet hat. Inzwischen hat sie sogar ein zweites Standbein – das Planen und Dekorieren von Feiern und Hochzeiten. Viel Freude machen ihr auch der Ein- und Verkauf von italienischer und dänischer Mode.

Immer wieder, sagt sie ganz ehrlich, habe sie auch ans Aufhören gedacht, besonders als der Euro so starke Umsatzeinbußen brachte und sie mit dem dritten Kind zu Hause war. Aber dann habe sich die Situation in Naila sehr verändert. Vier konkurrierende Geschäfte mussten Konkurs anmelden und die Lage habe sich wieder entspannt. Es sei trotz aller Arbeit als Selbstständige ein Vorteil, sich die Zeit einteilen und vieles selbst bestimmen zu können. Außerdem habe sie Freude am Erfolg und den besonderen Begegnungen mit den Kunden.

Die Frage, ob Christen reich sein dürfen, bejaht Hanne und meint, wenn Christen noch mehr Geld zur Verfügung hätten, könnten sie auch mehr geben. Die Natur sei ja auch reich und überfließend und gesegnet. Wohlstand sei ein Stand, der wohltue, und dieser sähe bei jedem anders aus.

Inzwischen kann Hanne sich gar kein anderes Leben mehr vorstellen und erwartet weiterhin Großes von Gott.

Petra Frank

Chefsache auf dem Schreibtisch Gottes

Petra Frank wurde 1962 in Suhl in Thüringen geboren. Mangel mache kreativ, meint sie. Deshalb sei Mangel für Petra eigentlich nichts Negatives, sondern eher der Startschuss für schöpferische Aktivitäten. Da gibt es z. B. Dinge, die zu schade sind zum Wegwerfen und aus denen man etwas schönes Neues zaubern kann. In diesem Sinne ist Petra ausgesprochen reich aufgewachsen – ideenreich. Man hat sie machen lassen und ihr das nötige Werkzeug zur Verfügung gestellt. Außerdem haben die meisten Familienmitglieder die zahlreichen Kreationen, die sie an sie verschenkt hat, geachtet und tatsächlich verwendet. Einer „Designerkarriere" stand also nichts im Wege. Das Wort „Designer" war im Osten Deutschlands, wo Petra aufgewachsen ist, verpönt, stattdessen gab es „Industrielle

Formgestaltung". Petra bewarb sich für die Fachrichtung *Spielmittelgestaltung*. Ein seltsames Wort, weil auf Anfrage meistens „Spülmittelgestaltung" verstanden wurde und sie erklären sollte, was man daran gestalten könne.

Die Ausbildung war praxisbezogen, mit solider Grundlagenvermittlung. Die Praxis selbst war für Petra allerdings eher frustrierend, bestand sie doch darin, sogenannte „Konsumgüter" für die DDR-Planwirtschaft zu entwerfen. Dabei sind aus dem Mangel heraus durchaus sehr passable Dinge entstanden, aber während ihrer Arbeit für das Spielzeugkombinat gab es aus verschiedenen Gründen keine großen Erfolge. Dann kam die „Wende", Petra wurde schwanger und war erst einmal raus aus dem, was vom Kombinat übrig blieb. Kein Problem für Petra, denn sie hatte ein Kind und designte für den Hausgebrauch. Das ging eine Weile gut, denn es kamen noch zwei Kinder dazu, Projekte im Kinderhaus und in Schulen, ehrenamtliche kreative Arbeiten und Ähnliches. Ein paar grafische Entwürfe, Konzepte, was halt so vor die Füße rollte. Irgendwann füllte Petra all das aber nicht mehr aus. Der Wunsch, wieder „richtig im Beruf zu arbeiten", machte sich in ihr breit und ließ ihr keine Ruhe. Als Spielmitteldesignerin fand sie keine Anstellung. Es gab bei ihr in Annaberg-Buchholz im Erzgebirge einfach keine Firmen mit Bedarf. Wegziehen war keine Option. Was nun?

Einfach anfangen … klar, einfach anfangen! Klingt einfach und anfangen ist immer spannend und aufregend. Es ist das Gegenteil von Frust und Langeweile. Das war auf jeden Fall etwas für Petra! Langeweile hatte sie zwar keine, aber dafür jede Menge Frust. Für Abwechslung sorgten die drei Kinder, für den Frust die Tatsache, dass sie einfach immer größer und selbständiger wurden und Petra vergeblich Ausschau hielt nach einem Nach-den-Kindern-Betätigungsfeld. Aber die Veränderungen der politischen Wende und die Entscheidung für die Familienzeit hatten dafür gesorgt, dass Petra beruflich völlig abgehängt war. Es gab keine Umschulung vor Ort – und wohin hätte sie sich auch umschulen lassen sollen? Sie hatte ja einen Hochschulabschluss mit Diplom. Anerkannt nach bundesdeutschem Recht. Das „Selbständigmachen" war in der Zeit der „Ich-AG"-Förderung gerade ein großes Thema. Auch für Petra. Doch der letzte Selbständige in Petras Familie war ihr Urgroßvater gewesen, der zwischen den Weltkriegen seine Familie als Bäckermeister durchgebracht hatte. Den kannte sie nur vom Hörensagen und weil ihr also in der Familie keiner helfen konnte, machte sie sich selbst auf die Socken. Existenzgründerseminare besuchen, Leute kennenlernen und fragen, beobachten, lesen, ausprobieren – einfach anfangen eben.

Petra gründete Silvester 2004, am letzten Tag, an dem es eine „Ich-AG"-Förderung gab, „design und spiel". In diesen beiden Worten steckte alles drin, was sie konnte – vorsichtshalber, weil sie ja noch nicht so genau wusste, wo es eigentlich hingehen sollte. Petra hatte gerade für sich ein paar Schmuckstücke aus Holz entworfen und angefertigt. Das Thema Schmuck interessierte sie

▶ *Petra beim Aussägen eines ihrer Holzschmuckstücke*

und für die Umsetzung ihrer Ideen brauchte sie nicht allzu viel. So war es naheliegend, dass sich das Geschäft um Holzschmuckstücke drehen sollte. Sie entdeckte die Farben und ihre Wirkung an einer Person. Die Formen entstanden zunächst einfach so aus dem Sägen heraus oder aus Naturbeobachtungen. Der Kontakt zu einer früheren Freundin lebte wieder auf. Ihr Wissen und ihre Erfahrung als Typberaterin inspirierten sie sehr und brachten sie dazu, ihr Design an der stilistischen Vielfalt potenzieller Trägerinnen auszurichten. Petra verkaufte ihre Produkte auf Märkten, direkt in der Werkstatt oder über Boutiquen. Das ergab sich manchmal von selbst, aber sie hat auch gezielt danach gesucht.

Sicher hätte sich Petra eine Start-up-Unternehmensgeschichte gewünscht – von der Garage zum Weltkonzern oder so ähnlich. Nach dem Motto: Man muss nur an sich glauben, der Rest kommt von alleine. Das mit der Garage aber war bei Petra anders: Sie hatte von dem Erziehungsgeld, das sie für ihre Zeit mit den Kindern bekommen hatte, nicht so viel gespart, denn es wurde einfach gebraucht. Also gab es kein eigenes Büro und auch keine Garage (das Auto stand auf der Straße). Petra hatte dafür aber ihre Küche zum Aussägen und Bemalen der Muster, das Bad zum Ölen der Holzstücke und einen Kater, der dazwischen herumscharwenzelte. Die Säge gehörte ihr, aber die Schleifmaschine war geborgt. Sie verteilte durch ihre Holzarbeiten allerdings so viel Staub in der Wohnung, dass sie mit dem Putzen nicht nachkam. So ging es nicht auf Dauer! Da erlaubte ihr ein Freund die Nutzung seiner Garage (!) zum Schleifen der Holzteile. Als gegenüber ihrer Mietwohnung eine kleine Wohnung frei wurde, konnte sie den Vermieter überzeugen, ihr einen einzelnen beheizten Raum ohne Wasser und WC zu vermieten. Ein WC hatte sie ja zu Hause und Wasser konnte sie mitnehmen. Das Telefon- und WLAN-Netz von zu Hause waren dort auch zu empfangen. Wenn sie den Farbdrucker in der Wohnung verwenden wollte, rief sie die Kinder an, damit sie den Drucker einschalteten. Dann sandte sie den Druckauftrag über das WLAN. Etwas umständlich, aber dafür günstig. Die ersten Möbel für ihre angemietete Werkstatt entstammten einer Versteigerung und zerfielen schon auf dem Transport. Petra hat sie daraufhin abgeschliffen, angestrichen, wieder zusammengeleimt und verwendet sie noch heute. So arbeitete sie erst einmal in Teilzeitselbstständigkeit. Sie hatte zwar bei ihren Seminaren gelernt, dass man für den Erfolg selbst und ständig arbeiten müsse. Das tat sie auch, allerdings war die Hälfte davon weiterhin Familienarbeit: Haushalt, Hausaufgaben, Essen kochen … Denn für Petra war klar: Solange ihre Kinder sie brauchten, wollte sie für sie da sein. Also übte sie sich im Balanceakt zwischen Arbeit und Familie. Das macht wahrscheinlich jede berufstätige Mutter, die angestellt ist, auch. Aber als selbständige Mutter hatte Petra viel Freiraum, was die Zeiten und den Aufwand anbetraf. Das war einerseits wunderbar, anderseits schwierig. Denn es war ein ewiger Kampf gegen das eigene schlechte Gewissen, das sie abwechselnd der Familie oder der Arbeit gegenüber empfand. Doch sie hatte die Chance, die Kinder zu Selbständigkeit zu erziehen und sich selbst zu Disziplin.

Das alles kann man vielleicht auch gut ohne Gott bewältigen. Doch Petra konnte es nicht. Sie brauchte und braucht Gott als Netz und doppelten Boden und als Rückenwind. Mit dem An-sich-

selbst-Glauben hatte sie eher Probleme. Natürlich, Petras Schmuckstücke konnten sich sehen lassen. Die Begeisterung weiblicher Trägerinnen und männlicher Bewunderer konnte sie aber gar nicht so
nachvollziehen. Sie staunte selbst, wie sich im Verlauf der Jahre ein
individueller, unverwechselbarer Stil entwickelte und ihre Holzschmuckstücke Frauen glücklich machen konnten.

▶ *Holzschmuckstücke von Petra – im Lauf der Jahre hat sich ein*
individueller, unverwechselbarer Stil entwickelt

Darüber staunt sie noch heute. Aber die Begeisterung ihrer Kunden reicht nicht, um ihrem Geschäft ausreichend Antrieb und Kraft
zu geben. Es gibt einen einzigen Grund, ihre Finger und kreativen
Gedanken immer noch in Gang zu setzen: Sie möchte die Gaben,
die Gott ihr gegeben hat, zu seiner Ehre gebrauchen und zum Segen für andere. Das klingt erst einmal großartig, aber Petra war
zunächst gar nicht so begeistert, dass sie etwas so „Unwichtiges"
wie Schmuck herstellen sollte. Doch Gott zeigte ihr immer wieder,
dass es für ihn keine unwichtigen Aufgaben gibt. Wenn sie in „ihrer
Spur" ist, ist das richtig und wichtig. Die Frage nach Erfolg und
Bedeutung ihrer Arbeit dränge sich ihr natürlich dennoch immer
wieder auf. Dann sei sie manchmal ratlos, sagt sie, und lege ihr Tun
erneut bewusst und vertrauensvoll in Gottes Hände.

Die ersten fünf Jahre habe sie gearbeitet, erzählt sie, um sich die nötigen Arbeitsmittel und Materialien zu kaufen und damit zu experimentieren. Sie leistete sich klopfenden Herzens sogar eine Mitarbeiterin und konnte immer pünktlich Lohn zahlen. Dass sie nur selten auch etwas an sich ausgezahlt habe, wurmte sie zwar, aber das war halt so. Gestalten konnte sie schon immer besser als managen.

Heute würde Petra den 16. September 2011 als die eigentliche Gründung ihres kleinen Unternehmens bezeichnen. Zu diesem Zeitpunkt hatte sie bereits einiges beisammen, auch an Erfahrung. Sie wagte den Sprung zum ersten eigenen Werkstattladen. Zunächst war es nur ein Sprung über die Straße, weil sie weiterhin für die Familie erreichbar bleiben wollte. Die Räume waren ideal vom Platz her, wenn auch etwas abgelegen vom geschäftlichen Treiben in der Innenstadt. Sie hatte einen Plan und freie Hand seitens des Vermieters. Herausgekommen ist ein Ort, an dem sie gut arbeiten und ihre Schmuckstücke präsentieren kann. Ein Sprung war es damals auch finanziell und ohne die Unterstützung von Freunden hätte sie ihn nicht geschafft. Als Namen suchte sie nach einer ausgefallenen Farbbezeichnung. „Zitscheriengrün" oder „Blitzblau". Am Ende wurde es „purPur" – in Anlehnung an Purpur, die Farbe der Würde und der Umkehr. Das begeisterte Petra geradezu. Zweimal „pur". Pur als Beschränkung auf das Eigentliche, ohne jeden Schnickschnack. Pur aber auch als Bezeichnung für Vollkommenheit: Schönheit pur, Freude pur, pures Glück. *purPur* eben. In ihrem Werkstattladen sollte die Tür für jeden offen stehen, den Gott ihr schicken würde. Ganz neu wollte sie sich nach Gottes Wort auch im weltlichen Geschäft ausrichten.

Der Werkstattladen forderte sie heraus. Kräftemäßig, zeitmäßig, finanziell. Aber auch durch zu treffende Entscheidungen, die sie so nicht erwartet hatte. Es gab einige Aufs und Abs. Als ihr Vater im Sterben lag, hängte sie einfach ein „Geschlossen"-Schild an die Tür und fuhr zu ihm. Das hat sie nie bereut, denn die letzte Woche mit ihm war für Petra eine sehr kostbare Zeit. Dann kam eine Phase, in der sie selbst ernsthaft erkrankte und erneut den Laden schließen musste. Sie hatte keine Einnahmen und keine Reserven, doch die Ausgaben liefen weiter. Ihr Arzt und ihr Seelsorger haben ihr Nichtstun verordnet. Sie konnte das nicht, aber gehorsam übte sie sich darin. Ihr Geschäft hatte sie ja Gott übergeben, also übte sie sich gleichzeitig auch im Gottvertrauen. Sie erholte sich und begann langsam wieder, im Werkstattladen zu arbeiten. Das war im Oktober, kurz vor Beginn des Weihnachtsgeschäftes! Wie sie alles bis Weihnachten geschafft hat, weiß sie heute nicht mehr, aber sie staunt, wie Gott sie damals mit allem versorgte, was sie brauchte.

Eine Kur am Jahresanfang gab ihr neue Kraft und wieder hatte der Laden Pause. Später erkrankte ihre Mutter. Petra verzichtete auf die Beteiligung an ihrem wichtigsten Kreativ-Markt, damit sie für sie da sein konnte. Damals wusste sie noch nicht, dass sie ihre Mutter nicht mehr lange haben würde. Heute, erzählt sie, sei sie so dankbar für diese Entscheidung, auch wenn sie deshalb den ganzen Sommer über finanziell auf dem Zahnfleisch kriechen musste. Doch das war die gemeinsame Zeit mit ihrer Mutter wert gewesen. Petras mit viel Freude vorbereitetes fünfjähriges Laden-Jubiläum fiel aus, denn am Jubiläumstag musste sie sich von ihrer Mutter verabschieden, die unerwartet schnell starb.

Petra ist dankbar, dass ihr Mann durch seine Arbeit den gemeinsamen Lebensunterhalt bezahlt, denn sie kann durch ihren Laden nur ein Zubrot verdienen. Sie leben sehr sparsam und die Kinder fangen an, auch finanziell auf eigenen Beinen zu stehen. Für die Kosten ihres kleinen Unternehmens kommt Petra selbst auf und belastet die Familie nicht damit.

Und wie geht es weiter? Wird Petra noch einmal neu gründen? Auf alle Fälle will sie sich eine Draufsicht auf ihr Unternehmen verschaffen und sehen, was verändert werden sollte. Sie ist bereit loszulassen, anzufangen, aufzuräumen, zu träumen und noch mal durchzustarten. Vieles ist gut, manches eher provisorisch. Das geht gar nicht anders bei einem Ein-Frau-Betrieb. Petra erzählt, sie wünsche sich ein Team vor Ort und ein Netzwerk mit Gleichgesinnten. Aber zunächst liegt das Ganze erst mal als Chefsache auf dem Schreibtisch Gottes. Währenddessen übe sie sich in Gelassenheit. Es ist sehr unwahrscheinlich, dass purPur es bis zum Weltkonzern schafft. Aber ein Ort, wo sich Himmel und Erde berühren, ist der Laden schon jetzt.

Katja Schütz

GOTT SCHENKT WEIT MEHR, ALS WIR WEITERGEBEN

Mit den Worten „Ich möchte eine Ermutigung sein, an Gott fest-zuhalten!", beginnt das Gespräch mit Katja Schütz, geboren 1967, aus der Schweiz.

Als Katja 12 Jahre alt war, zog die ganze Familie um. Sie fühlte sich am neuen Wohnort unwohl und einsam. Von einer Klassen-kameradin wurde sie in die Jungschar eingeladen. Dort schloss sie rasch Freundschaften und war sehr glücklich. Sie lernte die Bibel, Lobpreis, Gott, den Heiligen Geist und Jesus kennen. Alleine, ohne ihre Familie, durfte sie einen Urlaub in Frankreich verbringen. Beim Bibellesen und Beten in ihrem Zimmer begegnete ihr Jesus. Es wurde ganz hell und sie übergab ihm ihr Herz und ihr Leben. In ihrem Elternhaus jedoch spielte der Glaube keine wichtige Rolle. Sie war die mittlere von drei Schwestern.

Katjas Mann Martin ist ebenfalls gläubig. Kennengelernt haben sie sich in einem christlichen Jugendcamp. Seit einem Jahr ist Martin Dozent an der pädagogischen Hochschule in Bern, bei der er nur noch zu 70 Prozent arbeitet. Die anderen 30 Prozent arbeitet er ehrenamtlich in der Gemeinschaft und Gemeinde „Connect". „Connect" ist Teil der „Südkurve Lyss", einer Stiftung, die sich für Menschen in herausfordernden Lebenssituationen einsetzt. So beschäftigt sie z. B. Arbeitslose und ist ein riesiges Sozialprojekt. Das geistliche Herzstück findet in Lebensgruppen statt, die ähnlich wie Hauskirchen organisiert sind. Einmal im Monat gibt es einen gemeinsamen Gottesdienst, die „Celebration".

Als Katja 23 war, heirateten sie und Martin. Ihre Söhne sind heute 17 und 20 Jahre alt. Immer hat sie sich hingegeben, sagt sie, habe auf vieles verzichtet, auch für ihren Mann. Beide haben viele Patenkinder.

Eigentlich ist Katja von Beruf Erzieherin. Neun Jahre hat sie mit viel Freude in diesem Beruf gearbeitet. Ihr Mann begann nach der Heirat mit dem Studium. Katja liebte ihre Arbeit, aber beide kamen überein, dass Katja mit der Geburt eine Auszeit nehmen und sich voll auf die Familie konzentrieren sollte. Bis die Kinder kamen, hat es allerdings etwas gedauert. Erst nach sieben Jahren und vielen Gebeten wurde Katja schwanger. Als sie jedoch erfuhr, dass das Kind gestorben war, zerbrach eine Welt. Sie spürte die Last des Todes in ihrem Leben, eine Last, die durch den Tod des Kindes in ihrem Leib ausgelöst wurde. Ihren Schmerz gab sie in der Seelsorge Gott hin. Sie habe das Gebet in dieser Zeit viel in Anspruch genommen, erzählt sie. Von Gott wusste sie, welches Geschlecht das Kind gehabt hatte, und so hat sie dem Kind einen Namen gegeben.

Nach einem halben Jahr wurde sie erneut schwanger. Die Schwangerschaft war geprägt von Angst und auch von der Befürchtung, dass Gott ihr das alles nicht gönne. Sie erlebte diese Zeit als einen geistlichen Tiefpunkt in ihrem Leben und hatte viel mit Mutlosigkeit zu kämpfen. Das Mutterwerden war nicht einfach für sie – lange kämpfte sie mit der schweren Geburt. Jamin kam sechzehn Tage zu spät zur Welt, war groß und schwer. Das Kind schlief fast nicht, weinte viel und erbrach sich. Katja kam zunehmend an ihre Grenzen, auch körperlich. Martin leitete in dieser Zeit eine

Blindenschule und konnte nicht oft da sein. Obwohl sie Erzieherin war und doch eigentlich jedes Kind lieben konnte, kam Katja hier mit ihrem eigenen Kind an einen Tiefpunkt. 20 Kilogramm hatte sie in der Schwangerschaft zugenommen, die aber wegen des Stresses nach der Geburt innerhalb von nur drei Monaten wieder verschwunden waren. Katja wollte nie wieder schwanger werden. Nie wieder.

Zusätzlich zum eigenen Kind wollte das Paar weitere Kinder adoptieren, aber dieser Plan zerschlug sich, als sie die Papiere hierzu erhielten. In ihnen war für das Baby aus Marokko festgehalten, dass es muslimisch erzogen werden müsse und die Eltern mit der Adoption zum Islam konvertieren sollten. Damit hatte sich die Sache für Katja und Martin erledigt. Wieder hieß es Abschied nehmen von einer Lebensvision.

Nach langem Ringen und vor allem, weil Jamin nicht allein aufwachsen sollte, fand Katja wieder ein Ja zu einer erneuten Schwangerschaft. Das Wunder geschah. Während der Zeit der Schwangerschaft hörte Katja in einem Gottesdienst, wie Gott ihr zusprach: *Du bekommst einen Sohn, einen Anbeter, einen Levi.*

Das war 1998. Im Jahr 1999 kam Levi zur Welt.

Bereits mit der Geburt von Jamin hatte Katja begonnen, als Tagesmutter zu arbeiten. Als Levi dann acht Jahre alt wurde, absolvierte sie an der IGNIS-Akademie eine zweijährige Ausbildung zur christlichen Seelsorgerin. Anschließend folgte eine Ausbildung zur Schmuckdesignerin, denn sie hatte davon geträumt, die Liebesgeschichten von Paaren in Form von Schmuck zu verarbeiten. Es zeigte sich aber, dass sie diese Arbeit auf Dauer nicht befriedigte, da sie oft allein zu Hause in ihrem Atelier saß. Doch sie brauchte den Kontakt zu Menschen.

Als Levi und Jamin in die Tagesschule in Bern kamen, hatte Katja mehr Freiräume und orientierte sich neu. Sie nahm an einem Nähkurs teil und wurde eines Abends von der Besitzerin des Fachgeschäfts angefragt, ob sie nicht Interesse hätte, das Geschäft zu übernehmen. Zunächst verneinte sie, weil sie sich diese große Herausforderung nicht zutraute, aber in gemeinsamen Gesprächen und Gebeten kristallisierte sich eine andere Sichtweise heraus: Sie entdeckte, dass sie zu mehr fähig war, als sie zunächst gedacht hatte.

Gott und auch ihr Mann Martin setzten Vertrauen in sie und ermutigten sie mit den Worten: „Ich sehe das in dir, du kannst das!" Das war im Jahr 2009.

Zunächst arbeitete Katja während eines halben Jahres in dem Geschäft als Praktikantin mit, um so herauszufinden, ob dies der richtige Weg für sie sei. Immer wieder habe sie Gott gefragt, was er möchte, berichtet Katja. Sie habe auch eine Freundin konsultiert, die viel mit Gott spricht und ein Herz als Beterin hat. Die habe sie um ihre Eindrücke gebeten. Es kam die für sie damals eher lustig wirkende Antwort von Gott: „Ich rede mit Katja persönlich." Nach einem halben Jahr sagte Katja dann zu und übernahm das Geschäft mit den vier Mitarbeiterinnen.

Sie könne ein ganzes Buch darüber schreiben, wie sie die Firma auf den Kopf gestellt habe, meint Katja. Sie habe Gott um Möbelstücke gebeten und bekommen, sie habe Gott um Mitarbeiterinnen gebeten und bekommen, sie habe Gott um neue Räume gebeten und diese bekommen, sie habe Gott um Know-how gebeten und auch dieses erhalten. Gott hat ihr immer wieder zur rechten Zeit eine Tür geöffnet und sein Dasein eindrücklich demonstriert. Immer wieder quälte sie sich trotzdem mit Fragen, dachte, sie könne die Anforderungen nicht erfüllen. Sie bat andere Unternehmer und auch die Mitarbeiterinnen oft um Rat. Die Mitarbeiterinnen waren sehr froh, dass Katja das Geschäft übernommen hatte, weil sie neugierig, wissensdurstig, experimentierfreudig und kreativ war. Zum Zeitpunkt der Übernahme musste viel in das Geschäft investiert, neues Mobiliar und ein neues Kassensystem angeschafft, Verträge mit bestehenden Lieferanten teilweise aufgelöst und neue Verträge ausgehandelt werden.

Katjas Mann Martin bringt ihr jeden Morgen einen Espresso ans Bett – ihr Kreislauf ist morgens immer schwach. Dann lesen sie im Bett die Losungen, beten miteinander und wenn Zeit ist, lesen sie noch in der Bibel. Katja liest die Bibel auf Deutsch, zeitweise auf Englisch oder Französisch. Ihr Mann Martin ist unglaublich wichtig für sie und das Beste, was ihr geschenkt wurde. Er sei auch innovativ und begeisterungsfähig, schwärmt sie, tiefgründig und sehr humorvoll. Mal stehe er zurück und mal sie. Gott sei Dank stünden auch die Kinder hinter ihrem Geschäft. Sie seien durch die

Arbeit von Katja rasch selbständiger geworden. Wenn es Probleme gibt, lässt Martin sie nie im Stich. Ohne ihn könnte sie das Geschäft nicht führen, da ist sie sich sicher.

Einmal gab es einen Wasserschaden und das Geschäft musste geräumt und ein neuer Boden verlegt werden. Eine Kundin organisierte daraufhin Männer aus einer lokalen Kirchengemeinde. Als es so weit war, standen da plötzlich über zehn Männer, die freiwillig an einem Samstag Zeit investierten – ohne dass sie Katja oder ihr Geschäft kannten. Der Wasserschaden und die Kündigung einer Mitarbeiterin waren das Schlimmste, was Katja in ihrer bisherigen Geschäftszeit erleben musste. Am Morgen ist sie die erste Person im Laden. Sie geht erst einmal betend durch das Geschäft. Ihr ist die biblische Aufforderung, ohne Unterlass zu beten, sehr wichtig. So sagt sie Gott im Gebet: „Jesus, ich schaffe das nicht, hilf mir, ich demütige mich vor dir und brauche deine Hilfe."

▶ *Katja geht häufig betend durch ihr Näh- und Bastelcenter*

Oft macht sie Gebetsspaziergänge, meist auf der gleichen Route. Die Hälfte der Zeit schüttet sie Gott klagend ihr Herz aus und bringt ihre negativen Gedanken, Enttäuschungen und ihren Ärger vor ihn. In der anderen Hälfte der Zeit denkt sie über das nach, was gut ist und dankt Gott für seine Führung, seine Treue und seine Zuverlässigkeit. So versucht sie, die Dankbarkeit in ihrem Leben zum Prinzip zu machen.

Katjas Geschäft liegt zentral in Murten, einer mittelalterlichen Zähringer-Stadt mit rund 7000 Einwohnern und einem großen Einzugsgebiet. Wenn sie Werbung in der Zeitung schaltet, erreicht sie 35.000 Haushalte. Diese Möglichkeit nutzt sie oft. Als Katja 2009 das Geschäft übernahm, waren etliche Dinge unbefriedigend: So waren die Mitarbeiterinnen nicht bei der Pensionskasse (betriebliche Altersvorsorge) angemeldet. Katja holte das sofort nach und erhöhte den Lohn. Im Detailhandel, zu dem ihr Geschäft gehört, wird für Schweizer Verhältnisse leider sehr schlecht bezahlt.

Jeder Tag ist für sie ein Wunder, wenn es mit den Mitarbeitern und all der Ware klappt. Immer wieder brauche es neue Konzepte und jeden Tag erlebe sie Gewaltiges mit Gott. Große Gebetsunterstützung habe sie durch ihren Mann, ihre Freunde und durch die Lebensgruppe von „Connect". Es scheint wie ein Wunder, dass sie von Beginn an immer alle Rechnungen begleichen konnte, dass die Zahlen schwarz sind und sie immer die Löhne zahlen kann. Sie habe viel investiert und versuche, alles moderner zu machen. Mittlerweile arbeiten bis zu zehn Mitarbeiter in ihrem Geschäft. Davon sind zwei junge Frauen in der Ausbildung zur Detailhandelsfrau in Fachrichtung Textil. Es ist auch sehr hilfreich, dass Katja eine wunderbare Stellvertreterin hat.

Martin und Katja haben die Gabe der Großzügigkeit, wie sie es nennt. So sei sie z. B. besonders großzügig mit Anerkennung und Lob. Oft schreibe sie kleine Briefe oder verschenke mal eine Rose an die Mitarbeiter.

Montagabends trifft sie sich mit einer Freundin, sie sprechen private und geschäftliche Anliegen durch und beten für alle diese Bereiche. Der Dienstag gehört meistens Katja persönlich und sie schläft länger. Manchmal sei sie so erschöpft, dass sie am liebsten 24 Stunden durchschlafen würde. Dienstags geht sie auch mal zum Sport und trotz Arbeit ist es ihr „Schweigetag", wie sie ihn nennt. Besonders dankbar ist sie für die Treue ihrer Freundinnen und lässt alles stehen und liegen, wenn eine von ihnen sie in der Firma besuchen kommt.

Manchmal frage sie sich, warum sie das alles überhaupt macht, erzählt Katja. Aber man könne in ihrem Geschäft, das sich an die Endkunden wendet, schnell Kontakt zu Menschen aufbauen und die eigenen kreativen Begabungen ausleben. Sie könne alles verkaufen, man müsse eben nur begeistert sein. Täglich kommen zwischen 40 und 100 Kunden in ihr Geschäft, die sie berät. Außerdem trägt sie die Verantwortung für die Auszubildenden, kümmert sich um die Organisation von Kindergeburtstagen und Kursen, Bestellungen, Kundenkontakte, Anfertigung von Modellen, administrative Aufgaben u. a.

Jede ihrer Mitarbeiterinnen ist auf einen Bereich spezialisiert: Nähen, Nähmaschinen, Overlock-Nähmaschinen, Bewirtschaftung des riesigen Stoffangebotes, Kurzwaren, Farben, Bastel- und Schmuckartikel, Näh- und Kreativkurse. Das erfordert viel Arbeit und ein großes Fachwissen. Auch die Beratung für die guten Nähmaschinen mit all der Technik ist aufwendig.

▶ *Im „bastella" ist jede Mitarbeiterin auf einen Bereich spezialisiert*

Die Firmen bringen jedes Jahr neue Modelle auf den Markt, dies erfordert Schulungen für die Mitarbeiterinnen und gute Kenntnisse der Materie.

Privat geben Katja und Martin gerne Geld weiter. Auch vom Geschäft aus werden viele Projekte unterstützt. Welche das jeweils sein sollen, dafür betet das Ehepaar regelmäßig. Katja ist der Ansicht, dass Christen durchaus wohlhabend sein dürfen, um so auch viel verschenken zu können und dadurch Gottes Liebe zu den Menschen sichtbar zu machen. Sie selber liebt schöne Dinge: Handtaschen, gute Stoffe, gepflegtes Äußeres, gutes und feines Essen – sie sei ein Sinnesmensch. Aber immer wieder sagt sie zu Gott, dass sie ihr Herz nicht daran hängen will und bereit sei, alles abzugeben, wenn dies notwendig sei.

Nach Abschluss des Studiums von Martin hatten sie eigentlich ein Haus erwerben wollen. Doch sie hatten nur wenig Geld und schon damals waren Häuser in der Schweiz teuer. Ein Banker sagte ihnen, dass sie höchstens 420.000 Franken für ein Haus ausgeben könnten, dies sei das Maximum der Tragbarkeit. Bereits zu diesem Zeitpunkt kosteten die meisten Häuser aber deutlich mehr als 600.000 Franken. Die Familie lebte damals zur Miete in einem eingebauten Reiheneinfamilienhaus. „Zufälligerweise" las Martin ein Zeitungsinserat, wonach ein Haus für 420.000 Franken in derselben Ortschaft angeboten wurde. Bei der Kontaktaufnahme stellte sich heraus, dass dies das angebaute Eckhaus in ihrer Straße war. Die beiden wussten zwar, dass das Haus zum Verkauf stand, aber die Besitzer hatten zu Beginn über 730.000 Franken verlangt. Daher hatten Katja und Martin dies nicht weiterverfolgt. Es stellte sich dann heraus, dass das Haus sämtliche Wünsche und Anforderungen der jungen Familie erfüllte. Sie mussten eine Anzahlung von 5.000 Franken in bar leisten, das war alles, was sie zu diesem Zeitpunkt auf dem Konto hatten …

Martin und Katja lernten nach und nach, dass Gott ihnen weit mehr schenkt als das, was sie weitergeben. Diese Erfahrung zieht sich wie ein roter Faden durch das gesamte Leben und führt beide immer wieder dahin, über Gott zu staunen und ihm dankbar zu sein.

Manchmal, in Erschöpfungsphasen, wollte sie schon aufgeben, weil sie keine oder kaum Frucht sah, wie sie meint. Auf meine Frage hin, was ihrer Meinung nach denn „Frucht" sei, antwortet sie: „Dass die Menschen Gott kennen und lieben lernen, aber das passiert nicht genug." Wenn es gut läuft in der Familie und im Betrieb, dann sei das auch Frucht, aber sie sehne sich trotzdem nach mehr.

Es fällt ihr leicht, neue Produkte zu entwickeln. „Der Heilige Geist gibt mir immer wieder Ideen", sagt sie. Das kommt nicht alles aus ihr selbst heraus. Vor jeder Messe bete sie, dass Gott sie die richtigen Produkte finden lässt. Und wenn ein Lieferant kommt, betet sie, dass der Herr ihr zeigt, was sie kaufen soll. Sie will zwar keine Schätze ansammeln, aber sie muss Ware in Umlauf bringen und auch ein kaufmännisches Herz haben.

Der Konflikt zwischen dem Leben in der Gemeinde mit praktizierenden Christen und dem normalen Arbeitsalltag, wo sie mit vielen Nichtchristen in Berührung kommt und nicht weiß, wie sie ihnen Gott nahebringen kann, zerreißt sie manchmal. Sie träumt davon, mehr Menschen zu Jesus zu führen. Aber es macht sie auch schon glücklich, dass sie Menschen Arbeit geben kann. Und manchmal erlebt Katja dann doch, wie sie Menschen in ihrem Geschäft nicht nur in kreativen Belangen, sondern auch bei Lebensfragen weiterhelfen kann. Des Öfteren kommt es vor, dass Menschen vor Katja ihr Leben ausbreiten und sie um Rat fragen, um Beistand und auch um Gebet bitten.

Mit ihrer Geschichte will sie andere Frauen ermutigen, sich nach der Zeit der Kleinkindphase neu zu orientieren und sich auf den spannenden Weg zu begeben, den Gott schrittweise vor ihnen ausbreitet. Als Mutter ist man so reich beschenkt und Jesus kann diese Gaben überall einsetzen. Durch die Erziehung der Kinder hat eine Frau sich so viele Kompetenzen erworben, meint Katja, und es brauche eben diese Frauen in der Welt. Jesus hält unglaublich viel für uns Frauen bereit, hat uns so viele Talente gegeben und uns durch seine Liebe ganz fest mit sich verbunden. „Was haben wir zu verlieren?", meint Katja zum Abschluss unseres Gesprächs. „Wir können nur gewinnen!"

Carmen Seidel

DIE LIEBE, DIE ICH GEBE, KEHRT INS EIGENE HERZ ZURÜCK

Carmen Seidel ist 1958 in einer liebevollen christlichen Familie als zweite von drei Töchtern geboren worden. Als Sohn-Ersatz hat Carmen früh Handwerkliches und die Freude an der Arbeit gelernt und den Hausbau der Eltern zu DDR-Zeiten als Neunjährige aktiv miterlebt. Früh musste sie helfen, anstatt mit den Freundinnen baden gehen zu können. In einer Kinderbibelwoche hat sie auf einen Zettel anonym ihr Anliegen geschrieben, dass sie es ungerecht findet, so viel arbeiten zu müssen. Sie erhielt eine Antwort aus dem Buch Prediger in der Bibel: „Tu alles, was du mit deiner Kraft bewirken kannst" (9,10). Dieser Vers wurde ihr für ihr weiteres Leben Motivation und Leitspruch. Sie erfuhr, dass Arbeiten nichts Schlimmes ist, sondern dass es Gott ehrt, wenn man ordentlich arbeitet. Ihren Traumberuf Erzieherin durfte sie als Christin in der DDR nicht erlernen. Stattdessen absolvierte sie in einem Internat die Ausbildung zur Mechanikerin für Musikinstrumente. Durch die Fleißarbeit konnte sie zwar viel Geld verdienen, aber sie stellte den Sinn der Arbeit infrage und bat Gott, ihr zu zeigen, wie sie ihm besser dienen könne.

Carmen wurde in einem Elternhaus groß, in dem die Eltern auch zu DDR-Zeiten überzeugte Christen waren. Sie besuchte gerne und regelmäßig die Sonntagsschule und liebte die Geschichten und besonders die Lieder. Schon als kleines Kind wollte sie mit Jesus im Reinen leben – das wurde ihr besonders bewusst durch die Geschichte vom verlorenen Sohn, der bei den Schweinen lebte. Die Schweine in der Geschichte sahen zwar süß aus, lebten aber im Mist – lebte sie auch im Mist? Diese Frage stellte sie sich schon als kleines Mädchen. An einem christlichen Kindertag hat sie dann zusammen mit einer Mitarbeiterin Jesus Christus gebeten, sie als Gottes Kind anzunehmen. Das hinterfragte sie jedoch später in der Jugendzeit kräftig. Kann ein Leben mit Gott wirklich ein glückliches, freies Leben werden oder verpasst man als Christ vielleicht doch die schönen Dinge des Lebens? Damals nahm sie seelsorgerliche Gespräche in Anspruch und brauchte fast zwei Jahre bis zu einem echten Durchbruch. Ein Leitvers für ihr Leben wurde ein Satz aus dem Galaterbrief 5,1: „Zur Freiheit hat uns Christus befreit! So steht nun fest und lasst euch nicht wieder das Joch der Knechtschaft auflegen!"

Mit 18 Jahren kündigte sie ihre Stelle als Mechanikerin für Musikinstrumente und wurde die jüngste Schülerin der Bibelschule in Burgstädt. Dank der Ausbildung in Burgstädt wurde sie als Mitarbeiterin in einem evangelischen Kindergarten in ihrer Stadt eingestellt. Kurz darauf lernte sie die Liebe ihres Lebens kennen, ihren Mann Frieder. Ihr Trauspruch war 2. Korinther 9,6-7: „… denn einen fröhlichen Geber hat Gott lieb."

Carmen und Frieder sind Mitglieder in einer evangelisch-freikirchlichen Gemeinde. Am Sonntag legen sie bewusst eine Pause ein, auch als ein Zeichen nach außen. Dann besuchen sie den Gottesdienst, der ihnen ein Herzensbedürfnis ist. Sie haben keinen Pastor, aber Älteste. Es gibt eine gute geistliche Gemeinschaft untereinander und einen abwechslungsreichen Predigtplan. Jeder in der

Gemeinde kann sich mit seinen Gaben und Möglichkeiten einbringen. Es gibt verschiedene Kreise, Aufgaben und Arbeitsgruppen. Carmen arbeitet mit Kindern und Frauen. Carmens Mann ist der geborene Geschäftsmann und arbeitet an vielen Stellen verantwortlich mit, z. B. in Gemeinden, Kirchen und der Politik, im

► *Carmen und ihr Mann Frieder*

Kreistag im IVCG (Internationale Vereinigung christlicher Geschäftsleute) und im Comenius Forum Vogtland, einer Plattform, die Entscheidungsträger in Politik, Wirtschaft und Gesellschaft einlädt, um christliche und abendländische Werte vorzustellen, zu begründen und zu publizieren.

Carmen und ihr Mann bekamen vier Kinder. Inzwischen sind auch die „Schwiegerkinder" dazugekommen und sechs Enkelsöhne. Schon vor der Wende engagierten sich beide umfangreich ehrenamtlich in der Gemeinde-, Jugend- und Kinderarbeit, wodurch viele gute Kontakte, auch zum Westen, entstanden. Außerdem bildeten sich Freundschaften und Kontakte zu Hilfsorganisationen. Dabei entstand eine Anlaufstelle zum Verteilen christlicher Literatur. In Nacht- und Nebelaktionen erhielten sie geheime Lieferungen mit guter christlicher Literatur aus dem Westen. So waren sie zur Zeit der Wende schon mit vielen christlichen Verlagen bekannt. Ein Verlag hatte sofort nach dem 9. November 1989 das besondere Anliegen, missionarische Literatur in die DDR zu bringen. Frieder wurde gebeten, als Sonderkorrespondent für diesen Verlag zu arbeiten. Deshalb richtete er sich zu Hause ein kleines Büro ein. Tonnenweise bekamen Carmen und ihr Mann Zeitschriften und Bücher für die ehemalige DDR, die für DDR-Geld 1:1 zum Westmarktwert verkauft werden konnten.

Durch die landesweit guten Kontakte ergab sich schnell ein großer Kundenstamm. Aus der Schweiz erhielten sie einen Computer, stellten eine Freundin als Sekretärin ein und einen Freund als Vertreter. Über die Humanitäre Mission e. V., deren Mitinitiator Frieder ist, kamen außerdem jede Woche etliche Rumänen, um gebrauchte Trabis und andere DDR-Autos abzuholen, die nach der Wende verschenkt wurden. Auf dem Grundstück von Carmen und ihrem Mann standen viele Autos und in der großen Garage stapelten sich Bananenkartons voller Hilfsgüter, außerdem Reihe um Reihe von Büchern, die so gut wie möglich sortiert und dann weitergeleitet wurden. Überdies war das Haus immer voller Gäste.

Carmen und ihr Mann beteten immer wieder um Gottes Führung für ihr Leben. Schließlich wurde Frieder Verlagsvertreter für eine Zeitschrift und gründete eine Versandbuchhandlung. Täglich kamen stapelweise Bestellungen an christlicher Literatur und alles wurde eifrig versendet. Doch nach der Währungsunion am ersten Juli 1990 versiegten plötzlich die Bestellungen. Nun standen die Seidels mit der neu gegründeten Firma da und überlegten, wie es weitergehen sollte. Eines Abends bei einem Elternabend jedoch hörten sie vom Direktor der Schule, dass er gar nicht genau wisse, wo er die neuen Schulbücher für die Kinder herbekommen solle. Carmen und ihr Mann wurden hellhörig. Schnell wurde klar, dass das genau das Richtige wäre, um das Sortiment der christlichen Buchhandlung zu ergänzen. Es wurden weitere Mitarbeiter eingestellt und so begann die Hauptsaison. Die Firma entwickelte sich rasant, neben Büchern vertrieb sie auch Overheads, Tafeln, Kreide, Stühle, Tische etc. So wurden sie nach und nach zum Schul- und Objektausstatter. Alles ging in den Jahren nach der Wende unglaublich schnell und die beiden haben die Herausforderung angenommen.

Neben der Versandbuchhandlung und dem Verlag wurden in den 90er-Jahren dann auch christliche Buchläden gegründet, Mitarbeiter eingestellt und ein treuer Kundenkreis aufgebaut. Doch vom Handel nur mit christlichen Büchern kann kein Unternehmen leben. So kamen Schreibwaren und Bürobedarf dazu sowie Partnerfilialen der Post. Regale wurden selbst gebaut und mit der Vergrößerung des Sortiments brauchte es größere Verkaufsflächen. So entstand schon 1991 ein vielseitiger Neubau mit 1000 m² Nutzfläche. Im Laufe der Zeit entwickelte die Firma verschiedene Zweige bzw. Schwesterfirmen. Inzwischen gibt es ein Unternehmen namens „concepcion Seidel OHG" mit Verlag sowie eine eigene Druckerei, „Seidel & Seidel Satz- und Digitaldruckzentrum", die von Carmens und Frieders Sohn geleitet wird, außerdem eine Versandbuchhandlung und die Möbelfirma HOM, die ebenfalls schon von den Kindern geführt wird.

▶ *Carmen ist für die drei Buchhandlungen zuständig*

Carmens Bereich sind die drei Buchhandlungen in Plauen, Falkenstein und Hammerbrücke. Natürlich steht hier, da sie christliche Buchhandlungen sind, der Glaube im Mittelpunkt. Ihr Herzensanliegen sei es aber, sagt Carmen, auch Kunden anzuziehen, die mit Christsein nichts am Hut haben. So legt sie großen Wert darauf, dass neben dem christlichen Angebot auch ein abwechslungsreiches, fröhliches säkulares Sortiment vorhanden ist. Die Geschenke-Abteilung erfreut sich großer Beliebtheit und der Bürobedarf, die Schreib- und Spielwaren, die Schultaschen, der Bastel- und Künstlerbedarf sowie die Postfiliale runden das Sortiment ab. Eine Zeit lang hatte Carmen sogar Tchibo-Produkte im Angebot, aber nun nicht mehr. Im Ausgangsbereich der Buchhandlungen finden sich verschiedene christliche Prospekte zum Mitnehmen und zur Weihnachts- und Osterzeit liegt immer ein Stapel Bibeln zum Verschenken unter dem Motto „Hier finden sie die Geschichte zum Fest" bereit. Durch das christliche Sortiment in den Läden kann

Carmen gut geistliche Impulse weitergeben und auch aussagefähige, abwechslungsreiche Schaufenster gestalten. Es ist ihr eine Freude, die Botschaft Gottes auf diese Weise weitergeben zu können. In ihren Buchhandlungen sind alle Mitarbeiter Christen, das ist Carmen wichtig, damit diese auch inhaltlich hinter den christlichen Büchern im Sortiment stehen können. Aber in der Firmengruppe arbeiten auch Männer und Frauen, die noch wenig mit Gott erlebt haben.

Ihre Mitarbeiter leitet Carmen dadurch an, was sie selbst an Werten vorlebt. Wenn sie als Team gemeinsam essen, gibt es zu Anfang ein Tischgebet. In der Toilette der Buchhandlungen hängen zurzeit Poster mit Bibelversen oder Kalender zum Thema Dankbarkeit. Das leere Plakat an der Tür, auf das jeder etwas zum Thema Dankbarkeit schreiben kann, wird rege genutzt. Wenn es Konflikte im Mitarbeiterteam gibt, betet Carmen vor einer Aussprache um Gottes Hilfe, Geduld, gute Worte, Gelassenheit und Weisheit, dass ihre Argumente in der richtigen Weise aufgenommen werden. Manches Mal musste sie sich aber auch schon von Mitarbeitern trennen, so schwer es auch war.

Aufgeben wollte Carmen schon öfter, besonders, wenn der Kampf um das Geld zu hart wurde und es ein Kraftakt war, Löhne und Rechnungen rechtzeitig zu bezahlen. Aber in diesen Situationen erhielt Carmen immer wieder Mut machende Bibelverse wie „Das geknickte Rohr wird er nicht zerbrechen, und den glimmenden Docht wird er nicht auslöschen" (Jesaja 42,3) oder „Kraft und Würde sind ihr Gewand, und sie lacht des kommenden Tages" (Sprüche 31,25). Auch in all dem, was manchmal schwierig ist, hat Carmen die Gewissheit, dass Gott sie an diesen Platz gestellt hat und ihr hilft, weiter im Rahmen ihrer Möglichkeiten zu handeln.

Auf die Frage, was sie in ihrer Zeit als Unternehmerin bisher als das Schlimmste erlebt hat, antwortet sie: „Einmal hat die Bank einen Millionenkredit von einem Tag auf den anderen gestrichen." Sie waren gerade in den wohlverdienten Familienurlaub gefahren, wo sie die Nachricht erreichte. Zusätzlich bekamen sie die Information von einem Kunden, dass er pleitegegangen sei und die offenen Posten vom letzten Großauftrag nicht begleichen könne. Das waren Ereignisse, die sie jahrelang Kraft gekostet haben und teilweise noch immer kosten. Aber das müssen sie aushalten und erwarten auch hier ein Wunder von Gott. Denn davon hätten sie schon viele erlebt, berichtet Carmen. Zum Beispiel als sie für die Möbelfirma gerade einen Großauftrag bekommen hatten, aber plötzlich die wichtigste Maschine versagte und der Spezialmonteur sehr viel Geld kosten sollte – eine unvorhersehbare Ausgabe. Doch dann hörten sie in der Predigt am Sonntag den Bibelvers: „Alle eure Sorge werft auf ihn; denn er sorgt für euch" (1. Petrus 5,7), und baten, dadurch ermutigt, Gott um Hilfe. Am nächsten Morgen kam dann das erbetene „Wunder". Ein erfahrener Mitarbeiter, ihr „Professor", wie sie ihn nennen, hatte bezüglich der Maschine noch eine Idee gehabt, sich belesen, einfach angepackt – und tatsächlich, sie funktionierte wieder. Auch die Bewahrung der Mitarbeiter bei den vielen Montagearbeiten sei ein Wunder. Und Gott schicke ihnen, meint Carmen, täglich die nötigen Finanzen, um wieder einen Tag weiterzuarbeiten.

Einmal ist ihnen etwas Furchtbares passiert. Durch eine riesige Schneelast war ein Dach eingebrochen. Doch inmitten des Unglücks erfuhren sie Gottes Bewahrung, denn es war ausgerechnet ein freier Tag gewesen, sodass keine Mitarbeiter zu Schaden kamen. Sie erlebten eine riesige Welle der Hilfsbereitschaft von Feuerwehr, Nachbarn und Freunden und alles konnte gut repariert werden.

Die heutige Welt empfindet Carmen als sehr herausfordernd. Jeder wolle etwas von ihr, sage es aber oft nicht direkt. Und sie möchte ja auch jedem etwas Gutes tun und von ihrer Kraft, Zeit, Liebe und ihrem Geld abgeben. Sie lebt in vielen sozialen Bezügen – als Ehefrau, Mutter, Schwiegermutter, Großmutter, Tochter, Schwester, Schwiegertochter, Geschäftsfrau, Freundin, Glaubensschwester, Nachbarin. Und doch hat sie nur eine begrenzte Zeit hier auf der Erde zur Verfügung und könne jedem nur ein bisschen geben, aber das von Herzen und mit Liebe. Denn die Liebe, die sie gebe, kehre ins eigene Herz zurück (nach Marie Calm).

Schon als sie noch Mutter von vier kleinen Kindern war, habe sie sich vorgenommen, erzählt Carmen, täglich eine feste Zeit mit Gott einzuplanen. Sie habe ganz bewusst dafür gekämpft, weil es einfach guttue, sein Herz bei Gott auszuschütten, in der Bibel zu lesen, über ihren großartigen Vater im Himmel zu staunen, Wegweisung zu erbitten und einfach vom Leben der Menschen aus der Bibel zu lernen. Abends vor dem Einschlafen liest sie noch oft in der Bibel, bringt ihre Anliegen vor Gottes Thron und betet auch für andere. Bei Konflikten in der Familie oder der Firma oder wenn wieder viele Rechnungen zum Bezahlen anstehen, spricht sie mit Gott und überlegt, welches die richtige Vorgehensweise sein könnte.

Einmal, vor vielen Jahren, erlebten sie eine schlimme Überfahrt mit der Fähre bei Windstärke 10. Es war entsetzlich. Ihr damals zehnjähriger Sohn betete zu Jesus, wenn er ihn lebendig am Ufer ankommen ließe, gäbe er ihm all sein erspartes Geld. Wieder heil zu Hause angekommen, meinte Carmen zu ihrem Sohn, es müsse ja vielleicht nicht alles sein, aber ihr Sohn bestand drauf, sein Erspartes an einen Missionar zu geben. Geld sei schließlich nur ein Zahlungsmittel. Viel Geld hätten sie nie gehabt, meint Carmen, aber um glücklich zu sein, brauche sie es nicht. Es wäre natürlich einfacher, wenn man genügend habe, und sie müsse dann vielleicht nicht mehr 30 große Fenster in der Firma selbst putzen, sondern könne sich eine Reinigungsfirma leisten. Mit Geld könne man viel bewegen und es sei verführerisch, sich damit seine eigenen Wünsche zu erfüllen, aber jeder erfüllte Wunsch zeuge eben auch einen neuen, davon ist Carmen überzeugt. Sie bemüht sich, regelmäßig den zehnten Teil ihres Geldes zu spenden, denn ohne Gottes Kraft, Weisheit und die von ihm geführten Lebensumstände hätte sie das Geld ohnehin nicht. All ihr Geld, so glaubt Carmen, habe Gott sie verdienen lassen. So bemühe sie sich, mit allem, was sie kaufe, verantwortlich zu sein. Oft frage sie Jesus, was sie sich leisten könne und was nicht. Dementsprechend handle sie dann.

Carmen beginnt den Tag mit einer kalten Dusche und einer ruhigen Zeit. Ihre Freude und Kraft bezieht sie aus dem Schlaf, einem guten Frühstück und dem Spiel mit den Enkelkindern, wie z. B. auf Bäume zu klettern und natürlich Bücher vorzulesen. Die Sonntagsgottesdienste mit Abendmahl seien für sie sehr wichtig und auch die Zeit, in der Gott mit Liedern angebetet wird. Während des Gottesdienstes wird ihr oft neu die Größe und Macht Gottes deutlich und wie wunderbar es ist, sein Kind zu sein. Es tut Carmen gut, für eine Gesprächsstunde in der Gemeinde einen Bibeltext vorzubereiten. Gerne singt sie und spielt auf der Gitarre, hört klassische Musik oder auch Lobpreislieder, deren Texte ihr oft aus der Seele sprechen. Sie liebt es, mit ihrem Mann, der Familie oder den Freundinnen essen zu gehen – mit Vorliebe Eis.

In der Firma kümmert sie sich vorwiegend um die Bestellungen und den Wareneingang, bereitet Feste vor und führt diese durch, hat immer die Augen offen und schaut, was gerade am Markt läuft. Sie führt Vertretergespräche und betreut die Kunden. Ihr Büro befindet sich im Hauptgeschäft in Hammerbrücke, so ist sie jederzeit für jeden erreichbar. Auch um den Haushalt und das Essen kümmert sie sich täglich. Das dürfe man bei allem nicht vergessen, meint sie. Die größte Herausforderung sieht Carmen darin, in ihrem inzwischen dreißig Mitarbeiter zählenden Familienunternehmen trotz gemeinsamer Arbeit gute und entspannte Familienbeziehungen zu pflegen. Das sei eine wichtige Basis und erfordere Selbstdisziplin und Gelassenheit. Es bereitet ihr Freude, neue Bereiche zu erobern, denn die Arbeit ist so vielfältig. Dort kann sie sich gut kreativ entfalten und hat viel Kontakt mit den unterschiedlichsten Menschen. Dabei versucht sie oft, Mut zu machen, aber erhält auch selbst so manchen guten Rat. Allen Menschen möchte Carmen mit Respekt begegnen und sie würdevoll behandeln. Bei aller fachlichen Kompetenz und bei allem professionellen Umgang will sie den Mitarbeitern und Kunden auch Gottes Liebe entgegenbringen.

Während sie ihre Mitarbeiter näher kennenlernt, nimmt sie deren Schwächen und Stärken wahr, was es ihr ermöglicht, sie zu fordern und zu fördern und dort einzusetzen, wo sie sich am besten entwickeln und entfalten können. Die Mitarbeiter sind ihr eine gute Unterstützung und diese wiederum sind froh, nahe bei ihrem Zuhause eine sinnvolle Arbeit gefunden zu haben. Es gibt etliche Mitarbeiter, die sich vieles bei ihr abgeschaut und dann selbst ein Geschäft gegründet haben. Mit einigen gebe es nun eine gute Zusammenarbeit, man sei ja auch aufeinander angewiesen, meint Carmen. Vor Konkurrenz habe sie keine Angst, sagt sie, denn sie belebe das Geschäft. Außerdem habe sie Respekt vor jedem, der die Herausforderung eines eigenen Betriebes auf sich nimmt. Unendlich dankbar ist sie, selbst noch genügend Durchhaltevermögen zu besitzen und täglich neuen Mut zu erhalten. Die Kraft, Niederlagen einzustecken und Projekte anzupacken, erlebt sie als Wunder.

Mit 40 Jahren wurde Carmen noch einmal schwanger und alle in ihrer Umgebung waren erst einmal geschockt. Doch in der 14. Woche hatte sie eine Fehlgeburt. Ohne die vielen Gebete und Gespräche wäre sie nicht so schnell darüber hinweggekommen. Nun kann sie anderen, die vielleicht ähnlich Schreckliches erlebt haben, viel besser helfen. Alles, was sie tut, ist inspiriert von dem Vers: „Was ihr auch tut, das tut alles zu Gottes Ehre." (1. Korinther 10,31)

Jesus Christus ist für sie wie eine unsichtbare Person, mit der sie immer reden kann. Er hat immer ein offenes Ohr für sie. Er ist ihr Begleiter, Retter, Friedefürst, Angstnehmer, Mutmacher, Berater, treuer Freund, König, Gottes Sohn und ihr Erlöser, der ihre Schuld von ihr nimmt. Carmen ist froh, dass Jesus ihr Leben frei und glücklich gemacht hat. Ihm will sie immer dienen. Sie redet mit ihm und spürt Tag für Tag, wie er die Last des Alltags mitträgt.

Wohlhabende Christen sollten nach Carmens Meinung teilen können, anderen zum Segen werden und mit ihrem Geld Gutes bewegen. Während sie als Arbeiterkind aufwuchs, hat sie sich immer riesig gefreut, wenn zu Weihnachten der Kriegsgefangenenfreund des Großvaters ein Päckchen mit Schokolade und einem neuen Pullover schickte. Das war für ihre Begriffe schon ein reicher Mann. Als sie älter wurde, hörte sie, dass er ein recht armer Mann gewesen sei, der sein Einkommen aus Nächstenliebe geteilt habe. Wenn Christen verantwortlich mit ihrem Geld umgehen, kann viel Not gelindert werden, davon ist Carmen überzeugt. Durch ihre eigene Mitarbeit bei „Humanitäre Mission" hat sie vielen ärmeren Menschen helfen können und war in der Lage, froh zu bezeugen, wie großartig Gottes Versorgung ist.

Juliane König

Gott, sei du der Chef

Juliane König, 1985 in Rathenow geboren, wuchs in einem sozialistischen Elternhaus auf. Der Vater war Staatsanwalt und die Mutter Friseurin. Als Juliane sechs Jahre alt war, machte sich ihre Mutter in Neubrandenburg als Friseurin selbstständig. Sechs Jahre später, nach der Scheidung von ihrem Mann, begann die Mutter, angeregt durch eine Kundin, in eine Freie Gemeinde in Neubrandenburg zu gehen. Die Zeit der Selbständigkeit der Mutter erfuhr Juliane als positiv. Sie fand es gut, dadurch auch als Kind schneller selbständig geworden zu sein. Zu beiden Eltern hatte Juliane einen guten Kontakt.

Juliane war 22, als die Mutter, die inzwischen ein Friseurstudio und ein Fitnessstudio betrieb, dem Rat eines Unternehmensberaters folgte, beide Geschäfte voneinander zu lösen. Er empfahl, dass die Tochter den Friseursalon übernehmen solle. Juliane absolvierte eine dreijährige Ausbildung zur Friseurin. In dieser Zeit hatte sie viele Kämpfe mit Gott und sich selbst auszufechten. Durch die Gunst bei der Bank, wie sie es formuliert, wurde ihr ein zehnjähriger Kredit gewährt, den sie in zwei Jahren wird abgezahlt haben. Die Monate bis dahin zählt sie und ist stolz, es so weit geschafft zu haben. Wenn der Tag der Abzahlung da ist, wird sie ein Fest feiern, meint sie.

▶ *Als sie den Friseursalon „belissima"*
übernimmt, ist Juliane 22

Damals waren die Geschäftsgründung und der Kredit große Schuhe für sie, wie sie sagt, aber sie sei mittlerweile gut hineingewachsen. Dabei halfen ihr vor allem Fortbildungen, Existenzgründerseminare und ihre Mutter, die immer für sie da war und sie besonders in den ersten Jahren unterstützt hat – auch wenn es mitunter schwer war mit zwei Chefinnen in einem Salon. Viele der Mitarbeiterinnen kannten Juliane zum Glück schon als Kind. Trotzdem waren besonders die ersten Jahre herausfordernd, und die Frage, ob es auch wirklich der richtige Weg für sie ist, stand immer wieder im Raum. Vieles hat sich seitdem stabilisiert und normalisiert, auch zwischen den fünf Mitarbeiterinnen und ihr.

Das Verhältnis zu den Kunden sieht Juliane als ein Dienstleistungsverhältnis und auch mit einer gewissen Distanz. Aber wenn sie merke, dass eine Kundin in Not sei, spräche sie schon mal mit ihr darüber und versuche zu helfen. Einmal habe sie eine Kundin betreut, die gerade schwanger war und erfahren hatte, dass ihr Kind an einem offenen Rücken leidet. Da habe sie Gebet angeboten. Später habe sich herausgestellt, dass der Gesundheitszustand des Kindes doch besser war, als zunächst angenommen. Die Kundin sei zwar nicht gleich gläubig geworden, aber das Gebet habe ihr in dieser Zeit trotzdem Halt gegeben. Juliane möchte auch niemandem mit ihrem Glauben „auf den Keks gehen", wie sie es formuliert. Da habe sie schon zu viel erlebt und auch von ihren Freunden haben sich doch einige abgewendet. Nie würde sie jemandem etwas überstülpen wollen. Entweder zeige sich Gott bewusst und wenn sich ein Gespräch über den Glauben ergibt, sei es gut, oder er zeige sich eben nicht, dann sei es auch in Ordnung und Juliane dränge nicht weiter.

Vor zwei Jahren wurde der Mindestlohn eingeführt und seitdem hat sich einiges verändert. Die Preise mussten angepasst werden, wofür sich die Mitarbeiterinnen teilweise vor den Kunden rechtfertigen mussten. Ungefähr ein halbes Jahr habe es gedauert, meint Juliane, bis alle sich an die neuen Preise gewöhnt hatten. Niemand sehe eben die Kosten durch Finanzamt, Krankenkasse, Berufsgenossenschaft und so vieles mehr, bis überhaupt erst der erste Euro verdient ist.

Für Juliane war die Zeit in der freien Gemeinde in Neubrandenburg eine wunderbare Zeit. Sie hat dort ihr Leben Jesus gegeben, genau wie ihre Mutter. Irgendwann kam jedoch ein Punkt, an dem sie sich entschied, dort nicht mehr hinzugehen. Vieles empfand sie als zu eng und dogmatisch, auch wenn es insgesamt eine sehr gute Zeit war. Während sie noch etwas Angst hatte, wieder in einen Strudel zu geraten, wie sie es bezeichnet, und dennoch auf der Suche nach einer Gemeinde war, kam ein neuer Kunde, Jörg Albrecht, in ihr Friseurstudio. Erst nach vielen Besuchen erfuhr sie, dass er Pastor der evangelischen Kirchengemeinde St. Michael in Neubrandenburg ist. Als er von einem Israelbesuch mit seiner Gemeinde erzählte, ließ sie das aufhorchen. Er wiederum erkannte die christliche Musik, die in ihrem Friseurladen lief. Darüber kamen sie ins Gespräch. Inzwischen ist sie Mitglied der evangelischen Kirche und hat darüber Frieden und Freiheit.

Durch die freie Gemeinde war es Juliane gewohnt gewesen, den „Zehnten" zu geben, so wie es im Buch Maleachi (3,10) steht. Nach dem Austritt aus der Gemeinde habe sie erst einmal nicht gewusst, wie sie Gott mit ihrem Geld dienen kann. Doch seit acht Jahren unterstützt sie nun Joyce Meyer Ministries und hat ein Patenkind in Indien. Dazu kommt natürlich die Kirchensteuer.

Es dauerte lange, bis sie den Mann fürs Leben fand. Über Jahre hat sie daran festgehalten, dass Gott den richtigen Mann schon für sie vorbereitet habe. Seit einem Jahr ist sie nun verheiratet. Sie wollte unbedingt einen gläubigen Mann heiraten und dachte immer, dass ein katholischer Partner nicht infrage käme. Aber sie hat die Erfahrung gemacht, dass christlicher Glaube so bunt und vielfältig ist wie die Erde. Ihre Hochzeit war in diesem Sinne auch ein Zeichen. Die Oma ihres Mannes war ihm mit ihrem tiefen Glauben ein Vorbild, und so feierte das Paar eine ökumenische Trauung mit dem evangelischen und katholischen Pfarrer in Neubrandenburg. Die Mitarbeiterinnen von Juliane waren auch eingeladen und eine von ihnen ist durch den Gottesdienst emotional sehr angerührt worden. Die Kirchenbesuche haben die Eheleute gut für sich gelöst. Sie gehen mal in die evangelische und mal in die katholische Kirche. „Ich habe meinen Weg gefunden", sagt sie, auch mit ihrem Mann. Wenn sie zusammen beten, dann mit Liebe und Freiheit und auch die Grenzen seien in Ordnung. Zusammen haben sie einen Weg des Lebens und Lebenlassens gewählt.

Ihren Mann sieht Juliane als Familienoberhaupt, der sie in der Selbständigkeit immer unterstützt habe. Das kenne sie auch anders, weil sie sich von anderen oft Vorwürfe hatte anhören müssen und sich rechtfertigen musste, warum ihre Arbeit so zeitaufwendig ist. Doch ihr Mann sei extrem verständnisvoll. Als der Umzug in die Fußgängerzone anstand, sei sie Wochen und Monate vorher schon mit den Nerven fertig gewesen, wegen all der Überlegungen, die Finanzierung und das Risiko betreffend, und wegen der Verhandlungen mit dem Vermieter. In all dem sei ihr damaliger Freund und jetziger Ehemann ein Ruhepol gewesen und habe sie in dieser schwierigen Phase so unterstützt, dass sie wusste, das könnte der Mann fürs Leben werden. Sie habe zwar warten und sich in Geduld üben müssen, den Richtigen zu finden, meint Juliane, aber das Warten habe sich gelohnt. Nun erwartet sie mit 30 Jahren ihr erstes Kind und damit geht wieder eine neue Herausforderung einher. Aber sie kann auf ihren Mann zählen, der ihr auch einmal hilft und z. B. den Tagesabschluss aushilfsweise übernimmt und so mit Verantwortung trägt. Ihr eigenes Verantwortungsbewusstsein habe sie von der Mutter gelernt, meint Juliane.

Der Tag in Julianes Friseurstudio ist ausgefüllt und die fünf Mitarbeiterinnen haben alle Hände voll zu tun. Juliane weiß inzwischen, dass die „Jahreszeiten" des Geschäfts unterschiedlich laufen, dass sie nicht alleine ist und dass Gott präsent ist und sie über Wasser hält. Das Geschäft bringt eine große Verantwortung mit sich, aber über die Jahre sei sie in die Rolle hineingewachsen und käme auch besser mit Druck zurecht. Immer wieder hat sie gute neue Ideen für ihren Salon, dennoch fragt sie sich manchmal, wie sie die Arbeitslast bewältigen kann.

▶ *Juliane in ihrem Friseurstudio*

Vor einiger Zeit war Juliane wieder einmal bei einem Gottesdienst in einer freien Gemeinde. Dabei ging es intensiv darum, wie die Beziehung mit Gott zu gestalten sei. Im Anschluss an den Gottesdienst, erzählt Juliane, sei sie zu einem Seelsorger gegangen, der ihr riet, alle Sorgen an Gott abzugeben. Denn letztlich sei Julianes Friseurstudio sein, also Gottes Geschäft. Sie solle alles Wichtige Gott überlassen und sich aus ihrer Überverantwortlichkeit zurückziehen. Doch das musste erst einmal in ihr Herz fallen, wie sie es ausdrückt. Daran hat sie eine ganze Weile gearbeitet, aber in ihrem Alltag als Geschäftsfrau sei dies ein entscheidender Punkt gewesen, wie sie im Nachhinein erkennt. Sie müsse nun nicht mehr alles aus eigener Kraft machen, sondern vertraue auf Gott. „Sei du Chef, Gott, und wenn es ein Problem gibt, kümmere du dich auch darum, Gott. Ich mache, was du für richtig hältst."

Dieses Umdenken habe ihr vor drei Jahren die Last genommen. Sie kann sich die Kunden und Mitarbeiter nicht backen, wie sie sagt, Gott muss ihr die richtigen Menschen schicken. Gott ist der Chef und er weiß, was wichtig ist. Diese Last abzugeben, das habe ihr eine größere Leichtigkeit für ihr Menschsein gegeben, wie sie sagt. Mit wem kann man über solche Sorgen schon reden? Kein normaler Mensch verstehe es, wenn man wieder Tausende an das Finanzamt zahlen müsse und nicht wisse, wie – auch die Mitarbeiter seien daran nicht interessiert.

Die täglichen Andachten von Joyce Meyer seien für sie ein wertvoller Input, meint Juliane, und in der Schwangerschaft lese sie nun täglich Zusprüche und Verheißungen von Gott, die wie Gebete verfasst sind. Doch der zuvor empfundene Zwang, jeden Morgen eine Stunde beten zu müssen, sei nicht mehr da, denn sie habe mehr Freiheit in ihrer Beziehung mit Gott gewonnen. Die Kraft ziehe sie zum Großteil aus dem Glauben und könne sich heute nicht mehr vorstellen, all das ohne Gott geschafft zu haben. Jesus sei ihr ein guter Freund, auf den sie sich verlassen und zu dem sie gehen könne, wenn sie ein Anliegen habe. Dass sie in einer Stadt lebt, in der der Sozialismus mal das Sagen gehabt hat und Gott kein Thema war, sei heute für sie nicht relevant. Sie habe viele Freunde, die wissen, wie sie denkt, aber die selbst nichts mit dem christlichen Glauben zu tun haben. Mit ihrem zum Großteil atheistischen Umfeld habe sie eine gute Sprache und einen guten Umgang gefunden.

Juliane erzählt, dass sie in ihrem Leben schon mehrere Wunder erlebt habe, besonders auf Krisenzeiten in ihrem Geschäft bezogen, wenn sie z. B. mal nicht wusste, wie sie die Rechnungen bezahlen sollte. Nachdem sie Gott eines Tages inständig bat: „Schicke Kunden!", habe kurz danach ununterbrochen das Telefon geklingelt. So erlebe sie Gottes Hilfe auch in finanziellen Dingen. Die Mitarbeiterlöhne gehen für sie immer vor, und sie zahle lieber die Säumniszuschläge beim Finanzamt, als den Mitarbeitern nicht rechtzeitig ihr Gehalt zu überweisen. Dankbar ist sie, dass sie inzwischen finanziell gut dasteht und nicht mehr über jeden Euro nachdenken muss. Für Frauen habe sich mittlerweile wohl einiges geändert, überlegt Juliane, im Umgang mit der Bank zum Beispiel. Es gebe einfach mehr Frauen in Führungspositionen, und das sei gut so.

Neben dem Kundenverkehr hat sie viele weitere Aufgaben zu erledigen, so z. B. Bankbesuche, die Aufsicht über die Bestellung der

Ware und die Buchhaltung. Neben dem Nagelstudio und dem Kosmetikgeschäft ist das Friseurstudio ihr Kerngeschäft. Gerne überwacht sie alles, aber sie ist natürlich auch auf die Kompetenz und das Verantwortungsbewusstsein ihrer Mitarbeiter angewiesen. Ein Stück weit muss man sich als Chefin auch zurücklehnen und den Angestellten vertrauen können. Doch das Geschäft laufe nun mal besser, wenn der Chef da ist, meint sie. Trotz Mutterschutz würde sie auch jetzt immer wieder vorbeischauen und zudem hilft ihre Mutter, wo sie kann.

In der Innenstadt gebe es viele neue kleinere Friseurgeschäfte, erzählt Juliane, aber das sei schon in Ordnung. Sie habe einen guten Kundenstamm und sei nicht böse auf die Konkurrenz, denn die belebe das Geschäft. Ein weiteres Studio wolle sie nicht, denn die Verantwortung reiche ihr aus und so sei es noch zu schaffen, alles zu überblicken.

Auf die Frage, wie die nächsten zehn Jahre aussehen sollen, meint Juliane, sie sei dankbar, wenn sie sich in den nächsten Jahren an dem Standort halten könne und die Finanzen stabil blieben. Sie brauche keine weiteren Experimente. Es sei ohnehin schon schwer, neue Mitarbeiter zu finden, die mit Freude ihre Arbeit machen. Doch sie vertraut darauf, dass Gott sie weiterhin mit guten Mitarbeitern versorgt. In all dem ist ihre Mutter für Juliane eine sehr wichtige Partnerin, ohne sie wäre es nicht gegangen. Nun zieht sich diese jedoch zurück und Juliane verliert dadurch eine Vertraute, die mitdenkt. Sie freut sich aber, dass ihre Mutter ihr Glück in Wolfsburg gefunden hat. Sie selbst sei in die Schuhe nun hineingewachsen und habe viel gelernt. Sie ist ihrer Mutter und Gott unendlich dankbar für das, was geschaffen worden ist, und auch für die fleißigen Mitarbeiterinnen.

Irmgard Hutloff

EINANDER STÜTZEN UND GEMEINSAM ENTSCHEIDUNGEN TRAGEN

Irmgard Hutloff wurde 1967 in Halle (Saale) geboren, in der Mitte der Zeit zwischen Kriegsende und der Wende. Sie war ein Kind der DDR und doch kein typisches DDR-Kind. Irmgard ist die mittlere von fünf Schwestern und wuchs in einem christlichen Elternhaus auf. Durch das klare Bekenntnis der Eltern zum christlichen Glauben lernten die Kinder zeitig, „gegen den Strom" zu schwimmen und auch mit den Konsequenzen zu leben: Keine Pioniere, keine FDJ, keine Jugendweihe und in der Folge auch kein Abitur und kein Studium. Irmgard erlernte bei der Diakonie den Beruf der Krankenschwester.

1987 heiratete sie ihren Mann Jörg. Jörg war während des Abiturs zum Glauben gekommen und hatte infolgedessen den erwünschten Studienplatz nicht erhalten. Stattdessen absolvierte er eine Ausbildung zum Feinmechaniker sowie ein paar Semester Theologie und lernte einige sozialistische Betriebe von innen kennen.

Die erste Idee der Selbstständigkeit kam Irmgard und Jörg bereits Anfang 1989, aber unter den Bedingungen der DDR war das wenig zielführend. Als dann im November 1989 die Mauer fiel, war diese Idee sofort wieder da. Auf der Suche nach einem Kopierer für die Gemeindearbeit kam der Impuls von ihrem Gemeindeleiter: „Vielleicht könnte sich ja jemand damit selbstständig machen." Dieser Satz fiel bei Irmgard und Jörg auf fruchtbaren Boden und so machten sie sich auf den Weg und hatten tatsächlich bald die Zusage, einen gebrauchten Kopierer geschenkt zu bekommen. Noch galten aber die Gesetze der DDR, auch wenn alles in Auflösung begriffen war. So kämpften sie sich durch den Behördendschungel: Gewerberaum nur bei Nachweis einer Gewerbegenehmigung … Gewerbegenehmigung nur bei vorhandenem Gewerberaum und Nachweis eines Bedarfs in der Bevölkerung … Schließlich hatten sie nach „nur" sieben Wochen am 27.02.1990 die Gewerbegenehmigung für das „Betreiben einer Kopierstube" in der Hand. Eine Mansardenwohnung in dem völlig heruntergekommenen Haus, in dem Irmgard und Jörg wohnten, wurde zum Copy-Shop hergerichtet: Das Dach wurde mit Dachpappe abgedichtet, Strom neu verlegt, gemalert, ein ausrangierter Schreibtisch „aufgemöbelt". Freunde aus Nürnberg legten zusammen und schenkten den beiden einen gebrauchten Opel Kadett. Für die Einfuhr in die Noch-DDR mussten Irmgard und Jörg allerdings ihre gesamten Ersparnisse an den Zoll abgegeben. Dies stellte sich als die erste Fehlinvestition der jungen Unternehmer heraus, denn leider tat der Wagen nicht lange, was er sollte. Sie liehen sich D-Mark, um Toner für den Betrieb des Kopierers zu beschaffen und kauften in allen Dresdner Schreibwarenläden die Bestände an Schreibmaschinenpapier leer. Am 03.04.1990 eröffneten sie ihren Copy-Shop – mit einem alten Kopierer, ohne Telefon, ohne Geld, ohne die geringste Ahnung von Marktwirtschaft und Unternehmertum. Aber mit dem Elan der Aufbruchsstimmung, die im ganzen Land herrschte, sowie einer großen Portion Mut und Lust, etwas selbständig zu tun.

Zu diesem Zeitpunkt war Irmgard 23 Jahre jung und die beiden hatten bereits zwei Kinder im Alter von zweieinhalb Jahren und einem halben Jahr. Als Mutter war es für Irmgard unvorstellbar, die Kinder „fremderziehen" zu lassen und arbeiten zu gehen. Sie hatte sich von Anfang an gesagt, dass sie voll hinter dem Geschäft stehe und ihren Mann unterstützen wolle, wo immer es geht, aber mit den Kindern erst einmal zu Hause bliebe. Da Arbeit und Wohnen in demselben Haus stattfand, war Irmgard aber von Anfang an stark in den Geschäftsalltag involviert. Wenn Jörg wegmusste, weil er z. B. für ein Telefonat zum Postamt zu gehen hatte, nahm Irmgard die Kinder mit ins Geschäft und bediente die Kunden. Abends, wenn die Kinder schliefen, saß sie am Schreibtisch, tippte mit der Schreibmaschine Rechnungen und sammelte Quittungen. Das Führen eines Kassenbuches hatte sie schon als Kind beigebracht bekommen, genauso wie das Leben mit einem allezeit knappen Budget. Beides sollte sich jetzt als sehr nützlich erweisen.

Der Bedarf an Kopien war enorm – sowohl bei Privatpersonen als auch bei Firmen. Vom ersten Tag an kamen die Kunden in ihr „Unter-dem-Dach-Geschäft". Bereits nach einem Monat war die Auftragsflut mit einem Kopierer nicht mehr zu bewältigen, ein zweiter Kopierer wurde gekauft und die erste Mitarbeiterin zur Unterstützung eingestellt. Am 1. Juli 1990 tauschten Irmgard und Jörg die bis dahin erwirtschafteten DDR-Mark in D-Mark um und mussten zeitgleich feststellen, wie sich plötzlich Unternehmen aller Branchen aus den alten Bundesländern in Scharen auf dem ostdeutschen Markt tummelten. Schnell waren sie sich darüber im Klaren: entweder richtig mitmachen oder von der Bildfläche verschwinden. So ging Jörg noch einmal zum Gewerbeamt und ließ die Genehmigung großzügig erweitern: Handel mit Bürotechnik und Möbeln, Service für Büromaschinen. Der erste Techniker wurde eingestellt und zur Ausbildung geschickt, bald auch der erste Verkäufer. Nach einem Jahr bekamen sie endlich einen Telefonanschluss und konnten in demselben heruntergekommenen Haus im Erdgeschoss einen kleinen Laden anmieten. Auch die Bank war jetzt bereit, ihnen einen Kredit zu geben. Weitere Mitarbeiter wurden eingestellt.

Allein diese ersten Monate könnten viele Seiten füllen. Wenn Irmgard und Jörg heute auf diese Zeit zurückblicken und davon erzählen, können sie selbst nur staunen: über die rasante Entwicklung und ihren Mut zu vielen Entscheidungen und besonders darüber, was sich aus diesem kleinen Anfang im Laufe von 26 Jahren entwickelt hat. Da gab es gute Jahre und schlechte Jahre, Siege und Niederlagen, gute Entscheidungen und andere, die sich langfristig als Fehler erwiesen haben. Mitarbeiter sind gekommen und wieder gegangen. Beide haben in vielen Herausforderungen immer mehr gelernt, dass sie auf Gott vertrauen können, dass er immer wieder Mut, Kraft und Weisheit gibt und ihr Versorger ist. Heute sind sie ein Team mit ca. zehn Mitarbeitern. Von Copy-Shop und Technikverkauf haben sie sich nach vielen Jahren getrennt und sich auf Planung und Einrichtung und den Schwerpunkt Ergonomie im Büro konzentriert.

Bei Gründung des Unternehmens hatten sie gedacht, als Unternehmer habe man mehr Freiheit und vielleicht auch mehr Zeit für Gemeindearbeit. Sehr schnell mussten sie allerdings erkennen, dass die Arbeitswoche für die Unternehmer nicht auf eine feste Stundenzahl begrenzt ist und wohl in den seltensten Fällen einer normalen Arbeitswoche entspricht. In den ersten Jahren haben sie oft bis in die Nacht hinein an ihren Schreibtischen gesessen ... Das sei heute seltener geworden, aber die Balance zwischen Arbeit, Familie, Haushalt, Gemeinde und vielleicht auch noch ein wenig Freizeit sei ein ständiges Kampffeld. Irmgard erzählt, es gebe nie den Punkt, an dem sie sagen könne: „Ich bin fertig", denn immer warten irgendwo noch Berge an Arbeit oder einfach Dinge, die geplant, getan, durchdacht, besprochen werden müssen. Die Entscheidung, wann man aufhöre zu arbeiten – ob im Geschäft oder zu Hause –, falle ihr bis heute schwer und die Gefahr sei groß, ständig bis an die Erschöpfungsgrenze zu gehen. Viel zu oft haben die Kinder Irmgard im Büro angerufen mit der Frage: „Mama, wann kommst du nach Hause? Wann gibt es heute Abendbrot?"

Wie gut, dass Irmgard und Jörg von Anfang an den Sonntag als freien Tag für Familie und Gemeinde reserviert haben. Auf diesem Gebiet wünscht sich Irmgard für die nächsten Jahre mehr Gelassenheit und dass sie auch mal einem Kunden sagen kann: „Das schaffen wir nicht in der von Ihnen gewünschten Frist." Gegebenenfalls müssen Irmgard und Jörg dann auch mal auf einen Auftrag verzichten.

▶ *Einer der Ausstellungsräume der Firma Hutloff*

Eines der spannendsten Felder als Unternehmer ist wohl das Thema „Mitarbeiter" und wie sie die richtigen Personen für den richtigen Platz finden, fördern und halten können. Die Firma Hutloff ist ein kleines und sehr familiäres Unternehmen. Irmgard und Jörg lieben es, im Team zu arbeiten, und dafür brauchen sie Menschen, auf die sie sich verlassen können. Ob diese dann nun Christen sind oder nicht, sei dabei nicht das entscheidende Kriterium. Wichtig sei es, dass der Umgang miteinander und mit Kunden sowie Lieferanten offen, ehrlich und verlässlich ist. Allerdings sollte keiner der Mitarbeiter eine grundsätzlich negative Einstellung gegenüber Christen haben, deshalb erwähnen sie ihren christlichen Glauben meist schon im Einstellungsgespräch. Es kann schon mal vorkommen, dass Jörg in der Mitarbeiterversammlung plötzlich die Anliegen, über die sie gerade gesprochen haben, im Gebet vor Gott bringt. Da erleben sie auch verblüffende Dinge: Einmal überraschte sie eine Mitarbeiterin, die nicht gläubig war. Sie hatten im Team am Morgen für einen Kundentermin gebetet und später kam diese Mitarbeiterin mit einem Auftrag in der Tasche vom betreffenden Kunden zurück und sagte: „Da wundert ihr euch, aber ihr habt doch dafür gebetet!"

Zeitweise haben Irmgard und Jörg jeden Morgen im Büro den Tag mit einer kurzen Gebetszeit begonnen, hatten dann aber das Gefühl, dass sich dabei manche Mitarbeiter nicht wohl oder gar ausgeschlossen fühlten, sodass sie diese regelmäßigen Gebete wieder aufgegeben haben. Das täglich gemeinsame Arbeiten ist ein spannendes Prüffeld, ob es ihnen gelingt, die Werte, die sie vertreten, auch im Alltag zu leben. Dabei ist ihnen ihr Leitspruch aus dem Matthäusevangelium eine Hilfe: „Alles nun, was ihr wollt, dass euch die Leute tun sollen, das tut ihr ihnen auch" (7,12).

Oft werden sie gefragt, wie es denn geht, als Ehepaar gemeinsam zu arbeiten und ein Unternehmen zu führen. Ihre Antwort ist jedes Mal: „Ja, es geht! Es ist schön und herausfordernd!"

Schon in den ersten Jahren, als Irmgard mit den zunächst zwei und ab 1997 drei Kindern viel zu Hause war und nur teilweise im Büro anwesend sein konnte, war es ihr dennoch wichtig, innerlich mit dabei zu sein. Jörg war viel unterwegs und sie wollte wissen, was im Geschäft lief und was ihn beschäftigte, welche Projekte er bearbeitete und womit er gerade zu kämpfen hatte. Sie brauchte diese Nähe zu seiner Arbeit, um zu verstehen, warum er bis abends im Büro saß. Sie wollte ihn unterstützen und mit ihm kämpfen. Die gemeinsame Arbeit hat auch sie sehr herausgefordert: Anfangs mussten beide erst lernen, die verschiedenen Stärken und Schwächen des Partners nicht gegeneinander zu verwenden, sondern positiv zu nutzen.

Heute sind die Kinder erwachsen und Irmgard arbeitet längst voll mit im Geschäft. Natürlich hat dabei jeder seine Arbeits- und Verantwortungsbereiche. Aber nach wie vor macht es dem Ehepaar Spaß, gemeinsam an Projekten zu arbeiten und auch gemeinsam nach außen hin aufzutreten und sich gegenseitig zu ergänzen. Beiden fällt immer mehr auf, wie selten es in der Gesellschaft ist, dass Ehepaare in der Geschäftswelt gemeinsam auftreten und das über viele Jahre.

Irmgard und Jörg genießen es, dass sie so viel Zeit miteinander verbringen können, dass nicht morgens jeder seiner Wege geht und man sich erst abends wiedersieht. Aber es bleibt natürlich auch eine tägliche Herausforderung: Die Ecken und Kanten, an denen man sich als Ehepaar im privaten Bereich reibt, haben sie eben zusätzlich im geschäftlichen Bereich. Manche Entscheidungen würde jeder allein ganz anders treffen. Nach außen ist Jörg der Geschäftsführer, aber nach innen ist es ihnen wichtig, Entscheidungen gemeinsam zu tragen und diese dann auch zusammen zu vertreten. Manchmal kann es durchaus etwas länger dauern, zu einer gemeinsamen Entscheidung zu finden.

► *Gute Beratung ist Irmgard ein Herzensanliegen*

Irmgards Arbeitsalltag ist angefüllt mit vielen unterschiedlichen Dingen: Allgemeine Verwaltung, Personalverantwortung, Projektleitung, Ergonomieberatung (hier kommt ihr der erlernte Beruf sehr zugute), Kundenbesuche, Planung, Angebotskalkulation und vieles mehr. Von Beginn an gehörte auch die Verwaltung der Finanzen zu ihren Verantwortungsbereichen. Das entspricht nicht gerade ihrer Ausbildung, aber der Umgang mit Zahlen liegt ihr durchaus.

Der ursächliche Sinn eines Geschäftes liegt ja nun mal darin, Finanzen zu erwirtschaften, um davon zu leben und darüber hinaus. Ob wir als Christen Reichtümer anhäufen sollten? Diese Frage stellte sich ihnen in vielen Jahren des Unternehmerseins nicht unbedingt. Anfangs ging es einfach darum, ohne Startkapital ein Unternehmen aufzubauen. 1991 gab die Bank großzügig und ohne werthaltige Sicherheiten Existenzgründungskredit – aus heutiger Sicht viel zu großzügig. Aber schon im Buch der Sprüche steht, „wer borgt, ist des Gläubigers Knecht" (22,7), dass also der Kreditnehmer zum Knecht seines Geldgebers wird. Und so haben Irmgard und Jörg es in den darauffolgenden Jahren auch erleben müssen. Sie mussten das Geld für den laufenden Geschäftsbetrieb erwirtschaften, die enorm hohen Zinsen der 1990er-Jahre zahlen, Kredite tilgen. An „Reichtum" oder den Aufbau werthaltiger Sicherheiten war dabei gar nicht zu denken. Zu Anfang des Jahres 2000 überraschte sie die Bank mit einer „neuen Geschäftspolitik": Sie sollten Kredite langsamer tilgen und von den frei werdenden Mitteln Aktien kaufen, um dann diese wiederum als angebliche Sicherheiten für die Kredite zu verwenden. Diese Strategie machte auf die beiden keinen logischen Eindruck. Nach einigen Tagen und Nächten des Nachdenkens, Rechnens und Betens teilten sie der Bank mit, dass sie sich nicht auf diese Weise erpressen lassen wollten. Die Reaktion der Bank: „Dann führen Sie ab morgen Ihr Konto im Haben." Damit hatten sie dann doch nicht gerechnet. Es war eine der schwierigsten Situationen in ihrem Unternehmersein. Und doch haben sie auch in dieser Situation viel Gnade erlebt. Mitarbeiter mussten entlassen werden und Irmgard musste ihre Erziehungszeit abbrechen, um die laufende Büroarbeit zu erledigen. In dieser kritischen Situation haben sie die gute Erfahrung gemacht, wie Lieferanten und selbst Finanzamt und Krankenkassen positiv reagieren, wenn man bei kurzfristigen Zahlungsschwierigkeiten ehrlich auf sie zugeht. Und sie bekamen in dieser Zeit einige gute Aufträge. Nach neun Monaten hatten sie die Krise überstanden. Spätestens von da an war es ihr oberstes Ziel, schuldenfrei und damit relativ unabhängig von Banken zu werden. Ende 2009, nach fast 20 Jahren, konnten sie den letzten Euro Schulden zurückzahlen.

Was ist für einen Christen einfacher – arm oder reich zu sein? Irmgard würde sagen: Beides kann dazu führen, dass es einen gefangen nimmt. In Jahren, in denen das Geld äußerst knapp war, hat es sie sehr beschäftigt. Da war morgens oft der erste Gang zum PC, um nach dem Kontostand zu schauen und zu checken, ob es reicht für alles, was an diesem Tag bezahlt werden musste. Dabei erlebten sie aber auch Wunder: zum Beispiel, dass sie in 26 Jahren nur ein einziges Mal die Gehälter ein paar Tage verspätet zahlten und dass sie ihr Konto nie weiter überzogen als mit der Bank vereinbart. Irmgard saß oft an ihrem Schreibtisch und fragte Gott, welche Rechnungen sie wann bezahlen sollte. Mit einem positiven Kontostand und etwas Puffer lebt es sich wirklich viel ruhiger. Reich werden im weltlichen Sinne müsse sie dabei nicht, meint Irmgard, aber genug haben und „reich sein zu jedem guten Werk" (nach 2. Korinther 9,8) – das ist viel wert und ein großes Geschenk. Irmgard und Jörg erleben immer wieder, dass Gott es segnet, wenn sie freigebig sind. Einmal hatten sie sich vorgenommen, eine größere Summe für ein bestimmtes Anliegen zu spenden. Kurz darauf bekamen sie einen Auftrag, der genau die doppelte Summe an Ertrag brachte.

Manchmal, sagt Irmgard, würde ihnen die Frage gestellt, ob sie sich wieder selbständig machen würden, wenn sie noch einmal am Anfang stünden. Zwischendurch gab es Zeiten, in denen sie sich da nicht so sicher war, gerade im Blick auf den Einsatz an Zeit und Kraft. Heute würde Irmgard sagen: „Grundsätzlich ja, aber gerne mit der Erfahrung von heute." Sicher würden sie manche Entscheidung im Detail heute anders treffen, aber trotz aller Belastung gehe sie immer noch fast jeden Tag gerne an die Arbeit. Irmgard liebt es, täglich ganz verschiedenen Menschen zu begegnen und so eine abwechslungsreiche Arbeit zu haben. Sie sei froh darüber, dass sie im eigenen Unternehmen die grundlegenden Dinge im Umgang mit ihren Mitmenschen beeinflussen könne. Irmgard berät gerne Menschen und freut sich über jeden, der nach einer guten Beratung zufrieden ihr Unternehmen verlässt – vielleicht mit einem hochwertigen ergonomischen Stuhl, der ihn die nächsten Jahre seines Lebens begleiten wird. Sie freut sich, wenn es ihnen gelingt, Arbeitsräume neu zu gestalten und sich die Menschen darin dann wohler fühlen. Und natürlich sei es auch schön, wenn ihnen Kunden oder Lieferanten spiegeln, dass sie gerne mit Jörg und Irmgard und ihrem Team arbeiten und zufrieden sind mit dem, was sie tun. Die Firma Hutloff arbeitet in der Investitionsbranche, ist also sehr abhängig von der jeweiligen Wirtschaftslage und Investitionsfreudigkeit. Außerdem verändert sich das geschäftliche Umfeld rasant. Heute kann man mit ein paar Klicks im Internet eine Büroeinrichtung zusammenstellen und kaufen. Umso wichtiger ist es, Beratung, Konzeptarbeit und die eigene Kompetenz als qualitativ hochwertige Dienstleistung zu verkaufen.

Irmgard und Jörg sind sehr dankbar, dass sie trotz der enormen Last, die auch die Kinder mittrugen, zu allen drei Kindern ein sehr gutes Verhältnis haben und diese daran interessiert sind, wie es der Firma geht und was die Eltern so tun. Auch für ihre Gemeinde sind sie sehr dankbar. Sie haben dort eine gute geistliche Heimat. Der Gemeindeleiter ist gelernter Wirtschaftsprüfer und hat ein Herz für Unternehmer. Irmgard und Jörg sind nicht allein, es gibt einen Unternehmerkreis, in den sie sich mit einbringen und sich mit anderen christlichen Unternehmern austauschen können. Wenn sie an die Zukunft denkt, meint Irmgard abschließend, sei es wohl am wichtigsten, auf Gott zu vertrauen.

Elisabeth Wiedenmann

Etwas Feld und wenig Geld

Die Firmengeschichte von Elisabeth begann erst, als ihr Mann in ihr Leben trat. Zuvor wuchs sie als Zwillingskind einer Bauernfamilie mit sieben Kindern in einer frommen, schwäbischen Großfamilie in der Nähe von Augsburg auf. Nach ihrer einfachen Schulbildung lernte sie Floristin und Gärtnerin. Hier hatte Gott schon einen Plan mit ihr, denn eigentlich war ihre Lehrstelle schon fest einem anderen versprochen worden, doch sie wurde trotzdem genommen. Eines Tages sah sie einen fremden jungen Mann mit roten Haaren in der Gärtnerei, in der sie arbeitete. „Das ist der neue Lehrling", wurde ihr mitgeteilt. Unter ihren Anweisungen wurde dieser magere Mann mit Namen Max, der einen Abiturabschluss besaß, in den Betrieb eingeführt. Schon bald entpuppte er sich als sehr gläubig und erzählte ihr viel von Gott und der Bibel. Dem stand sie sehr skeptisch gegenüber. Doch bald bekam Max Verstärkung von einem weiteren Lehrling, der auch überzeugter Christ war.

Beider gemeinsames und regelmäßiges Gebet war es damals, dass Elisabeth ihr Leben ganz Gott anvertrauen und Jesus Christus in ihr Herz einladen würde. Und tatsächlich wandte sich Elisabeth dem lebendigen Gott zu. Kurz darauf durfte sie den Seniorchef des Betriebes am Sterbebett zu Jesus Christus führen. „Das ist für mich heute noch eine prägende Erinnerung", sagt sie. Damals war sie gerade einmal zwanzig Jahre jung und wusste vom Leben und vom Glauben an Christus noch recht wenig. Doch ein alter, unzufriedener Mann, der oft fluchte, erlebte eine Sündenerkenntnis und Sinnesänderung, die er im Gebet zu Gott und im Gespräch mit Elisabeth bekundete. Friedlich und mit Gott versöhnt durfte er ein paar Wochen später in eine himmlische Wohnung umziehen und dort die ewige Ruhe finden. Einige Mitarbeiter einschließlich des Juniorchefs konnten daraufhin in den folgenden Jahren ebenso ihr Leben Gott anvertrauen. So haben ihr Glaube und ihr noch junges Leben mit Gott schon damals Früchte getragen.

Als Elisabeth und ihr Mann Max sich bald nach ihrer Bekehrung befreundeten und zu heiraten beschlossen, kündigte sie ihre Stelle und besuchte eine Hauswirtschaftsschule, weil sie für den gemeinsamen Haushalt gut gerüstet sein wollte. Das kommt ihr nun jeden Tag in ihrem großen Haushalt, den sie neben ihrem Berufsleben führt, sehr zugute. Es war nicht die Liebe auf den ersten Blick, aber Elisabeth und Max wussten beide in ihren Herzen, dass sie füreinander bestimmt waren. Von ihrer ganzen Familie wurden ihre Heiratsabsichten zunächst abgelehnt, da sie freikirchlich heiraten wollten und nicht katholisch. Nur zögerlich und Jahre später wurde aus der Ablehnung eine geschätzte Anerkennung.

Nach ihrer Eheschließung machten sie sich im Jahr 1986 mit „etwas Feld und wenig Geld" selbstständig. Beide hatten sie nach ihrer Ausbildung zwar wenig finanzielle Mittel, aber ein Auto, das sie dem Schrotthändler verkauften. Das Feld erhielten sie von Max' Bruder pachtfrei und lebten auf dem elterlichen Hof. Als gelernte Gärtner wollten sie Trockenblumen anbauen und diese im Gartencenter verkaufen, was ihnen auch über Jahre erfolgreich gelang. Die jungen Pflänzchen mussten sie damals von Hand mit vielen Gießkannen eingießen. Ein mühseliges Unternehmen, worüber heute viele nur verwundert den Kopf schütteln können.

▸ *Elisabeth hat ein Herz für Blumen und schöne Dekorationen*

In dieser Zeit bekamen sie drei Kinder: Ruth, Christian und Esther. Es war für Elisabeth selbstverständlich, auch hochschwanger auf dem Feld oder im Lager zu arbeiten. Wenn Erntezeit war, fuhr Elisabeth zum Stillen schnell mit dem Fahrrad vom Feld nach Hause, stillte ihre Tochter Ruth und gab sie wieder der Oma, die sich aller ihrer Kinder herzlich annahm. Bis spät in den Abend hinein wurde gearbeitet, jedoch am Sonntag nie, auch wenn das Wetter Regen für Montag voraussagte. Oft erfuhren sie hier Gottes Segen und Bewahrung und konnten die Ernte trotzdem in der kommenden Woche trocken nach Hause holen. Am Sonntag dienten sie mit ihren Gaben in einer Freikirche. Max ist bis heute ein begnadeter Prediger und auch Elisabeth arbeitete damals und auch heute noch im Kindergottesdienstbereich. Im Dienst an den Kindern sehe sie einen Teil ihrer Berufung, erzählt Elisabeth, und lebe diese von ganzem Herzen in leitender Funktion aus. In den 30 Jahren, in denen sie jetzt schon verheiratet sind – Perlenhochzeit wird dieses Jubiläum auch genannt –, dienen sie Gott treu mit ihren Gaben in der Gemeinde. Auch der gemeinsame Betrieb besteht nun schon drei Jahrzehnte, in guten und in schlechten Tagen.

Ihre Ehe, Familie und ihr Geschäft erlebten in dieser Zeit viel Bewegendes. „Jedoch fühlten wir uns immer getragen, beschützt und geliebt von einem lebendigen, großen Gott in dieser geschüttelten Welt", sagt Elisabeth. Entscheidend für ihre Ehe sei immer der tiefe Glaube und das gegenseitige Vertrauen gewesen. So reifte ihre Liebe zueinander auch dadurch, dass sie füreinander im Gebet vor Gott eintraten, wenn es dem anderen einmal nicht so gut ging. Wenn sie die Perlenhochzeit bildlich betrachte, meint Elisabeth, seien diese dreißig Jahre wie reife, schöne und wertvolle Perlen, die zu einer Kette aufgefädelt wurden. Jede einzelne dieser Perlen hätte etwas Besonderes und Einzigartiges zu erzählen. „Das Wunderbare ist, wie Gott die Perlen unseres Lebens weiterhin auffädelt", freut sich Elisabeth.

Alle sechs Familienmitglieder könnten heute schon nicht mehr leben, sondern unter der Erde liegen, hätte Gott ihnen nicht immer wieder seinen Schutz gewährt. So kam es z. B. rund um die Geburt ihres vierten Kindes, Johannes, zu dramatischen Ereignissen. Nach einem Kaiserschnitt war Elisabeth gerade einmal zehn Tage zu Hause, als sie einen Blinddarmdurchbruch erlitt. Erst am dritten Tag im Krankenhaus wurde dies erkannt und der Blinddarm entfernt. Bei der Einlieferung in die Notaufnahme kam gerade „zufällig" ein befreundeter Oberarzt ihrer früheren Gemeinde hinzu und leitete instinktiv die richtigen Maßnahmen ein, obwohl noch keiner wusste, was los war, und man Elisabeth eigentlich hatte gehen lassen wollen. Vor der OP am dritten Tag war ihr ganz deutlich bewusst: Gott hält alles in seiner Hand. Er würde sich auch um ihren kleinen

Johannes, die anderen Kinder und Max kümmern, selbst wenn sie sterben sollte. Ohne Angst und Sorge ging sie in diese OP, bereit zu sterben. Auch Max war sich über den Ernst der Lage im Klaren. Er wusste, dass er für das Baby nicht würde sorgen können. Stattdessen würde er es seiner Schwägerin anvertrauen, damit Johannes eine Mutter haben könne. Es kam jedoch alles anders und Gott ließ Elisabeth nicht sterben. Nach ihrer Entlassung, Tage später, sprach sie beim Lesen der Bibel folgender Vers besonders an: „Wenn der Herr mir nicht hülfe, läge ich bald am Orte des Schweigens" (Psalm 94,17).

Zu diesem Zeitpunkt hatte der Familienbetrieb bereits einen großen Wandel hinter sich, denn sie hatten alle Trockenblumen untergepflügt und sich für einen reinen Großhandel für Floristik und Deko entschieden. Schon zweimal waren sie umgezogen und Johannes, das vierte Kind, wuchs nun auf dem neu erworbenen Hof mit dem veränderten Betrieb auf.

Bei der Geburt von Johannes war Elisabeth fast 43 Jahre alt gewesen und hatte die späte Schwangerschaft als große Herausforderung erlebt – immerhin lagen fast zwanzig Jahre zwischen dem ersten und dem letzten Kind. Ein freudiges Ja zu dem kleinen Nachzügler hatte sie erst, als Gott ihr nach drei oder vier Monaten durch einen Buchtext klarmachte, dass sie eine „Gute Hoffnung" in sich trage. Das legte in ihr den sprichwörtlichen „Schalter" um. Von einem Augenblick zum anderen wusste sie, dass Gott ihr mit diesem Kind eine „Gute Hoffnung" geschenkt hatte. So wich ihre Niedergeschlagenheit und sie widmete sich wieder mit Elan der Arbeit, die kein Ende zu nehmen schien. Als Johannes gerade drei Jahre alt war, umarmte er Elisabeth beim Anziehen einmal ganz fest und meinte: „Danke, danke, danke, danke, danke Mama, dass du mich geboren hast." Völlig verdutzt wiederholte Elisabeth den Satz und fragte, ob sie ihn auch richtig verstanden hätte. Daraufhin sagte der Kleine freudig: „Danke, danke Mama, dass du mich geboren hast." Dabei drückte er sie immer wieder ganz fest. Natürlich freute sich Elisabeth über diese merkwürdige Aussage ihres Dreijährigen und versicherte ihm, dass es sehr schön sei, dass er bei ihnen ist und dass sie ihn sehr lieb haben. Dieser Dank von einem glücklichen, lebensfrohen Jungen war für Elisabeth wie eine

Himmelsbotschaft, die auch lauten könnte: „Danke, dass ich leben darf." Mittlerweile ist Johannes zehn Jahre alt und bereichert ihre Familie in vieler Hinsicht.

Ihr Anwesen besaßen Elisabeth und Max gerade ein Jahr, als sie erfuhren, dass ihr größter Kunde, der für 80 Prozent ihres Umsatzes sorgte, wegfiel, weil ein neuer Einkäufer das Sortiment komplett erneuerte und dieser sich für einen anderen Lieferanten entschloss. Was tun? Großer Hof, große Schulden, große Sorgen. Wie immer wandten sie sich mit ihren Sorgen an Gott. Aber sie taten das nicht nur in Notzeiten, sondern täglich zusammen, bevor sie die Arbeit begannen. Schon damals, im Jahr 2001, hatte ihr Großhandel einen umfangreichen Internetauftritt. In dieser Zeit besaßen viele Firmen noch keine eigene Webseite. So klein ihre Firma auch war, versuchten Elisabeth und Max doch immer, fortschrittlich zu handeln, um im breiten Mitbewerber-Markt bestehen zu können. So kam es auch, dass sich ein großer Konzern mit verschiedenen Katalogen über die Webseite bei ihnen meldete und zu einem Kundengespräch einlud.

Mit Elisabeth und ihrem Mann wollte der Konzern einen Neustart mit einem großen Bastelkatalog unternehmen. Als sie damals nach dem gelungenen Geschäftsgespräch nach Hause fuhren, sahen sie nach wenigen Kilometern auf der Autobahn einen gelben LKW mit schwarzer Aufschrift direkt vor sich. Der mit riesigen Buchstaben geschriebene Slogan „Zur rechten Zeit am rechten Ort" rührte ihr Herz an und sie wussten, dass Gott ihnen damit etwas sagen wollte. *Das ist der Weg und das Reden Gottes für uns und unsere Zukunft*, dachten sie. Es folgten fast übergangslos sehr gute Jahre mit viel Arbeit. Gearbeitet wurde, bis die Kinder im Bett waren und danach oft auch noch. Manchmal auch nachts, da Elisabeth dann die meiste Ruhe fand.

Zuerst aber wurden sie noch auf die Probe gestellt. Das große Anwesen mit 14.000 qm, das sich in einem teils renovierungsbedürftigen Zustand befand, wollten sie nicht nur für sich alleine haben, sondern es Gott zur Verfügung stellen. Von ganzem Herzen wünschten sie sich, dass die Wiese um den Hof in der Zukunft den jungen christlichen Pfadfindern als Lagerplatz dienen könnte. Nach zweijährigem intensiven Gebet öffnete Gott eine Tür. Sie bekamen erstmalig eine konkrete Anfrage per Telefon. Gleich für 450 Personen aus der Pfadfinderarbeit der Royal Rangers sollte die Wiese erstmalig genutzt werden. Elisabeths Herz schlug besonders für diese Arbeit, da sie ehrenamtlich, neben allen Verpflichtungen im Beruf und in der Familie, diesen Dienst an Kindern und Jugendlichen unterstützte. Insgesamt war sie fünf Jahre mit Leib und Seele in dieser wertvollen Arbeit tätig. Nach der Zusage der ersten Pfadfinder-Gruppe wollte eine weitere Gruppe mit ca. 300 Royal Rangers auf ihrer Wiese lagern. Dies war für Elisabeth und Max das Zeichen, sofort das ganze Gelände als Zeltlagerplatz mit Sanitäranlagen auszubauen. Das nahmen sie im Vertrauen auf Gott in Angriff, denn noch war vom finanziellen Segen nicht viel zu sehen. Doch ihr Handeln wurde belohnt und schon im ersten Geschäftsjahr mit dem Konzern konnten sie mit dem Gewinn alle Baukosten decken und weitere Baumaßnahmen folgen lassen.

Auch bei diesem Großkunden mit Katalog gab es nach Jahren einen Führungswechsel mit Folgen. Zuvor jedoch wagte Elisabeth den Sprung ins Teleshopping-Geschäft. Bei einem bekannten TV-Sender präsentierte sie fünf Jahre live ihre Bastelartikel und eigene Kreativideen. Die Anfrage dazu kam von der ehemaligen Chefeinkäuferin des Großkunden mit Katalog, die sich beruflich verändert hatte und nun bei einem TV-Sender tätig war. Die erste Reaktion von Elisabeth und ihrem Mann war eher ablehnend. Nur aufgrund der geschätzten Geschäftsbeziehung, die sie mit dieser Frau verbunden hatte, dachten die beiden über die Anfrage nach. Sie baten Gott im Gebet um Weisheit und konsultierten auch ihren Steuerberater, der antwortete: „Die kochen doch auch nur mit Wasser, warum also nicht?" Die Antwort von Gott bekam Elisabeth durch einen

► *Tischdeko-Äpfel – eine Kreatividee*
für Weihnachten

bekannten Text, der ungefähr so lautete: „Wenn in einem Wald nur die schönsten Vögel singen würden, dann wäre es ziemlich leise." So wagte sie diesen Schritt. Das Casting war anstrengend. Nicht ganz so schlimm wie bei DSDS, aber eigentlich wäre sie durchgefallen. Es war für sie zunächst sehr demütigend, von anderen gesagt zu bekommen, sie habe eine quietschige Stimme und dies und das wäre nicht gut … da flossen zu Hause schon einmal die Tränen … Da sie aber schon einen Sendetermin hatten, weil der Einkauf sie unbedingt haben wollte, konnte die Abteilung vom Casting nichts mehr dagegenhalten. Der Start war zunächst zögerlich, aber einen guten Erfolg hatte sie mit einer neuen Kreatividee. „Holzrosen zum Bemalen" waren über Jahre hinweg ein Bestseller. Kunden, die ihre Sendung regelmäßig und gerne sahen, nannten sie die „Rosenfrau". Eigentlich stand sie sehr gerne vor der Kamera, die Live-Sendung mit dem Moderator war manchmal durchaus eine witzige Angelegenheit. In einem bekannten TV-Magazin mit einer Auflage von 350.000 Exemplaren bekam sie einen festen Platz im November – Werbung gratis. Dort konnte sie einige Kreativideen für Weihnachten präsentieren, unter anderem auch die Tischdeko-Äpfel, die auf der vorherigen Seite zu sehen sind. Die Anfrage dazu kam einfach übers Telefon.

Diese Zeit sei eine große Schule in vieler Hinsicht für sie gewesen, sagt Elisabeth. Sie erforderte Mut, Entschlossenheit und genügend Demut, um auch mal Misserfolge wegzustecken. So manches Mal fuhr sie weinend nach Hause, wenn die Sendung nicht gut gelaufen war. Dennoch blieb sie am Ball und war dem TV-Sender fünf Jahre treu. Das war gut so, denn der Großkunde stellte nach einer Weile seinen Bastelkatalog ein, in dem sie mit ca. 20 Seiten aus dem eigenen Sortiment vertreten gewesen waren. Natürlich hatten sie noch andere Kunden, doch dieser war tragend für ihre Existenz. Elisabeth wurde einmal mehr bewusst, dass das menschliche Leben das Abbild eines EKG des Herzens ist: Auf und ab geht es auf der EKG-Kurve. Nur wenn am Monitor ein gerader Strich zu sehen ist, bewegt sich nichts mehr in uns.

Diesmal kam in der Not keine schnelle Hilfe, sondern fast sieben Jahre der Dürre folgten. Elisabeth und Max hatten gerade frisch umgebaut, neue Büroräume erstellt und ausgestattet, als diese Flaute sie erreichte. Nicht einmal das nötige Geld für einen vernünftigen PKW konnten sie aufbringen, nachdem Max einen schweren Autounfall hatte, den er wie durch ein Wunder mit ihrer Tochter Esther überlebte. Als Christian, ihr ältester Sohn, Tage später zur Autowerkstatt ging, um Verbliebenes aus dem Auto zu holen, wurden ihm Beileidsbekundungen ausgesprochen. „Nein, nein", widersprach er. „Es ist nichts passiert, alle sind unverletzt!"

Der nächste Schritt nach dem großen Verlust war im Jahr 2008 der frühe Eintritt in den Onlinehandel. Nichts wissend, bahnten sie sich diesen Weg mit ihrem jetzigen Online-Shop www.Bastelspass24.de. Auch dieses Projekt war kein Senkrechtstarter. Mit viel Aufwand und Zeit wurden im Lauf der Jahre immer wieder neue Shop-Versionen verwendet, deren Umbau, Ausbau und Neugestaltung einer richtigen Hausrenovierung glich. Nach dem Umzug hatten dann alle Mitarbeiter der Firma erst einmal viel Arbeit, bis sie wieder alles finden oder die neue Software bedienen konnten, damit der Shop überhaupt lief. In all den Jahren bis heute war Elisabeth zuständig für das Produktmanagement, die Kreativideen, Texte, Bastelanleitungen und Fotos inklusive Grafik für die Kreativkataloge, die sie als Onlineversion selbst erstellt. Wenn möglich, stand Elisabeth fragenden Kunden mit fachlicher Auskunft telefonisch oder per E-Mail zur Verfügung. Einige Kreativbeiträge konnte sie wiederholt im Kalender oder Magazin „Land und Leben live" der Stiftung Marburger Medien präsentieren.

Mit „etwas Feld und wenig Geld" sind Elisabeth und Max vor vielen Jahren in das Geschäftsleben eingestiegen und leben bis heute im Herzschlag des Lebens und der Wirtschaft mit seinen Höhen und Tiefen.

Aus ihrer Glaubensüberzeugung heraus bekommt seit Bestehen des Online-Shops jeder Kunde zu seiner Bestellung eine kleine Grußkarte mit Bibelworten oder Mut machenden Versen aus der Kollektion der Stiftung Marburger Medien. Mit diesen Kärtchen konnten sie schon viele Tausend gute Worte von Gott in diese Welt versenden und so mancher Kunde empfängt dadurch „zur rechten Zeit das rechte Wort", wie Elisabeth sagt.

Angelika Hoffmann

SEGENSSPUREN, DIE SICH DURCH DIE GENERATIONEN ZIEHEN

Die Geschichte von Angelika Hoffmanns Firma KALOS begann mit einem Traum, den ihr Urgroßvater hatte. Er war Bahnhofsvorstand in Asch in Böhmen in der Nähe von Selb (Bayern). Eines Nachts träumte er von einer verschließbaren Klappe als Aufsatz auf einem Fotoapparat, um das schwarze Einstelltuch, das man sonst über die Kameras hängte, unnötig zu machen. Als er aufwachte, zeichnete er die Skizze dafür. Durch die Ausbildung des Sohnes zum Ingenieur konnten Vater und Sohn diese Erfindung zusammen in die Realität umsetzen. Es entstand das sogenannte „Kaloskop". Der Name ist aus dem Griechischen abgeleitet, von „kalos" (schön) und „skopein" (betrachten). Hierbei handelte es sich um einen Sucheraufsatz für Plattenkameras, mit dem nun wesentlich einfacher fotografiert werden konnte. Zu Hause wurden die ersten Teile für die Verbesserung der Kamera gebaut. Auf Grundlage dieser Idee wurde 1926 die Firma gegründet, als Kuno Preßl gerade einmal 18 Jahre alt war. Sie befand sich zunächst in Asch und gleich darauf auch in Rehau, wo sie noch heute ihren Sitz hat. Dort fand auch die Produktion dieses nützlichen kleinen Apparates statt. Er wurde bis 1935 gebaut und war bei den Fotografen recht beliebt. Das alte Firmengebäude in Rehau existiert immer noch und man kann dort bis heute den alten Schriftzug „Kuno" und „Kaloskop-Vertrieb" erahnen. Allein mit der Herstellung des Kaloskops aber konnte der Betrieb auf Dauer nicht überleben und so wurde mit der Zeit weiterer Fotobedarf mit in die Firma aufgenommen, vor allem Fotoalben, Fotoecken und Ähnliches. Eine nicht unerhebliche Zeit lang war aber die Herstellung des Kaloskops ein wesentlicher Produktionszweig und eine wichtige Verbesserung und Erleichterung für die Fotografen.

Kuno Preßl warb für das Produkt auf der Leipziger Messe und versäumte nicht, auch die Damenwelt auf die Bedeutung dieser Erfindung für den Erhalt ihrer Schönheit hinzuweisen – denn kein schwarzes Einstelltuch zerstörte mehr die Frisur. Und in seinen Anzeigen warb er damit, dass das Kaloskop unentbehrlich für das Fotografieren sei. In Asch und in Rehau wurde eifrig produziert. Schon Anfang der 1930er-Jahre, nach der Hochzeit von Kuno mit seiner Frau Milli (die auch aus Asch stammte), wurde der Hauptsitz der Firma nach Rehau verlegt. Eine, wie sich zeigen sollte, weise Entscheidung angesichts der Vertreibung der Sudetendeutschen nach 1945.

Durch die Weiterentwicklung der Kameras (Filme statt Platten) ab 1935 sank natürlich das Interesse am Kaloskop und der Schwerpunkt der Firma verlagerte sich auf die Herstellung von Fotoalben. Sogar in Kinos wurde dafür geworben. Die Blütezeit der Fotoalben kam in den 1950er-Jahren und sicherte vielen Menschen ihre Beschäftigung. So arbeitete eine Firmenangestellte von ihrem 14. bis zu ihrem 83. Lebensjahr bei KALOS.

Die Firma KALOS ist eine der wenigen Firmen in Deutschland, die die Lederverarbeitung für Fotoalben und viele andere Produkte noch im Land selbst betreiben. Heute ist sie auf Kleinlederwaren, insbesondere auf Lederhüllen mit Reißverschluss für Bibeln und Gesangbücher, spezialisiert. Aber auch Buchdecken, gewisse Werbeartikel wie Führerscheintaschen und Kalenderhüllen, Präsentations- und Ringbuch-Mappen (gerne auch genau nach Kundenwünschen) gehören zum Programm, genauso wie Hüllen für Laptops und Handys, Notizbücher und Notizmappen. Lederwaren für den täglichen Gebrauch also.

Der Name KALOS – schön, hervorragend, vortrefflich und ausgezeichnet – soll Programm sein. Es werden keine kurzlebigen Saisonartikel hergestellt, sondern, entgegen aktueller Trends, zeitlose Begleiter fürs Leben. Alle Produkte werden komplett im eigenen Betrieb in Deutschland gefertigt. Das Leder stammt größtenteils von in Deutschland und Italien heimischen Tieren. Es wird darauf geachtet, dass alles Leder immer nach den hohen europäischen Standards gegerbt und hergestellt wird.[1]

Angelika, die Enkelin des Firmengründers Kuno Preßl, beginnt unser Gespräch mit den Worten: „Letztlich bin ich nur Erbin und wir versuchen unser Bestes." Im Jahr 1961 wurde sie in Rehau geboren und wuchs mit zwei jüngeren Brüdern in einem christlichen Elternhaus auf. Opa Kuno hatte die Firma gegründet. Seine Tochter, Angelikas Mutter, absolvierte nach der Schule zunächst eine Lehre im Betrieb, hörte dann aber nach der Hochzeit auf, in der Firma zu arbeiten. Angelikas Vater war Bauingenieur und hatte somit wenig mit der Firma zu tun. Ihr Großvater entschied, sie als älteste Enkeltochter mit in die Firma einsteigen zu lassen. Für ihre Brüder war das in Ordnung, denn so konnten beide studieren, während Angelika in Rehau blieb.

Ihrem späteren Mann Helmut begegnete Angelika zum ersten Mal, als sie mit ihrem damaligen Pfarrer und ihrem Jugendkreis einen Jugendgottesdienst im Nachbarort besuchte. Helmut spielte die Bassgitarre der auftretenden Band (Lady in Black). Er hatte schwarze, längere Haare, entsprechend der Mode Ende der 70er, und sah einfach umwerfend aus. Bei seinem Aussehen, dachte sich Angelika damals, hätte er bestimmt an jedem Finger zehn Mädels, sodass sie sich erst gar keine Hoffnungen machte. Später wurde

---

1 Quelle: Heimatbeilage zum Oberfränkischen Schulanzeiger, Nr. 334, Fotogeräte und -zubehör aus Oberfranken – eine Spurensuche, Teil 2: Die anderen Namen, Bayreuth 2008.

dann in dem Ort Regnitzlosau auch ein Jugendkreis gegründet. Die Gemeinde von Rehau leistete dort sogenannte „Starthilfe" und die beiden Jugendkreise besuchten sich gegenseitig (mittwochs in Regnitzlosau und samstags in Rehau).

„Am 7.10.77 feierte eine Freundin ihren Geburtstag. Es gab Tanzspiele und plötzlich stand Helmut vor mir und forderte mich auf. Wir unterhielten uns dann länger und am folgenden Sonntag holte er mich zu einer Radtour ab. Und seitdem waren wir dann zusammen … Ich hatte zwar im Laufe der Zeit noch andere Verehrer, aber es war nie etwas Ernstes und Helmut hat schließlich gewonnen", erinnert Angelika sich zurück. Helmut kam im damaligen Jugendkreis, kurz nachdem er sich mit Angelika angefreundet hatte, zum Glauben. Seither fahren sie auf christliche Freizeiten und sind in der Kinder- und Jugendarbeit engagiert.

Nachdem sich Angelika mit Helmut befreundet hatte, wollte Firmengründer Kuno Preßl ihn bereits fragen, ob er nicht ins Geschäft einsteigen möchte. Doch Angelika wollte das nicht, denn Helmut sollte sich frei für sie entscheiden können, ohne mit dieser Entscheidung gleichzeitig auch an die Firma gebunden zu sein. Helmut war auch eher der Techniker und ließ sich damals nicht auf die kleinen Anspielungen vom „schönen Kaufmannsleben" ein.

Er begann zunächst eine technische Ausbildung, die aber durch die Bundeswehr unterbrochen wurde. In dieser Zeit verstarb der Großvater. Nun wandten sich Angelikas Eltern mit derselben Frage nach einem Geschäftseinstieg an Helmut. Diesmal sagte er gleich zu, obwohl ihn das „Kaufmännische" nicht so interessierte. Nach dem Fachabitur begann Angelika somit gemeinsam mit ihrem Verlobten Helmut eine Ausbildung in „ihrem Betrieb". Da Angelikas Mutter als Einzelkind aufwuchs, war sie froh über die sich entwickelnde Nachfolge. Nach dem Tod des Großvaters und Firmengründers Kuno Preßl führten zunächst Großmutter und Mutter den Betrieb weiter. Angelika und Helmut begannen parallel dazu eine Ausbildung unter der strengen Anleitung einer langjährigen Büromitarbeiterin ihres Vaters. Diese war in gewisser Weise viele Jahre lang seine „rechte Hand" gewesen.

Am 12.06.82, kurz nachdem Angelika und Helmut die gemeinsame Lehre zum Industriekaufmann abgeschlossen hatten, heirateten sie. Ein Jahr später kam ihr erster Sohn Manuel zur Welt, 1985 Johannes und 1989, unmittelbar vor der Grenzöffnung, ihre Tochter Daniela. Als die drei Kinder aus dem Gröbsten heraus waren, arbeitete Angelika wieder verstärkt im Betrieb mit. Sie und ihr Mann wuchsen immer weiter in die Verantwortung der Betriebsführung hinein und schließlich wurde ihr Mann zum Geschäftsführer bestellt. Die Firma wurde erst in eine KG umgewandelt und dann in eine GmbH + Co KG. 2011 übergab die Mutter alle Anteile an Angelika.

► *Das Kalos-Team heute*

Angelika ist heute in erster Linie für die Qualitätskontrolle der hochwertigen Lederarbeiten zuständig und prüft die ausgehenden Waren im Versand. Sie stellt die Aufträge zusammen, kontrolliert alle Rechnungen und plant und organisiert die Messen, Ausstellungen und Tagungen. Sie stellt außerdem die Ausstellungsstücke für die jeweilige Veranstaltung oder Messen zusammen. In freien Momenten entwickelt Angelika neue Produkte, Muster und Neuheiten. Ansonsten, sagt sie bescheiden, sei sie „Mädchen für alles".

Die Hoffmanns sind ein jahrelang eingespieltes Team und sie reden über fast alles. Natürlich bringt die gemeinsame Leitung der Firma auch manches Streit- und Konfliktpotenzial mit sich und so hat es gelegentlich auch schon mal heftig gekracht. Gerade in Geschäftsentscheidungen ist es nicht immer leicht, einer Meinung zu sein. Manchmal ist Angelika anderer Meinung als ihr Mann oder sie setzt andere Prioritäten. Wenn sie meint, sie müsste sich auf alle Fälle durchsetzen, dann komme ihr schon einmal die Bibelstelle aus Epheser 5 in den Sinn (die Frauen sollen sich den Männern unterordnen), sagt Angelika. Sie denkt, dass auf der Unterordnung Segen liegt, selbst wenn Helmuts Entscheidung einmal nicht die Beste sein sollte. Er wurde zum Geschäftsführer bestellt und daher lasse sie ihn auch führen.

Viele Entscheidungen treffen sie aber gemeinsam und auch mit ihrem Sohn Manuel, der in der Regel zwei Tage in der Woche im Betrieb mitarbeitet. Derzeit ist er noch hauptsächlich als Musiker und Tontechniker beschäftigt. Er engagiert sich stark in der christlichen Jugendarbeit in Hof und organisiert u.a. Jugend-Kulturveranstaltungen. Manuel kann sich aber durchaus vorstellen, später stärker in die Firma einzusteigen.

Spezielle Kundenwünsche können in der Regel 1:1 umgesetzt werden. Die Firma ist so gesehen fast wie eine Manufaktur. Angelika berichtet, dass sie sich Ideen auch auf der Ledermesse in Mailand hole. Dort gebe es immer neue Lederfarben und Materialien. Im Familienkreis werden dann zusammen neue Möglichkeiten besprochen und so entstehen gute Ideen für neue Produkte (etwa für Schreibmappen, Taschen und vieles mehr). Zusammen mit den Mitarbeitern werden dann Prototypen erstellt und es wird gemeinsam überlegt, was ins Sortiment aufgenommen werden soll. Auf den Messen werden dann die Neuheiten präsentiert.

Es ist immer wieder eine große Herausforderung, stets neue Aufträge an Land zu ziehen. Ihr Ziel „100 Prozent made in Germany" ist oft sehr schwer durchzusetzen und natürlich auch zu kalkulieren. Es ist eine Herausforderung, beständig neue und ansprechende, aber auch bezahlbare Produkte herzustellen. Gerade bei Aufträgen für Mappen oder bei Werbeartikeln seien die Preisvorstellungen der Kunden oft ganz andere, als es realistisch für die qualitativ hochwertige Ausführung der Lederwaren umsetzbar ist. Im Firmenjahr gibt es große saisonale Schwankungen. Von Weihnachten bis Ostern ist Hochsaison, im Sommer dagegen sei es oft recht ruhig, erzählt Angelika. Das müsse man aushalten können. Die Konsequenz daraus sind gewisse finanzielle Engpässe und oft auch herausfordernde Gespräche mit den Banken.

Im Firmenkatalog findet sich auch ein Abschnitt über Werte. Der erste Satz dort heißt: „Unsere Werte basieren auf dem christlichen Menschenbild." Helmut und Angelika versuchen, ihren Glauben vorzuleben, indem sie freundlich zu den Mitarbeitern sind und sie immer wieder einmal zu Gottesdienstbesuchen und christlichen Veranstaltungen einladen. Bei persönlichen Problemen erzählen sie auch aus ihrem Leben und von ihren eigenen Erfahrungen und ermutigen ihre Mitarbeiter, die Probleme vor Gott auszubreiten und zu beten. Monatlich werden die interessanten Schriften der Stiftung Marburger Medien verteilt. Einige der Mitarbeiter sind auch gläubig und in Gemeinden engagiert, aber ganz unabhängig von Angelika und Helmut.

► *Angelika und Helmut stellen regelmäßig auf Messen aus, um ihre Produkte zu präsentieren*

Gibt es Probleme in der Belegschaft, versuchen sie, mit den Mitarbeitern zu reden und die Angelegenheiten friedlich zu lösen. Manchmal müsse aber auch ein Machtwort gesprochen werden. Wenn Kunden nicht zahlen, werden die normalen Möglichkeiten wie Mahnbescheide, Nachfragen und Anrufe genutzt. Letztlich suche man immer den Kontakt und eine gütliche Lösung. Sehr dankbar sind Angelika und ihr Mann, dass es noch nie größere unbezahlte Rechnungen gab. Sie halten sich lieber an viele, eher kleinere, treue und zuverlässige Kunden. Ansonsten bleibt ihnen stets bei allen Dingen, dass sie beten und die Probleme und Sorgen Gott anbefehlen. Nach dem Grundsatz „WWJD" (What Would Jesus Do – was würde Jesus tun) pflegen sie ein faires Verhältnis zu ihren

Kunden, Lieferanten und auch zu der Konkurrenz. Vieles lasse sich besser lösen, meint Angelika, wenn man *miteinander* arbeitet, und so arbeiten sie auch mit ihren Konkurrenten zusammen.

Wenn Christen wohlhabend sind, was sie nach Angelikas Meinung auch gerne sein dürfen, sei es wichtig, verantwortlich mit dem Segen umzugehen. Mit Geld sei eben auch viel Gutes möglich. Geld und Geldverdienen dürfe aber nicht der Mittelpunkt aller Anstrengungen werden. Letztlich gehe es um das Reich Gottes und darum, treu zu sein mit dem, was Gott einem anvertraut habe. Regelmäßig werde für verschiedene Projekte gespendet, privat und auch von der Firma aus. Geld sei ein nützliches Werkzeug, aber Reichtümer müssten nicht angehäuft werden. Wichtig sei es, die Mitarbeiter und Lieferanten immer bezahlen zu können.

Die lange Firmengeschichte ist immer wieder auch von kleinen Wundern Gottes begleitet gewesen. Anfang der 60er-Jahre entstand plötzlich, mit initiiert durch einen befreundeten Buchhändler, die Idee, Hüllen für Bibeln und Gesangbücher zu fertigen. Diese neue Innovation kam gerade zur rechten Zeit, denn unmittelbar danach brach der Absatz der Fotoalben, die bisher Hauptumsatzträger gewesen waren, deutlich ein. Innerhalb von zwei, drei Jahren wurden die Bibelhüllen nun das Hauptgeschäft – und blieben es bis heute. Ohne diese Idee gäbe es die Firma sicherlich nicht mehr. Nach längerer Durststrecke im Betrieb bescherte dann die Neuauflage des katholischen Gesangbuches „Gotteslob" einen überaus großen Bedarf nach Gesangbuchhüllen. Diese Entwicklung ermöglichte es, umfangreiche Sanierungsarbeiten am Firmengebäude durchzuführen. Das Dach musste dringend neu gedeckt werden, es brauchte eine andere Heizung und auch die Fassade hatte eine Erneuerung nötig. In dieser so schwierigen Zeit haben Angelika und Helmut Gott alle ihre Sorgen, besonders die geschäftlichen, anbefohlen und „die Sorgen auf ihn geworfen", wie Angelika sagt. Bisher mussten sie in der Firmengeschichte nur einmal für ein knappes halbes Jahr Kurzarbeit für die Mitarbeiter anmelden.

Morgens, wenn das Haus leer ist, liest Angelika die Herrnhuter Losungen, in denen auch ein fortlaufender Bibeltext als Vorschlag zum täglichen Bibellesen angegeben ist. Da sie in der Jugendarbeit in der evangelischen Kirche ein- bis zweimal die Woche die Bibelarbeiten hält, bereitet sie sich auch darauf vor und beschäftigt sich intensiver mit dem Wort Gottes. Jeden Morgen, bevor Helmut aus dem Haus geht, beten die beiden zusammen für alle geschäftlichen und privaten Anliegen. Die Firma mit ihren dreißig Mitarbeitern liegt ihnen natürlich sehr am Herzen, aber auch die Familie mit Kindern, Enkeln und ganz besonders die Gemeinde.

Für Angelika ist es äußerst interessant zu sehen, wie sich manche Segensspuren durch die Generationen ziehen. Opa Kuno war anfangs kein gläubiger Christ. Er kam erst etwas später – letztlich auch durch Angelikas Oma – zum Glauben. Die Großmutter hatte schon frühzeitig einen Mädchenkreis in Asch besucht, den eine Diakonisse leitete. Beide Großeltern veranstalteten dann gemeinsam Bibelstunden im Rahmen einer Landeskirchlichen Gemeinschaft und luden auch verschiedene Prediger ein, die sie oft beherbergten. Außerdem nahmen sich die Großeltern Preßl etlicher Jugendlicher an. In diesem Umfeld fand dann Angelikas Vater zum Glauben. Angelikas Eltern wiederum leiteten über viele Jahre hinweg einen Jugendkreis, der sich kurz vor ihrer Konfirmation nach einer Großevangelisation mit dem Evangelisten Anton Schulte bildete, in der letztlich auch ihr Mann zum Glauben kam. Jahrelang traf sich dieser Hauskreis im elterlichen Haus und besteht nach 40 Jahren immer noch. Angelika und Helmut sind seit vielen Jahren in der Jugendarbeit ihrer Gemeinde engagiert. Ihre drei Kinder wiederum sind in der Jugendarbeit in Hof und in einer christlichen Band stark involviert. Angelika ist außerdem Mitglied im Kirchenvorstand der evangelischen Kirchengemeinde in Rehau und Jugendbeauftragte. Ihr Mann hält als Lektor immer wieder Gottesdienste. Zu den Pfarrern haben sie ein gutes Verhältnis. Sie vertrauen einander, weshalb Angelika und ihr Mann auch relativ große Freiheiten bei der Durchführung und Ausgestaltung von Gottesdiensten in freier Form und Jugendfreizeiten haben.

Der Glaube an Jesus gibt Angelika und Helmut Kraft. Gerne besuchen die beiden christliche Familienfreizeiten und halten Kontakt zu der Christusbruderschaft in Selbitz. Jesus ist ihr persönlicher Herr und Heiland und die Kraft ihres Lebens, er ist ihr Berater und ihr Zufluchtsort. Da die beiden den christlichen Werten verpflichtet sind, wird am Sonntag natürlich nicht gearbeitet. Bei Betriebsfeiern, besonders an Weihnachten, hält Helmut eine Ansprache mit christlichen Impulsen und anschließend wird gebetet.

Auf meine Frage hin, warum Angelika das alles mache, meint sie, es sei eben ihr Lebensunterhalt und auch der älteste Sohn arbeite inzwischen in Teilzeit in der Firma mit. Außerdem fühlt sie sich natürlich für die dreißig Beschäftigten verantwortlich. Darüber hinaus mache es ihr Spaß, Bibeln in schöne Hüllen „einzukleiden".

Unbedingt expandieren wolle sie nicht mit der Firma, meint Angelika, aber darauf hinarbeiten, dass sie mit ihrem Mitarbeiterstamm mehr schaffen, produktiver werden und Produktionsprozesse optimieren – das sei ein großes Ziel. Es müsse ja schließlich gesichert werden, dass alle Mitarbeiter anständig und über dem Mindestlohn bezahlt werden können und der Betrieb dabei gesund bleibt.

Aufgeben wollten Angelika und Helmut noch nie. Sie können nicht anders – ihr Erbe und ihr Lebensunterhalt ist und bleibt der Betrieb. Am 25.11.2016 konnten sie mit ihren Mitarbeitern das 90-jährige Geschäftsjubiläum der Firma KALOS feiern.

NACHWORT

Von Haus aus bin ich ja Buchhändlerin. Als ich nach langer Zeit einmal wieder in einer großen Buchhandlung einer großen Stadt war, erstaunte und entsetzte mich, dass das Thema Wirtschaft inzwischen so einen großen Stellenwert besitzt. Ich fand eine riesige Regalfläche mit Wirtschaftsbüchern vor. Dagegen war das Thema „Religion" sehr wenig vertreten, und dann auch noch vermischt mit Esoterik. Zu meinen Zeiten als Buchhändlerin, vor ca. 30 Jahren, nahm das Thema Wirtschaft einen verschwindend geringen Anteil an der Verkaufsfläche ein. Doch durch meinen neuen Beruf als Unternehmerin füllen sich nun auch meine privaten Bücherregale mit Wirtschaftsbüchern und Unternehmerbiografien einerseits und mit Apfelbüchern andererseits. Hätte ich all das Wissen aus diesen Büchern bereits umgesetzt, wäre meine Firma schon ein Weltunternehmen! Es gibt also noch sehr viel zu tun.

Ich stelle mir eine junge Frau vor, die mir von ihrem Traum erzählt, sich selbständig zu machen, und die bei mir Rat sucht. Aus meiner heutigen Sicht würde ich ihr nicht zu viele Ratschläge geben, aber von einigen Fehlern berichten, die ich gemacht habe und die sie vermeiden kann. Ich habe einmal einen kleinen persönlichen Ratgeber erstellt, der vielleicht interessant sein könnte.

Zuallererst würde ich sagen, dass der Satz „Befiehl dem Herrn deine Wege" (Psalm 37,5) unbedingt beherzigt werden sollte. Ebenso wichtig ist der Satz „Trachtet zuerst nach dem Reich Gottes und nach seiner Gerechtigkeit, so wird euch das alles zufallen" (Matthäus 6,33). Am besten ist es, alle Ideen auf den Tisch vor Gott zu legen und ihn auf jeden Fall mit ins Boot zu holen. Trotz der Betriebsamkeit, Geschäftigkeit und Hektik muss er dabei sein! Unbedingt. Das mache ich übrigens täglich, bevor ich meinen Computer anschalte. Die besten Tipps für Geschäftsleute sind meiner Ansicht nach in der Bibel zu finden. Wenn ich z. B. meine, gerade einmal wieder vor unüberwindbar hohen noch zu bezahlenden Rechnungen zu stehen, tröstet mich der Vers: „Mein Gott aber wird all eurem Mangel abhelfen nach seinem Reichtum in Herrlichkeit in Christus Jesus" (Philipper 4,19). Und der Vers aus dem Buch der Sprüche: „Wo man arbeitet, da ist Gewinn; wo man aber nur mit Worten umgeht, da ist Mangel" (14,23) zeigt mir, dass Fleiß auch wichtig ist – nicht nur, aber auch! Außerdem trösten mich Vorbilder wie Abraham, Hiskia oder König Salomo, wenn ich in einen inneren Konflikt gerate, weil ich nicht weiß, wie ich als Christ mit dem Thema Geld umgehen soll. Es ist ja nicht schlecht, genug Geld verdienen und verwalten zu wollen. Und Wohlstand an sich ist auch nichts Anrüchiges. Es kommt nur darauf an, was man damit macht. Wie kann ich mir sonst z. B. den Vers aus Psalm 23 erklären: „Der Herr ist mein Hirte, mir wird nichts mangeln. Er weidet mich auf einer grünen Aue"?

Als Nächstes würde ich einer jungen Unternehmerin raten, ihre Ideen niederzuschreiben und so genau wie möglich zu visualisieren. Wie sollen die Geschäftsräume aussehen, wo steht der Schreibtisch? Wie soll der Laden aussehen und das Logo? Welche Produkte will ich anbieten? Oder welche Dienstleistung?

Mit all dem, was ich dann aufgeschrieben und vor Gott gebracht habe, würde ich zu meinem Ehepartner oder zu Freunden gehen und diese fragen, was sie davon halten. Für mich persönlich war es sehr entscheidend, dass ich mit meinem Mann zusammen Entscheidungen bezüglich meines Unternehmens treffen konnte. Im Laufe der inzwischen 16 Jahre „Apfelgeschäft" hat sich diese Vorgehensweise, zu der mir auch mein Pastor geraten hatte, immer wieder als sinnvoll herausgestellt.

Dann würde ich danach schauen, wer noch so in meiner Branche unterwegs ist, und diese Kollegen befragen, wie sie die Lage einschätzen. Von Entmutigern, die mitunter sogar im engsten Kreis zu finden sind (weil sie meinen, einen zu gut zu kennen), würde ich mich nicht abhalten lassen, meine Geschäftsidee umzusetzen. Stattdessen würde ich versuchen, mich mit positiven Menschen, die mich ermutigen, zu umgeben. Ein „Beirat", also Menschen, die mein Geschäft wohlwollend begleiten und aus einem ganz anderen Hintergrund heraus Rat geben können, ist sehr wichtig. Bei mir ist das zum Beispiel meine Freundin Silvia Theis, die als Controllerin in einem großen Unternehmen arbeitet, sehr viel mit Zahlen zu tun hat und meine Firma aus einer ganz anderen Sicht heraus beurteilt. Auch mein Bruder ist für mich wichtig. Aber meine wichtigsten Berater sind mein Mann und mein Pastor und seine Frau. Mein Pastor hat mir auch mal den Tipp gegeben, dass mutige Menschen keine Angst haben sollten zu fragen. Also frage ich viel. Und mein Mann, der mich am besten kennt, gleicht meine Schwächen wunderbar aus.

Aus den Unternehmerbiografien, die meine Bücherregale füllen, habe ich mir wesentliche Kernsätze herausgeschrieben, die ich mir von Zeit zu Zeit immer wieder durchlese. Das hilft mir, wenn ich mich mal wieder festgefahren habe. Außerdem lese ich regelmäßig Fachzeitschriften. Aus meiner heutigen Sicht heraus würde ich einer jungen Unternehmerin dazu raten, ein Existenzgründerseminar zu besuchen. Ich selbst habe das nicht getan, weil ich meinte, dafür keine Zeit zu haben. Dadurch habe ich viele Fehler gemacht. Die jeweiligen Industrie- und Handelskammern sind wichtige Ansprechpartner für den Unternehmensbeginn und begleiten gerne und sachkundig. Es besteht eine Pflichtmitgliedschaft und die Beiträge sind moderat.

Ich versuche immer wieder, an mir selbst zu arbeiten und mir meiner Stärken und Schwächen bewusst zu werden. Für die eigenen Schwächen braucht man Menschen an seiner Seite, die diese Schwächen ausgleichen können. Bei mir ist das z. B. mein Mann mit seinem strategischen Denken oder unsere Buchhalterin Angelika Lehmann, die gut mit Zahlen umgehen kann, oder Petra Gennrich, die die Pakete viel besser packen kann als ich. Es ist meine innere Überzeugung, dass jeder Mensch gleich viel wert ist. Alle Mitarbeiter können sogenannte „A-Mitarbeiter" werden, wenn ich es als Unternehmer schaffe, ihre Gaben zu erkennen und richtig zu fördern. Ich selbst habe mich einer professionellen Schwächen- und Stärkenanalyse unterzogen, was sehr schmerzhaft, aber sehr gut war und mich vorangebracht hat. Ohne diese Analyse, aber auch die Ermutigung durch Gabi Schmöcker wäre z. B. noch kein Buch von mir veröffentlicht worden. Immer wieder hört man, dass Unternehmer keine adäquaten Mitarbeiter finden, und ich frage mich, woran das liegt. In der Geschäftswelt wird einem oft beigebracht, dass es A-, B- und C-Mitarbeiter gibt und dass man sich als Unternehmer nur die Besten auswählen soll. Was aber, wenn man einfach mit den Menschen arbeiten will, die in der Gegend leben? Ich persönlich glaube, dass in jedem Menschen ein ungeheures Potenzial verborgen liegt. Das gilt es, als Unternehmer zu erkennen und im Mitarbeiter die Leidenschaft und Freude zu wecken, etwas zu schaffen und ihm auch zu zeigen, wenn man mit seiner Arbeit zufrieden ist. Das sind einige der wichtigsten Aufgaben eines Unternehmers. Es geht doch schließlich um Menschen!

Ja, Geld ist wichtig, aber davon darf man sich nie beschränken lassen. Steht die Vision erst einmal, finden sich Mittel und Wege, dass auch Geld hereinkommt. Das Geld folgt der Vision. Niemals sollte man als Unternehmer dem Geld folgen und etwas nur um des Verdienstes willen tun. Das ist nicht immer einfach, besonders, wenn die Rechnungen mal drücken oder die Löhne schwer bezahlt werden können. Aber so ist der Unternehmeralltag!

Einerseits trägt man als Unternehmer zum Wohl des Staates bei, indem man Arbeitsplätze schafft. Und andererseits ist man auch auf eine gedeihliche Zusammenarbeit mit den zuständigen Behörden und eventuell auch Investitionsbanken angewiesen, denn große Maschinen z. B. oder Umbauten sind nicht so einfach aus der Portokasse zu bezahlen. Gelegentlich sollte man auch darüber nachdenken, Fördergelder zu beantragen. Für die Bearbeitung der entsprechenden Anträge und Formulare muss man dann allerdings etwas Zeit mitbringen. Ohne Schulden schläft es sich wesentlich ruhiger, sie sind aber im Geschäftsleben leider oft nicht zu vermeiden. Viele christliche Leiter raten ja davon ab, Schulden zu machen, was auch gut ist. Die gesündesten Firmen haben natürlich keine Schulden, aber um voranzukommen, bleibt es manchmal nicht aus.

Hier braucht es Weisheit und unbedingte Planung und Sparsamkeit. Umsatz ist ja nicht gleich Gewinn und große Umsätze sagen noch gar nichts. Da lernt man Jahr für Jahr mehr dazu.

Ich würde jedem Unternehmer raten, jede Gelegenheit, in der Öffentlichkeit sprechen zu dürfen, zu nutzen. Dafür ist es hilfreich, sich anzuschauen, wie andere Redner im Unternehmensbereich sprechen. Denn die Produkte müssen ja verkauft werden und Verkauf ist Kommunikation. Dazu gibt es eine Unmenge an Büchern zur Fortbildung. Aber die Umsetzung ist dann letztlich doch einzigartig und sehr persönlich. Je persönlicher alles ist, desto besser. Denn es geht schließlich um Menschen!

Manchmal kann es gerade auch in unserer heutigen Zeit interessant sein, eine Firma zu kaufen. Ich hätte das vor einiger Zeit zu gerne gemacht. Man muss doch nicht immer das Rad von Neuem erfinden und dieser Tage gibt es so viele Firmen, die keinen Nachfolger finden. Nur Mut! Vielleicht ist dies manchmal der einfachere Weg.

Es gäbe noch viel zu sagen. Hätte ich von Anfang an auf die Designer gehört, so hätte ich mir ein Markenhandbuch angelegt, in dem das Logo, die Geschäftsfarben, die Schriften und all das festgelegt worden wären und sich nun durchgängig als Wiedererkennungszeichen durch mein Unternehmen zögen. Aber dieser Bereich ist bis zum heutigen Tag bei mir noch sehr verbesserungswürdig, wie so vieles. Heute gibt es zudem auch noch mal andere Möglichkeiten als vor 16 Jahren, als ich mit meinem Unternehmen startete.

Gott weiß, wie ein Unternehmen zu führen ist. Letztlich ist alles, was man braucht, Gott zu vertrauen und die Arbeit zu tun, die vor einem liegt. Berater hin, Berater her – Gott ist mein bester Ratgeber. Seinen Weisungen zu folgen kann auch bedeuten, dass ich mal eine Arbeit erledige, die eigentlich nicht in meinen Aufgabenbereich gehört.

Immer wieder bitte ich um von Gott geführte Begegnungen, also dass ich die richtigen Menschen treffe, dass die richtigen Menschen zu mir kommen und dass ich die geeigneten Geschäftsbeziehungen eingehe. Ich bete auch sehr um zufriedene, freundliche Kunden. Dieser Punkt sollte auf gar keinen Fall unterschätzt werden. Ich will unbedingt von Gott hören und das Richtige tun. Deswegen bete ich möglichst konkret.

Meines Erachtens brauchen wir viel mehr Unternehmer in diesem Land. Ich bin der Überzeugung: „Einfach anfangen" ist die richtige Einstellung. In vielen potenziellen Unternehmern schlummert eine Idee – schreiben Sie sie auf und beginnen Sie! Es ist weniger schwer, als Sie denken und eine eigene Firma kann sehr erfüllend sein. Es ist eine aufregende Reise, ein Unternehmen zu gründen, aber mit Gott in Ihrem Boot wird es gut vorangehen. Nur Mut! Ein guter Mut, so heißt es, ist ein tägliches Fest (Sprüche 15,15)! Und das wünsche ich Ihnen.

Maßnahmenplan

1. Alles Gott erzählen, nach dem Motto „Befiehl dem Herrn deine Wege".

2. Alle Ideen zu Papier bringen und visualisieren.

3. Eventuell gar nicht neu gründen, sondern eine Firma übernehmen.

4. Dem Ehepartner, guten Freunden und dem eigenen Pastor die Idee vorstellen.

5. Ähnliche Betriebe anschauen („Wie machen die anderen das?") und fragen, fragen, fragen …

6. Ein Existenzgründerseminar besuchen und einen Finanzplan aufstellen.

7. Kontakt mit der Industrie- und Handelskammer aufnehmen.

8. Fördermöglichkeiten für Maschinen, Gebäude, aber auch Mitarbeiter vom Staat (Arbeitsamt / Investitionsbank) erfragen.

9. Literatur suchen und viel lesen.

10. Reden lernen und nicht nur am Schreibtisch sitzen, sondern rausgehen und Messen besuchen.

11. Jede Adresse für den Newsletter sammeln und Newsletter schreiben.

12. Von Anfang an Privatkonto und Betriebskonto trennen.

13. Eigenen Vertrieb aufbauen.

14. Pausen einplanen.

15. Eine tägliche Routine entwickeln.

16. Mit der Presse Kontakt aufnehmen und pflegen (Ordner Pressekontakte anlegen).

17. In zuständigen Verband eintreten (bei mir ist das z. B. der Pomologenverein oder der Fruchtsaftverband).

18. Guten Kontakt mit der Bank pflegen.

19. Von Anfang an ein Markenhandbuch anlegen, in dem Schriftart der Firma, Farben der Firma, Logo etc. festgelegt sind.

20. Einen Beirat bilden.

21. Den Tag nicht ohne Plan beginnen.

22. Um geeignete Mitarbeiter beten.

23. Am Betrieb arbeiten und nicht im Betrieb! Ständig verbessern und systematisieren, ein anderer als Sie muss sich auch in den Unterlagen zurechtfinden können.

24. Im direkten Umfeld beginnen und dann die Kreise größer ziehen.

25. Beten – vielleicht das „Gebet des Jabez": „Segne mich, Herr, und erweitere mein Gebiet, halte Schmerz und Unglück von mir fern" (nach 1. Chronik 4,10).

ADRESSEN

Haus Lichtenhain
Daisy Gräfin von Arnim
Lichtenhain 25
17268 Boitzenburger Land
Tel.: 0 398 89 / 82 50
Fax: 0 398 89 / 82 51
daisy.arnim@haus-lichtenhain.de
www.haus-lichtenhain.de

Landhausgarten Bunzmann
Helge Bunzmann
Tiefengrüner Straße 7
95180 Berg
Tel.: 0 92 93 / 12 70
www.landhausgarten-bunzmann.de

Hahnsche Gutsmanufaktur
Verena Gräfin Hahn von Burgsdorff
Wasserburg Liepen
Liepen 32
17139 Gielow
Tel.: 0 399 57 / 29 88 60
Fax: 0 399 57 / 29 88 61
manufaktur@alte-pomeranze.de
www.alte-pomeranze.de
www.wasserburg-liepen.de

Gebrüder Nolte GmbH & Co. KG
Petra Pientka
Mendener Str. 17-23
58636 Iserlohn
Tel.: 0 23 71 / 79 05-0
Fax: 0 23 71 / 79 05-13
zentrale@nolte-gruppe.de
www.nolte-gruppe.de

Acufactum Ute Menze
Buchenstr. 11
58640 Iserlohn
Tel.: 0 23 04 / 91 09 70
Fax: 0 23 04 / 9 10 97 26
info@acufactum.de
www.acufactum.de

Renate Frisch
Ludwigstr. 38 / 40
95028 Hof

Antje Köppen
Hauptstr. 14
OT Hardenbeck
17268 Boitzenburger Land
Tel.: 039889 / 562006
antjekoeppen@googlemail.com

Dekoscheune
Hanne & Thomas Keim
Lindenstr. 15
95119 Naila / Marxgrün
Tel.: 0 92 82 / 98 42 28
info@deko-scheune.net
www.deko-scheune.net

purPur
Petra Frank
Adam-Ries-Str. 13
09456 Annaberg-Buchholz
Tel.: 0 37 33 / 6 76 36 15
Frank-design@web.de
www.holzschmuckstuecke.de

Bastella GmbH
Katja Schütz
Bernstr. 15
CH – 3280 Murten
Tel.: + 41 26 / 6 70 37 77
info@bastella-murten.ch
www.bastella-murten.ch

concepcion SEIDEL OHG
Carmen Seidel
Friedrichsgrüner Str. 83
OT Hammerbrücke
08262 Muldenhammer
Tel.: 0 374 65 / 4 44-49
Fax: 0 374 65 / 4 44-22
c.seidel@concepcion.de
www.concepcion.de

Bellissima
Juliane König
Stargarder St. 10
17033 Neubrandenburg
Tel.: 0 395 / 5 44 25 80
www.friseurbellissima.de

Hutloff GmbH
Imgard Hutloff
Lockwitztalstr. 20
01259 Dresden
Tel. : 0 351 / 3 18 46-0
Fax: 0 351 / 3 18 46-64
office@hutloff.de
www.hutloff.de

Online Shop Bastelspass24
Elisabeth Wiedenmann
Am Anger 1
86687 Kaisheim / Bergstetten
Tel.: 0 90 99 / 9 20 09 93
Fax: 0 90 99 / 92 16 34
service@bastelspass24.de
www.bastelspass24.de

KALOS – Lederwaren
Kuno Preßl GmbH & Co. KG
Angelika Hoffmann
Hofer Str. 12
95111 Rehau
Tel.: 0 92 83 / 12 14
Fax: 0 92 83 / 34 01
info@kalos.de
www.KALOS.de
www.KALOS-shop.de

Weitere Bücher von Daisy Gräfin von Arnim

Die Apfelgräfin
ISBN 978-3-86827-151-5
144 Seiten, gebunden

„Die Wende war auch eine Wende in meinem Leben. ‚Jetzt ist alles möglich‘, schoss es mir durch den Kopf, als ich kurz nach dem Mauerfall erstmals ungehindert die innerdeutsche Grenze passierte. Dass dieses ‚alles‘ aber beinhalten könnte, dass aus mir einmal ‚Die Apfelgräfin der Uckermark‘ würde, hätte ich mir niemals träumen lassen."

Humorvoll, offenherzig und liebevoll erzählt Daisy Gräfin von Arnim von ihrem Neuanfang in der Uckermark. 1995 zog sie mit ihrem Mann Michael nach Lichtenhain und baute sich dort ein neues Leben auf. Mittlerweile führt sie ein kleines Apfelunternehmen und beschäftigt mehrere Mitarbeiter.
In amüsanten, aber auch nachdenklichen Anekdoten gewährt sie Einblicke in ihren Alltag und lässt lebendig werden, wie aus ihr „Die Apfelgräfin" wurde.

Wunder in meinem Leben
ISBN 978-3-86827-525-4
142 Seiten, gebunden

Daisy von Arnim ist davon überzeugt: Gott ist im Alltag erlebbar!
Schon oft durfte sie in ihrem Leben die Erfahrung machen, dass
Gott da war.
In diesem Buch erzählt sie von den großen und kleinen Wundern
in ihrem Leben. Von Momenten der Bewahrung, der Fürsorge, der
liebevollen Zuwendung. Von Alltagswundern, durch die Gott seit
ihrer Kindheit immer wieder aufs Neue sein »Ich bin da« in ihr Leben hineingesprochen hat. Damit möchte die Apfelgräfin ihre Leser
ermutigen, die Augen zu öffnen für die Segensspuren, die Gott in
ihrem eigenen Leben hinterlassen hat.

Himmlische Köstlichkeiten
ISBN 978-3-86827-196-6
144 Seiten, gebunden

Daisy Gräfin von Arnim lädt Sie herzlich ein, sie auf einen Sp
gang durch das bunte Land des Apfels zu begleiten. Dieser i
wahres Fest für Leib und Seele, Geist und Sinne.
Kulinarische, geistliche, kulturgeschichtliche und historisch
pekte der Lieblingsfrucht der Deutschen wechseln sich ab m
len praktischen Ratschlägen zu Tischkultur, Dekoration und
schenmenschlichen Verhaltensregeln.
Abgerundet wird dieser literarische Leckerbissen durch kös
Rezepte aus der Delikatessenküche von Haus Lichtenhain un
dere himmlische Köstlichkeiten.

Wunder in meinem Leben
ISBN 978-3-86827-525-4
142 Seiten, gebunden

Daisy von Arnim ist davon überzeugt: Gott ist im Alltag erlebbar! Schon oft durfte sie in ihrem Leben die Erfahrung machen, dass Gott da war.

In diesem Buch erzählt sie von den großen und kleinen Wundern in ihrem Leben. Von Momenten der Bewahrung, der Fürsorge, der liebevollen Zuwendung. Von Alltagswundern, durch die Gott seit ihrer Kindheit immer wieder aufs Neue sein »Ich bin da« in ihr Leben hineingesprochen hat. Damit möchte die Apfelgräfin ihre Leser ermutigen, die Augen zu öffnen für die Segensspuren, die Gott in ihrem eigenen Leben hinterlassen hat.

Himmlische Köstlichkeiten
ISBN 978-3-86827-196-6
144 Seiten, gebunden

Daisy Gräfin von Arnim lädt Sie herzlich ein, sie auf einen Spazier-
gang durch das bunte Land des Apfels zu begleiten. Dieser ist ein
wahres Fest für Leib und Seele, Geist und Sinne.
Kulinarische, geistliche, kulturgeschichtliche und historische Aspekte der Lieblingsfrucht der Deutschen wechseln sich ab mit vielen praktischen Ratschlägen zu Tischkultur, Dekoration und zwi-
schenmenschlichen Verhaltensregeln.
Abgerundet wird dieser literarische Leckerbissen durch köstliche
Rezepte aus der Delikatessenküche von Haus Lichtenhain und andere himmlische Köstlichkeiten.

WO Eu 007

Iris Pufé

Nachhaltigkeit

Ostfalia
Hochschule für angewandte
Wissenschaften

Hochschule Braunschweig/Wolfenbüttel
Bibliothek < 916 >
Herbert-Meyer-Str. 7 · 29556 Suderburg

S 13.0302 Wsb

ausgesondert

23.4.2024

UVK Verlagsgesellschaft mbH · Konstanz
mit UVK/Lucius · München

Dr. Iris Pufé, MBA, unterrichtet u.a. an der Fakultät für Betriebswirtschaft der Hochschule München. Als Kommunikations- und Nachhaltigkeitsberaterin unterstützt sie seit über zehn Jahren Wirtschaftsunternehmen, NPOs/NGOs und Behörden bei der Entwicklung und Umsetzung von Nachhaltigkeits- und CSR-Strategien.
Mehr unter http://www.greencomm.info

 Mit diesem QR-Code können Sie das Video aufrufen, in dem die Autorin das Buch vorstellt.

Bibliografische Information der Deutschen Bibliothek
Die Deutsche Bibliothek verzeichnet diese Publikation in der Deutschen Nationalbibliografie; detaillierte bibliografische Daten sind im Internet über <http://dnb.ddb.de> abrufbar.

Das Werk einschließlich aller seiner Teile ist urheberrechtlich geschützt. Jede Verwertung außerhalb der engen Grenzen des Urheberrechtsgesetzes ist ohne Zustimmung des Verlages unzulässig und strafbar. Das gilt insbesondere für Vervielfältigungen, Übersetzungen, Mikroverfilmungen und die Einspeicherung und Verarbeitung in elektronischen Systemen.

© UVK Verlagsgesellschaft mbH, Konstanz und München 2012

Einbandgestaltung: Atelier Reichert, Stuttgart
Einbandmotiv: istockphoto.com, DNY59
Druck und Bindung: CPI – Ebner & Spiegel, Ulm

UVK Verlagsgesellschaft mbH
Schützenstr. 24 · D-78462 Konstanz
Tel.: 07531-9053-0 · Fax 07531-9053-98
www.uvk.de

UTB-Band Nr. 3667
ISBN 978-3-8252-3667-0

Geleitwort

Planst Du für ein Jahr, so säe Korn,
planst Du für ein Jahrzehnt, so pflanze Bäume,
planst Du für ein Leben, so bilde die Menschen.
Kuan Tzu

Das Thema Nachhaltigkeit scheint vielen Studierenden diffus. Die Auseinandersetzung mit dem Konzept der Nachhaltigkeit aber ist unverzichtbar: nicht nur, weil es aufgrund seines Querschnittcharakters in immer mehr Studiengängen eine Rolle spielt, sondern vor allem wegen des Gestaltungs- und Orientierungswissens, das es in Sachen Überlebensfähigkeit bietet.

Erstmals erwähnt in der Forstwissenschaft 1713, haben Begriff, Prinzip und Leitbild der Nachhaltigkeit eine erstaunliche Karriere durchlaufen: Ausgehend von einer zunächst vor allem gesellschaftspolitisch begründeten Verankerung findet es heute rasant Eingang in Wirtschaft, Recht und Wissenschaft, in Verwaltung, Forschung und Lehre.

Der vorliegende Band der Autorin dient als systematisches und kompaktes Einstiegs- und Überblickswerk. Es macht mit den relevanten Begriffen, Konzepten, Elementen und Themenfeldern von Nachhaltigkeit vertraut. Basierend auf einer geschichtlichen Herleitung des Konzeptes werden konkrete Schwerpunkte und Anwendungsbereiche vorgestellt. Studierende und Interessierte erhalten eine Handreichung für zahlreiche Studienfächer wie z.B. Umweltökonomie und -recht, (Ressourcen-)Management, Wirtschafts- und Sozialpolitik oder Ethik, um nur einige zu nennen. Praxisnahe Beispiele und zahlreiche Schaubilder erleichtern dabei das Verständnis.

Die Zielgruppe des Buches ist mit Studierenden im Bachelor-, Master- sowie MBA-Studium klar umrissen. Anfänger wie Fortgeschrittene werden gleichermaßen adressiert. Spezifische Vorkenntnisse zum Verständnis der Inhalte werden nicht vorausgesetzt.

http://www.uvk-lucius.de/nachhaltigkeit

Ich wünsche allen Lesern eine inspirierende Lektüre, den Mut und die Bereitschaft sich auf Neues einzulassen, scheinbar Bewährtes kritisch zu hinterfragen und neue Denkansätze aufzunehmen – das Buch bietet hierzu die beste Vorlage. Zusammen mit der Autorin, die sich auf ihre Kompetenz im Gebiet Nachhaltigkeit in Forschung und Lehre berufen kann, wünsche ich, dass viele interessierte Leser mithelfen bei der aktiven Umgestaltung unserer Gesellschaft zu mehr Nachhaltigkeit. Dieses Buch ist ein wichtiger Schritt dazu.

Prof. Dr. Georg Zollner

Hinweise:

Mittels internetfähigem Smartphone können Sie Informationen und Links direkt durch Scannen der im Buch abgedruckten QR-Codes aufrufen.

Alternativ können Sie diese Links neben anderen nützlichen Materialien auch über unsere Service-Seite für dieses Buch abrufen:

http://www.uvk-lucius.de/nachhaltigkeit

Inhalt

http://www.uvk-lucius.de/nachhaltigkeit

Abkürzungsverzeichnis

BMBF	Bundesministerium für Bildung und Forschung
BMU	Bundesministerium für Umwelt, Naturschutz und Reaktorsicherheit
BUND	Bund für Umwelt und Naturschutz Deutschland
CR	Corporate Responsibilty
CSR	Corporate Social Responsibility
DIW	Deutsches Institut für Wirtschaftsforschung
DJSI	Dow Jones Sustainability Index
EMAS	Eco-Management and Audit Scheme
EU	Europäische Union
F&E	Forschung & Entwicklung
KMU	Kleine und mittlere Unternehmen
MDG	Millennium Development Goals
NGO	Non-Governmental Organisation
NW	Nachhaltigkeitswissenschaft
PPP	People, Planet, Profit
RNE	Rat für Nachhaltige Entwicklung
SBSC	Sustainability Balanced Scorecard
SRI	Socially Responsible Investing
TBL	Triple-Bottom-Line
UN	United Nations/Vereinte Nationen
UNDP	United Nations Development Programme
UNEP	United Nations Environment Programme
US	United States of America
USD	US-Dollar

UVP   Umweltverträglichkeitsprüfung
WBGU   Wissenschaftlicher Beirat der Bundesregierung Globale
        Umweltveränderungen
WRI   World Resources Institute

I. TEIL: VON DER THEORIE ZUM KONZEPT

1 Aktualität, Relevanz, Bedeutung

1.1 Durchs Nadelöhr in die Zukunft

„Stell dir vor, du entdeckst eines Tages auf deinem Gartenteich eine Seerose. Du freust dich an ihrer wunderbaren Blütenpracht, weißt andererseits, dass diese Pflanze stark wuchert und ihre Blattfläche jeden Tag verdoppelt. Wenn sie ungehindert wächst, werden ihre Schwimmblätter eines Tages den gesamten Teich bedecken. Dann werden sie in kurzer Zeit alle anderen Lebensformen ersticken. Die Seerose scheint freilich in den folgenden Tagen und Wochen ziemlich zierlich und harmlos zu bleiben. Du machst dir keine großen Sorgen. Im Gegenteil, du freust dich an ihrer wachsenden Pracht. Am 29. Tag stellst du plötzlich fest, dass ihre Blätter die Wasserfläche des Teiches zur Hälfte bedecken. Wie viel Zeit bleibt dir noch, um den Teich zu retten?"

Mit dieser Metapher veranschaulicht Dennis Meadows in seinem Bericht „die Grenzen des Wachstums", der für weltweite Furore sorgte, das Dilemma unserer *ressourcen- und emissionsintensiven Industriegesellschaft*: unsere Wachstumsgetriebenheit gleicht einer tickenden Zeitbombe. Ein Tag bleibt noch, bis die Lilien den Teich ersticken. Das Problem ist nicht eine lineare Entwicklung. Das Problem ist eine Entwicklung, die exponentiell oder gar super-exponentiell ist.

Szenenwechsel. Am 31. Oktober 2011 durchbricht die Weltbevölkerung die *sieben Milliarde-Menschen-Marke*. Im Jahr 1700 waren es noch 500 Millionen, 1900 um die eine Milliarde Erdenbewohner. HighTech, Low Carb, neuseeländische Kiwis im Winter – der Wohlstand wird zelebriert, importiert, perpetuiert. Zwischen 1950 und 2000 verzehnfacht sich die Weltwirtschaft. Nie war die Menschheit reicher.

Die Erde ist ein Juwel auf schwarzem Samt (zeitweilig beherbergte sie so viele Atomwaffen, dass sie davon fünfmal hätte in die Luft gesprengt werden können). *Das System stößt an seine Grenzen*, die biophysikalische Tragfähigkeit schwindet, der jahrtausendewährende natürliche Reichtum verengt sich zur Zwangsjacke, sind in der Geschlossenheit des Systems Erde Ressourcen doch endlich. Kampf um Wasser, Boden, Rohstoffe, Luft; Krieg um Wohlstand. Das Ökosystem stirbt leise. Und mit ihm seine Zivilisation, ohne es zu merken.

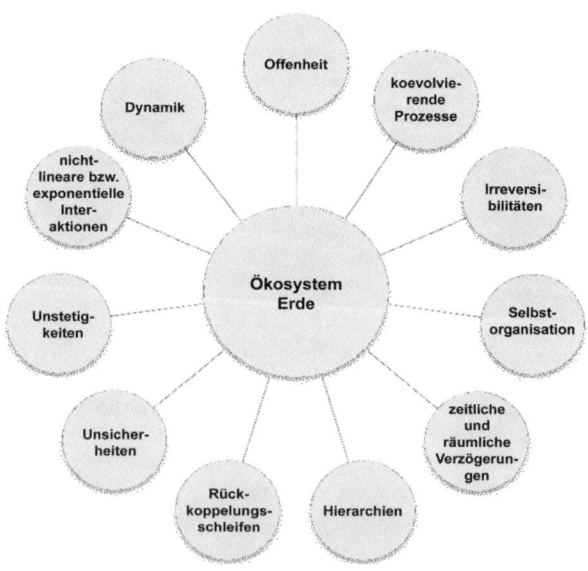

Abb. 1: Kennzeichen komplexer Systeme

Nachhaltigkeit ist ein *ressourcenökonomisches Prinzip*, das gewährleistet, ein System in seiner Funktionsweise dauerhaft aufrechtzuerhalten. Das Bild des Nachhaltigkeit-Trichters zeigt, dass uns zwei Entwicklungen zur Anwendung des Prinzips „zwingen", wenn die Menschheit es durch das Nadelöhr zu ihrem Fortbestand schaffen will.

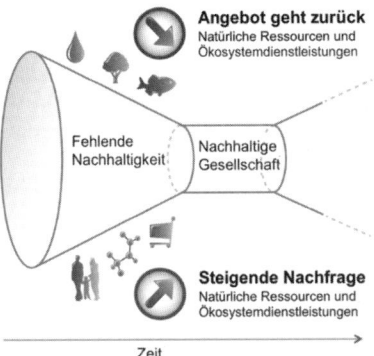

Abb. 2: Metapher des Nachhaltigkeitstrichters

Zwei Entwicklungen spitzen sich wechselseitig zu: *Bevölkerungswachstum und Ressourcenerschöpfung*. Die beiden Aspekte repräsentierten das obere und untere Ende des Trichters. Der Spielraum zu handeln schrumpft. Will die Menschheit unter den verschärften Rahmenbedingungen überleben, braucht sie ein strukturiertes, integriertes Vorgehen. Die Lösung gleicht einem wohl durchdachten Experiment: einen Gummi am Rande des Filters anbringen, einen Stein spannen, gerade ansetzen und ihn gezielt durch den Tunnel schießen. Es braucht weder Willkür noch Trial and Error, sondern *Ganzheitlichkeit* bei der Problemerfassung. Es braucht eine neue Systematik, Intelligenz, aber auch Ethik, um durch den Tunnel ans Licht zu gelangen. Es braucht Nachhaltigkeit als Leitstern.

Szenenwechsel. *Fukushima und BP* – zwei Beispiele, die das Thema Nachhaltigkeit in seiner Tragweite veranschaulichen. Bei Fukushima's Kernreaktorexplosion in Fukushima handelte sich um die größte atomare Katastrophe in der Geschichte Japans; der Skandal um die Bohrinsel Deepwater Horizon im Golf von Mexiko war die bislang schwerste Ölverseuchung. Mussten bei Ersterem hundertausende Menschen evakuiert werden (und wird die Region für die nächsten Jahrzehnte unbewohnbar bleiben), sorgte BP mit einer gerissenen Schutzvorrichtung an einer Pipeline dafür, dass über zwei Monate 800 Millionen Tonnen Öl ins Meer strömten.

Die beiden Beispiele – Mensch, Profit und Natur bzw. *People, Profit, Planet* – sind dicht miteinander verwoben. Effizient und kostengünstig Energie, Strom und Öl zu gewinnen ist das Motiv, bis die Überraschung eintritt – langfristige Verstrahlung und Verseuchung. Der Eingriff in die Natur zerstört die Ressource, den Lebens- und Arbeitsraum von Menschen und reißt Wohlstand und Wirtschaftlichkeit mit sich.

Die Erde ist ein komplexes System mit vielen Teilsystemen, die untereinander vernetzt sind. Eingriffe von Menschen haben vielfältige, oft unvorhergesehene und unerwünschte (Neben-)Wirkungen. Um das empfindliche Gleichgewicht nicht zu stören, ist ein integrativer Ansatz notwendig. Umweltprobleme sind keine isolierten Einzelereignisse; sie sind *Herausforderungen* für das gesamte *Mensch-Umwelt-System*.

1.2 Die aktuelle Popularität von Nachhaltigkeit

Problem	Nachhaltigkeit everywhere. Warum ist der Begriff populär und in aller Munde? In welchen Zusammenhängen ist er zu lesen und zu hören? Was erhofft man sich davon?
Maßnahmen	aktuelle Schlagzeilen & Pressemeldungen, Assoziationen, Push-&Pull-Faktoren, Studien, Berichte, Prognosen, globale Herausforderungen, Earth Overshoot Day, Wandel & Widerstände
Ergebnisse	Studierende werden „abgeholt" und gewinnen eine erste Vorstellung, warum der Begriff der Nachhaltigkeit aktuell, relevant und omnipräsent ist. Sie überblicken das weite Feld der Nachhaltigkeit in seinen wichtigsten Zügen.

Nachhaltigkeit? – Ach, ich bleib da lieber flexibel.

Passant bei Straßenumfrage

Ob in Wirtschaft, Wissenschaft oder Medien – Nachhaltigkeit ist das *Schlagwort der Stunde*. Als Begriff zunächst positiv besetzt, da mit Langfristigem, Dauerhaftem assoziiert, klingt er aber auch abstrakt und verschwommen. Zu zahlreich sind die Schauplätze, als dass von einem einheitlichen Verständnis gesprochen werden kann. Nachhaltigkeit wird im Zusammenhang mit *Energie, Mobilität, Gebäudesanierung, Ernährung, Bevölkerungsentwicklung, betrieblichem Umweltmanagement und Klimaschutz* gebraucht, ebenso wie in *Kunst, Kultur, Design* und *Werbung*. Und der Begriff wird von einer Vielzahl von Akteuren benutzt: von Greenpeace über die Deutsche Bank bis zur Brauerei Krombacher, von Professoren über Minister und Manager bis hin zum Endkonsumenten.

Vor dem Hintergrund sowohl sich verschärfender *Umweltgesetze* als auch ethisch-sozialer Vorschriften sind Nationen, Organisationen, Firmen und Haushalte, die Nachhaltigkeitsprinzipien anwenden, im Vorteil. Auf Regierungen gemünzt, sorgen diese für eine dauerhafte gesicherte Ressourcenbasis in ökologischer wie menschlicher Hinsicht. Was Unternehmen angeht, so unterliegen diese einem sich globalisierenden wie verstärkenden Wettbewerbsdruck in Sachen Rohstoffe, Kosten, Mitarbeiter und Innovation. Um mittel- wie

http://www.uvk-lucius.de/nachhaltigkeit

langfristig erfolgreich zu operieren, bedarf es der *Erneuerung* ihrer Geschäftsmodelle und -strategien unter dem Vorzeichen globaler Gerechtigkeit.

Nachhaltigkeit ist eine Innovationsspritze und ein *Katalysator*. (Wobei laut Hauff und Kleine Folgendes vorzuwegzuschicken ist: „Aus der Perspektive Nachhaltiger Entwicklung werden Innovationen nur dann positiv bewertet, wenn alle drei Dimensionen, d.h. Ökologie, Ökonomie und Soziales bei der Entstehung von Innovationen berücksichtigt werden."[1]) Auch Bertram Brossardt, Geschäftsführer des bayerischen Unternehmensverbandes Metall und Elektro e.V., der 2.000 Firmen vertritt, ist überzeugt, dass nachhaltige Unternehmen erfolgreicher sind: „Für unsere Mitgliedsunternehmen spielt das Thema Nachhaltigkeit seit jeher eine große Rolle. Die Betriebe im Freistaat wissen, dass es wichtig ist, langfristig orientiert zu wirtschaften und sich mit innovativen Produkten und Dienstleistungen dauerhaft im Wettbewerb zu behaupten."[2]

„Nachhaltigkeit ist aber auch alter Wein in neuen Schläuchen. Vieles davon entspricht dem Common Sense. In unserer hochkomplexen, dynamischen und globalisierenden Weltwirtschaft haben wir den leider verloren", sagt Ulrich Merkes, Nachhaltigkeitsberater bei Vineta Group.

Unser ursprünglichstes Weltkulturerbe

„Die Idee der Nachhaltigkeit ist weder eine Kopfgeburt moderner Technokraten noch ein Geistesblitz von Ökofreaks der Generation Woodstock. Sie ist unser ursprünglichstes Weltkulturerbe", meint Grober zum Ursprung der ebenso traditionellen wie progressiven Leitidee Nachhaltigkeit. (Grober (2010), S. 13)

---

[1] von Hauff/Kleine (2009), S. 41
[2] www.vbw-bayern.de/agv/vbwDie_bayerische_Wirtschaft-bayme_vbm_starten_NachhaltigkeitsOffensiveBrossardt_Nachhaltige_Unternehmen_sind_erfolgreicher--16734,ArticleID__21104.htm) bzw. www.vbw-bayern.de

In unserer immer komplexeren Lebens- und Arbeitswelt ist die Auseinandersetzung mit dem *Leitbild Nachhaltigkeit* unerlässlich. Als *Querschnittsthema* durchdringt es sämtliche Bereiche, hat unendliche Anknüpfungspunkte. Der Facettenreichtum bringt mit sich, dass sich unterschiedlichste Branchen, funktionale Unternehmensbereiche sowie wissenschaftliche Disziplinen damit befassen.

Die Crux: Das Leitbild der nachhaltigen Entwicklung trifft, ob seiner positiven Aufladung mit Werten wie Umweltschutz und Gesundheit, auf Akzeptanz. Doch sobald es daran geht, diese handlungsleitend zu konkretisieren und in Schlussfolgerungen für das (eigene) Verhalten zu überführen, kollidieren die Interessen. Jeder will sich seine Pfründe sichern.

Das hängt auch damit zusammen, dass es ein klar umrissenes Konzept, von dem alle eine ähnliche Vorstellung samt daran geknüpfter Notwendigkeiten und *Handlungserfordernisse* haben, (noch) nicht gibt. Der Begriff eröffnet vielmehr eine kontroverse interdisziplinäre Debatte, bei der es Strategien und Maßnahmen erst festzulegen gilt.

Nachhaltigkeit – global, langfristig, umstritten

Nachhaltigkeit ist somit ein erst noch an Kontur gewinnendes, abweichend interpretiertes Leitbild, das unterschiedliche, wenn nicht gegensätzliche *Natur-, Mensch- und Weltbilder* ebenso wie Anliegen, Bedürfnisse und Modelle einer „guten Gesellschaft" unter sich vereint. Viele sind sich im Klaren, dass neue Probleme, global verzahnt, vor uns liegen und diese nur langfristig und gemeinsam zu lösen sind. Doch darüber, welche Schrauben im Weltapparat wann wie fest anzuziehen sind, wird gezankt.

Nachhaltigkeit – Liebling und Stiefkind der Medien

Die Medien greifen das Thema dankbar auf, liefert es doch einen neuen Blick auf alte Probleme. Schwerpunktsetzung und Zusammenhang variieren dabei. Die Auswahl an *Schlagzeilen* veranschaulicht die Vielseitigkeit des Themas:

- Agrarförderung der EU soll ökologisch werden
- Deutsche Windindustrie legt im ersten Halbjahr 2011 um rund 20% zu

- Erneuerbare Energieaktien mit kräftigem Gewinn: +8,4 Punkte
- 94% der Bürger bereit, mehr für Ökostrom zu bezahlen
- Studie WWF: Wasserkrise in den Megastädten der Welt
- Europcar und Opel starten E-Mobilitäts-Kooperation
- Mehr Jobs, weniger Arbeitslose und viel Niedriglohn

1.3   Push- und Pull-Faktoren

> *Nichts ist so mächtig wie eine Idee, deren Zeit gekommen ist.*
>
> *Victor Hugo*

Die Motivation staatlicher, privatwirtschaftlicher oder wissenschaftlicher Akteure, sich nachhaltig auszurichten, speist sich aus zwei Quellen. Push-Faktoren sind jene Gründe, die sie veranlassen, von nicht-nachhaltigen Aktivitäten aufgrund deren *schädlicher Wirkung* abzusehen; hierbei spielen soziale Aspekte wie z.B. Menschenrechtsverletzungen, Arbeitsunfälle und Kinderarbeit eine große Rolle. Der wichtigste Grund aber ist der Umweltschutz, das allein im starken Ressourcenbedarf der modernen, hochtechnologischen Industrie- und Wissensgesellschaft begründet liegt. Pull-Faktoren sind die Motive und Gründe, die es *für Akteure attraktiv* macht, dass Thema Nachhaltigkeit zu verfolgen.[3]

Push-Faktoren: Weg von Nicht-Nachhaltigkeit

Umweltprobleme sind aktuell die stärksten Push-Faktoren. Dies nicht zuletzt, weil sie sich immer verlässlicher sowie auf zunehmend längeren Zeitreihen bewerten lassen. Auf der roten Liste der Faktoren, die das *planetare Ökosystem* existenziell bedrohen, stehen

---

[3] Haben wir alle Ressourcen bereits verbraucht, allen bewohnbaren Raum auf der Erde bereits ausgefüllt? In seinem spannenden TED-Talk-Vortrag nimmt Paul Gilding eine ebenso kritische wie hoffnungsvolle Haltung zum Zustand der Erde und den Chancen von Nachhaltigkeit ein.
Siehe www.ted.com/talks/lang/en/paul_gilding_the_earth_is_full.html

Klimawandel, Desertifikation, Gletscherschmelze und Biodiversitätsverlust ganz oben. Die damit einhergehenden sozialen Probleme umfassen Ressourcenflucht, Wassermangel und umweltbedingten Welthunger. *Soziale Brennpunkte* innerhalb von Unternehmen sind dabei Menschenrechtsverletzungen, Diskriminierung, Kinderarbeit, Bespitzelung oder Dumpinglöhne.

Einen Überblick über die unterschiedlichen Problemfelder gibt folgende nach Kategorien gefasste Grafik. Anhand von sechs Oberkategorien wird versucht, das Spektrum an Problemlagen aufzuzeigen.

Umweltprobleme	Ernährung
Klimawandel, Treibhauseffekt	Klimawandel, Treibhauseffekt
Zerstörung, Verschmutzung	Zerstörung, Verschmutzung
Desertifikation, Bodenerosion	Desertifikation, Bodenerosion
Polkappenschmelze, Tsunamis	Naturkatastrophen
Arten-, Waldsterben	Biodiversitätsverlust
Rohstoffe & Energie	**Wohlstand & Gesundheit**
Ressourcenerschöpfung	Armut, Krankheit
Peak Oil, Engpässe	Welthunger, Unterernährung
steigende Energienachfrage	Ozonloch, Feinstaub, Smog
Verteilungskämpfe	Bildungsdefizite, Analphabetismus
Nord-Süd-Kluft	Mangel an Grundversorgung
Weltbevölkerung	**Menschenrechte**
Bevölkerungsexplosion	Diskriminierung, Ungerechtigkeit
Ressourcenkriege, Kampf um Wasser	Frauen, Kinder, Minderheiten etc.
Migration, Urbanisierung	Verbrechen, Korruption
Ressourcenflucht	Arbeitssicherheit, Unfälle
Terrorismus, Destabilisierung	Lohndumping, Ausbeutung

Abb. 3: Globale Herausforderungen

Um die oben genannten globalen Probleme greifbarer zu machen, seien folgende Zahlen genannt:

http://www.uvk-lucius.de/nachhaltigkeit

– Im Jahr 1980 wurden den globalen *Ökosystemen* 40 Milliarden Tonnen entnommen. Der weltweite Verbrauch stieg bis 2002 auf 53 Milliarden Tonnen.

– Der vom Weltklimarat vorausgesagte Anstieg der *Erdmitteltemperatur* wird sich bis zum Ende dieses Jahrhunderts auf zwischen 1,5° und 5,8° Celsius belaufen; der jährliche *Meeresspiegelanstieg* liegt bei 3 Millimeter.

– Bereits 70% aller *Wälder* weltweit sind heute gerodet; alle zwei Sekunden wird Waldgebiet von der Größe eines Fußballfeldes zerstört bzw. täglich die Fläche New Yorks.

– Täglich sterben weltweit 10.000 Kinder an Unterernährung.

– Pro Tag werden 130 *Tier- und Pflanzenarten* – teils pharmazeutisch hochrelevant – ausgerottet. Die jetzige Geschwindigkeit des Aussterbens verläuft tausendmal höher als in früheren geologischen Perioden.

– Die Armen werden ärmer. Rund drei Milliarden Menschen leben von weniger als *einem USD pro Tag*. Zwischen 1981 und 2001 hat sich die Zahl der Menschen südlich der Sahara, die von weniger als einem USD pro Tag leben, von 164 auf 312 Millionen Menschen erhöht.

– Der globale Besitz konzentriert sich in den Händen von weniger als einem Prozent der Bevölkerung; laut der Universität Zürich kontrollieren 147 Großkonzerne, die miteinander eng verbunden sind, 80% des gesamten Weltumsatzes und 40% des Weltvermögens; d.h. weniger als ein Prozent beherrscht die *Weltwirtschaft*. Diese „Super-Gruppe" besteht hauptsächlich aus Banken und großen Finanzinstituten, wie JP Morgan Chase, Goldman Sachs, Morgan Stanley und Bank of America.

– Eine Studie des Economic Policy Institute zeigt auf, dass das Einkommen der obersten ein Prozent zwischen 1997 und 2007 um 224% stieg, das der unteren 90% aber nur um 5%.

– 2007 ist das Jahr in der Menschheitsgeschichte, in dem mehr als 50% der Weltbevölkerung in *Städten* lebt. Bis 2030 wird dieser Anteil nach Prognosen der UNO auf zwei Drittel anwachsen.

– Das *20:80-Dilemma*: 20% der Weltbevölkerung verbrauchen 80% der Rohstoffe für Energie- und Materialwirtschaft (Industrieländer), während 80% der Menschen 20% der Ressourcen beanspruchen, gleichzeitig aber überwiegend die Auswirkungen zu spüren bekommen (z.B. Wüstenbildung, Meeresspiegelanstieg in den Entwicklungsländern).

Zudem stellt sich Unternehmen gegenwärtig wie künftig das drängende Problem, Nachwuchs zu finden. Laut dem Institut der Deutschen Wirtschaft fehlen der Wirtschaft im Jahr 2020 rund 230.000 Ingenieure, Naturwissenschaftler und Techniker, die Bundesregierung geht sogar von bis zu 500.000 Arbeitnehmern aus. Bereits heute sind es 144.000 Fachkräfte zu wenig, darunter 37.000 Maschinen- und Fahrzeugbauingenieure, 25.000 Maschinenbautechniker und 22.000 EDV-Spezialisten. Laut Bundesregierung verursacht dieser Mangel einen Wertschöpfungsverlust von 28 Milliarden Euro pro Jahr.

Earth Overshoot Day – das Konto überziehen

Der 27. September 2011 war ein trauriger Meilenstein: Er markierte den Tag des Jahres 2011, von dem an der Bedarf der Weltbevölkerung nach natürlichen Ressourcen das für das gesamte Jahr zur Verfügung stehende Angebot überschritt. „Das ist so, als wäre bereits jetzt unser Jahreseinkommen aufgebraucht und wir müssten den Rest des Jahres von unseren Ersparnissen leben", so Mathis Wackernagel, Präsident des internationalen Think Tanks Global Footprint Network (siehe www.footprintnetwork.org). Berechnet wird der Earth Overshoot Day durch den Vergleich der Biokapazität: Dem Angebot der Natur wird die Nachfrage der Weltbevölkerung nach Ressourcen gegenübergestellt, genauer jener Naturleistungen, die gebraucht werden, um den Appetit nach Produkten und Dienstleistungen zu stillen.

Vereinfacht gesagt, zeigt er, wann unser totaler ökologischer Fußabdruck (gemessen in globalen Hektar) der totalen Bio-

---

> kapazität (ebenfalls in globalen Hektar gemessen), die die Natur in einem Jahr produzieren kann, entspricht. Nach diesem Tag, für den Rest des Jahres, häufen wir lediglich Abfall und ökologische Schulden an, indem wir am Grundstock des Naturkapitals zehren.[4]

Umweltprobleme wie Gesundheitsrisiken lassen sich exemplarisch an der Branche Elektronik und Elektrotechnik aufzeigen. So gab es laut dem Hightech-Verband Bitkom (Bundesverband Informationswirtschaft, Telekommunikation und neue Medien) 2003 erstmalig mehr Handys als Einwohner in Deutschland. Die Innovationszyklen für neue Geräte und Systeme werden dabei immer kürzer. Alleine in Deutschland fallen etwa zwei Millionen Tonnen pro Jahr an, was einem Güterzug von 1.200 Kilometer Länge entspricht. Darunter sind Materialien mit teils erheblichem Belastungspotenzial für Umwelt und Gesundheit wie z.b. giftige Schwermetalle oder Flammschutzmittel.

Pull-Faktoren: Hin zu mehr Nachhaltigkeit

Dagegen finden sich Pull-Faktoren, die Anreize darstellen, sich nachhaltiger zu verhalten. In dem Maße, wie die Nachfrage durch aufgeklärte und umweltbewusste Konsumenten steigt, kann sich der bisherige Push-Ansatz künftig verstärkt in eine Pull-Wirkung verwandeln. Letztere steht im Zusammenhang mit dem häufig gehörten Ruf, Nachhaltigkeit müsse sich erst noch seinen *Business Case* schaffen, also sein Modell zur Gewinnerwirtschaftung und damit zur ökonomischen Legitimierung.

---

[4] Der ökologische Fußabdruck eines Berliners liegt bei 4,4 Hektar pro Jahr. Das bedeutet, dass zur Bereitstellung aller natürlichen Ressourcen zur Befriedigung der Konsumbedürfnisse einer in Berlin lebenden Person im Durchschnitt eine Fläche von 4,4 Hektar pro Jahr erforderlich ist, also mehr als sechs Fußballfelder. Für alle Einwohner Berlins zusammengenommen würde die Fläche damit mehr als 15 Millionen Hektar ausmachen. Würde man um Berlin einen Kreis mit dieser Größe legen, so würden Städte wie Rostock, Dresden und Braunschweig innerhalb des Kreises liegen und sogar fast an Hamburg heranreichen.

Während für politische Akteure meist die Sicherung der nationalen *Ressourcen- und Existenzbasis* im Vordergrund steht, sich Nichtregierungsorganisationen für von der Politik nicht abgedeckte Themenbereiche einsetzen, sehen wirtschaftliche Akteure den größten Nutzen von Nachhaltigkeit in Aspekten wie *Innovation, Wettbewerbsvorteile und Differenzierung.*

Das soziale und ökologische Handeln großer Unternehmen wird zunehmend gesellschaftlich und global beobachtet. Diese Außenwirkung beeinflusst den Erfolg des Unternehmens. Im Sinne eines Rankings hängt nicht nur die Akzeptanz der Kunden von dieser Außenwirkung ab, auch der *Börsenkurs* ist dadurch mitbestimmt. So zeigt die Einführung des Dow Jones Sustainability Group Index (DJSI) (→QR), dass Wertemanagement in seiner 30-jährigen Geschichte aktueller ist denn je. Laut einer Umfrage des Meinungsforschungsinstituts emnid unter 250 Führungskräften glauben 90% der Befragten, nachhaltig ausgerichtete Unternehmen hätten  langfristig einen größeren wirtschaftlichen Erfolg als ausschließlich profitorientierte. Nachhaltigkeit kommt dabei vor allem in sechs Kernbereichen zum Einsatz: Umwelt- und Klimaschutz, Unternehmenskultur und -ethik, Qualitätsmanagement, Human Resources, Führung und Corporate Citizenship (→QR).

Weltweites Geschäftspotenzial: 10 Bio. USD bis 2050

Besonders reizvoll sind in diesem Zusammenhang Meldungen und Einschätzungen von Experten wie die folgende, die eine bislang abwartend-skeptische Grundhaltung in Unternehmen immer stärker in eine positiv-erwartungsfreudige Einstellung umkehren. Im Rahmen des Projektes „Vision 2050" haben Pricewaterhouse-Coopers, die International Energy Agency, die OECD und die Weltbank Schätzungen der globalen Größenordnung möglicher weiterer Nachhaltigkeits-Geschäftschancen in wichtigen Sektoren im Jahr 2050 abgegeben. Ihre Prognosen zu den künftigen *nachhaltigkeitsbezogenen Geschäftsmöglichkeiten* belaufen sich bis 2050 auf drei bis zehn Billionen USD jährlich bzw. auf 1,5 bis 4,5% des Weltbruttosozialproduktes. Insbesondere profitieren davon Sektoren und Wirtschaftsbereiche wie Energie, Landwirtschaft, Wasser, Metalle sowie Gesundheit und Bildung (siehe Tabelle unten).

Branchen	Wert 2050 (in Billionen USD; auf Basis des Preisniveaus von 2008; Mittelwerte; Bandbreite in Klammern)	% des für 2050 erwarteten weltweiten BIP
Energiesektor	2,0 (1,0 - 3,0)	1,0 (0,5 - 1,5)
Forstwirtschaft	0,2 (0,1 - 0,3)	0,1 (0,05 - 0,15)
Landwirtschaft und Nahrungsmittelproduktion	1,2 (0,6 - 1,8)	0,6 (0,3 - 0,9)
Wasser	0,2 (0,1 - 0,3)	0,1 (0,05 - 0,15)
Metall	0,5 (0,2 - 0,7)	0,2 (0,1 - 0,3)
Summe natürliche Ressourcen	**4,1 (2,0 - 6,1)**	**2,0 (1,0 - 3,0)**
Gesundheit & Bildung	2,1 (0,8 - 3,5)	1,0 (0,5 - 1,5)
Summe	**6,2 (2,8 - 9,6)**	**3,0 (1,5 - 4,5)**

Abb. 4: Schätzung globaler Nachhaltigkeits-Geschäftschancen bis 2050 (Schätzungen von PwC auf Basis von Daten von IEA, OECD und Weltbank)

Zusammenfassend lässt sich festhalten, dass sich Nutzenpotenziale vor allem aus Einsparungen bei Ressourcen und Prozessen ergeben, die häufig gleichzusetzen sind mit *Kosteneinsparungen*. Wettbewerbsvorteile ergeben sich dabei etwa aus der Steigerung der *Energie- und Materialeffizienz*.

Insgesamt verweisen die vorangehenden Ausführungen darauf, dass das aktuell hohe Interesse am Thema Nachhaltigkeit in den aussichtsreichen Prognosen, dem hohen erwarteten Geschäftspotenzial und der Abwehr negativer Begleiterscheinungen bei der industriellen Produktion, kurz Umweltverschmutzung, begründet liegt. Dadurch ergibt sich zugleich ein *Innovationsschub*. Auf den Punkt gebracht: Sowohl Push- als auch Pull-Faktoren gewinnen auf Anbieter- und Nachfragerseite an Gewicht. Dies lässt sich mit einer Aufwärtsspirale vergleichen, die sich langsam gegen eine jahrzehntelange Stagnation des Themas durchsetzt.

1.4 Widerstände gegen Wandel

Sei der Wandel, den du in der Welt sehen willst.
Mahatma Gandhi

Kein Wandel ohne Widerstand. Trotz Argumenten, die auf einen Innovationsschub, Erneuerung und Wachstum durch Nachhaltigkeit schließen lassen, legen sich die Widerstände nur langsam. Zweifel an Nutzen und Zukunftsfähigkeit von Nachhaltigkeit liegen in den befürchteten *Trade-Offs* begründet: Umweltverträglichkeit sei nur durch Umsatzeinbußen zu erreichen.

Eine besondere Herausforderung bildet der Umgang mit den Widerständen der Betroffenen. Veränderungen werden persönlich und beruflich oft als bedrohlich empfunden: Lediglich 5%, die sogenannten Promotoren, unterstützen Veränderungsprozesse, die Hauptgruppen bilden die Skeptiker und Bremser mit jeweils 40%. 15% sind klare Gegner von Wandel (Mohr 1998).

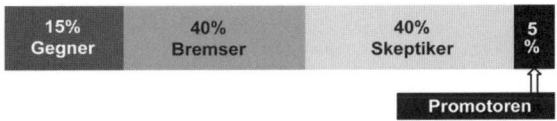

Abb. 5: Einstellungen zum Wandel (Mohr (1998))

Obige Zahlen lassen sich auch auf den Umgang mit Nachhaltigkeit übertragen. Nachhaltigkeit ist zwar seit mehr als 40 Jahren ein Thema, konnte sich aber bislang nicht flächendeckend durchsetzen. Nachfolgend einige Gründe hierfür:

- Befürchtung der Unvereinbarkeit wirtschaftlicher und ökologischer Ziele und Interessen
- Angst, deshalb Trade-Offs in Kauf nehmen zu müssen, die zulasten des Profits gehen
- mangelnde Operationalisierbarkeit aufgrund der Komplexität (Wechselwirkungen, Integrativität etc.)
- mangelndes Wissen und Personal

- Mangel an Rückhalt in Politik und Gesellschaft
- Verklärung, Gutmenschen-, heile Welt- und Pseudo-Weltuntergangsthema
- Trittbrettfahrermentalität; keiner will den ersten Schritt tun
- altes Denken, Sicherheitsdenken, Routine, Gewohnheit, Angst vor Neuem, Wandel und Unwägbarkeiten.

Für die Zukunft muss das Leitbild der Nachhaltigkeit in klaren Farben gemalt werden, damit es als gesamtgesellschaftliche Vision die Anziehungskraft bekommt, die für ihre Umsetzung im globalen Maßstab notwendig ist.

2 Geschichte der Nachhaltigkeit und soziopolitischer Hintergrund

Problem	Alle reden aktuell von Nachhaltigkeit, aber wo kommt der Begriff, das Konzept, das Leitbild her? Wo hat es seinen Ursprung? Was sind Meilensteine und Rahmenbedingungen, die zur Herausbildung des Nachhaltigkeitsbegriffes geführt haben?
Maßnahmen	Schrittweise Annäherung über den historischen Verlauf. Herleitung des Konzeptes anhand zentraler Studien, Berichte, Konferenzen.
Ergebnisse	Studierende kennen die wichtigsten Stationen der Geschichte der Nachhaltigkeit.
Hilfsmittel	Konferenzen, Dokumente, Gesetze

Man kann nicht den Wald abholzen und das Echo stehen lassen.
Richard Schröder

Woher kommt das Konzept, das Leitbild, das Handlungsprinzip überhaupt? Wie ist es entstanden, wie hat es sich entwickelt – und warum? Die folgenden Ausführungen geben einen Überblick über die Geschichte der Nachhaltigkeit, politische Hintergründe, wichtige Konferenzen, Dokumente. Kurz, das, was Nachhaltigkeit zu dem gemacht hat, was es heute ist. Es geht darum, den Wald hinter den Bäumen zu sehen. Denn nur wer die Vergangenheit kennt, kann die Zukunft einschätzen.

Die historischen Vorläufer des Nachhaltigkeitsleitbildes, die erklärt werden, sind:

– Carlowitz' Waldbewirtschaftungsprinzip
– Grenzen des Wachstums
– Brundtland-Bericht
– Rio-Gipfel
– Agenda 21
– Milleniumsziele der UN
– Klimakonferenz Durban

2.1 Carlowitz' Waldbewirtschaftungsprinzip

> Der Begriff der Nachhaltigkeit beschreibt in seinem ursprünglichen Sinn die Nutzung eines regenerierbaren natürlichen Systems in einer Weise, dass dieses System in seinen wesentlichen Eigenschaften erhalten bleibt und sein Bestand sich auf natürliche Weise erholen kann.

Seinen Ursprung hat der Begriff in der *Forstwirtschaft*. Bereits 1713 forderte Carl von Carlowitz, Oberberghauptmann und Leiter des frühindustriell überaus bedeutsamen sächsischen Oberbergamts in Freiberg, „eine beständige und nachhaltende Nutzung des Waldes."[5] Die „kluge Art der Waldbewirtschaftung", wie Carlowitz es bezeichnete, wird als die anschaulichste Metapher zur Erklärung des Nachhaltigkeitsleitbildes herangezogen: Bäume, die abgeholzt werden, müssen nachgepflanzt werden, um die *Ressourcenbasis* – und damit die

---

[5] Hans Carl von Carlowitz (1732) Sylvicultura Oeconomica. Haußwirthliche Nachricht und Naturmäßige Anweisung zur Wilden Baum-Zucht. Kessel, Remagen-Oberwinter (Wiederauflage 2009).

wirtschaftliche Basis nicht zu erschöpfen. *Wer allen Wald abholzt, hat kurzfristig viel Holz, aber über die nächsten Jahrzehnte nur wenig.*

In Ulrich Grobers höchst empfehlenswertem Buch zur Kulturgeschichte des Begriffes Nachhaltigkeit zitiert er Carlowitz[6]: „Die gehölzte pfleglich brauchen" bedeutete soviel wie sie „also zu handaben, daß solch eine beständige revenüe auf lange jahre geben … über den ertrag der höltzer nicht gegriffen, sondern eine immerwährende beständige holtz=nutzung dem Herrn und eine beharrliche feuerung, auch andere holtz-nothdurfft, dem lande, von jahren zu jahren, bey ihrer zeit, und künfftig den nachkommen bleiben." (Man beachte, dass er gezielt die Nachkommen anspricht).

Konkret ist der Anspruch an Nachhaltigkeit Anna Amalia, der Mutter von Herzog Carl August, zu verdanken. Sie veranlasste die erste Forstreform der Welt mit dem Ziel, *Holz, dauerhaft und mit stetem Ertrag bereit*[zu]*stellen.* Denn Europas damalige Gier nach der „Materia Prima", sei es beim Schiffs- oder Hausbau, beim Kochen oder Heizen, drohte die Ressource so kahlzuschlagen, dass zwar das kurz-, nicht aber das langfristige Überleben gesichert wurde.

Nachhaltigkeit wird gegenwärtig schnell und möglichst greifbar gefasst. Dass dem Begriff in Kultur und Bewusstsein, in Philosophie und Poetik viel tiefere Schichten und Dimensionen innewohnen, hat Grober beschrieben. Sein Buch ist eine Ode an die Bedeutung des Begriffes und seinen wahren Kern. Dafür wurde er mit dem Brandenburgischen Literaturpreis Umwelt für „Die Entdeckung der Nachhaltigkeit. Kulturgeschichte eines Begriffes" ausgezeichnet. In der Beschreibung des Buches warnt Grober: „Nachhaltigkeit ist unser ursprünglichstes Weltkulturerbe, ein Begriff, der tief in unserer Kultur verwurzelt ist und den es vor seinem inflationären Gebrauch zu retten gilt".

Das von Joachim Heinrich Campe 1807 herausgegebene Wörterbuch der deutschen Sprache definiert das Wort „Nachhalt" als das, „woran man sich hält, wenn alles andere nicht mehr hält."

Die Idee aber reicht noch weiter zurück. Sie findet sich im „Sonnengesang" des Franz von Assisi genauso wie bei den griechischen Philo-

---

[6] Grober (2010) S. 115

sophen und den Philosophen der Aufklärung. Ulrich Grobers Zeitreise in die Nachhaltigkeit führt an den Hof des Sonnenkönigs und in die deutschen Fürstenstaaten, erzählt von sächsischem Silberbergbau und vom Holzmangel. Und davon, dass die Nachhaltigkeitsidee überall dort, wo sie auftaucht, ein Kind der Krise ist, aber auch die Entstehung eines neuen Bewusstseins markiert: „Des Bewusstseins, dass der Planet, auf dem wir leben, erhalten und bewahrt werden muss." So jedenfalls wird das Opus Magnum vom Verlag beschrieben und fasst die jahrhundertelange Geschichte damit in aller Kürze zusammen.

> **Merke:** Ihrem Ursprung nach ist Nachhaltigkeit ein ressourcenökonomisches Prinzip, das ermöglichte, eine Ressource dauerhaft ertragbringend zu nutzen.

Linnés oeconomia naturae

Die Naturlehre bildet den Ausgangspunkt. In dem lateinischen Wort *oeconomia* steckt das griechische *oikos* – Haus, Haushalt. Im Kontext von Natur ist damit soviel gemeint wie die *Einheit und Ganzheit der Natur*, die Mannigfaltigkeit der Arten, der Biodiversität von Flora und Fauna, die Kreisläufe von Werden und Vergehen, Nahrungsketten, Energieströme – das Eigenleben der Natur in seiner ganzen Hülle und Fülle. Mineralreich, Pflanzenreich und Tierreich bilden ein *vernetztes Ganzes*. Sie sind ein sich selbst regulierender und erhaltender Organismus. Carl von Linné als Vater und Vorläufer der Ökologie schrieb im Rahmen seiner *oeconomia naturae* um 1750 in diesem Zusammenhang: Es müsse gelingen, die Abläufe der Ökonomie mit den großen, unwandelbaren, gottgegebenen Kreisläufen der oeconomia naturae zu synchronisieren. „Die Natur erlaubt niemandem, sie zu beherrschen", so Linné.[7] Seiner Auffasssung nach war die *Ökonomie eine nachahmende Wissenschaft*. Diese dürfe nicht wider die Natur handeln, sondern müsse dieser folgen und mit den Ressourcen haushalten. *Ökologie meint also die Haushaltung mit der Natur.*

---

[7] Grober (2010) S. 128f . Im Original siehe Carl von Linné (1735) Systema Naturae. Johan Wilhelm de Groot, Leiden.

Zusammenprall von Ökonomie und Ökologie

Mitte des 19. Jahrhunderts prallten Ökonomie und Ökologie aufeinander. Ihre Ziele, Absichten und Vorgehensweise schienen
inkompatibel. Die Reinertragslehre setzte dem gemäßigten Holz-
einschlag ein abruptes Ende. Die neue Lehre fragte allein nach der
höchstmöglichen Verzinsung des im Wald investierten Kapitals.
Statt eines steten hohen Holzertrages rückte plötzlich der höchst-
mögliche direkte Geldertrag in den Fokus. Nicht mehr die Produktivität der Natur war der Maßstab, sondern der freie Markt und sein
Gesetz von Angebot und Nachfrage. *Gewinnmaximierung, nicht Natur-
gesetzmäßigkeit* war das neue Credo in Wirtschaft und Gesellschaft.
„Die Zyklen der Natur traten zurück gegenüber der Dynamik des
Kapitalismus, der Gebrauchswert hinter den Tauschwert", nennt es
Grober.[8] Damit wurde das Handlungsprinzip Nachhaltigkeit ent-
wertet. Es sollte über hundert Jahre bis in 1970er Jahre hinein
dauern, bis die wissenschaftlichen Disziplinen Ökologie und Nachhaltigkeit wieder aufgegriffen wurden.

2.2 Die Grenzen des Wachstums

*Eines der in unserer Gesellschaft gern geglaubten Märchen ist die Behauptung,
dass die Fortdauer des Wachstums zu einer stärkeren menschlichen Gleichberechtigung führen müsse. Wir haben bereits dargestellt, wie das gegenwärtige
Wachstum von Bevölkerung und Kapital tatsächlich die Kluft zwischen arm
und reich weltweit vergrößert.*

Dennis Meadows

Der Bericht „Grenzen des Wachstums" (→QR) im
Jahre 1972 schlug wie eine Bombe ein. Basierend auf
ausgeklügelten Computersimulationen malte er ein
düsteres Bild der Zukunft des Planeten, wenn die
Menschheit nicht ressourcenverträglicher handelt. Der
Bericht markiert den Beginn der jüngeren wissenschaftlichen Aus-
einandersetzung mit nachhaltiger Entwicklung und mahnte eine
neue „Weltkonjunkturpolitik" an. Dennis Meadows und sein For-

---

[8] Grober (2010) S. 177

scherteam warnen: „Wenn die gegenwärtige Zunahme der Weltbevölkerung, der Industrialisierung, der Umweltverschmutzung, der Nahrungsmittelproduktion und der Ausbeutung von natürlichen Rohstoffen unverändert anhält, werden die absoluten Wachstumsgrenzen auf der Erde im Laufe der nächsten hundert Jahre erreicht."[9] Nach der Publikation des Berichts wurden nur einige zehntausend Exemplare in den USA verkauft, aber Millionen in übervölkerten Ländern wie den Niederlanden oder Japan. Er wurde in etliche Sprachen übersetzt.

Der Begriff der Nachhaltigkeit erfuhr eine deutliche Ausdehnung in seiner Bedeutung. Insgesamt plädiert die Wissenschaft für einen dauerhaften, weltweiten Gleichgewichtszustand (Homöostase), der nur durch weltweite Maßnahmen erreicht werden kann. Sie verknüpfen gezielt ökonomische, ökologische und soziale Aspekte der Nachhaltigkeit. Dabei basierte die Studie auf dem Modell der Dynamik komplexer Systeme *(Systems Dynamics)* einer homogenen Welt. Sie berücksichtigte die *Wechselwirkungen* zwischen Bevölkerungsdichte, Nahrungsmittelressourcen, Energie, Material und Kapital, Umweltzerstörung, Landnutzung u.a. Mittels Computersimulation wurde eine Reihe von Szenarien entwickelt. Die Ergebnisse waren immer ähnlich: ein katastrophaler Abfall in der Weltbevölkerung und dem Lebensstandard innerhalb von 50 bis 100 Jahren, wenn die gegenwärtigen Trends anhielten. Das Fatale der ressourcen- und emissionsintensiven Industriegesellschaft sei, dass das Wachstum nicht linear, sondern exponentiell verlaufe. Diese Form des Wachstums endet langfristig tödlich. Nur wenn das Ruder herumgerissen werde, könne ein ökologischer Kollaps verhindert werden, war Meadows Argumentation.

Sich ihrer unvollständigen Datengrundlage bewusst, erstellte das Forscherteam Modellläufe unter Annahme gleichbleibender wie bis zu fünfmal höherer Reserven. Das Anliegen war, „Hinweise auf die im Weltsystem charakteristischen Verhaltensweisen" zu geben statt fixer Voraussagen.[10] Ebenso war es ein Anliegen, dass durch eine Betrachtung der Welt als Ganzes – ohne eine separate Behandlung

---

[9] Meadows et al. (1972), S. 17
[10] Meadows et al. (1972), S. 79

verschiedener Regionen oder Länder – dass heißt durch *Simplifizierung* ein Modell überhaupt erst möglich gemacht wurde. Auch hagelte es Kritik am Vorgehen sowie an Annahmen und Berechnungsweisen des Berichts. Diese beruhten jedoch meist auf Fehlinterpretationen. Vielmehr bestätigen einige bereits heute eingetretene Voraussagen die damaligen Prognosen des Berichts. So veröffentlichte Graham Turner von der Commonwealth Scientific and Industrial Research Organisation (CSIRO) im Juni 2008 eine Studie. Dort verglich er die historischen Daten von 1970 bis 2000 mit den Szenarien der Studie und stellte fest, dass viele mit den Vorhersagen des Standardszenarios übereinstimmten und dieses in einem globalen Kollaps Mitte des 21. Jahrhunderts resultieren dürfte.[11]

2006 kam es zu einem Update der Studie. In „Grenzen des Wachstums. Das 30-Jahre-Update" schreiben Meadows und sein Forscherteam: *„Die globale Herausforderung kann man einfach zusammenfassen: Um eine Entwicklung tragfähig zu gestalten, muss die Menschheit das Konsumniveau der Armen dieser Welt anheben, gleichzeitig aber den ökologischen Fußabdruck der Menschheit insgesamt senken.* Dazu braucht es technologischen Fortschritt, personelle Veränderungen und längere Planungshorizonte."[12]

Small is Beautiful

Eine weitere Studie aus der Tradition wachstumskritischer Schriften, die das Thema Nachhaltigkeit befördert haben, ist E. F. Schumachers „Small is Beautiful: Economics as if People Mattered" aus dem Jahre 1973.

Als Ausgangspunkt der weltweiten Umweltbewegung kann das 1962 erschienene Buch 'der Stumme Frühling', Silent Spring, der Biologin und Wissenschaftsjournalistin Rachel Carson gelten. Ziel

---

[11] Graham Turner: A Comparison of The Limits to Growth with Thirty Years of Reality. In: Socio-Economics and the Environment in Discussion. CSIRO Working Paper Series Number 2008–09. Juni 2008; New Scientist: Prophesy of economic collapse „coming true". 17. November 2008

[12] Meadows et al. (2006), S. 264

war, die Auswirkungen eines rigorosen Pestizid-Einsatzes auf Öko-systeme aufzuzeigen. Das Buch löste in den USA eine heftige poli-tische Debatte aus und führte letztlich zum späteren DDT-Verbot. In einer raffiniert aufgebauten Anklage gegen den übermäßigen Einsatz von Pestiziden und anderen Chemikalien zeichnet Carson die Idylle einer fiktiven amerikanischen Kleinstadt, in der die Stim-men des Frühlings, die Vögel, aber auch die Insekten und andere Lebewesen verstummen. Sie nennt statistische Angaben, Fallbei-spiele und Aussagen von Experten und erzeugt so mit ihrer ein-dringlichen Erzählung Betroffenheit.

Neuen Auftrieb bekam der Schutz der Erde auch durch die Weltraumperspektive (→QR). 400.000 Kilometer von der Erde entfernt meinte der Astro-naut Eugene Cernan 1972: „Wir brachen auf, um den Mond zu erkunden, aber tatsächlich entdeckten wir  die Erde." Er und seine Kollegen sprachen von der blauen Weltku-gel, dem meistpubliziertem Foto aller Zeiten, als fragil, zerbrech-lich, zart, verletzlich. Vom Universum aus war die Schönheit der Erde von grenzenloser Majestät, sie war ein funkelnder blauweißer Juwel, unergründlich und geheimnisvoll, ein einsames, marmorier-tes, winziges Etwas, ein Saphir auf schwarzem Samt. Das jedenfalls waren die Bezeichnungen von Astronauten beim Anblick unseres Planeten vom Weltall aus.

Um materiell und energetisch nachhaltig zu sein, wie Meadows et al. es fordern, müssten für alle Durchsätze der Wirtschaft Bedin-gungen erfüllt sein, die sich an den drei Prinzipien orientieren, die Herman Daly u.a. in seinem vielbeachteten Werk „Towards a Steady-State Economy" formuliert.

- Erstens dürfen die Verbrauchsraten *erneuerbarer* Ressour-cen nicht deren Erneuerungsraten übersteigen.

- Zweitens dürfen die Verbrauchsraten *nicht-erneuerbarer* Ressourcen nicht die Rate überschreiten, mit der nach-haltig erneuerbare Ressourcen als Ersatz dafür erschlos-sen werden.

■ Drittens dürfen die Raten der Schadstoffemissionen nicht die *Aufnahmefähigkeit* der Umwelt für diese Schadstoffe übersteigen.[13]

2.3 Der Brundtland-Bericht

To keep options open for future generations, the present generation must begin now, and begin together, nationally and internationally.

Our Common Future Report

Seit Meadows et al. prosperierten viele Länder und Ökonomien, gleichzeitig aber häuften sich wirtschaftliche, ökologische und soziale Probleme als unliebsame Begleiterscheinungen. 1983 gründeten die Vereinten Nationen deshalb eine unabhängige Sachverständigenkommission, die sogenannte Weltkommission für Umwelt und Entwicklung (World Commission on Environment and Development, WCED) mit ihrem Sekretariat in Genf. Sie wurde damit betraut, einen Perspektivbericht zu langfristig tragfähiger, umweltschonender Entwicklung im Weltmaßstab bis zum Jahr 2000 und darüber hinaus zu erarbeiten. Der offizielle Titel dieses Berichtes war „Our Common Future", geläufiger aber ist die Benennung nach der Vorsitzenden, Gro Harlem Brundtland. Ob als Brundtland- oder Our Common Future-Bericht bezeichnet, zwischen den Buchdeckeln findet sich, was bis heute als „klassische" und am

---

[13] Daly (1990), S. 2. Als physikalische Teildisziplin bietet die Thermodynamik z.B. mit ihrem Entropiegesetz Ansätze, die als Gegenentwürfe zum neoklassischen Paradigma genutzt werden könnten und an denen sich Wirtschaftsprozesse orientieren könnten. Demnach wären jene Prozesse etwa als unwiederbringlicher Verzehr eines endlichen Vorrats an Ressourcen zu begreifen. Siehe Daly, H.E.: Toward Some Operational Principles of Sustainable Development. In: Ecological Economics, Bd. 2 (1990) H.1; S. 1–6. Siehe auch Georgescu-Roegen, N.: The Entropy Law and Economic Process. Cambridge 1971.

weitesten anerkannte Definition und Leitbildbeschreibung von nachhaltiger Entwicklung gilt:

> „Nachhaltige Entwicklung ist eine Entwicklung, die gewährleistet, dass künftige Generationen nicht schlechter gestellt sind, ihre Bedürfnisse zu befriedigen, als gegenwärtig lebende."

Wer sich diese Definition verinnerlicht, sie auswendig lernt und damit immer parat hat, tut sich einen Gefallen, weil letztlich und im Zweifelsfall immer auf sie rekurriert wird.

Mit dem Bericht beabsichtigten die UNO und die Weltkommission Handlungsempfehlungen für eine dauerhafte Entwicklung zu geben. Und damit war hier konkret gemeint: eine dauerhafte Erfüllung der Grundbedürfnisse aller Menschen weltweit unter Berücksichtigung der *Tragekapazität*[14] *der natürlichen Umwelt* sowie der Konfliktlinien zwischen Umwelt- und Naturschutz, Armutsbekämpfung und Wirtschaftswachstum.

Der Verdienst des Brundtland-Berichts war, den Begriff nachhaltige Entwicklung erstmals als globales Leitbild der Entwicklung einer breiten Öffentlichkeit nahegebracht zu haben. Und dies indem er einen Aspekt hervorhob, der gemeinhin radikal vernachlässigt wird: globale Umweltprobleme sind hauptsächlich das Resultat der nicht-nachhaltigen Konsum- und Produktionsmuster im Norden und der großen Armut im Süden. Diese *Problemwahrnehmung* verlangte sowohl nach einer gerechtigkeitsorientierten Definition von Nachhaltigkeit als auch nach einem entsprechenden Lösungsansatz. Dies erforderte in der Konsequenz eine Strategie, die Entwicklung und Umwelt zusammenbrachte. Eine weitere, in eine Gleichung gefasste Definition lautete deshalb:

---

[14] In der Schifffahrt bezeichnet der in der Ökologie geläufige Begriff der Tragekapazität bzw. carrying capacity die maximal mögliche Fracht, bevor das Schiff Gefahr läuft unterzugehen.

Nachhaltigkeit = Umwelt + Entwicklung.[15]

Mit dieser Formel schließt sich der Kreis. Sie zeigt, dass die heute geläufige Bezeichnung „nachhaltige Entwicklung" die Übersetzung der Ausgangsdefinition von „sustainable development" war. Erstmals war in der Politik die Rede von der Notwendigkeit eines „dauerhaften Gleichgewichtszustandes".

> **Beachte:** Der Unterschied zwischen den Begriffen *Nachhaltigkeit* und *nachhaltiger Entwicklung* ist: Nachhaltigkeit verweist auf einen Zustand, Statik und Beständigkeit; nachhaltige Entwicklung impliziert Bewegung, Dynamik, das Prozesshafte sowie das Werdende und Entstehende.

Konferenzen und Abkommen von globaler, historischer Bedeutung sind die Meilensteine bei der Herausbildung des Nachhaltigkeitsleitbildes. Im Hintergrund des politischen Ringens verschärften sich dabei zwei Entwicklungen, die als Treiber hin zu mehr Nachhaltigkeit werden können. Auch wenn sicher mehr Rahmenumstände als jene zu nennen sind, wie sie auch im ersten und dritten Kapitel etwa unter Push- und Pull-Faktoren und (Mega-)Trends genannt werden, seien an dieser Stelle der Treibhauseffekt, die Bevölkerungsexplosion sowie die globale Ressourcenerschöpfung genannt. Ihnen ist ihr Zerstörungspotenzial wie ihre wissenschaftliche Mess- und Überprüfbarkeit gemein.

Das Treibhaus heizt sich auf

Was war der Anlass für die Weltgemeinschaft, sich im Brundtland-Bericht von 1987 auf eine gemeinsame globale Strategie zu verstän-

---

[15] Auf diese Definition als Ausgangspunkt bezieht sich auch die Dissertation der Autorin mit dem Titel „Klima, Wälder, indigene Völker". Dort zeigt sie auf, wie Umweltveränderungen menschliche Entwicklung beeinflussen. Da indigene Völker besonders nah an, mit und in der Natur leben, lässt sich der Zusammenhang von Umwelt und Entwicklung gut aufzeigen. So ist bspw. der Regenwald die notwendige Basis für kulturelles wie wirtschaftliches (Über-)Leben und beeinflusst damit die Entwicklung einer Gemeinschaft.

http://www.uvk-lucius.de/nachhaltigkeit

digen? Es war die sich erhärtende wissenschaftliche Erkenntnis, dass sich die Umweltqualität weltweit aufgrund wirtschaftlicher Aktivitäten des Menschen rasant verschlechterte. Besonders deutlich abzulesen war dies an der Veränderung der Emissionswerte und der damit einhergehenden Klimaveränderung. Zu diesem Ergebnis kam auch das Intergovernmental Panel on Climate Change bzw. der Weltklimarat. Eine Auswahl der Ergebnisse aus dem jüngsten Sachstandsbericht von 2007:[16]

- Elf der zwölf Jahre von 1995 bis 2006 zählen zu den zwölf wärmsten seit Beginn der flächendeckenden Temperaturmessungen im Jahr 1850.

- Der Trend der letzten 50 Jahre liegt mit einer gemessenen Erwärmung um 0,13°C (± 0,03°C) pro Jahrzehnt fast doppelt so hoch wie für die letzten 100 Jahre.

- Einhergehend mit dem Temperaturanstieg erhöhte sich der Meeresspiegel im 20. Jahrhundert um 17 Zentimeter; seit 1993 erhöht er sich sogar um 3,1 Millimeter pro Jahr. Parallel dazu verringert sich die schneebedeckte Erdoberfläche seit 1980 um 5%.

Die Wissenschaft stößt in Politik und Wirtschaft vor allem auf Gehör, wenn sie beziffert, was Umweltschäden kosten. Weltweite Beachtung über Nacht fand deshalb der Stern-Report (→QR), benannt nach Sir Nicholas Stern, ehemaliger Weltbank-Chefökonom und Herausgeber des rund 650-seitigen Berichts *Stern Review on the Economics of Climate Change*. „*Der Klimawandel ist das größte und weite-*

---

[16] IPCC Fourth Assessment Report (AR4), Climate Change 2007, WG I: Zusammenfassung für politische Entscheidungsträger. Klimaänderung 2007: Wissenschaftliche Grundlagen. Eine verständliche, prägnante 18-seitige Zusammenfassung des Berichts findet sich als pdf unter www.ipcc.ch/pdf/reports-nonUN-translations/deutsch/IPCC2007-WG1.pdf (Zugriff am 17.01.12)

streichende Marktversagen der Weltgeschichte", so Stern, den die britische Regierung beauftragt hat, die wirtschaftlichen Folgen der globalen Erwärmung abzuschätzen. Der Bericht erschien Ende 2006 mit Ergebnissen wie: *Die jährlichen Kosten für Maßnahmen zur Stabilisierung der Treibhausgaskonzentration zwischen 500 und 550 ppm Kohlendioxidäquivalenten werden schätzungsweise bei etwa 1% des globalen Bruttoinlandsprodukts liegen, wenn jetzt begonnen wird, entschieden zu handeln.* Laut Stern kämen Schäden von umgerechnet knapp 5,5 Billionen Euro pro Jahr bis 2100 auf die Menschheit zu, wenn nichts gegen den Klimawandel unternommen wird. Bereits heute wird rund 1% des globalen Bruttoinlandsprodukts, etwa 270 Milliarden Euro, jährlich ausgegeben, um dem Klimawandel entgegenzuwirken. Die jährlichen Kosten des Klimawandels werden, wenn nicht gehandelt wird, dem Verlust von wenigstens 5% des globalen Bruttoinlandsprodukts entsprechen. Unter Berücksichtigung sämtlicher Risiken und Einflüsse könnten die Schäden auf 20% oder mehr des erwarteten globalen Bruttoinlandsprodukts ansteigen. Vor allem Entwicklungs- und Schwellenländer werden die ökonomischen Folgen des Klimawandels zu spüren bekommen.

So wären bspw. weitere soziale und kulturelle Konsequenzen, dass bis zu 100 Millionen Menschen ihr Obdach durch Überschwemmungen und infolge des steigenden Meeresspiegels verlieren. Einem von sechs Menschen weltweit droht akute Wasserknappheit bedingt durch schmelzende Gletscher. Bereits heute gibt es über 150 Millionen *Klimaflüchtlinge*, das heißt Menschen, die etwa durch Trockenheiten und Dürren zur Umsiedelung gezwungen sind.

Wie sich nun die Kohlendioxid-Konzentration entwickelt hat, zeigt die folgende Abbildung.

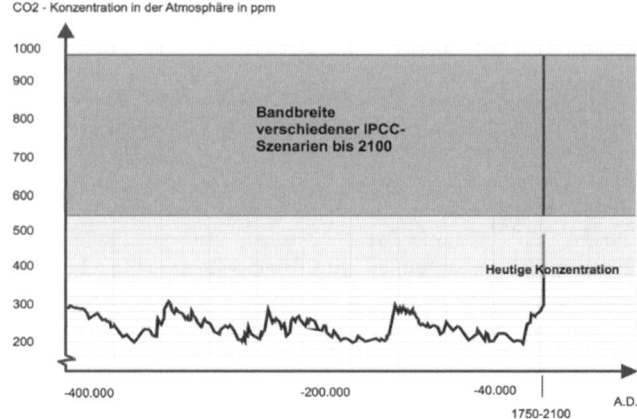

Abb. 6: Entwicklung Kohlendioxid-Konzentration letzte 400.000 Jahre (IPCC)

Der Kohlendioxidgehalt in der Atmosphäre war seit 400.000 Jahren nicht so hoch wie heute.

Es wird voll auf dem Planeten

Der Treibhauseffekt verschärfte die externen Lebensbedingungen, d.h. die ökologischen Rahmenbedingungen des Lebensraums. Das rasante Bevölkerungswachstum verschärft dabei den Ressourcendruck, v.a. durch Wasserverbrauch und Nahrungsmittelproduktion zusätzlich. Eine Milliarde Menschen leidet täglich Hunger. Gleichzeitig wächst die Weltbevölkerung stetig und umgebremst. Für 2050 erwarten die Vereinten Nationen bis zu 9,1 Milliarden Menschen auf der Erde. Das stellt Bevölkerungsexperten, Ökologen, Epidemiologen und Agrarwissenschaftler gleichermaßen vor das Rätsel, wie diese steigende Anzahl von Menschen ernährt werden soll.

Das exponentielle Wachstum stellt die landwirtschaftliche Produktion unter Druck. „Wir müssen in den kommenden 40 Jahren die gleiche Menge von Lebensmitteln herstellen wie in den letzten

8.000 Jahren", sagt Jason Clay von der Umweltorganisation World Wildlife Fund.[17]

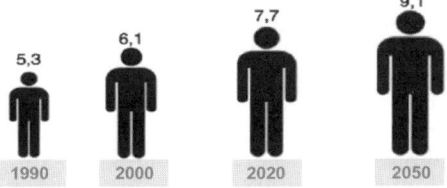

Abb. 7: Bevölkerungsentwicklung 1990–2050 (UN, World Population Prospects (2009))

Dieses rasante Tempo der Bevölkerungszunahme erhöht den Ressourcendruck, treibt Emissionsausstoß und vermindert die Qualität der globalen Umweltgüter, die Voraussetzung für Leben und Produktion sind.

Problematisch dabei ist, dass 95% der Zunahme in armen Ländern stattfindet, aber gerade jene im Überlebenskampf keine Rücksicht auf die Umwelt nehmen können. Experten fordern, bei der Energieverschwendung müsste den Industrieländern, beim Bevölkerungswachstum den Entwicklungsländern Einhalt geboten werden.

2.4 Der Rio-Gipfel

Die Weltgemeinschaft ist seit 1992 der nachhaltigen Entwicklung verpflichtet – jedes einzelne Land für sich, aber auch gemeinsam, müssen wir dieses Versprechen umsetzen.
Ursula Eid

Erkenntnis und Handeln sind bisweilen zwei Paar Stiefel. Während Meadows´ Studie die Grenzen des Wachstums bereits vor vier

---

[17] The American Association for the Advancement of Science (AAAS). Science Without Borders, 177th Meeting. 16.–21.02.2011, Washington, DC

Jahrzehnten ins *globale Bewusstsein* gehoben hatte, brauchte es den Brundtland-Bericht immerhin nur zwei Jahre, nämlich anno 1989, bis er in der UNO-Vollversammlung Beachtung fand. Endlich war der Entschluss geboren, Taten folgen zu lassen. Hatte der vormalige Bericht auf dringenden Handlungsbedarf in internationalem Rahmen hingewiesen, ging es nun darum, Forderungen und Vorschläge in verbindliche Verträge und Konventionen überzuführen. Als Instrument wählte die UNO hierfür eine Konferenz – exakt 20 Jahre nach der ersten weltweiten *Umweltkonferenz* 1972 in Stockholm. Die Startbahn war frei für die Planung der bis dato größten Umwelt- und Entwicklungskonferenz der Welt, der legendären Rio-Konferenz von 1992.

Die sogenannte Konferenz der Vereinten Nationen über Umwelt und Entwicklung (United Nations Conference on Environment and Development, UNCED) ist geläufig unter dem Begriff *Erd-Gipfel*, *Rio-Gipfel* und *Weltumwelt-Konferenz*. Sie tagte vom 3. bis 14. Juni 1992 in Rio de Janeiro. Die Besonderheit der Konferenz lag in ihrem stattlichen Umfang von zwölf Tagen und der großen Anzahl von Teilnehmern aus ingesamt 178 Staaten. Auch was die Beteiligung zivilgesellschaftlicher Organisationen anging, setzte die Konferenz neue Maßstäbe, nahmen doch 2.400 Vertreter von NGOs teil, weitere 17.000 Menschen beteiligten sich am parallel stattfindenden NGO-Forum.[18]

Die Herkulesaufgabe war die: *Umwelt- und Entwicklungsanliegen* zusammenzubringen und sie in ein Abkommen überzuführen, das weltweite *Verbindlichkeit* beansprucht. Nicht nur umweltpolitische Probleme waren Gegenstand der Konferenz; vielmehr sollten auch die drängenden globalen Entwicklungsprobleme im umweltpoliti-

---

[18] Siehe www.un.org/jsummit/html/basic_info/unced.html; Die Konferenz wurde über mehrere Jahre vorbereitet, u.a. durch ein eigens dafür gegründetes Sekretariat in London, durch Berichte aus über 120 Ländern und durch Expertenarbeitsgruppen aus verschiedenen UN-Gremien wie der UN-Wirtschaftskommission UNCTAD, den UN-Entwicklungsprogramm UNDP und der Ernährungs- und Landwirtschaftsorganisation FAO sowie der Weltorganisation für Meteorologie WMO.

schen Zusammenhang behandelt werden. Ziel war es, die Weichen für eine weltweite, nachhaltige Entwicklung zu stellen. Dabei war die Öffentlichkeit insbesondere für die Abhängigkeit des Menschen von seiner Umwelt zu sensibilisieren ebenso wie für die Rückkopplung weltweiter Umweltveränderungen auf sein Verhalten bzw. seine Handlungsmöglichkeiten.

Es war ein langer Weg von den Verhandlungen der Regierungen zur Verabschiedung der Dokumente. Und einer, auf dem zäh gerungen wurde. Umso mehr wird der Erdgipfel als bisheriger Höhepunkt weltweiter politischer Bemühungen um Nachhaltigkeit angesehen. Trotz der *Interessengegensätze* – etwa beim Thema Wald- oder Klimaschutz – konnten sich die Staatsmänner und -frauen auf ihre Unterzeichnung von sechs Dokumenten einigen, die die formaljuristische Verankerung von Nachhaltigkeit befördert haben.

Deklaration von Rio über Umwelt und Entwicklung

In den 27 Grundsätzen der Rio-Deklaration wurde u.a. erstmals global das Recht auf nachhaltige Entwicklung verankert. Weiter wurden das Vorsorge- und das Verursacherprinzip als Leitprinzipien anerkannt. Als unerlässliche Voraussetzungen für eine nachhaltige Entwicklung werden u.a. die Bekämpfung der Armut, eine angemessene Bevölkerungspolitik, Verringerung und Abbau nicht nachhaltiger Konsum- und Produktionsweisen sowie die umfassende Einbeziehung der Bevölkerung in politische Entscheidungsprozesse genannt.

Klimaschutz-Konvention

Die Rahmenkonvention der Vereinten Nationen über Klimaveränderungen sieht vor, dass die Belastung der Atmosphäre mit Treibhausgasen auf einem Niveau stabilisiert wird, welches eine gefährliche Störung des Weltklimas verhindert. Nach Einschätzung des IPCC muss der Ausstoß an CO_2 bis 2050 weltweit um mindestens 60% reduziert werden, um den Klimawandel in vertretbaren, also „ungefährlichen" Grenzen zu halten.

Biodiversitätskonvention

Die Biodiversitätskonvention ist ein Abkommen zum Schutz der biologischen Vielfalt. Die Welt soll die biologische Vielfalt erhalten und ihre Grundelemente auf gerechte und ausgewogene Art nachhaltig nutzen. Konkret heißt dies, dass die Nutzung so erfolgen

---

muss, dass die biologische Vielfalt langfristig nicht weiter gefährdet wird. Die Länder haben das Recht, über ihre biologischen Ressourcen zu verfügen, sind aber dafür verantwortlich, biologische Vielfalt zu erhalten und biologische Ressourcen auf nachhaltige Weise zu nutzen.

Walddeklaration

Sie nennt Leitsätze für die Bewirtung, Erhaltung und nachhaltige Entwicklung der Wälder der Erde. Gemäß dieser eher unverbindlichen Absichtserklärung sollen Wälder nach ökologischen Maßstäben bewirtschaftet, erhalten und geschützt werden. Eine verbindlichere Wald-Konvention, wie sie von den Industriestaaten gewünscht wurde, scheiterte am Widerstand der Entwicklungsländer.

Konvention zur Bekämpfung der Wüstenbildung

Auf der Konferenz wurde ein regierungsübergreifendes Verhandlungskomitee ins Leben gerufen, das eine Konvention zur Bekämpfung der Wüstenbildung in den Ländern, die schwer unter Dürre und Wüstenbildung leiden, vorzubereiten. Dieses Komitee, 1993 gegründet, beschloss nach fünf vorbereitenden Sitzungen am 17. Juni 1994 in Paris die Konvention zur Bekämpfung der Wüstenbildung.

Agenda 21

Sie ist das bekannteste der fünf Abkommen. Ihr zufolge ist es an den Regierungen der einzelnen Staaten selbst, für die Umsetzung des Nachhaltigkeitsleitbildes auf nationaler Ebene zu sorgen. Mehr dazu folgt im nächsten Unterkapitel.

Abb. 8: Die wichtigsten Abkommen der Rio-Gipfels 1992

Im Nachfolgeprozess der Rio-Konferenz wurde die *Kommission für Nachhaltige Entwicklung* (Commission on Sustainable Development, CSD) gegründet, die den Umsetzungsprozess der Konferenzergebnisse überwacht. Als Nachfolgekonferenzen fanden 1997 die Konferenz Rio+5 in New York und 2002 der Weltgipfel für nachhaltige Entwicklung in Johannesburg statt. Für Juni 2012 ist mit Rio+20 erneut ein Gipfeltreffen in Brasilien angesetzt, das unter dem Titel Konferenz der Vereinten Nationen über nachhaltige Entwicklung läuft.

Insgesamt hielt das Leitbild Nachhaltigkeit durch den Rio-Gipfel Einzug in die Politik. Allerdings wurde die Problematik von den Ländern in Art und Intensität unterschiedlich angegangen, in der Strategie wie in der Umsetzung. Nach wie vor krankte es zudem an der geringen gesetzlichen Einklagbarkeit und damit Durchsetzungskraft.

Johannesburg Summit – the show must go on

Die größte Nachfolgekonferenz von Rio war der *Weltgipfel für nachhaltige Entwicklung* 2002 in Johannesburg/Südafrika mit ca. 20.000 Vertretern von Regierungen, der Wirtschaft, NGOs und Kommunen. Diese mündete nach Marathondebatten über Konsensformulierungen in die Verabschiedung einer Politischen Erklärung der Staats- und Regierungschefs ("The Johannesburg Declaration on Sustainable Development"). Wichtigstes Ergebnis: *neue Prioritäten, Zielmarken und Umsetzungsprogramme* wurden vorgegeben zur weiteren Umsetzung des Leitbildes. Erstmals wurden quantifizierbare Ziele, insbesondere die Millenniumsziele, in den Aktionsplan aufgenommen. Zentrale neue Ziele waren:

a) Bis zum Jahr 2010 sollte der Rückgang der Artenvielfalt deutlich reduziert werden.

b) Bis zum Jahr 2015 soll die Zahl der Menschen, die in absoluter Armut, d.h. von weniger als einem USD pro Tag, leben, um 500 Mio. reduziert werden, weltweit alle Kinder eine Grundschulausbildung erhalten und der Anteil der Menschen, die keinen Zugang zu sanitärer Grundversorgung haben, halbiert werden.

c) Bis zum Jahr 2020 soll eine Minimierung der gesundheits- und umweltschädlichen Auswirkungen bei der Produktion und dem Gebrauch von Chemikalien erreicht werden.

Das Hauptproblem hinsichtlich der Umsetzung der Millenniumsziele waren zu knappe Finanzmittel. Um die Gelder zu gewinnen, wurde die sogenannte Global Marshall Plan Initiative als Einnahmequelle erwogen.

Global Marshall Plan Initiative – Welt in Balance

Eine weltweite Ökosoziale Marktwirtschaft zu etablieren, das ist das Ziel der Initiative. Denn nur so bekommt die Weltwirtschaft den Ordnungsrahmen, den es für eine nachhaltige Entwicklung braucht. Ihrem Selbstverständnis nach ist die

Global Marshall Plan Initiative „eine Plattform für eine Welt in Balance". Getragen von rund 5.000 Unterstützern aus Politik, Wirtschaft und Zivilgesellschaft organisieren sich diese als Netzwerk mit flachen Hierarchien und ohne Zentrale. Bereits in den 1990er Jahren unterstützten die Idee Persönlichkeiten wie Kofi Annan, Al Gore, Michail Gorbatschow, Prinz El Hassan bin Talal, Jane Goodall oder George Soros. Deutsche Befürworter sind u.a. Joschka Fischer (der 100 Milliarden DM pro Jahr für die Einrichtung einer Ökosozialen Marktwirtschaft forderte), Hans-Dietrich Genscher, Hubert Weinzierl, Ernst Ulrich von Weizsäcker, Jakob von Uexküll und Sandra Maischberger. Ihre Kernforderungen für eine gerechtere Globalisierung lauten:

- globale Etablierung ökologischer und sozialer Standards für eine nachhaltige Entwicklung.

- Überwindung der entwürdigenden Armut der Hälfte der Weltbevölkerung; Verwirklichung der Menschenrechte und Menschenwürde für alle.

- Beförderung weltweiten Friedens, globaler Sicherheit und Befriedung von Terrorismus.

- Gestaltung eines neuen Wirtschaftswunders durch Nutzung brachliegender Human-Potenziale von drei Milliarden Menschen weltweit.

„Der Wille zum Wandel muss aus der Mitte der Gesellschaft kommen", ist die Initiative überzeugt. Zu diesem Zweck schärft sie das Bewusstsein für die Zusammenhänge der Globalisierung durch Information, Allianzen und Druck „von unten".[19]

---

[19] Siehe Global Marshall Plan Initiative (Hrsg.) (2004) Welt in Balance. Zukunftschance Ökosoziale Marktwirtschaft. Hamburg

2.5 Die Agenda 21

Die Agenda 21 nimmt sich der drängendsten Probleme der heutigen Zeit an
und ist zur gleichen Zeit bemüht, die Welt auf die Herausforderungen des
nächsten Jahrhunderts vorzubereiten. Sie ist Ausdruck eines globalen Konsenses
und einer auf höchster Ebene eingegangenen politischen Verpflichtung zur
Zusammenarbeit im Bereich von Entwicklung und Umwelt.

Präambel Agenda 21

Die Rio-Konferenz machte eines deutlich: Nachhaltige Entwicklung lässt sich nur durch ein *Handlungsprogramm von globaler Reichweite*
erreichen. Und das war die Agenda 21 (→QR). Mit
der in Rio verabschiedeten Agenda 21 wurden detaillierte Handlungsaufträge unter sozialem, ökologischem *und* ökonomischem Vorzeichen gegeben, um
einer weiteren Verschlechterung der Situation des
Menschen und der Umwelt entgegenzuwirken und eine nachhaltige
Ressourcennutzung sicherzustellen.

Von 172 Landesvertretern unterzeichnet, ist die Agenda 21 damit
ein *entwicklungs- und umweltpolitisches Aktionsprogramm für das 21. Jahr-*
hundert. Sie ist ein Maßnahmenpaket, das sich an alle Akteure, Ebenen und Bereiche richtet. Ihr zufolge sind es vor allem die Regierungen der einzelnen Staaten, die auf nationaler Ebene die Umsetzung der nachhaltigen Entwicklung planen müssen und dies in
Form von nationalen Strategien, Umweltplänen und Aktionspro-
grammen. Dabei sind auch regierungsunabhängige Organisationen
und andere Institutionen zu beteiligen. Wichtig für den Erfolg der
Maßnahmen und Projekte ist *eine breite Beteiligung der Öffentlichkeit*
bzw. der Bevölkerung, weil sie das Rückgrat der Gesellschaft sind.
Eine Verantwortung kommt auch den Kommunalverwaltungen zu,
die für ihren Bereich die Umsetzung der „Lokalen Agenda 21" im
Konsens mit ihren Bürgern herstellen soll.

Global denken – lokal handeln

Die Agenda 21 besteht aus insgesamt 40 Kapiteln, in denen alle
relevanten Politikbereiche und Handlungsmaßnahmen angesprochen werden. In der Präambel heißt es: „Durch eine Vereinigung

von Umwelt- und Entwicklungsinteressen und ihre stärkere Beachtung kann es uns jedoch gelingen, die Deckung der Grundbedürfnisse, die Verbesserung des Lebensstandards aller Menschen, einen größeren Schutz und eine bessere Bewirtschaftung der Ökosysteme und eine gesicherte, gedeihlichere Zukunft zu gewährleisten. Das vermag keine Nation allein zu erreichen, während es uns gemeinsam gelingen kann: in einer globalen Partnerschaft, die auf eine nachhaltige Entwicklung ausgerichtet ist."

Die Agenda 21 ist thematisch in vier Bereiche unterteilt:

Soziale und wirtschaftliche Dimension: Diese behandelt die soziale und wirtschaftliche Dimension mit den wichtigen Aspekten Armutsbekämpfung, Bevölkerungsdynamik, Gesundheitsschutz und nachhaltige Siedlungsentwicklung.	**Erhaltung und Bewirtschaftung der Ressourcen für die Entwicklung:** Diese umfasst die ökologieorientierten Themen vom Schutz der Erdatmosphäre über die Bekämpfung der Entwaldung, dem Erhalt der biologischen Vielfalt bis hin zur umweltverträglichen Entsorgung von Abfällen.
Stärkung der Rolle wichtiger Gruppen: Diese umfasst die partizipativen Aspekte von diversen gesellschaftlichen Gruppen, die für die Umsetzung der Agenda von besonderer Bedeutung sind.	**Möglichkeiten der Umsetzung:** Diese behandelt die Rahmenbedingungen der Umsetzung hinsichtlich der finanziellen und organisatorischen Instrumente wie z.B. Technologietransfer, Bildung, internationale Zusammenarbeit.

Abb. 9: Themenbereiche der Agenda 21

Anlässlich des „Weltgipfels für nachhaltige Entwicklung" in Johannesburg 2002 vermeldeten die Vertreter der Kommunen nach zehn Jahren nur mittelmäßige Erfolge. In Deutschland besteht derzeit in rund 2.600 Kommunen ein Beschluss zur Erarbeitung einer Lokalen Agenda 21; das heißt, dass ein nachhaltigkeitsorientiertes Handlungsprogramm, das auf die örtlichen Voraussetzung abgestimmt ist, entwickelt werden soll. Insgesamt stehen die Bemühungen für die Lokale Agenda 21 unter dem Motto „Global denken – lokal handeln!" bzw. unter dem Vorzeichen des Prinzips *Glokalität*.

2.6 Die Millennium-Entwicklungsziele

Today it is increasingly clear that UN objectives: peace, security, development,
go hand in hand with prosperity and growing markets.
If societies fail, so will markets.

Kofi Annan

Die Millennium-Entwicklungsziele – auf Englisch Millennium Development Goals oder kurz MDGs – der Vereinten Nationen sind acht Entwicklungsziele, die im Jahr 2000 von der UNO, der Weltbank, der OECD und mehreren Nichtregierungsorganisationen formuliert worden sind. Hauptziel dabei ist, die weltweite Armut zu halbieren und dies innerhalb desselben Zeitrahmens wie die anderen Ziele, bis 2015. Am 9. September 2000 verabschiedeten 189 Mitgliedstaaten der Vereinten Nationen mit der *Millenniumserklärung* einen Katalog grundsätzlicher, verpflichtender Zielsetzungen für alle UN-Mitgliedstaaten. *Armutsbekämpfung*, *Friedenserhaltung* und *Umweltschutz* wurden als die wichtigsten Ziele der internationalen Gemeinschaft bestätigt. Das Hauptaugenmerk lag hierbei auf dem Kampf gegen die extreme Armut.

Hauptanliegen war die globale Zukunftssicherung, also die Gewährleistung einer weltweiten nachhaltigen Entwicklung, mit vier Handlungsfeldern:

– Frieden, Sicherheit und Abrüstung

– Entwicklung und Armutsbekämpfung

– Schutz der gemeinsamen Umwelt

– Menschenrechte, Demokratie und gute Regierungsführung

Die Ziele sind hier genannt, weitere Informationen dazu finden sich in Kapitel 5.

Bekämpfung von extremer Armut und Hunger	Die Zahl der Menschen, die von weniger als einem USD pro Tag leben, soll um die Hälfte gesenkt werden.
Primarschulbildung für alle	Alle Jungen und Mädchen sollen eine vollständige Grundschulausbildung erhalten.

http://www.uvk-lucius.de/nachhaltigkeit

Gleichstellung der Geschlechter und Stärkung der Rolle der Frau	In der Grund- und Mittelschulausbildung soll bis zum Jahr 2005 und auf allen Ausbildungsstufen bis zum Jahr 2015 jede unterschiedliche Behandlung der Geschlechter beseitigt werden.
Senkung der Kindersterblichkeit	Die Sterblichkeit von Kindern unter fünf Jahren soll um zwei Drittel gesenkt werden.
Verbesserung der Gesundheitsversorgung von Müttern	Die Müttersterblichkeit soll um drei Viertel gesenkt werden.
Bekämpfung von HIV/AIDS, Malaria und anderen schweren Krankheiten	Die Ausbreitung der HIV-Infektion/Aids soll zum Stillstand gebracht werden. Der Ausbruch von Malaria und anderer schwerer Krankheiten soll unterbunden und ihr Auftreten zum Rückzug gezwungen werden.
Ökologische Nachhaltigkeit	Die Grundsätze der nachhaltigen Entwicklung sollen in der nationalen Politik übernommen werden; dem Verlust von Umweltressourcen soll Einhalt geboten werden; die Zahl der Menschen, die über keinen nachhaltigen Zugang zu gesundem Trinkwasser verfügen, soll um die Hälfte gesenkt werden; bis zum Jahr 2020 sollen wesentliche Verbesserungen der Lebensbedingungen von zumindest 100 Millionen Slumbewohnern erzielt werden.
Aufbau einer globalen Partnerschaft für Entwicklung	Öffnung des Handels- und Finanzsystems, verbesserter Marktzugang; Verpflichtung zu guter Staatsführung; Schuldenerleichterung und -erlasse; großzügigere Entwicklungshilfe; Schaffung menschenwürdiger und produktiver Arbeitsplätze; Informations- und Technologietransfer u.a.

Abb. 10: Milleniumsentwicklungsziele (UN 2000)

Zehn Jahre später wurden die MDGs und ihre Umsetzung auf der 65. UN-Generalversammlung (vom 20. bis 22. September 2010 in New York) einer Zwischenbilanz unterzogen. Auf der sogenannten „Weltarmutskonferenz" mahnte UN-Generalsekretär Ban Ki Moon: Es gebe Fortschritte, aber auch noch viel zu tun. Kritiker indes sprechen davon, dass die Ziele weit verfehlt werden und die Arm-Reich-Schere sich unaufhörlich erweitert. Karl-Albrecht Immel von der Welthungerhilfe sagt: „In den Industrieländern und einigen Entwicklungsländern insbesondere in Asien ist der Pro-Kopf-Konsum in den vergangenen Jahren stetig gestiegen. In Afrika dagegen steht einem Durchschnittshaushalt heute rund ein Fünftel weniger zur Verfügung als 1980. In den Ländern mit dem reichsten Fünftel der Erdbevölkerung ist das Pro-Kopf-Einkommen heute rund 90 Mal so hoch wie in jenen Staaten, in denen das ärmste Fünftel der Menschheit lebt. Selbst in der „Blütezeit" des Kolonialismus gab es nicht annähernd ein solches weltweites Wohlstandsgefälle. Noch im Jahr 1960 hatte das Verhältnis bei 30:1, im Jahr 1990 bei 60:1 gelegen."

2.7 Weltklimagipfel Durban

Der Glaube an das unbegrenzte Wachstum der Wirtschaft und nationale Egoismen sind die Ursachen des Scheiterns des Klimagipfels in Durban.
Hubert Weinzierl

2012 ist das Jahr, in dem das einzige völkerrechtlich verbindliche Instrument der Klimaschutzpolitik, das Kyoto-Protokoll auslief. Wie jenes Abkommen nach seinem Ablauf verlängert werden könne, war die zentrale Frage auf der jüngsten Weltklimakonferenz. Vom 28.11. bis 11.12.2011 debattierten Vertreter aus knapp 200 Staaten in Durban/Südafrika über ein *Nachfolgeabkommen für das Kyoto-Protokoll,* um den Anstieg der globalen Durchschnittstemperatur auf zwei Grad Celsius gegenüber dem vorindustriellen Niveau zu begrenzen.

Nach erneut zähen Verhandlungen einigte sich der Gipfel auf einen Kompromiss, während die Beschlüsse hinsichtlich der Umsetzung unverbindlich blieben. Demnach soll 2012 in Qatar das Kyoto-

Protokoll mit einer zweiten Verpflichtungsperiode verlängert werden und bis zum Jahr 2015 ein verbindliches Klimaschutzabkommen, ein sogenannter *Weltklimavertrag*, ausgehandelt werden, der 2020 in Kraft treten soll. Erstmals wollen dann auch Länder wie die USA und China verbindliche Ziele mittragen, Kanada trat im Anschluss an die Verhandlungen aus dem Kyoto-Protokoll aus. Norbert Röttgen sagte am 16.12.2011 in einer Regierungserklärung zu den Ergebnissen des Klimagipfels: "Mit den Ergebnissen dieser Konferenz hinken wir dem Problem hinterher. Klimaschutz findet statt, er entwickelt sich dynamisch. Aber die Maßnahmen, die einzelne Staaten getroffen haben, die Maßnahmen, die die Staatengemeinschaft getroffen hat, sind in der Summe nicht ausreichend. Wir tun immer noch zu wenig".

2.8 Die wichtigsten Stationen

> *The science is getting worse faster than the politics is getting better.*
> David Miliband

Die wichtigsten Konferenzen, Abkommen und Bündnisse zum Thema Nachhaltigkeit sowie Umwelt- und Klimaschutz sind nachfolgend aufgelistet:

1946	Internationale Konvention zur Regelung des Walfangs
1948	Gründung der Welt-Naturschutzunion
1961	OECD – Organisation für wirtschaftliche Zusammenarbeit und Entwicklung: gegründet, um die Arbeit der Vorläuferorganisation OEEC (Organisation for European Economic Co-operation) und konkret die politische Stabilisierung Westeuropas vor dem Hintergrund des Ost-West-Konflikts fortzusetzen.
1968	Europäische Wassercharta
1972	1. Internationale Konferenz über die menschliche Umwelt in Stockholm
1973	CITES – Washingtoner Artenschutzübereinkommen

1975	Schlussakte Konferenz über Sicherheit und Zusammenarbeit in Europa (KSZE) mit dem Ziel, den Ost-West-Konflikt blockübergreifend zu sichern.
1976	HABITAT: UN-Konferenz über menschliche Siedlungen
1979	Weltklimakonferenz, Konferenz der World Meteorological Organisation zur Veränderung des Klimas
	Brandt-Report: Das Überleben sichern
1982	Weltcharta für die Natur
1985	Wiener Abkommen zum Schutz der Ozonschicht
1987	Internationale Konferenz zum Schutz der Ozonschicht in Montreal
	Brundtland-Report: Unsere gemeinsame Zukunft (siehe unten)
1990	Klimabündnis: Klima-Bündnis/Alianza del Clima zwischen 850 europäischen Städten, Gemeinden und Landkreisen
1992	UNCED-Konferenz in Rio de Janeiro
1993	Menschenrechtskonferenz, Wien
	WHO-Programm: Globale Strategie für Gesundheit und Umwelt (Global Strategy for Health and Environment): dient als Arbeitsrahmen für die Erfüllung der in der Agenda 21 vereinbarten Ziele
	Weltwaldkonferenz, Jakarta: Folgekonferenz der Wald-Deklaration, verabschiedet auf der Rio-Konferenz 1992
1994	UN-Klimarahmenkonvention, UN-Weltbevölkerungskonferenz, UN-Artenschutz-Konferenz, Nassau/Bahamas, 1. Vertragsstaatenkonferenz zum Übereinkommen über die biologische Vielfalt, der Artenschutz-Konvention
	Aalborg Charta: Charta der Europäischen Städte und Gemeinden auf dem Weg zur Zukunftsbeständigkeit
	Inselstaatenkonferenz, Barbados, „Weltkonferenz zur nachhaltigen Entwicklung der kleinen Inselstaaten"

1995	4. Weltfrauenkonferenz, Peking
	Weltgipfel für soziale Entwicklung, Kopenhagen
	CEDAW – Frauenrechtsübereinkommen
	IPF – Zwischenstaatliches Waldforum
	1. Vertragsstaatenkonferenz der UN-Klimaschutz-Konvention
1996	Welternährungsgipfel, Rom
	WACLAC - Weltversammlung der Städte und Gemeinden, Istanbul
	HABITAT II, Istanbul: 2. UN-Konferenz über menschliche Siedlungen
1997	3. Vertragsstaatenkonferenz der UN-Klimaschutz-Konvention: Verabschiedung des Kyoto-Protokolls
	Sondergeneralversammlung der UN, Earth Summit +5 (Erdgipfel fünf Jahre nach Rio), New York
	1. Weltwüstenkonferenz, Rom
1998	Aarhus-Konvention: EU-Übereinkommen über den Zugang zu Informationen und Öffentlichkeitsbeteiligung an Entscheidungsverfahren in Umweltangelegenheiten
	Baltic 21: Umweltkooperationsplan des Ostseerates
2000	Millenniumsgipfel der Vereinten Nationen in New York, mit Verabschiedung der acht Millenniumsziele, die bis 2015 erreicht werden sollen.
2002	Weltgipfel in Johannesburg, Verabschiedung der Charta der Erde, die die Fragen von Umwelt und Entwicklung auf Dauer stärker miteinander vernetzen sollte
2004	IULA – Int. Städte- und Gemeindeverband: 36. Weltkongress des Internationalen Städte- und Gemeindeverbandes
2007	UN-Klimakonferenz Bali
2008	Bangkok Climate Change Talks

2009	UN-Klimakonferenz Kopenhagen
	EU-Positionspapier Kopenhagen: Position der EU auf der UN-Klimakonferenz Kopenhagen
	Weltklimakonferenz (WCC3)
2010	UN-Artenschutzkonferenz in Nagoya, Japan: Folgekonferenz zur UN-Artenschutz-Konvention
	UN-Klimakonferenz in Cancún
2011	UN-Klimakonferenz in Durban: Ziel war es, ein Nachfolgeabkommen für das 2012 auslaufende Kyoto-Protokoll zu finden.
2012	Weltgipfel Rio +20, Rio de Janeiro 2012: Folgekonferenz zum Weltgipfel in Rio 1992

Das Schaubild unten gibt abschließend einen Überblick über die geschichtliche Entwicklung von Nachhaltigkeit und die Herausbildung zentraler, damit verbundener Begriffe und Konzepte.

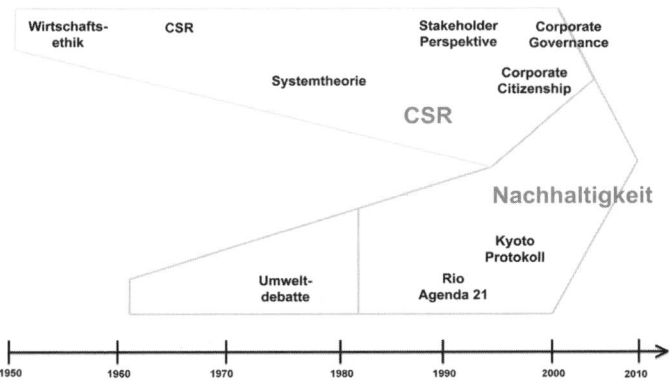

Abb. 11: Herausbildung des Nachhaltigkeitsleitbildes

Fazit – Es geht voran, aber zu langsam

Der Ursprung des Nachhaltigkeitsprinzips geht auf das Jahr 1713 zurück. In den darauffolgenden 300 Jahren griffen vor allem Politik und Zivilgesellschaft das *ressourcenökonomische Prinzip* erneut auf. Im 20. Jahrhundert verstärkte sich das *Bewusstsein der Weltgemeinschaft* für Probleme wie *Umweltverschmutzung, Überbevölkerung, Armut* und *Ressourcenerschöpfung*. Zu Beginn des Jahrhunderts fanden erste internationale Konferenzen zum Thema Naturschutz statt. Ab Mitte der 1970er Jahre wuchs das öffentliche und politische Interesse an Umweltschutz-Themen. Es wurden bindende Regelungen zwischen Staaten zum Schutz der Umwelt beschlossen, so z.b. das Washingtoner Artenschutzabkommen. Die Probleme wurden spezifischer, die Ziele konkreter.

Ein vorläufiger Höhepunkt war 1972 der alarmierende Bericht „Grenzen des Wachstums", der ein neues Denken und Handeln in Politik, Wirtschaft und Gesellschaft forderte. 1987 lieferte der Brundtland-Bericht die erste formale politische Definition von Nachhaltigkeit, die bis heute als die klassische, gültige und am weitesten akzeptierte Definition anzusehen ist.

An der Schwelle zum 3. Jahrtausend markierte die weltweite Umweltkonferenz in Rio de Janeiro 1992 den Höhepunkt gemeinsamer globaler Nachhaltigkeitsbemühungen, nämlich von 178 Staaten. Hieraus ging auch die maßgebliche globale Agenda 21 hervor. Die Erfolge der Milleniumsentwicklungsziele bleiben seit dem Jahr 2000 indes genauso aus wie die Fortschreibung des Kyoto-Protokolls zum Klimaschutz.

International wurden in den Folgejahren nach Rio viele verschiedene Gremien und Arbeitsorgane gegründet und Konferenzen durchgeführt. Bis heute sind die Aktivitäten umfangreich und unübersichtlich geworden. Das Prinzip Nachhaltigkeit ist dabei, sich seinen Weg zu bahnen. Leicht hat es das Thema dabei aber nicht.

Literatur

Brandt, W. (Hrg.) (1982) Das Überleben sichern. Bericht der Nord-Süd-Kommission. Gemeinsame Interessen der Industrie- und Entwicklungsländer. Kiepenheuer und Witsch.

Carson, R. (1963) Der stumme Frühling. Biederstein München.

Costanza, R. (1991) Ecological Economics. The Science and Management of Sustainability. New York. Columbia University Press

Dueck G. (2008) Abschied vom Homo Oeconomicus. Warum wir eine neue ökonomische Vernunft brauchen. Eichborn.

Grober, U. (2010) Die Entdeckung der Nachhaltigkeit: Kulturgeschichte eines Begriffs. München.

Habisch, A.; Schmidpeter, R.; Neureiter, M. (2007) Handbuch Corporate Citizenship. Corporate Social Responsibility für Manager. Springer Berlin

Hauff, V. (Hrsg.) (1987) Unsere gemeinsame Zukunft. Der Brundtland-Bericht der Weltkommission für Umwelt und Entwicklung. Eggenkamp Verlag, Greven.

Konferenz der Vereinten Nationen für Umwelt und Entwicklung (1992) Agenda 21. Rio de Janeiro

Meadows, D. et al. (1972) Grenzen des Wachstums. Bericht des Club of Rome zur Lage der Menschheit. dva Stuttgart.

Meadows, D. et al. (2008) Grenzen des Wachstums. Das 30-Jahre-Update: Signal zum Kurswechsel, 3. Aufl., Stuttgart.

Ott, K.; Döring, R. (2008) Theorie und Praxis starker Nachhaltigkeit, Marburg.

Radermacher, F. J.; Beyers, B. (2011) Welt mit Zukunft: Die öko-soziale Perspektive, 7. Aufl., Hamburg.

Rogall, H. (2008) Ökologische Ökonomie. Eine Einführung. Verlag für Sozialwissenschaften Wiesbaden.

Schumacher, E.F. (1973) Small is Beautiful: Economics as if People Mattered. Harper New York.

Siebenhüner, B. (2001) Homo sustinens – Auf dem Weg zu einem Menschenbild der Nachhaltigkeit. Metropolis Marburg.

Stern, N. (2007) The Economics of Climate Change. The Stern Review. Cambridge University Press Cambridge.

3 Trends und Entwicklungen – die Zukunft

Problem	Wo geht die Reise hin? Was erwartet mich, unsere Welt & Gesellschaft? Was bringt die Zukunft? Wo treibt der Planet Erde hin?
Maßnahmen	Trendanalyse, Prognosen, Szenarien, Computersimulationen, Studien, Zukunftsberichte
Ergebnisse	Studierende haben Vorstellung von der Herausforderung der Welt, Wirtschaft und Gesellschaft von morgen und können Rückschlüsse auf Erfordernisse in Wissenschaft, (Aus-)Bildung und Beruf ziehen.

Der beste Weg, die Zukunft vorauszusagen, ist, sie zu gestalten.
Willy Brandt

Szenarien stehen für den ausgedachten oder ausgerechneten Entwurf einer Situation oder eines Ablaufes. Sie erlauben, die Komplexität möglicher künftiger Entwicklungen anschaulich zu schildern. Die beiden Extreme stellen dabei Negativ- und Positivszenarien dar. Ersteres wird an folgendem Beispiel, Letzteres am Kapitelende veranschaulicht.

http://www.uvk-lucius.de/nachhaltigkeit

Negativszenario: 600 USD pro Barrel und drei Grad wärmer

Der fortschreitende Klimawandel, gepaart mit dem Wettkampf um Ressourcen und Wohlstand, zwingt der Zivilisation massive Umwälzungen auf. Die Welt hat es nicht geschafft, in einer gemeinsamen Anstrengung den Verbrauch fossiler Brennstoffe einzudämmen. Der durchschnittliche Preis für ein Barrel Öl liegt bei 600 USD. Der hemmungslose Verbrauch der Kohle in Asien macht die Bemühungen westlicher Industrienationen um regenerative Energiequellen wett. Hinzu kommt, dass algerische Fundamentalisten in den 2020er Jahren ein ambitioniertes europäisches Wüstenstrom-Projekt namens Desertec in der Sahara mit einer Serie von Anschlägen sabotiert haben.

2050 ist die Erdatmosphäre im Durchschnitt 3,4 Grad wärmer als es vor Beginn der Industrialisierung der Fall war, Eisbären und viele weitere Tierarten sind ausgestorben. Bis 2100 dürfte der Planet sich um weitere fünf Grad aufheizen. Rein klimatisch gesehen könnten die Deutschen die Entwicklung genießen. Brandenburg ist ein ertragreiches Weinanbaugebiet geworden. Die bayerischen Seen taugen bis in den Oktober hinein als Badegewässer. Die Alpen sind nur noch im Sommer attraktiv. Ein findiger Hersteller hat ein Rollbrett für Grashänge entwickelt, das ähnlich viel Spaß macht wie das am Beginn des 21. Jahrhunderts beliebte Snowboard. Dagegen sind aufgrund zunehmender Hitzewellen weite Teile Süditaliens, Spaniens sowie Griechenlands regelmäßig von Dürren und Buschbränden betroffen. Der einst blühende Tourismus ist dort zum Erliegen gekommen.

Nach den schweren Fluten der Jahre 2023, 2031 und vor allem 2044 musste die Bundesregierung massive Umsiedlungsprogramme einleiten. 1,3 Millionen Deutsche mussten teils freiwillig, teils unfreiwillig ihre küstennahen Wohnorte verlassen. Dieses nationale Umsiedlungsprogramm war jedoch harmlos im Vergleich zu den 2,4 Millionen Menschen, die Deutschland seit 2039 im Rahmen eines UN-Abkommens für Klimaflüchtlinge aufnehmen musste. Eine zunehmende politische Radikalisierung in den vom Klimawandel betroffenen Regionen (besonders Afrika und Asien) hat letztlich zu dem UN-Abkommen geführt, bei dem klimatisch verschonte oder gar profitierende Regionen wie Kanada und Nordeuropa verpflichtet wurden, Millionen von Flüchtlingen aus anderen Erdteilen aufzunehmen. Ein umfangreiches Ansiedlungsprojekt in Ostdeutschland nennen die Deutschen halb scherzhaft Thüringistan.

Die Superreichen der weltweit 9,2 Milliarden Menschen haben sich exklusive Enklaven geschaffen. Spitzbergen und die Färöer zählen seit einigen Jahren zu den glamourösesten Ferienzielen. Legendär ist eine chinesische Urlaubskolonie auf Feuerland, die von einer Privatarmee geschützt wird.

Mit der grenzenlosen Verbreitung ziviler Atomtechnik ist die Zahl der Nationen mit Nuklearwaffen gestiegen. Die Gefahr terroristischer Anschläge mit radioaktivem Material ist gewachsen. Auch stehen sich Nationen wie Brasilien und Argentinien neuerdings mit Atomwaffen gegenüber. Das Konfliktpotential zwischen beiden Ländern ist hoch, seit das zu 80% versteppte Amazonasgebiet als Rohstoffquelle verlorengegangen ist.[20]

„Nachhaltige Entwicklung ist das neue Modewort der Umweltbewegung. Es könnte sich als Schlüsselwort des 21. Jahrhunderts erweisen", heißt es im Spiegel Spezial 2/1995 unter dem Titel „Wort des Jahrhunderts. Formel fürs Überleben". Woran lässt sich die Entwicklung ablesen? Und welche Trends bereiten dabei den Weg?

Zunächst zum Begriff Trend. Dieser beschreibt raum- und zeitübergreifende Veränderungen und Strömungen in allen Bereichen der Gesellschaft. Die Diagnose von Trends basiert meist auf Zahlenreihen, deren Fortschreibung eine Aussage über die Zukunft ermöglichen soll. In diesem Sinne bezeichnet der Große Brockhaus von 1957 einen Trend als die Grundrichtung einer Zeitreihe.

---

[20] Gekürzt und leicht bearbeitet nach einem Artikel der Süddeutschen Zeitung am 17.12.2009 von P. Illinger und C. Schrader.

Megatrends sind demgegenüber noch großräumigere und langfristigere Treiber von Wandel. Sie verändern und durchdringen Technologie, Ökonomie, Wertesysteme, Zivilisationsformen. Mit einer Halbwertszeit von etwa 50 Jahren sind sie dauerhafter als Trends oder Hypes.

Aufgrund ihres ganzheitlichen Charakters zeigen sie Auswirkungen auf alle Lebens- und Arbeitsbereiche. Einen Ansatz, jene größeren *Zyklen* systematisch zu erfassen und darzustellen, lieferte Kondratieff, indem er sechs Phasen ausmachte, die unsere zivilisatorische Entwicklung unterteilt.

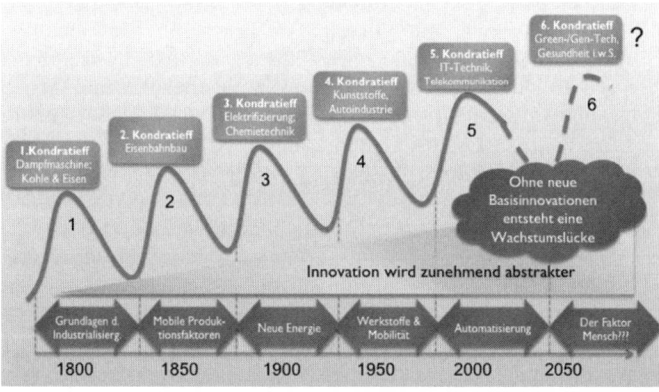

Abb. 12: Kondratieff-Zyklen (Quelle: Ethics @ Work)

Kondratieff zufolge befinden wir uns gegenwärtig an der Schwelle von der Automatisierung zurück zum Faktor Mensch, vom fünften Zyklus unter der Vorherrschaft von *IT-Technik und Telekommunikation* und der damit einhergehenden Digitalisierung, Vernetzung und Internetnutzung hin zum sechsten Zyklus, der mutmaßlich im Zeichen von *Green-/Gen-Technologie und Gesundheit* im weiteren Sinne steht. Die Wahrscheinlichkeit der Prognose wird durch die folgenden Ausführungen zu Trends und Megatrends erhärtet.

3.1 Trends & Megatrends der Nachhaltigkeit

Wir können die Zukunft nicht komplett voraussehen, aber wir können unsere Organisationen, Denkweisen, Systeme „evolutionstauglicher" gestalten.

Matthias Horx

Zukunftstrends werden häufig mit technologischen Trends gleichgesetzt. Während *technologische Innovationen* die Wirkungsmacht unterstellt wird, der Wirtschaft und der Gesellschaft Schübe zu verleihen, werden weichere, globalere, mittelbarere sowie soziale Entwicklungen unterschätzt.

Nachhaltigkeitstrends werden für irrelevant, kurzfristig und temporär und räumlich begrenzt gehalten – zu diesem Schluss kommt die BMU-Studie „Megatrends der Nachhaltigkeit" von 2008. Dafür spricht die intensive *Lobbyarbeit* gegen einzelne Klimaschutzmaßnahmen. Das Gros der Unternehmen richteten sich eher kurzfristig markt- oder technologieorientiert aus – statt innovativ-visionär auf die kommenden Dekaden von Weltmarkt und -gesellschaft zu blicken.

Noch in der Unterzahl seien die Unternehmen, die Maßnahmen, die sich aus den Megatrends der Nachhaltigkeit ergeben, bereits heute gezielt und erfolgreich umsetzen. Gemeint ist damit soviel wie: strategisch jene Innovationen auszuwählen, mit denen sich Zukunftsmärkte sinnvoll erschließen lassen. So nimmt z.B. die Energiebranche die Herausforderung der dezentralen Erzeugung regenerativen Stroms durch vielfältige neue Technologien an und bietet Alternativen zum bislang auf zentrale Großkraftwerke ausgerichteten strategischen Modell an.

Auf Unternehmen als gesellschaftsrelevante Akteure aufgrund ihrer Rolle als Warenproduzenten und Arbeitgeber gemünzt, bedeutet das: *Zielgruppen* unterliegen dem Wandel und mit ihnen alle Produkte, ihr Design, ihre Funktionalität und Beschaffenheit. In diesem Zusammenhang ist auch das Aufkommen der neuen Zielgruppe LOHAS zu sehen.

LOHAS – Lifestyle of Health and Sustainability

LOHAS ist ein Akronym für Lifestyle of Health and Sustainability, zu deutsch Lebensstile für Gesundheit und Nachhaltigkeit. Es steht für Lebensstile oder Konsumententypen, die durch ihr Konsumverhalten und gezielte Produktauswahl Gesundheit und Nachhaltigkeit zu fördern beabsichtigen.

LOHAS-Konsumenten sind beispielsweise Natur- und Outdoor-Urlauber, Kunden von Bioläden oder Biosupermärkten und verfügen meist über ein überdurchschnittliches Einkommen. Ihre Motive ähneln denen der Slow-Food-Bewegung. Erstmals beschrieben wurde das Phänomen in den USA im Jahr 2000 von dem Soziologen Paul Ray in dem Buch „The Cultural Creatives: How 50 Million Are Changing The World". Vertreter der traditionellen Umweltbewegung sehen darin den Versuch, dem Konsumismus ein neues, zeitgeisttypisches Image zu geben. In Anlehnung an LOHAS wird der Lebensstil des Einfachen Lebens auch als LOVOS („Lifestyles of Voluntary Simplicity") bezeichnet. In den Vereinigten Staaten existiert zudem der Begriff „Scuppie" für „socially conscious upwardly-mobile people". Als eine Untergruppe der LOHAS zeichnen sich die PARKOS (Partizipative Konsumenten) ab. PARKOS sind LOHAS, die aktiv das Internet nutzen.

„Sie tragen T-Shirts aus Bio-Baumwolle mit der Aufschrift ‚Care or die', lesen Bücher mit Titeln wie ‚Shopping hilft die Welt verbessern' und sind immer über die neuesten Eco-Trends informiert. Als Neo-Ökos verstehen sie sich – die Bio-Fanatiker der zweiten Generation", schrieb die SZ am 10.12.2008 dazu unter dem Titel „Egoistische Konsumguerillas".

In Deutschland werden mittlerweile 11% des Bruttoinlandsproduktes für Gesundheit ausgegeben. In der USA sind es bereits 14%. Ob Brot, das den Cholesterinspiegel senkt, oder Suppen mit Vitaminen – zwischen 1999 und 2004 ist der Markt für Functional Food in Europa um 43% auf 4 Milliarden Euro gestiegen. Der Umsatz mit den sogenannten Smart-Drugs, also Lifestyle-Medikamenten, die etwa der Leitungssteigerung dienen, beträgt weltweit 60 Milliarden USD. Analysten erwarten eine Verdreifachung in den nächsten 25 Jahren. Gleichzeitig geht der „ungesunde" Konsum zurück. Beispiel Alkohol: Der durchschnittliche Bierverbrauch pro Kopf und Jahr sank in Deutschland von 1993 bis 2003 um 18,8 Liter auf 113,9 Liter. Sie sind als interdependent, also wechselseitig abhängig zu sehen. So hängt z.B. das Interesse an Bioprodukten mit dem soziokulturell bedingten Interesse an dem Thema Ökologie zusammen, diese wiederum entsteht aus den Knappheiten der globalen Ökonomie.

Trends sind zudem im Kontext systemischer Veränderungen zu sehen. Ihre Ausprägungen sind Facetten einer gesamtgesellschaftlichen Entwicklung, die sich in *Umwelt und Gesundheit* begreifen lässt.

Wichtige globale Megatrends, die der WBGU im Kontext einer „großen Transformation" sieht, nennt er in seinem Factsheet (→QR).

In der Quintessenz befasst sich die (Mega-)Trendforschung als eine Form empirischer Kulturwissenschaft mit dem Wandel der Lebenswelten. Sie ist von wissenschaftlichen Disziplinen beeinflusst wie *Evolutionsbiologie, Soziobiologie, Evolutionspsychologie, Soziogenetik, Kulturanthropologie.* Voraussetzung ist ein interdisziplinäres Kontextwissen, wie es dem ganzheitlichen Forschungsverständnis von Nachhaltigkeit per definitonem entspricht sowie eine breite Datenbasis z.B. durch (Medien-)Beobachtung, Dokumentenanalyse oder Vergleich.

Wie *Dynamik und Komplexität* bei Trends zusammenspielen, zeigt die folgende Abbildung. Sie veranschaulicht, dass sich ein einfaches System zu einem hohen Grad an *Unberechenbarkeit* entwickeln kann. Dies erschwert die Identifikation von Trends, dem aber durch gezielte Methoden begegnet werden kann.

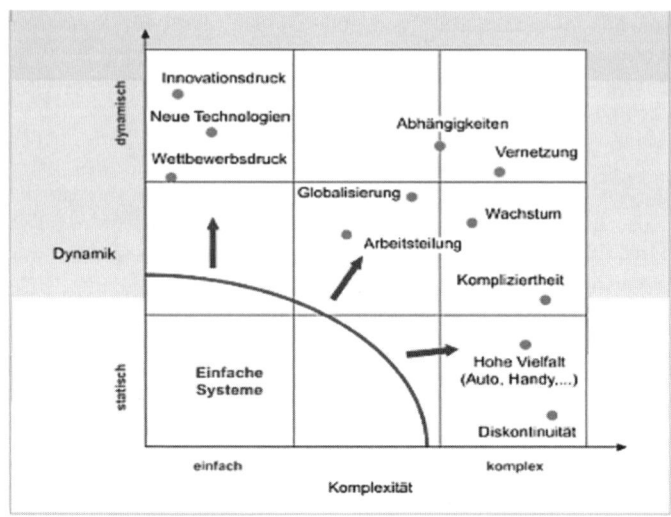

Abb. 13: Dynamik und Komplexität: Vom einfachen System zur Unberechenbarkeit (Pillkahn (2007) S. 44)

Übung: Überlegen Sie, welche Trends aus dem eigenen Lebens- und Erfahrungsbereich sich bereits heute abzeichnen und ordnen Sie diese in obiges Raster ein. Definieren Sie dabei den IST-Punkt und die Entwicklungstendenz.

Grundsätzlich zu beachten gilt: Trends sind als Diagnosen, nicht als Prognosen zu verstehen, auch wenn sie häufig als solche gesehen werden. Eine weitere Gefahr ist eine unzulängliche Datenerhebung und -interpretation. Vorsicht ist auch geboten, Trends als Moden zu verpacken und sie für Marketing- und Verkaufszwecke zu missbrauchen. Zudem sollte sich seriöse Trendforschung weniger an den eingangs erwähnten kurzfristigen und rein technologischen Trends orientieren als vielmehr an der Klimaforschung. Sie kann deshalb als Beispiel dienen, weil sie auf langen chronologischen

Zeitreihen unter Einbeziehung einer Vielzahl vernetzer Variablen beruht, die einer zunehmend komplexen Welt entsprechen.

Im Folgenden wird zwischen größeren Trends und Megatrends unterschieden. Während Trends vor allem für die westlich-zivilisierte Welt, die Industrieländer und Wissensgesellschaften zutreffen, können Megatrends eine weltweite sowie noch stärker nachhaltigkeits-relevante Gültigkeit beanspruchen, weshalb sie hier thematisiert werden. Dabei handelt es sich vor allem um die Phänomene *Klimawandel*, *Ressourcenverknappung* und *demografischer Wandel*, die ökologische wie soziale Herausforderungen gleichermaßen darstellen. Als Quelle wurde vor allem die BMU-Studie „Megatrends der Nachhaltigkeit" von 2008 herangezogen.

3.2 Klimawandel und Energieverbrauch

> *Ein US-Bürger emittiert im Schnitt 20 Tonnen Kohlendioxid,*
> *ein Deutscher zehn, ein Nigerianer weniger als eine Tonne.*
> *World Resources Institute*

Die globale Erwärmung ist gegenwärtig gesellschaftlich wie wirtschaftlich der wichtigste Nachhaltigkeitstrend. Vorrangig bedingt durch die Verbrennung fossiler Energieträger führen stetig ansteigende Kohlendioxidemissionen zu den Auswirkungen von größter Reichweite unter allen nachhaltigkeitsbezogenen Problemen. Dazu zählen vermehrte Extremwetterlagen wie Stürme, trockene Sommer, feuchte Winter und die daraus resultierenden Auswirkungen auf die Landwirtschaft, den Tourismus, die Verfügbarkeit von Trinkwasser sowie schlicht die weltweite Ressourcenverteilungsgerechtigkeit.

Der drastisch wachsende Energiebedarf Chinas, Indiens und anderer Schwellenländer bewirkt eine Rohstoffverknappung, die mit einem Preisanstieg bei Erdöl einhergehend Krisen- und Konfliktherde heraufbeschwören. Gas- und Strompreise steigen aufgrund der Kopplung an den Erdölpreis.

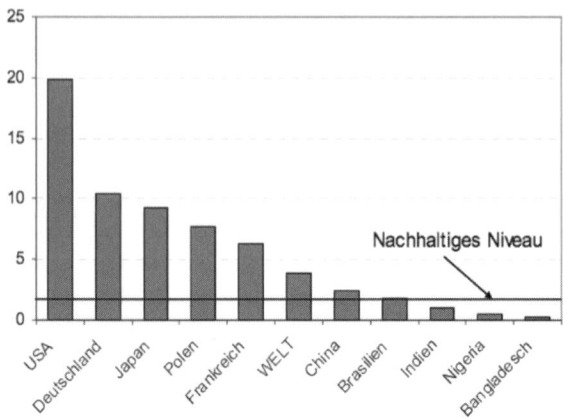

Abb. 14: CO_2 -Emissionen pro Kopf und Jahr in zehn ausgewählten Ländern, 2001 (in Tonnen)

Erneuerbare Energien: Die Beschäftigtenzahlen im Bereich erneuerbarer Energien sind in den letzten Jahren kontinuierlich gestiegen und werden auch in Zukunft weiter zulegen. Bis zum Jahr 2020 ist damit zu rechnen, dass die Zahl der Beschäftigten in dieser Branche von rund 170.000 im Jahr 2006 auf mindestens 300.000 ansteigen wird.[21] Auch können bis 2020 die weltweiten Investitionen in Anlagen für Erneuerbare-Energien von etwa 40 Milliarden Euro 2006 auf rund 250 Milliarden Euro ansteigen und im Jahr 2030 sogar 460 Milliarden Euro pro Jahr erreichen. Tatsache ist aber, dass laut BMU aber bereits 2010 rund 340.000 Menschen in dem Sektor gearbeitet haben, sprich die Beschäftigungswirkungen erneuerbarer Energien ist in Deutschland bislang höher ausgefallen als angenommen.

---

[21] BMU (2006) Wirkungen des Ausbaus erneuerbarer Energien auf den deutschen Arbeitsmarkt. Berlin. Siehe auch www.bmu.de/pressemitteilungen/aktuelle_pressemitteilungen/pm/46546.php vom 24.01.2012

Energieeffizienz: Energieeffiziente Häuser, Haushaltsgeräte und Automobile stehen seit Jahren im Zentrum der Umweltpolitik. Trotz unbestreitbarer Erfolge braucht es weitere Innovationen. Die deutschen Märkte für energieeffiziente Häuser, Dämmmaterialien und moderne Fenstersysteme sowie Klima- und Heizungstechnik wachsen beträchtlich. Aber auch die Effizienzsteigerung anderer Produkte und industrieller Prozesse bieten Marktchancen.

Dezentralisierung: Der weitere Ausbau der Stromerzeugung aus regenerativen Energien und die Erschließung der energieeffizienten Kraft-Wärmekopplung für Gebäude könnte zur Dezentralisierung der Energieerzeugung führen. Auch hier entstehen große Märkte für entsprechende Technologien und Dienstleistungen.

Emissionshandel: Mit Einsparzertifikaten für Treibhausgase ist ein Handel in Gang gekommen, von dem neben den Anlagenlieferanten und ihren Maklern vor allem asiatische Schwellen- und Entwicklungsländer profitieren. Die Weltbank schätzte das Handelsvolumen 2006 auf 22 Mrd. Euro.

Subventionen: Allein der Energiesektor profitiert jährlich weltweit von Subventionen in Höhe von mehren Hundert Milliarden Euro. Gleichzeitig wurden dem Steinkohlebergbau in Deutschland – nicht nur als Reaktion auf den Klimawandel – bereits Subventionen in Milliardenhöhe entzogen. Der Stern-Review erwartet bis 2050 einen Subventionsabbau im Energiesektor von 250 Mrd. USD jährlich. Das heißt, die Wirtschaftsakteure können bereits mittelfristig solche staatlichen Unterstützungsleistungen nicht mehr in ihre Kalkulationen einrechnen.

3.3   Ressourcenverknappung

> *Ein Amerikaner verbraucht im Jahr 307 Kilogramm Papier,*
> *Bewohner der ärmsten Länder Afrikas ein Kilogramm.*
> World Resources Institute

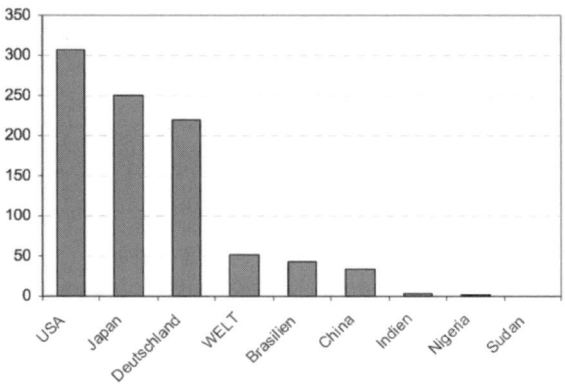

Abb. 15: Verbrauch an Papier und Papierprodukten pro Kopf und Jahr in acht ausgewählten Ländern, 2002 (in kg) (WRI 2002)

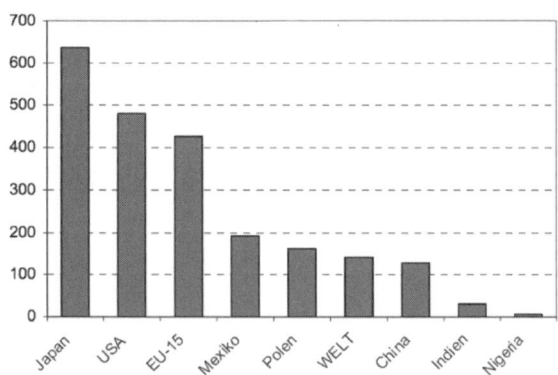

Abb. 16: Stahlverbrauch pro Kopf und Jahr in acht ausgewählten Ländern, 2000 (in kg) (DIW 2003)

Die Abbildungen machen deutlich: Der Ressourcenbedarf weltweit ist hoch und weiter am Steigen. Der Verbrauch in den Industrieländern ist bis zu 300 Mal höher als in den ärmsten Ländern der Welt.

Rohstoffe wie Silizium, Metalle oder Naturkautschuk geraten aufgrund des Materialhungers der Industrie- sowie auch der Schwellenländer an ihre Grenzen. Die drohende Knappheit spiegelt sich laut Bundesverband der Deutschen Industrie e.V. (BDI) im Preis wider: Bei Kupfer und Eisenerz stieg er im Zeitraum von 2003 bis 2005 um 100%, bei Wolfram und Titan um 200%, bei Molybdän um 400 und bei Vanadium um 500%. In seinem Bericht zur Verfügbarkeit von metallischen Rohstoffen sieht der Verband die Ursachen für die Preissteigerungen und Verknappungen in der dauerhaft hohen Nachfrage, in einem zumindest kurz- und mittelfristig knappen Angebot, aber auch in handelsverzerrenden Praktiken einiger Länder. Ein Ende dieser Rohstoffhausse sei nicht absehbar. Für viele Akteure bestehen hier Chancen und Risiken.[22]

Neue Produkte und Geschäftsfelder: Die Wochenzeitung „Die Zeit" errechnete 2002 für die deutsche Industrie einen potenziellen Mehrumsatz von 190 Mrd. Euro jährlich durch neue ressourceneffiziente Produkte und neue Geschäftsfelder. Dabei sind auch funktionale Substitutionen wichtig. So reduzierte sich der Verbrauch von Silber und Chemikalien drastisch durch die Einführung der digitalen Fotografie.[23]

Wiederaufarbeitung und Nutzungsdauerverlängerung: In Märkten für hochwertige Investitionsgüter werden durch Aufarbeitung veralteter Geräte erhebliche Materialmengen und Kosten eingespart. Erschlossen wurden solche Märkte durch eine Reihe

---

[22] Siehe Bundesverband der Deutschen Industrie e. V. (Hrsg.) (2007): Verfügbarkeitssituation metallischer Rohstoffe und ihre Auswirkungen auf die deutsche Industrie; siehe auch Liedtke, Christa; Busch, Timo (Hrsg.): Materialeffizienz. Potenziale bewerten, Innovationen fördern, Beschäftigung sichern: oekom-Verlag München, 2005.
[23] Siehe auch Studie von PwC (2010) „Schätzung globaler Nachhaltigkeits-Geschäftschancen bis 2050" in Kapitel 1.

von großen Markenherstellern in verschiedenen Branchen, die beispielsweise Leasinggeräte nach der Rücknahme runderneuern und wieder verkaufen. Diese Geräte sind oft 15 bis 30% günstiger als Neugeräte. Der Markt an gebrauchten Medizingeräten etwa hat ein Volumen von 1,1 Mrd. USD und wächst jährlich um bis zu 15%, in Europa sogar noch stärker.

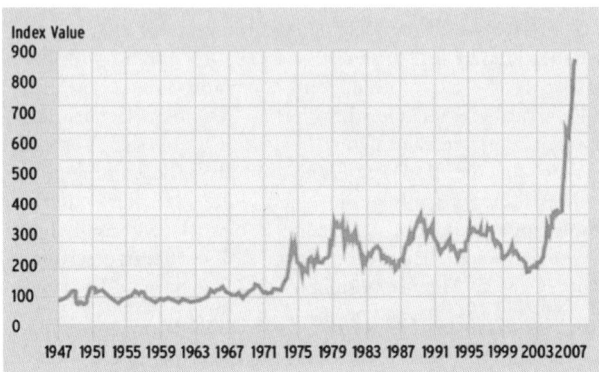

Abb. 17: Entwicklung des Metallpreisindexes 1947–2007 (Commodity Research Bureau)

Versorgungsrisiken: Bei einer ganzen Reihe von Rohstoffen führt das begrenzte Angebot in Verbindung mit den boomenden Märkten der Schwellenländer zu Preissteigerungen. Vor Investitionen wie dem Aufbau neuer Produktlinien ist es daher notwendig, die langfristige Versorgungssicherheit mit wichtigsten Rohstoffen einzukalkulieren. Das Ziel muss sein, potenziell teure und knappe Ressourcen materialeffizient einzusetzen bei gleichzeitiger Anstrebung einer absoluten Reduktion.

Materialeffizienz: Die Produktionskosten im verarbeitenden Gewerbe setzen sich aus den Personalkosten, Kosten für Material, Energie, Abschreibungen, Mieten und sonstigen Kosten zusammen. Der prozentuale Anteil der einzelnen Kosten ist laut bayerischer Metall- und Elektroarbeitgeberverbände bayme vbm zwar stark von der jeweiligen Branche abhängig, mit rund 50% sind die Materialkosten jedoch für das verarbeitende Gewerbe der zentrale Kostenblock. Laut der IHK Hannover machen Materialien heute 40% der betrieblichen Kosten im produzierenden Gewerbe aus. Personalkosten machen dagegen nur ungefähr 25% aus. Waren es in den 1990er Jahren noch die Entsorgungskosten, die die Abfallvermeidung attraktiv machten, so sind es heute vielfach die eingesparten Rohstoffkosten. Sowohl die effiziente Verwendung des Materials wie auch die Suche nach Alternativen zu Materialien, die sich stark verteuern, bekommen eine neue ökonomische Bedeutung. Dennoch setzen Unternehmen häufig bei den Personalkosten an.[24]

3.4 Demographischer Wandel

Die Diskussion um eine nachhaltige Entwicklung muss jetzt die soziale Dimension stärken – für die Menschen der nächsten Generationen.
Marlehn Thieme

Für das Jahr 2050 erwarten die Vereinten Nationen ein Anwachsen der Weltbevölkerung auf knapp neun Milliarden Menschen. Der Anstieg findet jedoch nicht in Europa statt. Dort ist vielmehr mit einem leichten Rückgang der Bevölkerung und einer gravierenden Verschiebung in der Struktur der Alterspyramide zu rechnen. Der Trend verweist auf eine zahlenmäßig abnehmende und stark alternde Bevölkerung. Im Jahr 2000 war der durchschnittliche Deutsche 39,9 Jahre alt. Die Lebenserwartung lag bei 79,8 Jahren. Im Jahr 2030 werden die Menschen in Deutschland im Schnitt 90 Jahre alt werden. Das Durchschnittsalter wird auf 54 Jahre angestiegen sein. In den

---

[24] Die Bundesregierung schrieb bereits 2006 in einer Meldung: „Die Rohstoffpreise sind im Zeitraum von Anfang 2003 bis Ende 2005 um insgesamt über 67% gestiegen, so stark wie seit 25 Jahren nicht mehr. Am deutlichsten war die Jahressteuerung bei Eisenerz und Stahlschrott (plus 38%) und bei den Energierohstoffen (plus 36%). Der Preis einzelner Metalle stieg sogar um bis zu 600%." Siehe www.bundesregierung.de/Content/DE/Magazine/emags/evelop/2006/047/s4-bdi-deutsche-wirtschaft-braucht-rohstoffsicherheit.html

hiesigen Unternehmen liegt das Durchschnittsalter derzeit bei 43 Jahren, 2030 soll es 53 Jahre betragen. Auch das weltweite Durchschnittsalter steigt rasant: von derzeit 27,2 Jahren auf 37,3 Jahre im Jahr 2050. Deshalb dürfte es eine Betonung neuer Qualitäten bei Produkten geben, die speziell mit Blick auf ältere Menschen entwickelt werden: elektronische Geräte beispielsweise mit einfacheren Funktionalitäten und größeren Displays oder neue Fitnessgeräte. Eine Veränderung der demografischen Zusammensetzung wird Konsequenzen für die Art und Weise des Wirtschaftens, der Produkt- und Konsumpräferenzen sowie des Dienstleistungsangebots haben. Schon in den vergangenen 15 Jahren sind im Freizeit-, Pflege- und Versorgungsbereich Hunderttausende von Arbeitsplätzen entstanden.

Produktdesign: Wenn zukünftig mehr als ein Drittel aller Deutschen über 60 Jahre als ist, steigt auch der anteilige Konsum dieser Gruppe. Bereits heute wird deshalb die Fokussierung auf den jugendlichen Konsumenten durch die „jungen Alten" erweitert. Gut vermarkten werden sich künftig insbesondere Produkte des täglichen Bedarfs für Wohnung, Ernährung, Mobilität und Freizeit.

Dienstleistungen: In einer Gesellschaft, in der ein hoher Anteil der Menschen alt ist, werden sich Versorgungs- und Pflegeleistungen immer weniger im privaten Bereich erbringen lassen. Nicht nur, weil es mehr Alte gibt, sondern auch, weil zu ihrer privaten Pflege immer weniger Kinder und Enkelkinder da sind. Professionelle und preiswerte Dienstleistungen werden daher an Bedeutung gewinnen.

Qualifiziertes Personal: Selbst bei einer Zunahme qualifizierter Zuwanderung ist abzusehen, dass der Fachkräftebedarf vieler Unternehmen sich in Zukunft nur decken lassen wird, wenn die betriebliche sowie überbetriebliche Ausbildung intensiviert und die lebenslange Weiterbildung verstärkt werden. Es wird darum gehen, in die Personalressourcen zu investieren, Personal zu halten und zu binden. Älteres Personal muss Erfahrungen besser einbringen können. Dabei kommt auch der betrieblichen Gesundheitsvorsorge eine steigende Bedeutung zu.[25]

---

[25] Statistisches Bundesamt (2006): Bevölkerung Deutschlands bis 2050. 11. koordinierte Bevölkerungsvorausberechnung. Download unter www.destatis.de

Bislang wurden die drei wichtigsten Trends ausführlicher beschrieben, um für deren Ausprägung, Wesen und Art zu sensibilisieren. Daneben zeichnen sich eine Reihe weiterer Trends ab, die es gilt, im Blick zu behalten. Die folgende Auflistung bezieht sich auf Informationen des Zukunftsinstituts in Kelkheim und des Statistisches Bundesamtes. Sie nennt die zwölf wichtigen Megatrends und wie sich diese niederschlagen.

Globalisierung	Wirtschaftswachstum, globaler Wettbewerb, War for Talents, Verschärfung int. Umweltgesetzgebung, Arm-Reich-Kluft
Urbanisierung	Megacities, Slums, Ghettoisierung, Landflucht, kulturelle Einebnung, Verdichtung, neue Stadtplanungskonzepte, Slow Cities, soziale Kluft
Demografischer Wandel, Downageing	Bevölkerungsexplosion, Nahrungsmittelverknappung (v.a. Wasser, Anbaufläche), Ressourcenerschöpfung; „junge Alte, Silver Ager",
Umweltschutz & Energie	Forschung und Entwicklung, Innovationswettbewerb, Patente, Subventionen/Sanktionen, erneuerbare Energien, Hybridantriebe, Dezentralisierung, Wasserstofföknomie
Mobilität	ÖPNV, „ohne Auto", Leihauto, Bahnreisen, Ökotourismus, Mobilitätskonzepte, Wohnraumverdichtung, Flugreisen
High Tech	Innovationswettbewerb, Internet, Web 2.0, Social Media, Data Mining, Onlinebanking, -shopping, Nanotechnologie, Biotechnologie
Gesundheit	Überalterung, Wellness, Homöopathie, Ökotourismus, Wachstumsmarkt, Bio Food, Fair Trade, Vegetarismus
Arbeit/ New Work	Home Office, Telekonferenzen, mobiles Arbeiten, Unternehmer-Haltung

http://www.uvk-lucius.de/nachhaltigkeit

Feminisie-rung	Frauenquote, Soft Skills, Neues Denken, Konsensorientierung
Bildung & Wissen	international, technisch, lebenslanges Lernen, mehrere Sprachen, Wissensgesellschaft
Gemein-schaftssinn	Generationenhäuser, Bürgerinitiativen, soziale Verantwortung, kulturelle Integration von Minderheiten, Multikulturalität

Abb. 18: Weitere Megatrends im 21.Jahrhundert

Frauen gehen in Führung

Die Beschäftigungsquote von Frauen im erwerbsfähigen Alter lag in Deutschland 2004 bei rund 58%. Gegenüber 1997 bedeutet das eine Zunahme von 3,2%, während bei den Männern im selben Zeitraum ein Rückgang von 1,8% zu verzeichnen war. Der Frauenanteil an den Führungspositionen liegt in Europa mittlerweile bei rund 30%, in Lettland sogar bei 44%. Prognose: Im Jahr 2030 ist in Europa jede zweite Führungskraft weiblich. Wichtigster Treiber dieses Trends ist die Umverteilung der höheren Bildung von den Männern zu den Frauen. Jedes vierte Mädchen in Deutschland erreicht die allgemeine Hochschulreife, allerdings nur jeder fünfte Junge. Spätestens 2015 werden in Deutschland mehr Frauen als Männer studieren.[26]

Aufgabe: Hinterfragen Sie für sich, welche jener Trends in welchem Umfang, mit welcher Intensität und mit welcher Wahrscheinlichkeit in Zukunft auftreten.

---

[26] www.goethe.de/lrn/prj/mol/pro/hef/n42/Zeitg42.pdf

3.5   Trenderfassung und -nutzung

It's better to be vaguely right, than to be precisely wrong.
Karl Popper

Aus Trends lassen sich Handlungsempfehlungen für jeden Einzelnen wie für ganze Unternehmen, Branchen und Länder ableiten. „Wir müssen Trendforschung, Prognosen und Szenarien, die Nachhaltigkeitsaspekte konsequent einbeziehen, einen höheren Stellenwert einräumen. Nur so können wir die Tragfähigkeit der Erde erhalten und nur so können wir wirtschaftliche Chancen nutzen", sagt Ines Seidel, Geschäftsführerin der Agentur für Zukunftsfitness dazu.

Wie aber lassen sich Trends erfassen? Eine grundsätzliche Möglichkeit besteht in der Entwicklung verschiedener Szenarien, meist Positiv- oder Best-Case-Szenarien sowie Negativ- oder Worst-Case-Szenarien, die als Extrempunkte die Spannbreite möglicher Zukunftsrealitäten aufzeigt.

Szenario sind auf eine bestimmte Fragestellung bezogene, möglichst vollständige und in sich plausible Zusammenstellungen von Ereignissen und Ereignisfolgen. Sie sollen nicht nur tatsächlich erwartete Entwicklungen abbilden, sondern die gesamte Breite denkbarer Tendenzen aufzeigen.

Prognose – wörtlich „das Vorwissen", die „Voraus-Kenntnis" –, deutsch Vorhersage oder Voraussage, ist eine Aussage über Ereignisse, Zustände oder Entwicklung in der Zukunft.

Der „Szenariotrichter" dient dabei als Werkzeug. Er soll den Raum möglicher zukünftiger Entwicklungen und die ganze Spannbreite denkbarer Tendenzen aufspannen. Der Begriff Wildcard bezeichnet soviel wie eine Spielkarte im Poker oder einen Joker und repräsentiert für einen Platzhalter oder blinden Fleck in unserer Zukunftserwartung.

http://www.uvk-lucius.de/nachhaltigkeit

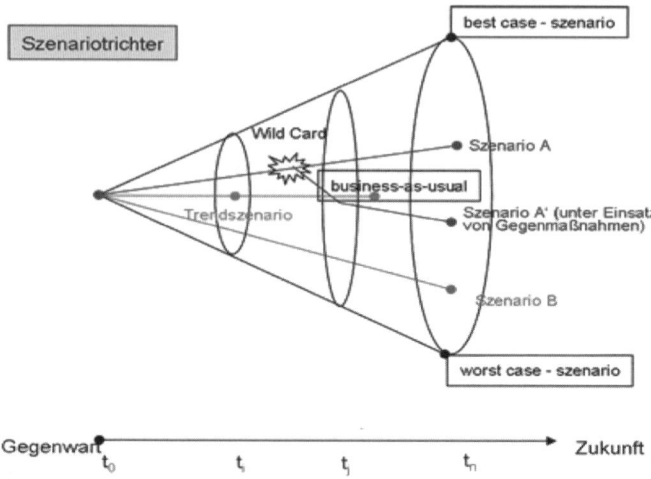

Abb. 19: Szenariotrichter

Übung: Entwicklung eines Negativszenarios

Entwickeln Sie ein Negativszenario, basierend auf der Annahme weltweit ungebremster Umweltdegradation. Berücksichtigen Sie die Bereiche Politik, Wirtschaft, Gesellschaft –
und überlegen Sie sich, was hier im schlimmsten Fall schief-
laufen kann. Welche Schieflagen in Deutschland, Europa und
der Welt deuten bereits heute an, dass wir auf einen Kollaps
zusteuern? Verschaffen Sie sich Fakten aus der Recherche als
Grundlage, lassen Sie sonst Ihrer Fantasie freien Lauf!

Übung: Entwicklung eines Positivszenarios

Hier gilt die gleiche Aufgabenstellung nur unter umgekehrten
Vorzeichen. Entwickeln Sie ein Positivszenario unter der An-
nahme, dass wir die Kurve kriegen und Wirtschaft, Umwelt und
Menschen aufs Beste gedeihen. Das umfasst z.B. internationale
Vereinbarungen, individuelle und kollektive Anstrengungen etc.

Methoden und Instrumente zur Trenderkennung

Neben der *Szenarienentwicklung* gibt es die Möglichkeit, unter einer Reihe von Techniken und Methoden auszuwählen, von denen eine Auswahl in der folgenden Tabelle genannt wird.

Besichtigung der Zukunft (z.B. im Ausland)	Morphologische Analyse	Synektik
Brainstorming	Netzplantechnik	Systemanalyse
Business Wargaming	Nutzwertanalyse	Szenarien
Collective-Notebook	Papiercomputer	Technikfolgen-Abschätzung
Computersimulation	Perspektiven-Werkstatt	Trendextrapolation
Cross-Impact-Analyse	Relevanzbaum	Verflechtungsmatrix
Delphi-Befragung	Roadmapping	Zukunftskonferenz
Historische Analogie	Rollenspiel	Zukunftswerkstatt
6-3-5-Methode	Simulation	Synektik

Abb. 20: Methoden und Instrumente zur Trenderkennung

Eine konkrete Möglichkeit ist das *integrierte Roadmapping*. Über eine systematische Bündelung von Einzelthemen stellt sie mittel- und *langfristiges Orientierungswissen* in Form einer Roadmap bereit, die als Grundlage für die Erarbeitung von Handlungsoptionen und Prioritäten dient. Das Konzept wird z.B. vom Zentralverband der Elektroindustrie (ZVEI) zur Unterstützung der Strategieentwicklung der Mitgliedsunternehmen eingesetzt. Es berücksichtigt politische, ökonomische, ökologische, technologische, wissenschaftliche und gesellschaftliche Trends. Am ehesten mit dem vorherrschenden *Innovationsmanagement* kompatibel ist es, die Nachhaltigkeitsdimensionen quasi als *Leitplanken* einzubeziehen und an den passenden Stellen zu integrieren. Hierzu muss einerseits auf die Ergebnisse der Zukunftsforschung zurückgegriffen werden. Andererseits scheint eine relative offene Methode am aussichtsreichsten, da sie die verschiedenen Unternehmensbereiche und Akteure vernetzt und so einen Lernprozess anstößt. Neben Experteninterviews und Delphi-Befragungen sind auch Gespräche mit Stakeholdern und Anwendern zielführend.

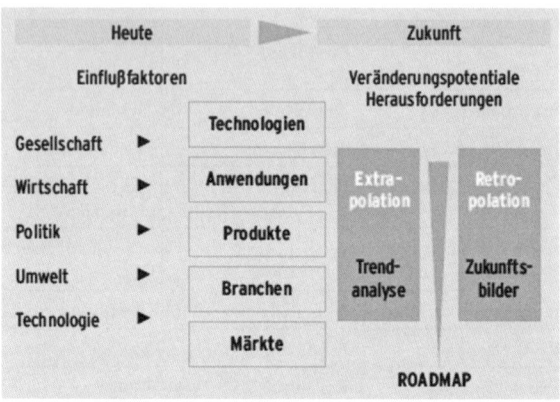

Abb. 21: Überblick integriertes Roadmapping (ZVEI)

Mit Hilfe der integrierten Technologie-Roadmap gelang es Unternehmen des ZVEI, eine Reihe von Herausforderungen in den Bereichen der Auslandsmärkte, der Nutzerintegration in die Entwicklung, der *Standardisierung* und der *Qualifizierung* zu identifizieren.

Eine große Herausforderung stellt sich. Sie liegt in der Ableitung von Konsequenzen für das eigene Unternehmen respektive die Branche, das Arbeitsgebiet oder den Politikbereich. Sprich, es geht um die fachkundige Interpretation solider Daten für eine Entscheidungsfindung, die den Namen Trendforschung verdient. Dabei können Märkte der Zukunft sowohl über die Strategieentwicklung als auch über das *Innovationsmanagement* erschlossen werden. Wichtig ist jedoch ein grundlegendes Verständnis dieser Trends als der erste Schritt.

Beispiele für Produkte und Dienstleistungen, die Trends richtig erkannt haben, sind *Mieträder*, weil sie bürgernah sind und umkompliziert mobil machen; die Organisation *AtmosFair*, weil sie einen nachvollziehbaren Mechanismus gefunden haben, wie individuelle reisebedingte Emissionen unmittelbar und gerecht ausgeglichen werden können; *Plusenergiehäuser*, weil sie effizient sind, noch effizienter als Null-Energiehäuser; *Mikrokredite*, weil sie dort ansetzen, wo Geld wirklich gebraucht wird; *Facebook*, weil es den Wunsch nach Austausch, Vernetzung und weltweiter sozialer Inklusion in Echtzeit befriedigt; *Apple*, weil das Unternehmen bewiesen hat, dass Computer edles Design und nutzerorientierte Funktionalität auf spielerische Weise verbinden können.

Die Zukunft ist vernetzt – ökologisch und digital

Wie unter eingangs im Kontext der *Kondratieff-Zyklen* erwähnt, befinden wir uns gegenwärtig an der Schwelle zum sechsten Zyklus unter dem Vorzeichen *Umwelt und Gesundheit*. Im Zuge dieser neuen Phase ist ein Innovationsschub mit einem massiven Auftreten von Basisinnovationen in diesem Bereich zu erwarten. Dies würde dafür sprechen, dass uns das Thema Nachhaltigkeit (verstanden als Ausdruck für Umwelt- und Gesundheitsverträglichkeit) für die nächsten 40 bis 60 Jahre in Atem halten wird. Dabei beziehen sich jene Innovationen auf *Basisinnovationen* in Produkt- und Prozessinnovationen als auch *völlig neuen Geschäftsmodellen* wie z.B. Internet-Auktionshäuser oder Marketingkanäle wie etwa Groupon oder *technosoziale Konzepte* wie *Web2.0*. Kriterien wie *Usability*, *Partizipation*, *Konvergenz* oder *Synchronisierung* sind dabei die Währung. Anwendungen und *interaktive* wie *kollaborative Elemente* sind z.B. Tagging, Social Bookmarking, Blogs, Folksonomies, Social Software, Crowdsourcing oder Cloud Computing, die sich großer sozialer Beliebtheit erfreuen. Die Zukunft ist vernetzt – ökologisch, digital.

Das Internet und Web 2.0 werden in diesem Kontext erwähnt, weil sie die technische Basis und Plattform zum *Informationsaustausch*, zur *Gemeinschaftsbildung* und *Vernetzung* von Menschen bieten, die so auf digitalem Wege sich das für eine flächenddeckende Bildung zum Thema Nachhaltigkeit aneignen können als auch konkrete Aktionen, Maßnahmen und Initiativen anzustoßen technisch befähigt werden. In diesem Zusammenhang sind auch Phänomene wie Citizen Journalism – auch als *Graswurzel-* oder *Bürgerjournalismus*

bezeichnet – oder *e-demokratie* (e für elektronische) zu sehen, weil sie
die Informierung der kritschen Basis bewirken,[27] die Nachhaltigkeit
in der Breite wirksam werden lässt, Konsumenten sensibilisiert und
so als Nachfrager von Produkten und Dienstleistungen Unternehmen beeinflussen; aber auch Regierungen oder NGOs hinsichtlich
ihrer programmatischen Ausrichtung. So war der Erfolg Barack
Obamas in seiner Kampagne als US-Präsidentschaftskandidat zu
einem Großteil dem Einsatz von *Social Media* zu verdanken. Damit
hat es nicht nur Obama als Vertreter des Diversity-Prinzips selbst bis
an die Spitze geschafft, sondern gleichzeitig der landesweit verstreu-
ten Wählerschaft mit dem Internet ein Sprachrohr gegeben, sich als
Bürger zu beteiligen und Gehör zu verschaffen, Stichwort *Crowdsourcing*.[28] Crowdsourcing bedeutet, dass eine Menge Leute zum Entstehen eines Produktes beitragen, wie z.B. im Fall von Wikipedia.

Der Fairness halber – und weil Nachhaltigkeit als Leitbild für Visionen, Engagement und Zuversicht steht, für die es beherztes Handeln braucht – sei abschließend ein Positivszenario genannt. Dieses
ergänzt das zu Eingang des Kapitels angeführte Negativszenario.

Positivszenario: Es ist geschafft

Die Menschheit kann mit dem konsequenten Umstieg auf regenerative Energie die gröbsten Folgen der Erderwärmung
vermeiden. Die Nachrichten beherrscht seit Wochen nur ein
Thema. Es ist ein historischer Rückblick. Vor 40 Jahren hat

---

[27] Die Autorin schreibt seit 2006 für das Onlinemagazin /e-politik.de/.
Das auf die Themen Politik, Gesellschaft und Politikwissenschaft spezialisierte Informationsportal wurde 1999 von drei Studenten ins Leben gerufen hat etwa gegenwärtig ca. 3.500 Leser wöchentlich. Ziel des als Verein
organisierten Portals ist die Förderung parteiunabhängiger politisch-
journalistischer Bildung und eine Themensetzung jenseits medialen
Mainstreamings. Neue, von anderen Massenmedien unbeachtete Perspektiven und Ansichten zu einem Thema werden so mit Hintergrundinforma-
tionen verbunden und tragen so zur politischen Meinungsbildung bei.
[28] Siehe www.barackobama.com und http://demokratiezweinull.de

die Welt begonnen, sich am eigenen Schopf aus einem Sumpf namens Klimawandel zu ziehen.

Auf der Klimakonferenz 2009 in Kopenhagen nahmen sich 192 Staaten der Welt vor, den Ausstoß von Treibhausgasen bis zum Jahr 2050 zu halbieren. Die Durchschnittstemperatur der Erde sollte um nicht mehr als zwei Grad Celsius über die Werte vor der Industrialisierung steigen. Diese Ziele hat die Welt weitgehend erreicht. Seit 2021, drei Jahre später als vereinbart, begann der weltweite Ausstoß an Treibhausgasen zu sinken.

Dennoch, die Effekte ließen sich nicht einfach stoppen. Deutschland hat sich stärker erwärmt als die Welt im Durchschnitt. Die Zahl der Schneetage ist um ein Drittel auf 30 gefallen. Die Zahl der Überflutungen hat stark zugenommen. Lange Trockenphasen just in der Zeit, als Getreide und Trauben reifen sollten, haben in den drei Jahren 2043 bis 2045 die Ernten geschädigt. Doch Deutschland ist auf den Hitzestress vorbereitet, weil die hauptsächlich betroffenen Senioren längst keine Randgruppe, sondern den Kern der Gesellschaft bilden. Die umfangreiche Isolierung der Häuser hält die meisten Wohnungen angenehm kühl. Hersteller von solarbetriebenen Klimaanlagen, die seit 2021 auf dem Markt sind, haben gute Geschäfte gemacht.

Diese Geräte sind nur ein Beispiel für den radikalen Wandel, den die Wirtschaft erlebt hat. Besonders die Energieversorger haben sich praktisch neu erfunden. Seit 2018 erzeugen die großen Offshore-Windparks in der Nordsee Strom billiger als Kohlekraftwerke. Für den privaten Verbraucher ist Elektrizität aus der eigenen Photovoltaik-Anlage auf dem Dach schon seit 2020 günstiger als der Strom aus dem Netz. Inzwischen werden die Zellen auf Plastikfolien, Dachziegel oder auch Fenster aufgedampft. Ihre Farbe richtet sich nach den Wünschen der Kunden.

Im Jahr 2050 sind in Deutschland erstmals weniger als 40 Millionen Autos zugelassen (ihre Zahl sinkt seit etwa 2020) und die Zahl der Neuwagen mit Elektroantrieb übertrifft die Menge derjenigen mit Verbrennungsmotor seit 2029. Aber

20 Jahre später stammen noch immer zwei Drittel der Energie, die im deutschen Verkehr verbraucht wird, aus Erdöl, Erdgas und verflüssigter Kohle. Biokraftstoffe, die mittels einer künstlichen Photosynthese erzeugt werden, kommen allmählich auf den Markt. Dafür hatten 2039 zwei saudiarabische Forscher den Chemie-Nobelpreis bekommen.

Die technologische Entwicklung in Deutschland puffert den ökonomischen Effekt für den Verbraucher jedoch ab. Ihn hat der Klimaschutz bisher nicht mehr als ein Prozent seines Wohlstands gekostet. In Zahlen: vier Euro pro Woche. Dieser Betrag heißt landläufig „Kopenhagener Pfennig".[29]

Fazit – Die Weichen für Zukunftsfähigkeit stellen

„Der beste Weg, die Zukunft vorauszusagen, ist, sie zu gestalten", wurde Willy Brandt zitiert. Während sich Innovationen bislang stark auf technische Lösungen beziehen, dürften künftig auch soziale Innovationen mehr Gewicht haben. Die Hinweise darauf lassen sich an den beschriebenen Trends und Megatrends ablesen, zu denen vor allem Klimawandel und Energieverbrauch, Ressourcenverknappung und der demografische Wandel zählen. Die Anzeichen häufen sich, dass Nachhaltigkeit ein Schlüsselthema des 21. Jahrhunderts ist. Je eher Akteure diese zu deuten wissen, desto eher kommt es zu evolutionstauglichen Lösungen. Konkrete Trendtechniken können bei der Analyse helfen und Risiken so in Chancen umgewandelt werden. Positiv- und Negativszenarien sind dabei als Push- und Pull-Faktoren zu sehen: Will die Menschheit künftig eine bedrohliche Entwicklung abwenden oder gezielt eine vielversprechende Fortschreibung gesamtgesellschaftlicher Verhältnisse verfolgen?

---

[29] Gekürzt und leicht bearbeitet nach einem Artikel der Süddeutschen Zeitung am 17.12.2009 von P. Illinger und C. Schrader.

http://www.uvk-lucius.de/nachhaltigkeit

Literatur

BMU (2008) Megatrends der Nachhaltigkeit. Berlin. (siehe auch http://www.bmu.de/files/pdfs/allgemein/application/pdf/brosch uere_csr_megatrends.pdf)

Ferdinand, J.-P. (2011) Megatrends und die grüne Wirtschaftspolitik. Ökologisches Wirtschaften, Heft 4/2011, S. 12-13, oekom Verlag München.

Done, A. (2011) Global Trends: Facing up to a Changing World. Palgrave Macmillan.

Gordon, Adam: Future Savvy: Identifying Trends to Make Better Decisions, Manage Uncertainty, and Profit from Change. AMA-COM.

Horx, M. (2011) Das Megatrend-Prinzip: Wie die Welt von morgen entsteht. Deutsche Verlags-Anstalt.

Naisbitt, J. (1982) Megatrends. Ten New Directions Transforming Our Lives. Warner Books.

Naisbitt, J.; Aburdene, P. (1992) Megatrends 2000. Zehn Perspektiven für den Weg ins nächste Jahrtausend. Econ Berlin.

Pillkahn, U. (2007) Trends und Szenarien als Werkzeuge der Strategieentwicklung. Publicis.

Simon, H. (2011) Die Wirtschafstrends der Zukunft. Campus Verlag Frankfurt/M..

Welzer, H.; Wiegandt, K. (2011) Perspektiven einer nachhaltigen Entwicklung: Wie sieht die Welt im Jahr 2050 aus?, Frankfurt/M.

Wenzel, E.; Kirig, A.; Rauch, C. (2008) Greenomics. Wie der grüne Lifestyle Märkte und Konsumenten verändert. Redline.

4 Systematik des Nachhaltigkeits- konzeptes

Problem	Ich blicke in diesem Begriffschaos nicht mehr durch. An welchen Theorien kann ich mich orientieren?
Maßnahmen	klarer Überblick durch Begriffsarchitektur, Zusammenhänge und Wechselwirkungen, namhafte Theorien und deren Vertreter
Ergebnisse	Studierende sind über den theoretisch-wissenschaftlichen „Unterbau" im Bilde, sie kennen alle wichtige Termini und sind mit der wissenschaftlichen Dimension von Nachhaltigkeit vertraut
Hilfsmittel	Schaubilder, Grafiken, Tabellen

http://www.uvk-lucius.de/nachhaltigkeit

*Handle so, dass die Maxime deines Willens jederzeit zugleich als Prinzip einer
allgemeinen Gesetzgebung gelten könnte.*

Immanuel Kant

Dieses Kapitel gibt einen Überblick über die wichtigsten Definitionen, theoretischen Ansätze, Modelle und Konzepte zum Verständnis von Nachhaltigkeit. Es nennt handlungsleitende Prinzipien, Positionen, Themen und Strategieoptionen.

Einleitend sei folgende Auswahl theoretischer Zugänge zum Thema Nachhaltigkeit angeführt. Sie sind Felix Ekardts „Theorie der Nachhaltigkeit" entnommen und durch Stichworte umrissen.[30]

Erkenntnistheoretische, definitorische und empirische Grundlagen
Westliche Wirtschafts- und Lebensformen, Ressourcenknappheit, Klimawandel, Energiewende; Definitionen und Ebenen des Nachhaltigkeitsdiskurses wie z.b. Dreisäuligkeit, soziale Nachhaltigkeit, Nachhaltigkeitsindikatoren und -messungen; inter- und transdisziplinäre Verflechtungen, normative, instrumentelle und theoretische Vernunft, Gerechtigkeitsforschung und Governance- bzw. Transformationsforschung.
Anthropologie und Gesellschaftstheorie
Individuelle Handlungsoptionen; Wissen und Nachhaltigkeits- bzw. Umweltbewusstsein; ökonomische, biologische, kulturelle u.ä. Faktoren wie Konformität, Eigennutzen, Gefühle, tradierte Werte, strukturelle Gegebenheiten.
Universale Gerechtigkeitstheorie – Grundbedingung einer transdisziplinären Nachhaltigkeitstheorie
Neuformierte Diskursethik; metaphysische Gerechtigkeitsansätze nach Platon, der Bibel etc.; skeptizistische (wie z.B. postmoderne, positivistische, nihilistische), kontextualistische Gerechtigkeitsansätze sowie liberal-demokratische Klassiker (von Immanuel Kant zu John Rawls); Präferenz-, Effizienztheorien sowie Kosten-Nutzen-Analysen; Menschenwürde, Unparteilichkeit, Freiheit, gewaltenteilige Demokratie als universalistischer Neuansatz in der Ethik.

---

[30] Ekardt, F. (2011) Theorie der Nachhaltigkeit. Nomos Verlag, Baden-Baden

Menschenrechte und Nachhaltigkeit – Generationengerechtigkeit und globale Gerechtigkeit (ethisch und rechtlich)

Warum die Gerechtigkeitstheorie die Individual- und Unternehmens-ethik ersetzt; Freihheitsvoraussetzungsschutz und Junktim von Freiheit und Handlungsfolgenverantwortung, Menschenwürde als liberal-demo-kratisches Grundprinzip; „Umweltgrundrechte", „Umweltstaatsziele", „Nachhaltigkeit als Rechtsprinzip", Menschenrechtlicher Schutz ele-mentarer Freihheitsvoraussetzungen wie z.b. Nahrung, Wasser, Ener-giezugang, Klimastabilität; Grundbedürfnisansatz.

Nachhaltige Demokratien – Effizienz und Risikomanagement

Demokratie, Nachhaltigkeit und Institutionen; Abwägungsregeln und existenzielle Konflikte in der Risikogesellschaft; Nachhaltigkeitsöko-nomik, ökonomische Effizienztheorien, Kosten-Nutzen-Analysen; partizipative Demokratie.

Nachhaltige Politik: Transformation und Governance

Wechselspiel von Politik und gesellschaftlichem Wandel; Bottom-Up; „klassische Politik"; Mengensteuerung und ökonomische Nachhaltigkeits-instrumente; soziale Umweltpolitik; pragmatische versus visionäre Ansätze; ordnungsrechtliche, planerische und informationale Regelungsbedarfe.

Abb. 22: Theorien der Nachhaltigkeit

„Der interdisziplinäre Charakter erschwert es, Nachhaltigkeit auf einige ausgewählte Theorien zu beschränken. Ihrer spezifischen Ausrichtung entsprechend wählt jede Disziplin ihren eigenen Zu-gang und das sind potenziell sehr viele", sagt Felix Ekardt.

4.1 Ökologisches, ökonomisches und soziales Kapital

Der Kapitalismus hat den Sieg davongetragen. Fragt sich nur: Wohin?
Volker Pispers

Das Wort Kapital ist uns vertraut, wir hören es in unserer täglichen Wirtschafts-, Lebens- und Arbeitswelt. Kapital ist etwas, das einen Wert hat und folglich an Wert verliert, wenn es zerstört wird. Dabei kann *Kapital* entgegen des gemeinhin geläufigen monetären Verständnisses nach auch als soziales oder Wissenskapital verstanden werden, wie es der Soziologe Pierre Bourdieu nahelegt.

Die *Kulturtheorie Bourdieus* vergleicht Interaktionen des Alltagslebens mit einem Spiel. Die Individuen besitzen unterschiedlich viele Potentiale verschiedener Art, die sie einsetzen und teilweise umwandeln können: ökonomisches Kapital, soziales Kapital, symbolisches Kapital und kulturelles Kapital. Dabei gilt: Jeder spielt entsprechend der Höhe seiner Chips. So kann der Erwerb kulturellen Kapitals beispielsweise zur Erhöhung des ökonomischen Kapitals dienen. Mit dem soziologischen Begriff *Soziales Kapital* bezeichnet Pierre Bourdieu die Gesamtheit der aktuellen und potenziellen Ressourcen, die mit der Teilhabe am Netz sozialer Beziehungen gegenseitigen Kennens und Anerkennens verbunden sein können. Im Gegensatz zum Humankapital bezieht sich das soziale Kapital nicht auf natürliche Personen an sich, sondern auf die Beziehungen zwischen ihnen.

Soziales Kapital bietet für die Individuen einen Zugang zu den Ressourcen des sozialen und gesellschaftlichen Lebens wie Unterstützung, Hilfeleistung, Anerkennung, Wissen und Verbindungen bis hin zum Finden von Arbeits- und Ausbildungsplätzen. Es produziert und reproduziert sich auch über Tauschbeziehungen, wie gegenseitige Geschenke, Gefälligkeiten, Besuche und Ähnliches. Die Differenzierung der Sozialstruktur in Klassen wird mit der Verfügung über die *drei Kapitalarten ökonomisches Kapital, kulturelles Kapital* und *soziales Kapital* und durch Unterschiede in Geschmack und Lebensstil definiert. Hinzu kommt das symbolische Kapital, welches Anerkennung und Prestige verleiht. Individuen und Klassen kämpfen im Rahmen ihrer Habitus- und Kapitalausstattung um die Position in der Gesellschaft. Bourdieus Vorläufer sind Émile Durkheim, Max Weber und Karl Marx.[31]

Der Begriff des Kapitals wird an dieser Stelle herangezogen, um zu verdeutlichen, dass Kapital jenseits des finanziellen und ökonomi-

---

[31] Siehe Bourdieu, Pierre (1983) Ökonomisches Kapital – Kulturelles Kapital – Soziales Kapital. In: Kreckel, Reinhard (Hrsg.) (1982) Soziale Ungleichheiten, Göttingen, S. 183–198; Die feinen Unterschiede. Kritik der gesellschaftlichen Urteilskraft. Suhrkamp, Frankfurt/M.

schen besteht und es andere Kapitalarten in ihrer Bedeutung zu erfassen und anzuerkennen gilt. Zudem ist die Unterscheidung und die Abgrenzung nach Kapitalarten gerade auch für die quantitative Konkretisierung der drei Dimensionen – Ökonomie, Ökologie und Soziales – ein Ansatz, der gangbar und nachvollziehbar ist.

Die verschiedenen Kapitalarten lassen sich abgrenzen, gleichzeitig gibt es jedoch *Überschneidungen* z.B. Holz wird zu Büromöbeln, ökologisches Wissen mündet in neue Forsttechniken. Die folgende Abbildung spiegelt dies wider. Sie zeigt, dass das Gesamtkapital aus ökonomischem, sozialem und ökologischen Kapital besteht, die sich jeweils weiter ausdifferenzieren lassen, Letzteres etwa in erneuerbare und nicht-erneuerbare Ressourcen. Sichtbar aber sollte vor allem werden: nicht allein ökonomisches Kapital macht den Reichtum eines Landes oder einer Unternehmung aus, sondern auch das direkte wie indirekte, materielle wie imaterielle Vermögen und Kapazitäten tragen dazu bei.

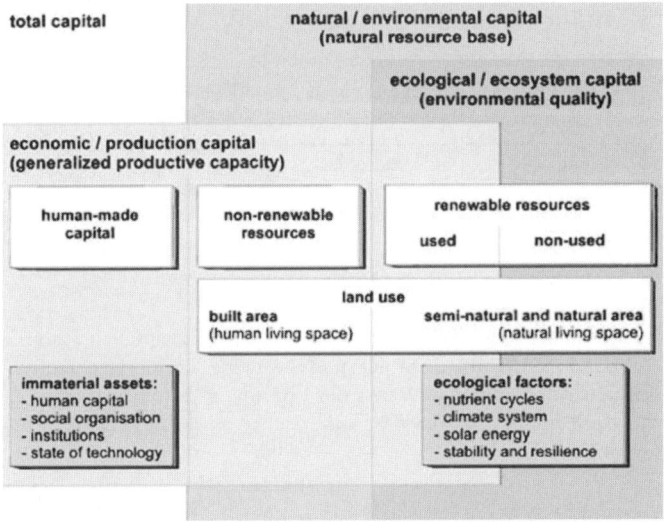

Abb. 23: Ökonomisches, ökonomisches und soziales Kapital (Hediger (1999), S. 1124)

Zusammenfassend listet folgende Tabelle Bestandteile der Kapitalarten auf, um so für deren Wesen zu sensibilisieren.

ökologisches Kapital	ökonomisches Kapital	soziales Kapital
erneuerbare Ressourcen	wirtschaftliches Produktionska-pital in Form von Sach-, Wissens- und Hu-mankapital (z.B. technische Anlagen, Patente, qualifizierte Mitarbeiter)	bislang am schwersten zu fassen
Land		Infrastruktur wie Sachanlagen und öffentliche Einrichtungen
Nahrungskreis-läufe		Grundbedürfnisbefrie-digung
Klimasystem		gesellschaftliche Integration
solare Einstrahlung		Weiterentwicklung der Gesellschaft
Gleichgewichte		Infrastruktur wie Sachanlagen und öffentliche Einrichtungen
Tragfähigkeit		
Naturkapital, nicht-erneuer-bare Ressourcen	immaterielles Vermögen	

Abb. 24: Beispiele für Kapitalarten

Grundsätzlich gilt, dass ohne Sicherung des ökologischen Kapitals
die Basis für Aufbau, Erhalt und Nutzung ökonomischen und
sozialen Kapitals fehlt. Das ist der Grund für dessen stärkere Ge-
wichtung und damit für die vorherrschende Bedeutung der Umweltpolitik.

Naturkapital – der Kapitalstock, von dem wir zehren

Hinsichtlich des Naturkapitals muss so zunächst unterschieden
werden, ob der natürliche Kapitalstock ganz oder teils von Men-

schenhand produziert wurde, wie z.b. die zivilisatorische Errungenschaft Stadt oder *landwirtschaftliche Nutzfläche*, oder ob er rein natürlichen Ursprungs ist, wie z.b. *Sauerstoff* bei Verbrennungsanlagen oder Abzweigen von Wasser aus natürlichem Flussverlauf. Zudem ist im Hinblick auf die Nachhaltigkeit der Nutzung dieser Kapitalart von wesentlicher Bedeutung, ob der Kapitalstock erneuerbar ist oder nicht. Im ersten Fall geht es um die zeitliche Relation des Nachwachsens zur Abnutzung dieser Ressource.

Ökonomisches Kapital – Produktionsfaktoren

Ökonomisches Kapital umfasst alle Produktionsfaktoren, die zum Zwecke der Herstellung von Endprodukten erstellt wurden. Dies können *Produktionsanlagen, Lagerhallen, Transportmittel* und vieles andere mehr sein. Auch Rechtsansprüche wie *Patente* sind eine Form von Sachkapital. Die Nachhaltigkeitsfrage bei dieser Kapitalform konzentriert sich entgegen der anderen Formen weniger auf die Frage, wie das ökonomische Kapital selbst erhalten werden kann; vielmehr geht es hier um die Frage, welcher Anteil von Naturkapital beim Einsatz von ökonomischem Kapital verbraucht wird. Wie viel Sauerstoff wird in CO_2-Emissionen umgewandelt, wie viel Boden wird versiegelt, wie viel Müll als Kuppelprodukt entsteht und belastet die Umwelt?

Sozialkapital – Beziehungen sind wertvoll

Sozialkapital umfasst *Zeit* mit Kindern, Partnern und Freunden zu verbringen, die *Pflege* von Alten und Kranken, Nachbarschaftshilfe und das *Engagement* für soziale oder gesellschaftliche Initiativen, ebenso wie kulturelle Unternehmungen und viele andere außerberufliche Beiträge zur *Persönlichkeitsentwicklung* und Selbstverwirklichung. Ebenso wie Humankapital ist der Mensch Ausgangspunkt dieser Kapitalart. Während beim Humankapital jedoch das Individuum Träger dieser Ressource ist, wird Sozialkapital von der Beziehung zweier Individuen zueinander oder durch ein ganzes Beziehungsgeflecht getragen. Hierbei spielen soziale Normen, Reziprozität und der Vertrauensgrad eine wesentliche Rolle für die Höhe und Stabilität des Sozialkapitalstocks. Ein hoher Sozialkapitalstock verbessert den sozialen Frieden in Betrieb, Wohnort und der gesamten Gesellschaft. Da er durch jene interaktiven Verhaltensweisen erhöht oder erhalten wird, durch die dauerhaft soziale Verpflichtungen entstehen oder das Vertrauensniveau steigt, muss das Nachhaltigkeitsziel dort ansetzen.[32]

Je größer und dezentraler die Gesellschaft ist, desto wichtiger ist es zu verhindern, dass sich die Kluft zwischen einzelnen sozialen Gruppen vergrößert. Das sogenannte *bridging social capital* soll Interessen und Ziele einzelner Teilsysteme mit Oberzielen der Gesamtgesellschaft ausgleichen helfen. Hier spielen wiederum gesellschaftliche und politische Institutionen und deren Reputation eine wesentliche Rolle.

Sonderform Humankapital

Das Humankapital kann sowohl als Sonderform des Naturkapitals als auch als Teil des ökonomischen Kapitals gesehen werden. Es umfasst *physische, psychische* und *kognitive Komponenten*; gerade Letztere sind in einer wissensbasierten Gesellschaft bedeutsam. Die Ressourcen können dem Einzelnen, dem Individuum zugerechnet werden. Dabei kann Humankapital zum einen als Produkt der menschlichen Natur verstanden werden, zum anderen kann es aber auch als *Wissenskapital* bzw. als wissensbasiertes Ergebnis im Herstellungsprozess (Learning by Doing) verstanden werden. Unabhängig von der Frage der Kapitalformzuordnung rücken damit Fragen zu Bildungssystem und -politik in den Blick.

Bisherige Dominanz der Umweltpolitik

Nachhaltigkeit ist in den Industrieländern über viele Jahre durch die ökologische Nachhaltigkeit dominiert worden, das Thema Umweltschutz stand im Vordergrund der Politik. Das macht auch die früher in Deutschland häufig verwendete Bezeichnung einer *„dauerhaft umweltgerechten Entwicklung"* für „Sustainable Development" deutlich. Ab den 1970er Jahren wurde durch die Einführung einer aktiven Umweltschutzpolitik die ökologische Komponente in der Wirtschaftsordnung verankert. Das heißt, das Konzept der Sozialen Marktwirtschaft wurde in einem gewissen Maße hin zu einer *Ökoso-*

---

[32] Vgl. Schechler, J.M. (2002), Sozialkapital und Netzwerkökonomik, S. 162 ff

zialen Marktwirtschaft erweitert. In den Entwicklungsländern über-
wog und -wiegt demgegenüber stärker die wirtschaftliche Dimension mit Prinzipien wie Wettbewerb, freier Marktzugang und Leis-
tungsorientierung. Die soziale Dimension findet dabei vor allem in
sozialpolitischen Maßnahmen Niederschlag wie Einkommensum-
verteilung, Sozialversicherungssystem und Sozialleistungstransfers.

Ebenfalls für die Dominanz der Umweltpolitik spricht die in den
1990er Jahren in Deutschland aufgekommene Diskussion um die
„Ökologische Modernisierung". Technisch-ökonomischer Fortschritt
galt als das heilsbringende Gebot. Umwelt wurde zunehmend als
Wirtschaftstreiber und Innovationsmotor begriffen.

4.2 Ökologische, ökonomische und soziale Nachhaltigkeit

> *It's not a choice between our environment and our economy,*
> *it's a choice between prosperity and decline.*
> *Barack Obama*

In vielen älteren wie jüngeren Konzepten wird der Natur bzw. den
Ökosystemen als Lebens- und Wirtschaftsgrundlage der Menschheit
ein zentraler Stellenwert eingeräumt. Bis heute herrscht damit das
Primat der Ökologie vor, im Sinne, dass Umweltschutz wirtschafts-
und sozialverträglich zu gestalten sei. Dies erklärt, warum Nachhaltigkeit heute häufig mit Umweltschutz und -verträglichkeit verbunden wird. Sprich, Ökologie ist die wesentliche, tragende Säule.

Unter ökonomischer Sicht stellt Nachhaltigkeit dagegen auf die
Sicherung der Lebens- und Produktionsbedingungen ab. Der Anspruch ist damit, die Umwelt dauerhaft zu erhalten und auf dieser
Grundlage das Wirtschafts- und Sozialsystem aufzubauen. Kern,
Bezugspunkt und Grundprinzip jeglicher Nachhaltigkeitsdiskussion
bildet dabei aber vielmehr der Gerechtigkeitsbegriff im Sinne von
Gerechtigkeit als normativer Grundlage für heutige wie künftige Generationen. Oder wie Amartya Sen, Nobelpreisträger für Wirtschaftswis-
senschaften, in seinem Buch „Ökonomie für den Menschen"

schreibt: „Meine These lautet, dass die Beseitigung gewichtiger Unfreiheiten eine *grundlegende Voraussetzung* für die Entwicklung ist."[33]

Zwei Lager stehen sich bis heute unversöhnlich gegenüber, was die Beziehung von *Ökonomie und Ökologie* sowie die damit verbundene Verteilung von Ressourcen betrifft: die neoklassische Ökonomik versus die ökologische Ökonomie (mehr dazu im Folgenden). Gleichwohl sind wir heute an dem Punkt, wo die *Dreidimensionalität* als Ausgangspunkt jeder weiteren inhaltlichen Konkretisierung herangezogen wird. Denn diese räumt allen drei Bereichen eine gleichrangige Bedeutung ein. Es betont die *Ganzheitlichkeit* nachhaltiger Entwicklung: "Eine Entwicklung ist dann und nur dann nachhaltig, wenn sie alle Dimensionen gleichberechtigt berücksichtigt. Die Wirtschaft darf sich nicht auf Kosten von Umwelt und Gesellschaft entwickeln, andererseits soll die Lösung ökologischer Probleme nicht zu ökonomischen und sozialen Risiken führen", sagt Dr. Detlef Schreiber vom Bundesdeutschen Arbeitskreis für Umweltbewusstes Management e.V.

Die Konzeptualisierung in der Nachhaltigkeit ist indessen fortgeschritten. Mittlerweile ist die Rede häufiger von Dimensionen denn von „Säulen". Während Säulen die Assoziation eines Nebeneinanders heraufbeschwören, verweist der Begriff der *Nachhaltigkeitsdimensionen* (und dies konkret im Kontext des Nachhaltigkeitsdreieckes, wie später noch zu sehen sein wird) auf das weitflächige verwobene In- und Miteinander der drei Bereiche. Denn Kern des Nachhaltigkeitsgedankens ist, das integrative Wahrnehmen und Denken von Ganzheitlichkeit, Integrativität und Wechselwirkungen zu schulen. Aktuell findet das Konzept der Dreidimensionalität breite Zustimmung und kann als Leitbild anerkannt gelten.

Die Dreidimensionalität von Nachhaltigkeit setzt sich aus der integrativen, in sich verschränkenden *Verknüpfung der drei Säulen, Bereiche bzw. Dimensionen Ökologie, Ökonomie, Soziales* zusammen. Was aber wird jeweils unter ökologischer bzw. ökonomischer bzw. sozialer Nachhaltigkeit verstanden? Der folgende Abschnitt gibt Klarheit über jede der drei Dimensionen an sich.

---

[33] Sen (2002), S. 10

http://www.uvk-lucius.de/nachhaltigkeit

Ökologische Nachhaltigkeit

Ökologische Nachhaltigkeit beschreibt die Nutzung eines Systems in einer Weise, dass dieses in seinen wesentlichen Eigenschaften dauerhaft erhalten bleibt und so sein Fortbestand gesichert wird. Dabei spielen folgende Aspekte eine Rolle:

- Das ökologische System ist zugleich *Senke* (anthropogener Emissionen) und *Quelle* (natürlicher Ressourcen), die direkt und indirekt überlebenswichtig sind.

- Der Mensch ist ohne einen bestimmten quantitativen und qualitativen *Zustand* von Natur und Ökosystemen nicht überlebensfähig.

- Menschliche Aktivitäten als Ursachen ökologischer *Degradation* sind z.B. Abbau von Rohstoffen, Umlenkung von Stoff- und Energieströmen, Landschaftsumwandelung oder Bodenversiegelung.

- Bei gewissen Phänomenen ist bereits ein Niveau der *Übernutzung* erreicht wie z.B. Überfischung der Meere, Schmelzen der Polkappen, Ozonloch.

- Problemtisch ist dabei die Geschwindigkeit anthropogen bedingter Veränderungen, z.B. können Bäume nicht schnell genug der klimabedingten Verschiebung von Vegetationszonen folgen.

- Der Mensch hat die Erde im Laufe der letzten hundert Jahre durch *Industrialisierung* stärker beeinflusst als in den 10.000 Jahren zuvor.

Streitpunkt: Wann ist die Erschöpfung der Natur erreicht? Haben wir noch Zeit? Oder sind wir bereits zu spät dran? Stichwort Peak Oil oder Earth Overshoot Day.

Das Fazit der Vertreter einer starken ökologischen Nachhaltigkeit lautet: Wir leben schon lange nicht mehr von den Zinsen, sondern auf Kosten der Ressourcen unserer Kinder und Kindeskinder. Damit ist die ökologische Nachhaltigkeit durch unsere gegenwärtigen Lebensstile und Wirtschaftsformen nicht mehr gegeben.

http://www.uvk-lucius.de/nachhaltigkeit

Ökonomische Nachhaltigkeit

Ökonomische Nachhaltigkeit beschreibt die betriebswirtschaftliche Nutzung eines Systems im Sinne einer Organisation oder eines Unternehmens in einer Weise, dass dieses in seinen wesentlichen Eigenschaften dauerhaft erhalten bleibt und sein wirtschaftlicher Fortbestand so gesichert ist. Dabei spielen folgende Aspekte eine Rolle:

- Kernaussage der klassischen ökonomischen *Wachstumstheorie* ist, dass eine Steigerung des Pro-Kopf-Wachstums langfristig nur durch technischen Fortschritt möglich ist.

- Wenn aber technischer Fortschritt kapital- und arbeitsvermehrend ist, die Produktivität natürlichen Kapitals aber nicht, dann muss es langfristig zu einer Überlastung, -nutzung und strapazierung der natürlichen Ressourcenbasis kommen.

- Zu vollziehen sei aber vielmehr ein *Paradigmenwechsel* im Sinne von „from wealth to sustainability".

- Demnach entspräche das Einkommmen genau der Summe, die maximal konsumiert werden kann, ohne den künftigen realen *Konsum* zu schmälern.

- Mögliche Lösung: *Entkoppelung von Wachstum und Ressourcennutzung* durch Effizienz, Suffizienz und Konsistenz sowie durch umwelttechnische, soziale (!) und institutionelle Innovationen.

Fazit: Vertreter der ökonomischen Nachhaltigkeit befürworten ein Wirtschaften, das umwelt- und sozialverträglich ist und Wohlstand nicht allein durch Wachstum anstrebt, sondern vielmehr *Lebensqualität* statt Besitzmehrung.

Soziale Nachhaltigkeit

Soziale Nachhaltigkeit beschreibt die auf Menschen ausgerichtete Nutzung eines Systems oder einer Organisation in einer Weise, dass dieses in seinen wesentlichen Eigenschaften dauerhaft erhalten bleibt und sein personalbezogener sowie gesellschaftlicher Fortbestand so gesichert ist. Dabei spielen folgende Aspekte eine Rolle:

- Aktuelle Probleme, die Ausdruck sozialer Nicht-Nachhaltigkeit sind, sind Terrorismus, Zwangsmigration, Arm-Reich-Kluft oder Diskriminierung und wie diese schwer greifbaren soften Aspekte ganze Ökonomien und Länder zerschlagen können.

- Soziale Ressourcen sind z.B. Toleranz, Solidarität, Integrationsfähigkeit, Inklusion, Gemeinwohlorientierung, Recht- und Gerechtigkeitssinn.

- Eine weitere mögliche Definition sozialer Nachhaltigkeit ist: Die Lösung der Verteilungsprobleme zwischen Regionen, sozialen Schichten, Geschlechtern und Altersgruppen sowie der kulturellen Integration von Zugehörigkeiten und Identitäten.

- Theoretische Ansätze sind die Klassentheorie von Pierre Bourdieu sowie die Rational Choice Theory von James S. Coleman und Robert Putnam.

> Soziale Nachhaltigkeit wurde bislang vernachlässigt und unterbewertet. Sie erfährt aber zunehmend Aufmerksamkeit durch soziale Innovationen wie z.B. soziale Netzwerke (Erfolg von Facebook), Kooperationen, strategische Allianzen, Fachkräftemangel, Humankapitalaufwertung.

Ein Referenzrahmen zur Bewertung sozialer Nachhaltigkeit ist die *Glücksforschung*. So relativiert die Messung von Glück und Zufriedenheit z.B. durch World Happiness Index (HPI) (→QR) bzw. World Database of Happiness das Gewicht rein ökonomischer Faktoren. Vielmehr sind Faktoren bedeutsam wie soziales Wohlbefinden, gute Beziehungen zu Familie, Freunden, Nachbarn und der  Gemeinschaft sowie eine intakte, gesunde Natur, also nicht reinmarktliche Güter.

Der Begriff *Bruttonationalglück* wurde 1979 vom König von Bhutan, Jigme Singye Wangchuck, geprägt. Er wollte damit zum Ausdruck bringen, dass er sich einer Wirtschaftsentwicklung verpflichtet fühlt, die Bhutans einzigartiger Kultur und ihren buddhistischen Werten gerecht werde. Bhutan hat zu diesem Zweck mit der

Kommission für das Bruttonationalglück eine Staatskommission eingesetzt und in Artikel 9.2 der Verfassung festgeschrieben: „Der Staat soll sich darum bemühen, diejenigen Bedingungen zu fördern, die das Streben nach Gross National Happiness ermöglichen".[34]

In seinem Beitrag „Das Streben nach Bruttosozialglück. Bhutans Weg zu nachhaltiger Wohlfahrt" schreibt Tobias Pfaff: „Die Konzentration auf den Geist anstelle der materiellen Welt ist der Kerngedanke der buddhistischen Philosophie. Sie widerspricht der ökonomischen Auffassung der Nutzenmaximierung durch den Konsum materieller Güter. Damit kommt die buddhistische Weltanschauung dem Gedanken der Ressourcenschonung entgegen. Auch der Glaube an Wiedergeburt legt nachhaltiges Denken und Handeln nahe."[35]

Mischarbeit – Aufwertung informeller Arbeit

Mischarbeit berücksichtigt nicht allein Erwerbsarbeit, sondern alle weiteren in einer Volkswirtschaft relevanten, aber unbezahlten Arbeitsformen. Dies umfasst Eigenarbeit wie Haus- und Gartenarbeit, Versorgungsarbeit wie Kinderbetreuung, Kranken- und Altenpflege, und Gemeinschaftsarbeit wie unbezahlte Tätigkeiten in Selbsthilfegruppen, informellen Organisationen oder gemeinnützigen Vereinen. Mischarbeit erkennt diese informellen Arbeiten als produktive Beiträge zur Zukunftsfähigkeit der Gesellschaft an. Hintergrund ist u.a. die Erhöhung der Arbeitsproduktivität bei gleichzeitiger Häufung von Burn-Out-Fällen. Befürworter argumentieren, dass sich durch Mischarbeit das Dilemma westlicher Wohlstandsgesellschaften auflösen würde, nämlich dass nur sehr hohe Zuwachsraten der Güterproduktion die hohen Wachstumsraten der Arbeitsproduktivität ausgleichen können.

---

[34] Siehe hierzu www.grossnationalhappiness.com. Siehe auch http://worlddatabaseofhappiness.eur.nl/ sowie Jensen, A. (2011) Wir steigern das Bruttosozialglück: Von Menschen, die anders wirtschaften und besser leben. Herder.

[35] Pfaff, T. Das Streben nach Bruttosozialglück. Bhutans Weg zu nachhaltiger Wohlfahrt. In: Journal360°. 02/2009. S. 6

http://www.uvk-lucius.de/nachhaltigkeit

Abschließend lassen sich die Ziele und Regeln der drei Nachhaltigkeitsdimensionen wie folgt zusammenfassen:

ökonomisch	ökologisch	sozial
Sicherung der menschlichen Existenz	**Erhaltung des gesellschaftlichen Produktiv-potenzials**	**Bewahrung der Entwicklungs- und Handlungsmög-lichkeiten**
Schutz der menschlichen Gesundheit	nachhaltige Nutzung erneuerbarer Ressourcen	Chancengleichheit im Hinblick auf Bildung, Beruf, Information
Gewährleistung der Grundver-sorgung	nachhaltige Nutzung nicht-erneuerbarer Ressourcen	Partizipation an gesellschaftlichen Entscheidungs-prozessen
selbständige Existenzsicherung	nachhaltige Nutzung der Umwelt als Senke	Erhaltung des kultu-rellen Erbes und der kulturellen Vielfalt
Gerechte Vertei-lung der Umwelt-nutzungsmöglich-keiten	Vermeidung unver-tretbarer technischer Risiken	Erhaltung der kultu-rellen Funktion der Natur
Ausgleich extre-mer Einkommens- und Vermögens-unterschiede	nachhaltige Entwick-lung des Sach-, Human- und Wis-senskapitals	Erhaltung der sozia-len Ressourcen

Abb. 25: Die wichtigsten Ziele und Regeln von Nachhaltigkeit (Kopfmüller et al. (2001), S. 172)

4.3   Positionen der Nachhaltigkeit

*Durch den Klimawandel werden hunderte Millionen Menschen ihren Lebens-
raum verlieren. Gegen die dadurch ausgelösten Flüchtlingsströme wird die
klassische Völkerwanderung wie ein ruhiger Sonntagsspaziergang erscheinen.*

Hans Joachim Schellnhuber

In welcher Intensität lässt sich Nachhaltigkeit verfolgen? Grundsätzlich stehen sich hier zwei *Positionen* gegenüber, nämlich die der
schwachen und die der starken Nachhaltigkeit. Während die schwache weiterhin von der Dominanz wirtschaftlicher Aspekte ausgeht,
betont die starke die Notwendigkeit der Gleichwertigkeit aller drei
bzw. vor allem der ökologischen Dimension. Der folgende Abschnitt wirft einen Blick auf die dahinterliegenden Positionen,
Ansätze und Argumente.

Der Begriff der Nachhaltigkeit lässt sich in ein Kontinuum von
schwacher bis starker Ausprägung einordnen. Dabei führen die
Extrempositionen in diesem Zusammenhang zu eindimensionalen
Auslegungen, die den multidimensionalen Charakter des Nachhaltigkeitsleitbildes verkennen.

Schwache Nachhaltigkeit – Position der neoklassischen Öko-
nomie

Schwache Nachhaltigkeit fußt auf der Prämisse der neoklassischen
Ökonomie (→QR): Ihr Sinn, Zweck und Ziel ist das
Streben nach permanentem Wachstum durch öko-
nomische Aktivitäten. Bis heute basiert die vorherrschende *Ressourcen- und Umweltökonomie* stark auf dem
Ansatz der geldfixierten Ausbeutung und Wertschöpfung durch messbare *Kosten-Nutzen-Analysen*. Es besteht eine klar
anthropozentrische Sichtweise, im Zentrum dieses Universums
steht der Mensch und die Befriedigung seiner Bedürfnisse. Gleichwohl gilt zu beachten, dass Parameter und Größen, die soziale
Wohlfahrt bestimmen, niemals völlig objektiv sind und deshalb
schwer in feste Werte zu fassen sind. Problematisch an der über
Jahrhunderte nicht infrage gestellten Position ist die unverhältnis-

mäßig optimistische Sichtweise, Naturkapital sei durch Sachkapital ersetzbar. Dies gilt auf globale, langfristige Sicht umso weniger, haben doch z.B. aus dem Rohstoff Stahl gefertigte Nutzobjekte eine langfristig kürzere Haltbarkeit und Nutzenfunktion als in ihrem Rohzustand. Paradoxerweise gründet damit gerade diese harte ökonomische Theorie auf einem *naiven Substituierbarkeitsglauben*. Dass ökonomische Kapitalwerte nicht ohne Weiteres ökologisches und kulturelles Kapital ersetzen, zeigt auch das Beispiel des peruanischen Regenwaldvolkes Ashaninka. Ihr anfänglicher wirtschaftlicher Aufschwung, bedingt durch die Erschließung westlicher Ölunternehmen, führte zu einer steten kulturellen Zersetzung des Eingeborenenstammes und damit zur unwiderbringlichen Zerstörung von Traditionen, Riten, Sprachen und Werten, kurz zu einer Erosion kulturellen Reichtums und biologischer Vielfalt.[36]

Ökozentrismus bedeutet das Verständnis, die Weltanschauung und die Überzeugung des Menschen, sich selbst als ein Lebewesen unter vielen zu begreifen und seine Bedürfnisse in Relation zu denen anderer innerhalb des gesamten ökologischen Systems zu sehen. „Der Mensch ist nicht das Maß aller Dinge".

Anthropozentrismus bedeutet das Verständnis, die Weltanschauung und die Überzeugung des Menschen, sich selbst als Zentrum und Mittelpunkt des irdischen Daseins, der Welt und der Realität zu begreifen. „Der Mensch ist das Maß aller Dinge".

Abb. 26: Ökozentrismus versus Anthropozentrismus

Das wohl bekannteste Sinnbild der neoklassischen Theorie ist der *„homo oeconomicus"* (lat. homo = Mensch, oeconomicus = wirtschaftlich, also haushaltender, wirtschaftender Mensch). Als fiktives Wirt-

---

[36] Vgl. Pufé, I. (2007) Klima, Wälder, Indigene Völker. Umwelt- und Entwicklungspolitik im Rahmen des Klima-Bündnisses zur Erhaltung von Natur und Kultur in Amazonien. oekom Verlag, München.

schaftssubjekt hat er feststehende Präferenzen und handelt rational in dem Sinne, dass er unter gegebenen Alternativen stets diejenige auswählt, die seinen eigenen Nutzen am stärksten maximiert. Der homo oeconomicus wäre somit z.b. über alle Preise eines Produkts in verschiedenen Geschäften und Städten informiert und würde, da er sein Budget bestmöglich auszunutzen sucht, jenes Geschäft, welches am billigsten verkauft, aufsuchen, auch wenn es räumlich weiter entfernt läge. Aspekte wie die mit höheren Emissionen verbundene Anreise oder die Unterstützung lokaler Produzenten seiner unmittelbaren Gemeinde oder Gemeinschaft wären hinfällig.

Das Prinzip rationalen Verhaltens ist auf zwei Institutionen übertragen worden: einerseits auf Haushalte, die im Rahmen ihrer Möglichkeiten (bestimmt durch gegebene Preise, Löhne und sonstiges Einkommen) die nutzenmaximierende Alternative wählen; sowie andererseits auf Unternehmen, welche unter den jeweiligen Bedingungen wie vollständige Konkurrenz, Oligopol, Monopol etc. und gegebener Technologie die Produktion auswählen, die dem Unternehmensziel am besten entspricht.

Das Gegenmodell zum homo oeconomicus ist der *homo sustinens* (→QR), wie es Siebenhüner in seinem gleichnamigen Buch bezeichnet, ein Menschenbild, das im natürlichen Einklang mit Prinzipien der Nachhaltigkeit begründet ist.

Starke Nachhaltigkeit – Position der ökologischen Ökonomie

Bei der starken Nachhaltigkeit wird von einer ökozentrischen Sichtweise ausgegangen: die Notwendigkeit von Schutz, Erhalt und Bestand ökologischer Systeme ist indiskutabel und ist unter allen Umstängen zu gewährleisten. Dies ist der Ausgangspunkt jeglicher Argumentation, jeder *Nutzen- und Wirtschaftlichkeitserwägung* nach folgender Logik: Ein Fischerboot auf Seen ohne Fische ist nutzlos, wie Daly es einmal beschrieb. Damit grenzt sich die ökologische Ökonomie (→QR) sich von der formal zwar eleganten, inhaltlich aber als weltfremd zu betrachtenden neoklassischen Umweltökonomie ab. Als inter- bzw. transdisziplinäres Wissenschaftsfeld, das sich mit der Erforschung von Handlungsmöglichkeiten angesichts ökologischer Grenzen der Tragfähigkeit natürlicher Systeme befasst, ist ihr Ziel die wissenschaftliche Fundierung einer nachhaltigen Entwicklung unter Berücksichtigung ökologischer, wirtschaftlicher, politischer und gesellschaftlicher Aspekte. Entgegen des von neoklassischen Ökonomen gepriesenen Selbststeuerungsmechanismus des Marktes muss demnach bei starken externen Effekten die Umweltpolitik eingreifen, um Lobbyismus für einen Bereich ohne Fürsprecher zu betreiben. Das Problem dabei ist: Die Natur kennt keine Preise und Auswirkungen menschlichen Handelns sind oft schwer abwägbar. *Unwissenheit und Unsicherheit, Irreversibilitäten, Trigger- und Schmetterlingseffekt und hochsensible Ökosysteme* wie z.B. das Ozonloch, deren Wirkungsweise wissenschaftlich noch nicht gänzlich erschlossen sind, bringen ökologische Ökonomen in Argumentationsnöte (siehe hierzu auch Kapitel 8). Im Vergleich zur Zuversicht der neoklassischen Ökonomen in Sachen Substituierbarkeit, glauben Vertreter der starken Nachhaltigkeit nicht an Lösungen wie Nachsorge und Reaktion – sondern an *Prävention und Antizipation.* So kann eine Ozonlochvergrößerung nur begrenzt durch Sonnencreme, Kleidung, medizinische Vor- und Nachsorge kompensiert werden. Auch technologische Ansätze wie Geo-Engineering sind kritisch zu bewerten, da dadurch das Problem kosmetisch behandelt, nicht aber an seiner Wurzel gepackt wird. Geo-Engineering bezeichnet technische Eingriffe in geochemische oder biogeochemische Kreisläufe, etwa um die Klimaerwärmung oder die Versauerung der Meere zu bremsen.

Zur Minderung von Umweltbelastungen werden bislang vor allem *End-of-pipe-Technologien* verwendet wie z.B. Filteranlagen auf Schornsteinen oder Katalysatoren in Autos. Gleichzeitig werden langfristige Umweltprobleme von solchen Maßnahmen in den Hintergrund gedrängt, solange deren Auswirkungen nicht stark genug wahrgenommen werden wie etwa der Klimawandel oder Biodiversitätsverlust.

Die Ursache für diesen kosmetischen Klimaschutz ist die sogenannte *Externalisierung,* die Nach-Außen-Verlagerung von Umwelt- und Sozialkosten.

Externalisierung – Umweltverschmutzung kostet nichts

Wenn ein Öltanker in Küstennähe auf Grund läuft und 800 Millionen Liter Öl, wie im Falle von der Explosion der BP-Ölbohrplattform Deepwater Horizon, ins Wasser, an Strände und die Küste gelangen, bringt das einen Wachstumsschub für die Wirtschaft mit sich: Spezialeinheiten von Umwelttechnikern müssen ausrücken, das Öl chemisch gebunden, verseuchter Sand abgegraben und abtransportiert werden. Die *Umweltkatastrophe schafft Nachfrage* nach Gütern und Dienstleistungen. Die Verminderung der Qualität von Luft, Boden, Wasser, Pflanzen geht in die wirtschaftliche Gesamtrechnung dagegen nicht ein. Auch *Transporte* von Rohstoffen und Gütern quer über den Globus sind wirtschaftlich nur deshalb rentabel, weil fossile Energieträger nach wie vor sehr billig sind.

Nach Abschätzungen der Weltbank und der Chinesischen Akademie der Wissenschaften beläuft sich der jährliche Umweltschaden auf zumindest 8%, vielleicht sogar 15% des chinesischen Bruttosozialprodukts. Das bedeutet, dass längerfristig gesehen, die Umweltschäden und Ressourcenverluste den wirtschaftlichen Erfolg aufheben.

Das heißt, bei der Preisbildung werden lediglich volks- und betriebswirtschaftliche Kosten berücksichtigt, auch deshalb, weil jene leichter zu beziffern sind, während die in der Güter- und Dienstleistungsbereitstellung einhergehenden sozialen und ökologischen Kosten ausgeschlossen bzw. außen vorgehalten werden. Dies verzerrt die Preise im Markt. Bei Dumpingprodukten etwa werden nur die direkten Aufwendungen kalkuliert, nicht aber die indirekten Kosten und Schäden. *Produkte haben häufig einen Preis, der nicht ihren wahren Wert widerspiegelt.*

Private Kosten sind über den Marktmechanismus dem Einzelnen, dem Individuum, dem Verursacher zuzuschreiben und die privaten Preise spiegeln wider wie knapp ein bestimmtes Gut am Markt ist.

Externe Kosten können nicht über den Marktmechanismus ihrem Verursacher zugeordnet werden, weil sie ein öffentliches, jedem zugängliches Gut sind, das zudem keine Rechte für sich beansprucht oder ein Preisschild trägt wie z.B. Luft, Wasser, Boden.

Wie viel ist ein Sonnenuntergang wert?

Wie viel ist ein Latte Macchiatto wert? Und wie viel ein schöner Sonnenuntergang? Wie sollte ein in China produziertes Lacoste-Shirt mit prestigeträchtigem Logo, aber zweifelhaften Herstellungsbedingungen bepreist werden und wie ein von Hand gefertiges Shirt eines lokalen Produzenten? Wie viel ist ein iPhone 4S wert im Vergleich zu einem Freundeskreis, mit dem man sich jeden Freitag in seiner Lieblingsbar trifft? Wie viel ist ein Stück der Berliner Mauer als historisches Erinnerungsstück wert und wie viel der Ausblick von einem Berg, den man erklommen hat?

Der Flügelschlag eines Schmetterlings

Ein weiteres Konzept zum Verständnis von Nachhaltigkeit ist der *„Schmetterlingseffekt"*. Dieser bezeichnet, dass in manchen Systemen kleine Ursachen große meist *unvorhersehbare Wirkungen* haben können. Die Bezeichnung stammt von einer bildhaften Veranschaulichung dieses Effekts durch Edward N. Lorenz am Beispiel des Wetters: Der Schlag eines Schmetterlingsflügels im Amazonas-Urwald kann einen Orkan in Europa auslösen. Das Phänomen beruht auf der Tatsache, dass manche komplexen Systeme, wie etwa das Wetter, langfristig gesehen sehr empfindlich und instabil gegenüber Änderungen sind. Dabei können Störungen in einem System in andere (instabile) Systeme übergehen.[37]

---

[37] Michael Crichton verarbeitet dieses Prinzip in seinem Roman Jurassic Park, der 1993 unter der Regie von Steven Spielberg als SciFi-Horror- und Abenteuerfilm ins Kino kam.

Der Meteorologe Lorenz entdeckte den Effekt 1963, als er eine Berechnung zur Wettervorhersage mit dem Computer machte. Bei seiner ersten Berechnung gab er einen Startwertwert für eine Iteration auf sechs Dezimalstellen genau an (0 506127), bei der zweiten Berechnung auf drei (0 506). Obwohl diese Werte nur um etwa 1/1000 voneinander abwichen – also einer Differenz, die mit dem vom Flügelschlag eines Schmetterlings erzeugten Windhauch vergleichbar ist – wich im weiteren Verlauf diese Berechnung mit der Zeit von der ersten stark ab.

schwache Nachhaltigkeit	starke Nachhaltigkeit
• Anthropozentrismus • neoklassische Ökonomie • Harmonie zwischen Wachstum und Umwelt • Substituierbarkeit von Naturkapital Wachstumsparadigma (mit moderater Umweltpolitik) • Wachstumsoptimisten • Strategie: Effizienz durch Technik, Wachstum und Markt • konventionelle Kosten-Nutzen-Analyse	• Ökozentrismus • ökologische Ökonomie • Zielkonflikt zwischen Wachstum und Umwelt • keine Substituierbarkeit von Naturkapital • Unmöglichkeit unendlichen Wachstums • Wachstumspessimisten • Strategie: Wachstumsstop, -begrenzung; Verzichtsethik & Effizienzprinzip bei Individuum und Politik • Kritik an reiner Kosten-Nutzen-Analyse

Abb. 27: Schwaches versus starkes Nachhaltigkeitsparadigma

Sehr starke und sehr schwache Nachhaltigkeit

Vertreter der sehr starken Nachhaltigkeit räumen der Ökologie die größte Priorität ein und gehen davon aus, dass sich jedes Wirtschaften der ökologischen Tragbarkeit unterwerfen muss. Die Politik soll hier der Aufgabe nachkommen, wirtschaftliche und soziale Aspekte in eine ökologische Gesamtstruktur einzubetten. Der Gegenpol – die sehr schwache Nachhaltigkeit oder auch das ökonomische Paradigma – geht davon aus, dass das Wohl der Menschen in relativ direkter Weise vom materiellen Wohlstand abhängt. Einmischungen in die ökonomische Freiheit werden hier als ineffizient gewertet. Vom wachsenden Wohlstand würden auch die Armen profitieren.

4.4   Modelle der Nachhaltigkeit

Nachhaltiges Wirtschaften bedeutet, Profite sozial und ökologisch verantwortungsvoll zu erwirtschaften und nicht, Profite zu erwirtschaften, um sie dann für soziale oder Umweltbelange einzusetzen.

Bianca Wiedemann

Ein Modell ist ein beschränktes Abbild der Wirklichkeit. Zur Veranschaulichung der Komplexität des Nachhaltigkeitskonzeptes dienen verschiedene Modelle, die sich über die Zeit herausgebildet haben. Im Folgenden werden die drei wichtigsten Nachhaltigkeitsmodelle vorgestellt.

Unabhängig, ob starke oder schwache Nachhaltigkeit, ob sehr viele oder einige zentrale Themen verfolgt werden, stets geht es um den unauflösbaren Zusammenhang von Ökonomischem, Ökologischem und Sozialem. Wie aber lässt sich dieses Feld wechselwirkender Dimensionen veranschaulichen?

4.4.1   Drei-Säulen-Modell

Es war bereits die Rede von den drei Säulen, von denen jede als Stütze bei wirtschaftlichem Handeln für eine zukunftsfähige Entwicklung zu berücksichtigen ist. Dies wird meist anhand des Drei-Säulen-Modells veranschaulicht.

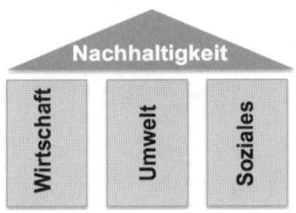

Abb. 28: Drei-Säulen-Modell der Nachhaltigkeit

Die Not wurde zur Tugend: Während früher allein Gewinnerwirtschaftung das unternehmerische Ziel und damit die tragende Säule jeglicher Vorhaben war, wurde diese ergänzt. Zunächst kam die ökologische Säule hinzu, aus vormals genannten Faktoren wie Ressourcenverknappung und Umweltverschmutzung, die diverse Stakeholder auf den Plan rief.

Vor dem Hintergrund, dass nicht mehr nur Arbeitnehmer von umweltschädigener Geschäftstätigkeit von Unternehmen betroffen sind, sondern zahlreiche interne und externe Akteure wie das soziale Umfeld, Gemeinden, Entwicklungsländer, gewann die soziale Säule an Gewicht. Wo vormals nur Shareholder (Anteilseigner) das Sagen hatten, tritt jetzt die zunehmende Bedeutung von Stakeholdern (Anspruchsberechtigte). Mit drei Säulen ruht eine Unternehmung auf einem belastbareren Fundament als auf nur einer, bei gleichzeitiger Erhöhung der Komplexität.

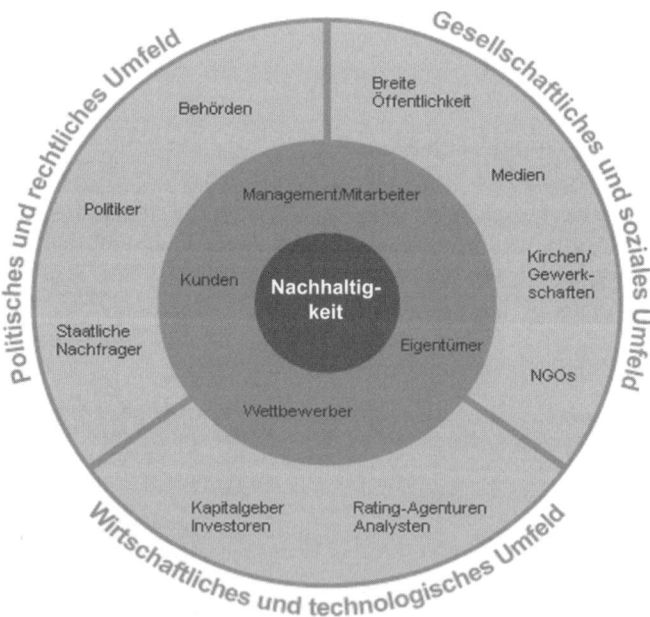

Abb. 29: Spektrum an Stakeholdern

Das Drei-Säulen-Modell ist hilfreich, weil es veranschaulicht, dass was bislang auf einer Säule, der Ökonomischen, ruhte, nun auf drei Säulen basiert. Die *Klarheit* des Modells in Form eines Gebäudes mit drei Säulen hat aber bei genauerem Betrachten eine Schwäche. Entfernt man die rechte, die linke, die mittlere oder gar die rechte und linke Säule, so bliebe bei ausreichender Stärke der verbleibenden Säule(n) das Gebäude bzw. das Dach weiterhin stehen.

Zu bemängeln ist zudem, dass das Modell nur schwer operationalisierbar ist und sich kaum praktische Konsequenzen ableiten lassen. Der Sachverständigenrat für Umweltfragen sprach in seinem Gutachten 2002 dem Drei-Säulen-Modell die Orientierungsfunktion ab, weil es zu einem dreispaltigen Wunschzettel verkomme, in das jeder Akteur seine Anliegen eintragen könne. Dies führe aber zu einer „Hyperkomplexität, die das arbeitsteilige politische System überfordert".[38] Auch beschreibt das Modell die ökonomische, ökologische und soziale Nachhaltigkeit als einander gleichrangig, während ökologische Nachhaltigkeit Vorrang genieße müsse, ist doch der Schutz der natürlichen Lebensbedingungen die Grundvoraussetzung. Der letztgenannte Punkt ist aber *umstritten*, weil er die gleichberechtigte Bedeutung, die Nachhaltigkeit explizit ausmacht, unterminiert.

4.4.2 Schnittmengenmodell der Nachhaltigkeit

Das Schnittmengenmodell der Nachhaltigkeit war der Versuch, das Nebeneinander der Säulen aufzubrechen und die drei Dimensionen in einen integrativen, ineinandergreifenden Zusammenhang zu bringen. Die *Überlappung* der Kreise veranschaulicht, dass zwischen jeweils zwei Bereichen ein engerer Zusammenhang bestehen kann und die Grenzen fließend sind.

---

[38] Sachverständigenrat für Umweltfragen (2002) Umweltgutachten 2002. Für eine neue Vorreiterrolle. Metzler-Poeschel Stuttgart.

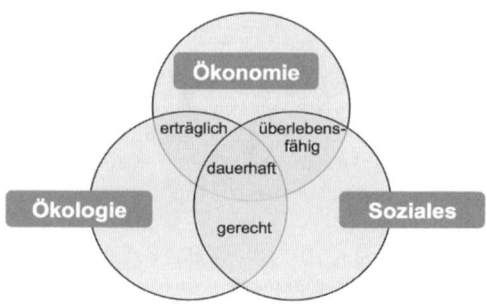

Abb. 30: Schnittmengen-/Dreiklangmodell der Nachhaltigkeit

Beispiele dafür sind die umweltfreundliche Mobilität als Schnittmenge aus Ökonomie und Ökologie, das Carsharing als Schnittmenge aus Ökonomie und Sozialem oder Umweltbildungsprogramme als Schnittmenge aus Sozialem und Ökologie. Dabei stellen die Begriffe bzw. Werte überlebensfähig, erträglich und gerecht jeweils den Kernwert jener Überschneidungen dar. Letztliches Ziel ist die Verbindung aller drei Kreise, hin auf dauerhafte Projekte, Produkte und Entwicklungen.

4.4.3   Das Nachhaltigkeitsdreieck

Das Nachhaltigkeitsdreieck ist die *Weiterentwicklung* der beiden vorigen Modelle. Als Sinnbild für Symmetrie und Ausgewogenheit vereint es die verschiedenen Aspekte von Nachhaltigkeit. Die drei Bereiche stehen nicht länger unverbunden nebeneinander, sondern ergeben *ein gemeinsames Ganzes*.

Auf der Suche nach einem integrativen Konzept wurde das Drei-Säulen-Modell vom Forschungszentrum Karlsruhe weiterentwickelt.[39] Eine Rolle bei der Herausbildung des Nachhaltigkeitsdreiecks kommt auch dem Verband der Chemischen Industrie (VCI) zu, der 1996 forderte, dass wirtschaftliche, ökologische und soziale Aspekte gleich-

---

[39] Jörissen, J. et al. (1999) Ein integratives Konzept nachhaltiger Entwicklung. Forschungszentrum Karlsruhe.

rangig berücksichtigt werden müssen. „Wir betrachten Sustainable Development also nicht als ein einseitiges ökologisches, sondern als ein ganzheitliches Zukunftskonzept. Denn jeder dieser drei Bereiche trägt dazu bei, dass eine langfristige und tragfähige Entwicklung möglich wird", hieß es in einer Studie im Auftrag des VCI.[40]

Diese Konzeption hat die Bundesregierung in der Nachhaltigkeitsstrategie 2002 bekräftigt und festgelegt, dass „die umwelt-, wirtschafts- und sozialpolitischen Ziele gleichermaßen berücksichtigt werden" müssen.[41]

Das *gleichschenklige Dreieck* veranschaulicht, dass allen drei Seiten die gleiche Bedeutung zukommt, auch wenn in der Praxis oft eine Schwerpunktverlagerung in den einen oder anderen Bereich (meist ökonomischen) geschieht.

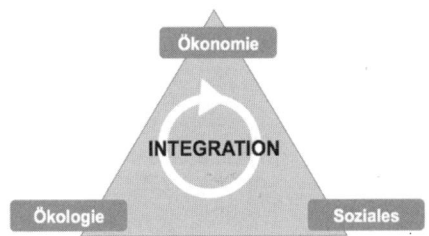

Abb. 31: Das Nachhaltigkeitsdreieck

Das Diagramm, das auch als *Gibbsches Dreieck* bekannt ist, bildet eine aus drei Komponenten bestehende Einheit: $x+y+z=100\%$. Den Dimensionen können Nachhaltigkeitsaspekte kontinuierlich zugeordnet werden.

---

[40] IFOK (Institut für Organisationskommunikation) (1997) Bausteine für ein zukunftsfähiges Deutschland. Diskursprojekt im Auftrag von VCI und IG Chemie-Papier-Keramik, Wiesbaden.
[41] Deutscher Bundestag (1998) Konzept Nachhaltigkeit. Vom Leitbild zur Umsetzung. Deutscher Bundestag, Referat Öffentlichkeitsarbeit. Bonn.

- Beispielsweise betrifft die Ökoeffizienz als ökonomisch-ökologisches Konzept zwei Dimensionen gleichermaßen (50% Ökonomie + 50% Ökologie).
- Biodiversität ist demgegenüber als ein ökologisch dominiertes Thema (ca. 100% Ökologie) anzusehen.

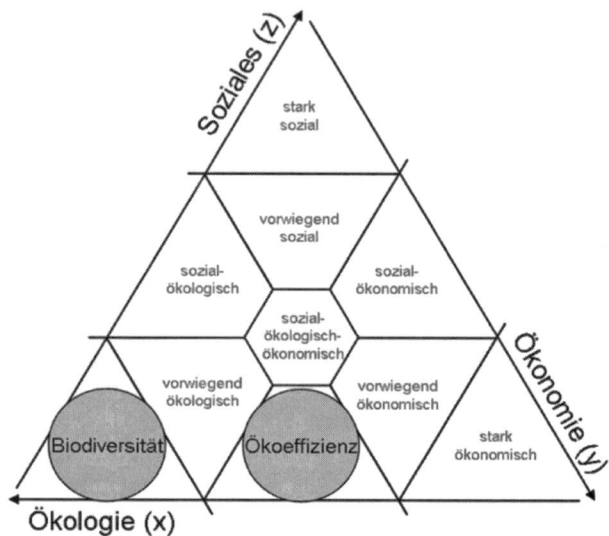

Abb. 32: Das integrierende Nachhaltigkeitsdreieck, mit Beispielen (Kleine (2009))

Somit lassen sich im integrierenden Nachhaltigkeitsdreieck alle möglichen *Kombinationen* darstellen.[42]

Diese integrierende Darstellungsweise ermöglicht eine differenziertere Analyse, eine zielgenauere Einbindung anderer

---

[42] Kleine, A. (2009) Operationalisierung einer Nachhaltigkeitsstrategie - Ökologie, Ökonomie und Soziales integrieren. Gabler Wiesbaden.

> Konzepte (z.B. Ökoeffizienz) und zugleich eine synoptische
> Zusammenstellung, indem die Innenfläche ausgenutzt wird.

Damit eignet es sich auch für Anwendungen wie Nachhaltigkeitsbewertung, Sammlung von Indikatoren oder für inhaltliche Unter-
gliederungen wie z.B. die Lokale Agenda 21.

Eine konkrete, anschauliche sowie konsequente Anwendung des
integrierenden Nachhaltigkeitsdreiecks bietet das Beispiel Rheinland Pfalz. Hier empfiehlt es sich, unter
dem angeführten QR die Nachhaltigkeitsstrategie als
Kurzfassung einzusehen (→QR).

4.5 Nachhaltigkeitsprinzipien

> *Das Prinzip der Nachhaltigkeit ist die einzige Option für verantwortliches*
> *globales Handeln, die unsere Ökosysteme schützt und damit das Überleben*
> *künftiger Generationen sichert.*
> *Olaf Tschimpke*

Bislang war von Begriffen, Ansätzen und Theorien die Rede, von
Ausprägungen, Modellen und Konzepten. Was ist ihnen allen gemein? Welches sind die wichtigsten Prinzipien, auf denen alle jene
Aspekte basieren? Was sind die *raum-, orts-* und *organisationsunabhän-
gigen* Kernpunkte, die als Orientierung und Referenzrahmen dienen
können? Sieben handlungsleitende Prinzipien sollten als leuchtende
Sterne über jeder Nachhaltigkeitsentscheidung prangen:

- **Prinzip der intergenerationellen Gerechtigkeit**
  – zwischen jung, alt, Großeltern, Eltern, Kindern, Enkeln sowie künftigen, ungeborenen Generationen.

- **Prinzip der intragenerationellen Gerechtigkeit**
  – zwischen unterschiedlichen Generationen, d.h. hinsichtlich Alter, Geschlecht, Rasse, Religion, Herkunft,
  sozialer Status, politische Gesinnung etc.

http://www.uvk-lucius.de/nachhaltigkeit

- **Prinzip der Ganzheitlichkeit und Integration**
  – keine der drei Dimensionen hat Vorrang, sondern es gilt, alle drei in Entscheidungen einzubeziehen; Vernetzung, Zusammenhang und Interdependenz ökonomischer, ökologischer und sozialer Anliegen samt integrativer Problem- und Lösungssicht; integrative Querschnittsorientierung.

- **Prinzip der Glokalität**
  – „think global, act local". Verknüpfung von Globalität und Lokalität.

- **Prinzip der Partizipation, Verantwortung und Stakeholder-Beteiligung**
  – Einbezug aller Betroffenen und Verantwortlichen, aller „Opfer und Täter".

- **Prinzip der präventiven Langfristorientierung**
  – Prävention und Vorbeugung statt Reaktion und Krisenbehebung; Beachtung langfristiger und dauerhafter Entwicklungen statt kurzer, temporärer.

- **Charakter eines normativen Leitbildes**
  – in der Quintessenz ist Nachhaltigkeit ein ethisch-moralisches sowie handlungsleitendes Prinzip und eine regulative Idee.

In Kürze gefasst, kann die Orientierung an den Prinzipien als der schnellste und direkteste *Prüfstein* zur Nachhaltigkeitsbewertung von Strategien oder Maßnahmen gesehen werden. Sprich, wenn sich jede Handlung und Entscheidung vorab an jenen Prinzipien zu messen lassen hätte, bevor sie in eine tatsächliche Handlung oder operativen Beschluss überführt würde, könnte der größte Nutzen erzielt bzw. der größte Schaden abgewendet werden.

In den Unternehmenskontext übersetzt, ließen sich obige Prinzipien wie folgt ausdefinieren:

ökologisch	ökonomisch	sozial
• resourcenbewusstes Verhalten (z. B. Produktion)	• Gesunde finanzielle Basis	• Bereitstellung von Kohärenz und ein Gefühl von Gemeinschaftsinn und Zugehörigkeit
• Kontinuierliche Emissionsreduktion	• Gute Eigenkapitalquote hohe Kapitalausstattung	• Stärkung sozialer Verantwortung
• Externalisierung von Umweltkosten	• gesunde, langfristige Rentabilität	• Förderung von zwischenmenschlichen Beziehungen und partizipativen Denkens
• Orientierung an der "Energie-Trias" von Energieeinsparung, Energieeffizienz und erneuerbare Energien	• gute Debt-Equity-Verhältnis	
	• stetig steigendes EBIT	• umfassende Stakeholder-Integration
	• Geschäftsaktivitäten und Entscheidungen basieren auf Werten und langfristiger Strategie	
• Umweltverträgliches Prozess- und Innovationsmanagement	• Und nicht auf Spekulationen und schnellen Gewinne	• Förderung der Vielfalt, Diversitätsprinzip
• Entwicklung von Produkten, Technologien und Verfahren mit der geringsten Umweltbelastung	• Stetiges, dauerhaftes Wachstum statt schneller Profit	• Intra- und intergenerationelle Gerechtigkeit
• Stete Reduzierung des ökologischen Fußabdrucks	• Umwelt- und sozialverträgliches Change Management	• Achtung der Menschenrechte und - würde
• Prävention vor Reaktion	• Stabile Marktstellung	• Steigerung der Bekanntheit von Corporate Citizenship

Abb. 33: Konkrete Nachhaltigkeitsprinzipien für Unternehmen

4.6 Die wichtigsten Nachhaltigkeitsbegriffe

You can make a lot of speeches, but the real thing is
when you dig a hole, plant a tree, give it water, and make it survive.
That's what makes the difference.
Wangari Maathai

PPP, TBL, CSR – mit dem Thema Nachhaltigkeit kam eine Armada angelsächsischer Begriffe auf. Was bedeutet was? Wo sind Parallelen, wo Unterschiede? Die folgende Auflistung nennt die wichtigsten mit dem Konzept der Nachhaltigkeit verbundenen Begriffe und Konzepte.

Nachhaltigkeit

beschreibt die Nutzung eines regenerierbaren Systems in einer Weise, dass dieses System in seinen wesentlichen Eigenschaften erhalten bleibt und sein Bestand auf natürliche Weise regeneriert werden kann.

http://www.uvk-lucius.de/nachhaltigkeit

People, Profit, Planet (PPP)

verweist auf die drei zentralen Aspekte allen organisatorischen Handelns und Entscheidens, nämlich People (Menschen, sozial), Profit (Gewinn/Ertrag, wirtschaftlich) und Planet (Erde/Umwelt, ökologisch).

Triple-Bottom-Line (TBL)

verweist darauf, dass unter dem Strich nebst „konventionellen" Bewertungskriterien für Unternehmenserfolg ein erweitertes Spektrum an Werten und Kriterien einbezogen wird. Verweist auf ein erweitertes Spektrum an Werten und Kriterien zur Bemessung von unternehmerischem und gesellschaftlichen Erfolg, nämlich auf alle drei Dimensionen. Alternativer Begriff zu PPP.

Corporate Social Responsibility (CSR)

unternehmerische Gesellschaftsverantwortung; der freiwillige Beitrag von Firmen zu einer nachhaltigen Entwicklung, die über die gesetzlichen Forderungen (Compliance) hinausgeht.

Corporate Citizenship (CC)

das bürgerschaftliche Engagement in und von Unternehmen, die ihr Verhalten und ihre Strategie mittel- und langfristig verantwortungsbewusst ausrichten; die sich über die eigentliche Geschäftstätigkeit hinaus wie „gute Bürger" aktiv für die lokale Zivilgesellschaft einsetzen wie z.B. für ökologische oder kulturelle Belange.

Corporate Governance

die Gesamtheit aller internationalen und nationalen Regeln, Vorschriften, Werte und Grundsätze, die für Unternehmen gelten und bestimmen, wie diese geführt und überwacht werden. Ordnungsrahmen für die Leitung und Überwachung von Unternehmen z.B. mittels Gesetze, Richtlinien, Kodizes, Absichtserklärungen, Unternehmensleitbild etc.

Corporate Responsibility (CR)

Unternehmensverantwortung; im weiteren Sinn der Grad des Verantwortungsbewusstseins eines Unternehmens, wo immer seine Geschäftstätigkeit Auswirkungen auf Mitarbeiter, Gesellschaft, Umwelt und wirtschaftliches Umfeld hat; im engeren Sinn eine Unternehmensphilosophie, für die Transparenz, ethisches Verhalten und Respekt vor den Stakeholdern ausschlagebend bei unternehmerischen Entscheidungen sind. Der Begriff CR umfasst CSR, CC und Corporate Governance.

4.7 Nachhaltigkeitsthemen

Nachhaltigkeit heißt vor allem, über die momentane Nützlichkeit hinaus langfristig zu denken und entsprechend Zukunftsverantwortung zu übernehmen.
Alois Glück

Nachhaltigkeit ist ein *Querschnittsthema*. Die Vielfalt an Nachhaltigkeitsthemen ist entsprechend groß, um nicht zu sagen, überbordend. Im Folgenden werden die wichtigsten bzw. geläufigsten Themen gemäß der drei Hauptdimensionen angeführt. Je nachdem, wie stark oder schwach das Engagement für Nachhaltigkeit ausfällt, fällt auch das *Spektrum* möglicher Themenfelder aus. Gleiches gilt für die gewählten Maßnahmen und Aktivitäten, wie in den folgenden Modulen mit starker Praxisausrichtung zu sehen sein wird.

Nachhaltigkeitsthemen		
ökologisch	**ökonomisch**	**sozial**
Optimierung der Öko-Effizienz	Korruptions-bekämpfung	Menschenrechte, Verbot von Kinder-arbeit
Reduzierung des ökologischen Fußabdruckes	(r)evolutionäre Geschäftsmodelle	Steigerung der kulturellen Diversität
Reduzierung von	Verbraucherschutz	Wohlbefinden,
	Förderung von F&E	

http://www.uvk-lucius.de/nachhaltigkeit

Abfall, Emissionen, toxischen Stoffen	und Innovation	gesunder Arbeits-platz z.B. Gesund-heit und Sicherheit
Abwassermanage-ment	Förderung von nachhal-tiger Produktion und Konsum	Work-Life-Balance
Recycling	Bewertung von Non-Financial Performance	Stakeholder Dialog
Steigerung der Energieeffizienz	Sozial-verantwortliche Investitionen (SRI)	demografischer Wandel
Energieeinsparung z.B. Null-, Plus-energiehäuser, energetische Sanie-rung	Nachhaltiges Marketing, Cause-Related-Market-ing	Qualifizierung, Bil-dung, Fortbildung
Erneuerbare Ener-gien	Nachhaltigkeitsausrich-tung der Wertschöp-fungskette	Partnerschaften zwischen Unter-nehmen, Organisa-tionen und (Hoch-) Schulen
Gesundheit	Produktverantwortlich-keit	
Cradle-to-Cradle		
Biodiversität		

Abb. 34: Nachhaltigkeitsthemen (v.a. für Unternehmen)

Themen mit hoher Praxisrelevanz für Unternehmen sind v.a. jene, die sich aus Stakeholder-Forderungen ergeben und die mit der spezifischen Geschäftstätigkeit zu tun haben. Zu den in der Praxis geläufigsten Themen zählen v.a. *„klassische" Themen* wie *Energie- und Ressourcenverbrauch* sowie *Emissionen, Abwasser* und *Abfall,* dies auch deshalb, weil sie sich am leichtesten messen und damit steuern und kontrollieren lassen und sich deshalb auch gut kommunizieren lassen. Zudem bewirken sie unmittelbare Kostenersparnisse. Laut Sustainability Barometer von Pricewaterhouse-Coopers (→QR) ergibt sich folgendes Bild: Unter den ökologischen Themen sind Emissionen und Klima-schutz am wichtigsten (45%), gefolgt von Energie-verwendung und -effizienz (32%), Ressourcenver-wendung und -effizienz (17%) sowie etwas geringer Supply Chain (12%). Unter sozialem Vorzeichen spielen v.a. die Themen Aus- und Weiterbildung (20%) eine Rolle, gefolgt von Arbeitgeberattraktivität und Mitarbeitzufriedenheit (14%) sowie Arbeitsplätze und Beschäftigung (14%). Verhältnismäßig geringe Aufmerksamkeit erhalten dagegen aktuell Themen wie *Biodiversität, Armutsbekämpfung* oder *Vereinigungsfreiheit.*[43]

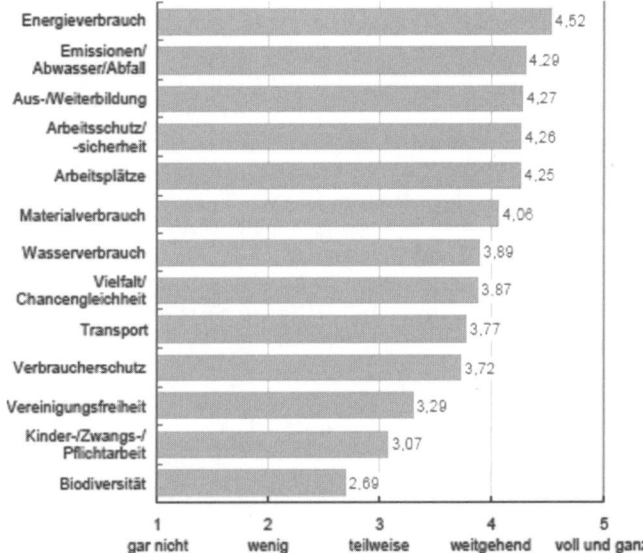

Abb. 35: Relevanz von Nachhaltigkeitsthemen (PwC (2010))

[43] Die Zahlen und einige der angeführten Informationen stammen aus der Studie von PricewaterhouseCoopers Corporate Sustainability Barometer, die aber swohl aufgrund der geringen Anzahl der befragten Unternehmen als auch deren geringer Nachhaltigkeitsorientierung als Orientierungsrahmen dienen sollte, der eher rückwärtsgewandt, vergangenheitsbezogen und konventionell ausgerichtet zu verstehen ist, und weniger für Unternehmen mit proaktiver, zukunftsgewandter, engagierter Pionierrolle und erwiesener Nachhaltigkeitsexpertise. Sie sagt, was Unternehmen in der Vergangenheit gemacht haben oder tun könnten, aber bleibt hinter dem Potenzial an für Unternehmen zu erwägender Maßnahmen weit zurück.

Es fällt auf, dass sich gerade Unternehmen häufig für bereits etablierte, konventionelle Themen einsetzen und weniger für jene, die den Horizont auf weniger beachtete erweitern. Meist stehen die gewählten Themen im Zusammenhang mit Effizienz, so dass das Engagement einen unmittelbaren ökonomischen Nutzen erwarten lässt bzw. unmittelbar kostenrelevant ist, während das Prinzip intra- und intergenerationeller Gerechtigkeit „hinten runterfällt". Ein weiteres Augenmerk liegt auf den Mitarbeitern mit dem Faktor Humankapital verstanden als Voraussetzung für die Produktivität und Leistungsfähigkeit eines Unternehmens.

Die Priorisierung von Themen korreliert meist mit Organisationsgröße und -typus. So setzt ein Global Player, der international operiert, eher auf eine ökologische Supply Chain-Optimierung als auf ein Projekt in seinem direkten Umfeld, wie z.B. der Zusammenarbeit mit der Gemeinde. Ein Kleinunternehmen wird umgekehrt weniger Kinderarbeit als Schwerpunktthema wählen, da seine Wertschöpfungskette weniger global ist.

Die Welt ist bunt: Charta der Vielfalt

In der multikulturellen Weltgesellschaft treffen die Bedürfnisse von Menschen unterschiedlichster ethischer, religiöser, sprachlicher oder geographischer Herkunft aufeinander. Die Globalisierung bringt durch ihre Homogenisierungstendenzen biologische und kulturelle Vielfalt unter Druck. Während erste in Form des Themas Biodiversität noch um Aufmerksamkeit ringt, hat sich kulturelle Vielfalt als nutzbringendes Thema etablieren können. Deshalb haben 2006 deutsche Unternehmen die „Charta der Vielfalt" (→QR) ins Leben gerufen, der sich bis heute 1.200 Firmen mit insgesamt rund 6 Millionen Beschäftigten angeschlossen haben. Mit ihrer Unterschrift verpflichten sich die Unternehmen, kulturelle Vielfalt anzuerkennen, wertzuschätzen und ein Arbeitsumfeld zu schaffen, das frei von Vorurteilen ist, und damit Deutschland auch für ausländische Investoren als Standort offener und at-

---

traktiver zu machen. „Der systematische Umgang mit diesen Unterschieden verbessert die Fähigkeit Probleme zu lösen, Innovationen hervorzubringen, Kreativität zu erhöhen, aber auch die Bindung von Kunden und Mitarbeitern zu verstärken", sagt Angela Merkel, Schirmherrin der Initiative.

Die Charta hält als Feigenblatt her – das hält der „Spiegel" nicht für unwahrscheinlich. Auch wenn Angela Merkel hofft, dass es nur eine Frage der Zeit ist, bis die Unterzeichnung der Charta eine „Frage der Ehre" ist, und für die Bundesregierung die Förderung der Chancen ausländischer Mitarbeiter eine der zentralen Forderungen des Nationalen Integrationsplans entspricht, meint das Nachrichtenmagazin: „Der Inhalt der Initiative bleibt nebulös. Zahlen über konkrete Erfolge kann niemand nennen", kurz „Schöner Schein zum Nulltarif".[44]

4.8 Die Leitstrategien Effizienz, Konsistenz, Suffizienz

> *Jede Milliarde, die nicht in saubere Technologien investiert wird,*
> *ist eine verlorene Milliarde.*
> Sven Hansen

An dieser Stelle soll ein erster Ausblick auf mögliche Strategien gegeben werden, die leitgebend sein können, wenn es an die Umsetzung von Nachhaltigkeitsprinzipien und -themen geht. Es bieten sich drei komplementäre *Leitstrategien* an, von denen jede einzelne ein notwendiges, aber nicht allein hinreichendes Element für nachhaltiges Wirtschaften ist: die der Effizienz, Konsistenz und Subsistenz.

Die **Effizienz-Strategie** setzt auf die Erhöhung der Ressourcenproduktivität. Sie ist ökologisch wie ökonomisch vorteilhaft, weil sie Produkt-, Prozess-, etc.-*Innovationen stimuliert*. Und wenn sie mit Business-Case Potenzialen ausgestattet ist, wird sie von Wirtschaft

---

[44] www.spiegel.de/politik/deutschland/0,1518,521487,00.html

wie Regierung positiv aufgenommen. Unter den drei Strategien ist sie deshalb auch am weitesten operationalisiert. Kritisch ist allerdings der ihr zugrundeliegende *Technikoptimismus* ebenso wie eine Problembehandlung, die ulitiaristisch motiviert ist, statt an der Wurzel des Problems anzusetzen, nämlich bei Verzicht, Einschränkung und Einsparung.

„Fünfmal so viel Wohlstand aus einer Kilowattstunde"

In „Faktor fünf – Die Formel für nachhaltiges Wachstum" beschreibt Ernst Ulrich von Weizsäcker das Knowhow zu seiner Kernthese: Die weltweite Ressourcenproduktivität lässt sich um mindestens 75 bis 80% steigern.

„Das Buch heißt Faktor Fünf, weil wir fünfmal so viel Wohlstand aus einer Kilowattstunde rausholen wollen – oder aus einer Tonne Kupfererz oder einem Kubikmeter Wasser", so von Weizsäcker. „z.B. verbraucht ein Passivhaus bei hohem Wohnkomfort, guter Lüftung und Temperatur nur 1/8 bis 1/10 der Energie, die ein normaler Altbau nötig hat. Der Hauseigentümer zahlt am Ende nur 1/8 oder 1/10 der Heizkosten. Und das amortisiert sich in zehn bis 20 Jahren. Es geht also um Ressourcenproduktivität. Das ist so ähnlich wie bei der Arbeitsproduktivität, bei der wir gelernt haben, aus einer Stunde menschlicher Arbeit immer mehr Wohlstand zu erwirtschaften."[45]

Rebound-Effekt – Die Kehrseite der Effizienz

Der Rebound- oder Bumerang-Effekt besagt, dass verbesserte Material- oder Energieeffizienz über die Hintertüre wieder hereinkommen können. Dadurch, dass effizienzbedingt Pro-

---

[45] www.utopia.de/magazin/ernst-ulrich-von-weizsaecker-faktor-fuenfmal-so-viel-wohlstand-aus-kilowattstunde-energie-ressourcen?all am 10.04.2012

dukte günstiger angeboten werden können, kaufen Konsumenten mehr oder ersetzen diese häufiger. Typische Beispiele sind Computer oder Mobiltelefone.

Die **Konsistenz-Strategie** basiert auf der Forderung, dass menschliche bzw. wirtschaftliche Aktivitäten und deren *Stoff- und Energieströme in Einklang mit* jenen in der Natur sein müssen. Sprich, alles was umwelt- und wirtschaftsverträglich ist, ist konsistent und bedarf daher im Nachgang keiner Schadensbehebung. Die an sich schlüssige Herangehensweise setzt allerdings voraus, dass Produktions- und Konsummuster in diesem Sinne umzustellen sind, was eine vorausschauende Innovationspolitik und eine breite Basis in Wirtschaft und Gesellschaft verlangt, um einen *kritischen Schwellennutzen* zu erzielen.

Bei der **Suffizienz-Strategie** geht es darum, sozial- und umweltverträgliche Obergrenzen bei wirtschaftlichen Aktivitäten einzuhalten. Hier liegt die Überzeugung zugrunde, dass ein gedrosselter Ressourcen- und Umweltverbrauch nicht zu Verdruss, Missmut und unseliger Selbstgeißelung führt, sondern im Gegenteil zu einem zufriedenstellenden, weil suffizientem Leben. *„Lebensqualität statt Wirtschaftswachstum"* und *„weniger ist mehr"* ist das Credo, wie es auch in den Bewegungen Slow Food, Cittaslow bzw. Slowcity und Transition Town zum Ausdruck kommt.

Slow Food ist ein Begriff, der von einer gleichnamigen Organisation als Ausdruck für genussvolles, bewusstes und regionales Essen geprägt wurde, und eine *Gegenbewegung zum Trend des uniformen, globalisierten und genussfreien Fast Food* bezeichnet. Die ursprünglich aus Italien stammende Bewegung bemüht sich um die Erhaltung der regionalen Küche mit heimischen pflanzlichen und tierischen Produkten und um deren lokale Produktion. Slow Food steht in diesem Zusammenhang für Produkte mit authentischem Charakter (regional, saisonal), die auf traditionelle oder ursprüngliche Weise hergestellt und genossen werden. Sie sollen regionale Wirt-

> schaftskreisläufe stärken und Menschen wieder mit Auge, Ohr, Mund und Händen an ihre Region binden. Nach Ansicht des Zukunftsforschers Matthias Horx ist „Slow Food" einer von 18 Trends, die das Leben von morgen auf dem Gebiet der Ernährung beeinflussen werden. Kritiker werfen der Bewegung elitäres Verhalten vor, seien doch industriell erzeugte Lebensmittel wegen ihres Preisvorteils für den Massenkonsum geeigneter. Siehe www.slowfood.de.

Das Schaubild unten zeigt die drei Nachhaltigkeitsleitstrategien Effizienz, Konsistenz und Suffizienz im Zusammenhang. Ausgehend vom Nachhaltigkeitskriterium, dass Lebens- und Wirtschaftsstile zeitlich und räumlich übertragbar sein müssen, ist es geboten, Durchlaufmengen und Aktivitäten dementsprechend anzupassen bzw. zu vermindern. Dabei verfolgen die drei Leitstrategien unterschiedliche *Logiken*, wie dies geschehen kann. Zudem setzen sie an unterschiedlichen Stellen der Wertschöpfungskette an. Die Beispiele veranschaulichen die jeweilige Strategie an einem konkreten Produkt.

Nachhaltigkeitskriterium: zeitliche und räumliche Übertragbarkeit von Lebens- und Wirtschaftsstilen		
• Durchlaufmenge an Material & Energie auf ein ökologisch und sozial tragfähiges, dauerhaftes und übertragbares Niveau senken • anthropogene Aktivitäten an ökologisch-soziale Erfordernisse anpassen		
Effizienz	**Suffizienz**	**Konsistenz**
Produktivität steigern, um dasselbe Resultat mit geringerem Ressourceneinsatz zu erzielen	Sparsame Konsumstile, „gut leben statt viel haben", „simple living, high thinking", Downsizing, Entschleunigung	Prinzipien der Natur und Ablaufe der Biosphäre kopieren, Kreislaufwirtschaft, Abfälle als Wertstoffe
Drei-Liter-Auto, Hybrid	Car Sharing, ÖPNV	Biokraftstoffe
Ressourcen	**Produktion**	**Konsum**	**Abfälle**

Abb. 36: Die drei Nachhaltigkeitsleitstrategien Effizienz, Konsistenz und Suffizienz

Fazit: Ökologie, Ökonomie, Soziales – die heilige Triade

Dem Nachhaltigkeitsleitbild liegen unterschiedliche theoretische Ansätze zugrunde, die ein Handeln im Sinne von Nachhaltigkeit rechtfertigen; dies mal stärker über den erkenntnistheoretischen, anthropologischen Zugang oder das *Gerechtigkeitsprinzip*. Ein weiterer Zugang bietet sich über das Konzept verschiedener Kapitalarten an. Ihm zufolge ist nicht allein ökonomisches, sondern auch ökologisches und soziales Kapital von Wert und erhaltungswürdig. Die *Kapitalarten* lassen sich ebenso wie die Nachhaltigkeitsdimensionen in Unterbeispiele und –aspekte ausdifferenzieren. Notwendig jedoch ist, um das *Nachhaltigkeitsgebot der Integrativität und Dreidimensionalität* zu berücksichtigen, dass jene in einen unauflöslichen Gesamtzusammenhang gestellt werden, um so ihre Interdependenz zu veranschaulichen. Nachhaltiges Wirtschaften bedeutet, Profite sozial und ökologisch *verantwortungsvoll* zu erwirtschaften und nicht, Profite zu erwirtschaften, um sie dann für soziale oder Umweltbelange einzusetzen.

Grundsätzlich begleitet wird jegliche Nachhaltigkeitsdiskussion von der Frage der Position, die vertreten wird, mit den Antipoden starkes versus schwaches *Nachhaltigkeitsparadigma*, welche die zwei Gegenpole neoklassische Ökonomie und ökologische Ökonomie widerspiegeln.

Die drei angeführten Modelle, das *Drei-Säulen-Modell*, das *Schnittmengen- bzw. Dreiklang-Modell* sowie das *(integrierende) Nachhaltigkeitsdreieck* können als Genese des Nachhaltigkeitskonzeptes mit spezifischen Vorteilen gesehen werden; wobei letzteres Modell am stärksten empfohlen wird, weil es der Komplexität von Nachhaltigkeit in der Darstellung am meisten gerecht wird.

Unabhängig vom gewählten Modell können dabei stets die sieben genannten *Nachhaltigkeitsprinzipien* als handlungsleitend herangezogen werden. Sie reflektieren den Kern von Nachhaltigkeit jenseits variierender Themen- und Schwerpunktsetzungen in Politik und Wirtschaft. Schließlich wurden vor dem Hintergrund der Notwendigkeit, Nachhaltigkeit zu operationalisieren, konkrete Nachhaltigkeitsthemen genannt sowie die drei *Leitstrategien Effizienz, Konsistenz und Suffizienz,* auf die in Kapitel 6 aufgebaut werden kann.

http://www.uvk-lucius.de/nachhaltigkeit

Literatur

Bourdieu, P. (1983) Ökonomisches Kapital – Kulturelles Kapital – Soziales Kapital. In: Kreckel, Reinhard (Hrsg.) (1982) Soziale Ungleichheiten, Göttingen, S. 183–198; Die feinen Unterschiede. Kritik der gesellschaftlichen Urteilskraft. Suhrkamp, Frankfurt/M.

Daly, H. E. (1990) Toward Some Operational Principles of Sustainable Development. In: Ecological Economics, Bd. 2/1990, H. 1; S. 1–6

Deutscher Bundestag (1998) Konzept Nachhaltigkeit. Vom Leitbild zur Umsetzung, Bonn.

Ekardt, F. (2005) Das Prinzip Nachhaltigkeit. Generationengerechtigkeit und globale Gerechtigkeit. München.

Ekardt, F. (2011) Theorie der Nachhaltigkeit: Rechtliche, ethische und politische Zugänge. Baden-Baden.

Grunwald, A.; Kopfmüller, J. (2006) Nachhaltigkeit. Frankfurt/M.

Jäger, J. (2007) Was verträgt unsere Erde noch? Wege in die Nachhaltigkeit. Fischer.

Journal 360°. Leitbild Nachhaltigkeit. Hoffnungsträger zwischen Allheilmittel und Zielkonflikten. Ausgabe 02/2009. Berlin

Kleine, A. (2009) Operationalisierung einer Nachhaltigkeitsstrategie. Gabler Wiesbaden.

Pfaff, T. Das Streben nach Bruttosozialglück. Bhutans Weg zu nachhaltiger Wohlfahrt. In: Journal360°. 02/2009

Radermacher, F. J.; Beyers, B. (2011) Welt mit Zukunft. Die ökosoziale Perspektive. Murmann.

Schechler, J. M. (2002) Sozialkapital und Netzwerkökonomik. Frankfurt/M.

Sen, A. (2002) Ökonomie für den Menschen. Wege zu Gerechtigkeit und Solidarität in der Marktwirtschaft. dtv

Siebenhüner, B. (2001) Homo sustinens – Auf dem Weg zu einem Menschenbild der Nachhaltigkeit. Metropolit Marburg.

von Hauff, M.; Kleine, A. (2009) Nachhaltige Entwicklung. Grundlagen und Umsetzung. Oldenbourg.

von Weizsäcker, E. U. (2009) Faktor fünf – Die Formel für nachhaltiges Wachstum. Droemer München

II. TEIL: VOM KONZEPT ZUR UMSETZUNG

5 Nachhaltigkeit in der Politik

Problem	Nachhaltigkeit gut und recht – aber was tut die Politik dafür? Inwiefern liegt es in ihrer Verantwortung, das Thema zu verankern, zu steuern, einzufordern, umzusetzen?
Maßnahmen	Überblick über Politikebenen von Deutschland (Bund, Länder, Kommunen) über die EU zu internationalen Einrichtungen; Nennung von Abkommen, Konferenzen und Bündnissen; Auszüge aus Koalitionsverträgen, der Agenda 21, Parteiprogrammen, Gesetzen etc.; Nennung von Räten, Beiräten, Kommissionen, Ausschüssen, Programmen, Projekten, Initiativen.
Ergebnisse	Studierende kennen die wichtigsten Akteure, Ebenen, Inhalte und Schwerpunkte, die im Bereich Nachhaltigkeit politische Gestaltungskraft haben.

http://www.uvk-lucius.de/nachhaltigkeit

We know the problems, and we know the solution: sustainable development.
The issue is the political will.
Tony Blair

Das folgende Kapitel beleuchtet das Nachhaltigkeitsengagement im Bereich Politik auf drei zentralen Ebenen: der Ebene der nationalen Politik in Deutschland, der in Europa sowie jener auf internationaler, staatenübergreifender Ebene, der Weltpolitik.

Eine *institutionelle Transformation* ist dabei Voraussetzung, fordert aber selbst weitere Voraussetzungen, was die Aspekte Institutionen, Steuerung und Gesellschaft angeht. Kennzeichnend für alle Ebenen ist, dass Nachhaltigkeit deshalb einer regulativen Idee gleichkommt, der in politischen Programmen und Strategien konkrete Gestalt zu verleihen ist.

Die in Kapitel 4 angeführten Kernprinzipien der Nachhaltigkeit fasst auf die *Anforderungen an die Politik* gemünzt Brand in einem Satz zusammen, der so monströs wie gehaltvoll ist: „Gefordert wird also eine präventiv, auf die langfristige Sicherung der globalen ökologischen Bestandsbedingungen gerichtete, am Prinzip internationaler Solidarität orientierte, kooperativ und partizipativ angelegte Politik, die anstelle einer sektoral segmentierten eine integrative Form der Problembearbeitung entwickelt."[46]

Für Brand sind *fünf skeptische Fragen* nach der Möglichkeit einer Politik nachhaltiger Entwicklung zu klären. (Brand (2002), S. 28–31): a) Wollen wir überhaupt eine nachhaltige Entwicklung? Wollen wir sie wirklich, dauerhaft und umfassend? b) Verfügen wir über hinreichend verlässliches Wissen, Stichwort Hypothesen, Nichtwissen und Unsicherheit? c) Besteht nicht nur eine hinreichende, sondern auch hinreichend mobilisierungsfähige Wissensbasis? d) Ist nach-

---

[46] Brand (2002), S. 27. Brands „Politik der Nachhaltigkeit" ist mit dem Erscheinungsjahr 2002 ein nicht mehr ganz aktuelles, aber sehr empfehlenswertes Buch. Es bietet eine kritische Bestandsaufnahme der institutionellen Voraussetzungen, Hemmnisse und Chancen des für mehr Nachhaltigkeit notwendigen Transformationsprozesses in Politik und Gesellschaft und regt mit seiner Perspektivenvielfalt und gut gewählten Begrifflichkeiten zum Denken an.

haltige Entwicklung überhaupt ein realistisches Ziel? e) Inwieweit können neue institutionelle Arrangements und Formen von Staatsführung die Entwicklung der Weltgesellschaft vorantreiben? Erst wenn diese Fragen beantwortet sind, kann eine für Nachhaltigkeit notwendige institutionelle Transformation gelingen.

Theoretiker, die im Kontext von *Strukturwandel* sowie diesbezüglicher Bedingungen und Voraussetzungen der Gesellschaft zu berücksichtigen sind, sind Beck, Habermas, Luhmann und Foucault. Für Ulrich Beck ist Nichtwissen eines der wesentlichen Merkmale der reflexiven Moderne. Ihm zufolge basiere die Selbsttransformation der industriegesellschaftlichen Moderne auf Konflikten um Nichtwissen bzw. um „die Konstruktion, Zirkulation und Destruktion von Wissen und Nicht-Wissen". Zentrales Motiv von Habermas ist die „Versöhnung der mit sich selber zerfallenden Moderne". Luhmanns Systemtheorie demgegenüber versteht die Gesellschaft als einen operativ geschlossenen Prozess sozialer Kommunikation. Foucault untersuchte, wie Wissen entsteht und Geltung erlangt, wie Macht ausgeübt wird und wie Subjekte konstituiert und diszipliniert werden. Ihnen gemeinsam ist, dass sie in der Gesellschaft der Moderne Vorzeichen erkennen, die es in Richtung Nachhaltigkeit umzusteuern gelte, um eine Transformation zu erwirken.[47]

---

[47] Beck (1996), S. 298. Beck, U.; Giddens, A.; Lash, S. (1996) Reflexive Modernisierung. Eine Kontroverse. Frankfurt/M. 1996. Siehe auch Beck, U. (1986) Risikogesellschaft. Auf dem Weg in einer andere Moderne. Frankfurt/M.; Habermas, J. (1990) Die Moderne – Ein unvollendetes Projekt. Leipzig; Foucault, M. (1974) Die Ordnung des Diskurses. München; Luhmann, N. (1986) Ökologische Kommunikation sowie (1988) Die Wirtschaft der Gesellschaft. Frankfurt/M.

5.1   Deutsche Nachhaltigkeitspolitik

> *In der Bilanz von zehn Jahren Nachhaltigkeitsstrategie*
> *liegen Licht und Schatten eng zusammen.*
>
> *Günther Bachmann*

Das Thema Nachhaltigkeit ist in der deutschen Politik angekommen. Von der Bundes- über die Landes- bis hin zur kommunalen Ebene setzen sich Politiker und andere politische Akteure mit Nachhaltigkeitsthemen auseinander; sei es mit Fokus auf Energie, Mobilität, Stadtplanung, Kultur oder sozialen Einrichtungen.

5.1.1   Bundesregierung – ökosozial Top-Down

Die Bundesregierung ist durch die Agenda 21 aufgefordert, Nachhaltigkeit in Form von Strategien, Umweltplänen und Umweltaktionsplänen zu gestalten. Von besonderer Bedeutung sind hierbei folgende Ministerien:

- Bundesministerien für Umwelt, Naturschutz und Reaktorsicherheit (BMU),
- Bundesministerium für wirtschaftliche Zusammenarbeit und Entwicklung (BMZ),
- Bundesministerium für Ernährung, Landwirtschaft und Verbraucherschutz,
- Bundesministerium für Familie, Senioren, Frauen und Jugend (BMFSFJ),
- Bundesministerium für Gesundheit und soziale Sicherung(BMG),
- Bundesministerium für Bildung und Forschung (BMBF),
- Auswärtiges Amt (AA).

Verankert ist das Ziel nachhaltiger Entwicklung dabei im *Artikel 20a des Grundgesetzes*: „Der Staat schützt auch in Verantwortung für die künftigen Generationen die natürlichen Lebensgrundlagen im Rahmen der verfassungsmäßigen Ordnung durch die Gesetzgebung und nach Maßgabe von Gesetz und Recht durch die vollziehende Gewalt und die Rechtsprechung."

Ergänzend hat die Bundesregierung Expertengremien zur fachlich-inhaltlichen Unterstützung ins Leben gerufen, so 1990 den Sachverständigenrat für Umweltfragen, 1992 den Wissenschaftlichen Beirat Globale Umweltveränderungen sowie 2001 den Rat für Nachhaltige Entwicklung.

Welche Themen und Tätigkeitsfelder die deutsche Politik prägen, darüber geben die *Koalitionsverträge* Aufschluss. So heißt es im Koalitionsvertrag 2002–2006 mit dem Titel *Erneuerung – Gerechtigkeit – Nachhaltigkeit* von SPD und Bündnis90/DIE GRÜNEN in der Präambel: „Der Erhalt der natürlichen Lebensgrundlagen ist die Voraussetzung zur dauerhaften Sicherung von Gerechtigkeit und Wachstum. Ökonomie und Ökologie gehören für uns zusammen. (…) Das erfordert klare Schwerpunkte in unserer Politik. Sie ist daher ausgerichtet am Ziel der Generationengerechtigkeit."[48] Auch die Große Koalition aus CDU, CSU und SPD sah sich in ihrem Koalitionsvertrag dem Nachhaltigkeitsleitbild verpflichtet, von dem sie sich eine Katalysatorwirkung auf die Wirtschaft versprach: „CDU, CSU und SPD wollen eine nachhaltige Entwicklung. Eine intakte Natur, reine Luft und saubere Gewässer sind Voraussetzungen für hohe Lebensqualität. […] Eine ambitionierte Umweltpolitik gehört für uns zu einer modernen Gesellschaft und leistet einen Beitrag zum weltweiten Klimaschutz. Sie kann zum Motor werden für die Entwicklung und die weltweite Vermarktung von Zukunftstechnologien, die Erhöhung der Energie- und Ressourcenproduktivität und damit der Wettbewerbsfähigkeit der deutschen Volkswirtschaft, die Schaffung neuer, qualifizierter und sicherer Arbeitsplätze".[49] Schließlich reiht sich auch der aktuelle Koalitionsvertrag in das Bekenntnis zu Nachhaltigkeit ein, verlautbart er doch: „Wir stellen den Mut zur Zukunft der Verzagtheit entgegen. Wir wollen

---

[48] SPD und Bündnis90/DIE GRÜNEN. Koalitionsvertrag 2002–2006. Erneuerung – Gerechtigkeit – Nachhaltigkeit. Berlin. Präambel.
[49] CDU, CSU und SPD. Koalitionsvertrag 2005–2009. Gemeinsam für Deutschland – mit Mut und Menschlichkeit. Berlin. Präambel.

unserem Land eine neue Richtung geben. […] Wir wollen nachhaltiges Wachstum, um Wohlstand und soziale Gerechtigkeit zu sichern. Deutschland wird seine Spitzenstellung in der Welt mit starker klassischer Industrie und hochqualifiziertem Handwerk nur halten können, wenn wir globale Maßstäbe im Bereich der Innovation und Forschung setzen."[50]

Rat für Nachhaltige Entwicklung

Deutschlands Institutionenlandschaft im Auftrag von Nachhaltigkeit und Gerechtigkeit ist seit dem Jahr 2000 um ein „Green Cabinet" bereichert: der Rat für Nachhaltigkeit (RNE). Fachlich ist er so bunt besetzt wie das Thema selbst, um damit dessen Querschnittscharakter personaltechnisch zu reflektieren. „Die Aufgaben des Rates sind die Entwicklung von Beiträgen für die Umsetzung der nationalen Nachhaltigkeitsstrategie, die Benennung von konkreten Handlungsfeldern und Projekten sowie Nachhaltigkeit zu einem wichtigen öffentlichen Anliegen zu machen", so der Rat (www.nachhaltigkeitsrat.de). Alle vier Jahre veröffentlicht die Bundesregierung unter Beratung des RNE einen Fortschrittsbericht, der zum einen eine Berichterstattung beinhaltet, zum anderen zur Weiterentwicklung der *Nachhaltigkeitsstrategie* dient; alle zwei Jahre erscheint ergänzend ein Indikatorenbericht.

Der Nachhaltige Warenkorb

Ein Beispiel für die Arbeit des Rates ist der Nachhaltige Warenkorb. Der in Papier wie online erhältliche Ratgeber setzt im Alltag an – als *Entscheidungshilfe für nachhaltigen Konsum.* „Tag für Tag tun wir jede Menge Dinge, die mit darüber entscheiden, ob das Klima geschützt, knappe Ressourcen geschont oder Menschenrechte geachtet werden: Das fängt beim morgendlichen Frühstücksei an, geht weiter mit der Wahl des Verkehrsmittels für dem Weg zur Arbeit und endet

---

[50] CDU CSU und FDP. Koalitionsvertrag 2009–2013. Wachstum. Bildung. Zusammenhalt. Berlin. Präambel.

noch lange nicht, wenn wir abends im Katalog blättern, um herauszufinden, welcher neue Kühlschrank infrage kommt. Konsumentinnen und Konsumenten haben Macht, denn mit ihren *Konsum- und Lebensgewohnheiten* können sie das Angebot beeinflussen und ganze Branchen umkrempeln", heißt es auf www.nachhaltigkeitsrat.de zur Erklärung des Warenkorbes. Der Warenkorb unterscheidet nach häufigen, seltenen und sehr großen Einkäufen und Anschaffungen, wie den Kauf eines neuen Autos oder eine Geldanlage, und hilft, neue Routinen zu entwickeln. „Unsere Gesellschaft muss viel stärker über die Wertorientierung unserer Lebensstile und über den Wert öffentlicher Dinge reden", sagt Dr. Hans Geisler, Mitglied des RNE.[51]

Enquete-Kommissionen als Schnittstellen

Enquete-Kommissionen sind Schnittstellen zwischen Politik und Wissenschaft. Ihre Mission: überparteilich Fragen, Antworten und Strategien erarbeiten, die gemeinsam von allen Fraktionen getragen werden. Seit Ende der 1960er Jahre berief die Bundesebene Enquete-Kommissionen ein, von denen sich einige mit nachhaltigkeitsbezogenen Themen auseinandergesetzt haben; seit den 1980er Jahren rücken die Themen *Umwelt-, Entwicklungs-* und *Technologiefragen* stärker ins Blickfeld. 1987 z.B. beantragten CDU/CSU und FDP eine

---

[51] RNE (2003) Der Nachhaltige Warenkorb. Einfach besser einkaufen. Ein Ratgeber. Aktualisierte Version (2011) unter www.nachhaltigkeitsrat.de/uploads/media/Broschuere_Nachhaltiger_Warenkorb.pdf. Wie lässt sich die Botschaft des Klimaschutzes in Bildern und Klängen, die neugierig machen und in Erinnerung bleiben, darstellen? Zum Stichwort Nachhaltigkeitskommunikation sei das Beispiel Rapucation der gleichnamigen Berliner Rapper genannt. In ihrem Song „Guten Appetit" thematisieren sie Konsumgewohnheiten im Alltag und mögliche Lösungen. Das Projekt entstand im Auftrag des RNE und war 2008 ein Leuchtturmprojekt auf „Mission Sustainability", der Ideenplattform des Rates. www.nachhaltigkeitsrat.de/dokumente/audio-video/rapucation-guten-appetit-video/

Enquete-Kommission zum Thema „Vorsorge zum Schutz der Erdatmosphäre". Das Sofortprogramm, mit der die Kommission aufwartete, umfasste eine Internationale Konvention zum Schutz der tropischen Wälder und die Gründung eines Internationalen Treuhandfonds. Bis zum Jahr 2010 sollte die Vernichtung der Tropenwälder gänzlich gestoppt, bis 2030 der Waldbestand in den Tropen durch Wiederaufforstung wieder auf den Wert von 1990 zurückgeführt werden. Zudem schlug sie Reduktionsziele zur Verminderung der energiebedingten CO_2-Emissionen bis zu den Jahren 2005 und 2050 vor. Dabei sollten die Entwicklungsländer bezogen auf den Stand von 1987 sogar noch mehr CO_2 freisetzen dürfen als 1987; Ziel ist hier, die jährlichen Wachstumsraten zu vermindern. Um die nationalen Reduktionsziele zu erreichen, empfahl die Kommission die Überprüfung und Novellierung klimarelevanter Gesetze wie z.B. des Energiewirtschaftsgesetzes, Energieeinspargesetzes, Bundesimmissionsschutzgesetzes, Sozialwohnungsbaugesetzes oder Abfallgesetzes. Sie mahnte Verordnungen an wie die Wärmeschutzverordnung, Bundestarifordnungen für Elektrizität und Gas, Abwärmenutzungsverordnung, Heizungsanlagenverordnung, die Verordnungen für Groß- und Kleinfeuerungsanlagen. An guten Ratschlägen hat es der Bundesregierung also nicht gemangelt. Der Geist war wissend, das Fleisch aber schwach.

5.1.2   Parteien & Programme

Eine nächste große Frage hinsichtlich der Herausforderung Nachhaltigkeit ist, wie die Parteien hierzu jeweils aufgestellt sind. Welche Ziele verfolgen sie? Wo und wie setzen sie ihre Schwerpunkte? In den *Parteiprogrammen* legen diese ihre Ideen, Ansichten und Ziele fest, die sich auch mit dem Thema Nachhaltigkeit befassen und je nach Partei in unterschiedlicher Ausrichtung, Überzeugung und Intention ausgestaltet sind. In Hinblick auf das Thema „nachhaltigen und klimafreundlichen Konsum erleichtern" hat die Verbraucherzentrale Bundesverband (VZBV) folgende Positionen ausgemacht:

Forderungen des vzbv	Energie- und Öko-bilanz durch Fest-legung von Min-deststandards verbessern	Finanzielle Anreizstrukturen, die nachhaltigen Konsum beloh-nen	Klare Energie-kennzeichnung von Verbrauchs-gütern
Bündnis 90 /Die Grünen	Dynamischer Effi-zienzstandard, für Haushaltsgeräte (Top-Runner-Modell); strenge Vorgaben für maximalen Energie-verbrauch; Markt-anreiz- und For-schungsprogramm Elektromobilität	Verlagerung der Belastungen vom Faktor Arbeit auf Umwelt, Abschaf-fung umweltschäd-licher Steuerprivi-legien; Öffentliche Hand als Vorreiter für effiziente Geräte	Forderung nach einer klaren Energieverbrauchs-kennzeichnung
CDU/ CSU	Energieeffizienz soll sich im Vergleich zu 1990 verdoppeln; Forschungsförderung für effiziente Tech-nologien; anspruchs-volle Höchstver-brauchsstandards bei Geräten; Modellregion für Elektromobilität	Anreize für die Anschaffung besonders energie-sparender Geräte; Stromeffizienz als Kriterium der öffentlichen Beschaffung	Klare Kennzeich-nung des Energie-verbrauchs und transparente Stromzähler
Die Linke	Strengere Standards für Büro- und Haus-haltsgeräte, Beschrän-kung von Stand by auf 1 Watt; Top-Runner-Modell für Elektrogeräte	Einführung eines Energiesparfonds mit dem Fokus auf Förderprogramme für einkommens-schwache Haus-halte	–
FDP	keine überzogenen Regelungen wie z.B. Glühbirnenverbot	Ausweitung des Emissionshandels auf den gesamten Verkehrs- und Wärmesektor	Transparenz wird genannt, aber nicht eine klare Ener-giekennzeichnung
SPD	Verdoppelung der Energieproduktivität bis 2020 im Vergleich zu 1990; Förderung	Klimaschutz-investitionsgesetz mit steuerlichen Anreiz für Investi-	–

	effizienter Technologien; Ermittlung von Benchmarks für den Verbrauch bei Geräten; Entwicklungsplan Elektromobilität"	tion in Energieeffizienz	

Abb. 37: Parteipositionen zu nachhaltigem Konsum

Die Parteiprogramme nach Themen differenziert darzustellen, sprengt hier den Rahmen. Ein anschaulicher Vergleich der Wahlprogramme nach 18 Themenbereichen von Afghanistan bis Zuwanderung der Parteien Union, SPD, FDP, Grüne und Linkspartei findet sich hier (→QR).

5.1.3   Die Bundesländer – unterschiedliche Dynamik

Großskalige Projekte sind ob lokaler Besonderheiten auf Bundesebene schwer anzugehen, auf niederer Ebene dagegen leichter zu planen und umzusetzen. Ebenso wie die Kommunen spielen die 16 Bundesländer eine wichtige Rolle, sei es bei der Realisierung von nachhaltigkeitsbezogenen Projekten oder der rechtlichen Ausgestaltung diesbezüglicher Gesetze. Die Zuständigkeiten weichen dabei voneinander ab, weil sich Ministerien von Bundesland zu Bundesland unterschiedlich abgrenzen. Zudem gibt es Unterschiede in *Art, Umfang und Dynamik* bei Nachhaltigkeitsbemühungen. So hat ein Bundesländervergleich 2008 und 2010 untersucht, wie die einzelnen Bundesländer im Bereich erneuerbarer Energien vergleichsweise abschneiden, mit dem Ergebnis: Es gibt Vorreiter und Nachzügler, Mutige und Bremser.

5.1.4   Kommunen – think global, act local

Kommunen sind Schlüsselakteure bei der Umsetzung nachhaltiger Entwicklung. Bei Projekten und Maßnahmen vor Ort ist keine andere Ebene den *Bürgern im Alltag* näher. Der föderalen Struktur der Bundesrepublik Deutschland geschuldet, überträgt diese den

Bundesländern Verantwortungen und Zuständigkeiten und jene wiederrum den Kommunen. Das Recht der kommunalen Selbstverwaltung ist dabei im Grundgesetz verankert. Für viele Staatsaufgaben bedient sich der Staat der Kommunalverwaltung als untere staatliche Verwaltungsbehörde. Die Kommunalverwaltungen üben somit eine Doppelfunktion aus: Sie sind eine eigene Verwaltungseinheit und eine untere staatliche Behörde.

Auch die Agenda 21 hat den kommunalen Einrichtungen explizit eine Schlüsselfunktion bei Vor-Ort-Maßnahmen zugewiesen.

Regensburger Heizspiegel

Ein Beispiel für kommunales Nachhaltigkeitsengagement ist der Regensburger Heizspiegel. Der Heizspiegel wurde auf der Grundlage von 2.000 anonymisierten Abrechnungen erstellt. Mit den ermittelten Werten wurde eine Broschüre erarbeitet, die die Mieter in die Lage versetzt, die Plausibilität ihrer Heizkosten zu überprüfen. Sie können darüber hinaus ihre Heizkostenrechnung kostenlos überprüfen lassen. Ziel dieser Aktion ist es, die Mieter als wichtige Akteure bei der Energieeinsparung zu gewinnen. Im Rahmen der Aktion besteht auch für Regensburger Vermieter die Möglichkeit, sich mit einem kostenlosen Kurzgutachten über die Energieeinsparungsmöglichkeiten zu informieren.

Für die Aktion zogen unterschiedlichste lokale Parteien an einem Strang wie z.B. die Mietervereinigung Stadt und Landkreis Regensburg, der Energieversorger REWAG, die Sparkasse Regensburg, die Verbraucherberatung der Bayerischen Hausfrauenvereinigung, der Haus- und Grundbesitzerverein Regensburg und Umgebung, die Kaminkehrer-Innung, die Mittelbayerische Zeitung sowie die Fernsehprogrammgesellschaft TVA Ostbayern. Ergo: Die Kommunen sind eine kleinteilige, aber treibende Kraft, die eine bunte Palette an Akteuren für konkrete Projekte mit Wirkung an Bord holen kann. Die Betonung liegt auf *kann.*

Als zwei Beispiele für Initiativen auf kommunaler Ebene seien hier cittaslow und Transition Town genannt.

cittaslow begreift sich als eine internationale Vereinigung lebenswerter Städte. Ursprung der slowcity-Bewegung war 1999 in Orvieto und wurde dort von den Bürgermeistern einiger aktiver italienischer „Slow Food"-Städte ins Leben gerufen. Deutsche cittaslow-Städte sind z.b. Hersbruck, Bad Schussenried oder Waldkirch.

Die sieben Kernkriterien von cittaslow umfassen:

1) Umweltpolitik: Nutzung alternativer und/oder regenerativer Energien; Recycling-Konzept u.a.

2) Infrastrukturpolitik: behindertengerecht, Bürgernähe, Grünanlagen, Naherholungsgebiet u.a.

3) Urbane Qualität: Stadtentwicklung, Denkmalpflege, Müllkonzept u.a.

4) Aufwertung der autochthonen Erzeugnisse: regionale Wochenmärkte, Pflege heimischen Brauchtums u.a.

5) Gastfreundschaft: Pflege von Städtepartnerschaften, Touristinformation, u.a.

6) (cittaslow-)Bewusstsein: PR-Arbeit für slowcity, Öffentlichkeitsarbeit u.a.

7) Landschaftliche Qualität: Erhalt und Pflege der landschaftlichen Schönheit und Vielfalt u.a.

Im Rahmen des cittaslow-Netzwerkes tauschen die Städte Erfahrungen aus und lernen so voneinander.

Im Rahmen der **Transition-Town-Bewegung** – zu deutsch soviel wie „Stadt im Wandel" – gestalten seit 2006 Umwelt- und Nachhaltigkeitsinitiativen in vielen Städten und Gemeinden der Welt den geplanten *Übergang in eine postfossile, relokalisierte Wirtschaft*. Ausgehend von der Beobachtung, dass die nationale und internationale Politik nicht entsprechend auf die Herausforderungen des Klimawandels und des bevorstehenden globalen Ölfördermaximums, Peak Oil, reagiert und daher die Kommunen von sich aus mit ersten vorbereitenden Maßnahmen auf eine Zukunft knapper werdender Roh- und Treibstoffe reagieren müssen, initiieren Transition

Town-Gemeinschaftsprojekte. Hierzu gehören u.a. Maßnahmen zur Verbrauchsreduktion von fossilen Energieträgern sowie zur *Stärkung der Regional- und Lokalwirtschaft.* Eine wichtige Rolle spielen dabei auch die Gestaltungsprinzipien der Permakultur, die es insbesondere landwirtschaftlichen, aber auch gesellschaftlichen Systemen ermöglichen sollen, ähnlich effizient und resilient zu funktionieren wie natürliche Ökosysteme. Zu den „offiziellen" Transition Towns gehörten im August 2011 nach eigenen Angaben über 450 Gemeinden und Städte, vor allem in der industrialisierten westlichen Welt. (Siehe www.transition-initiativen.de)

5.1.5 Weitere Institutionen

Institutionen auf Bundesebene müssen von internationalen Einrichtungen flankiert werden. Sie bringen die notwendige Strahlkraft und Handlungsmasse für jene höhere Ebene mit.

Im Bereich der Entwicklungsarbeit und der *internationalen Zusammenarbeit* für nachhaltige Entwicklung sind dies vor allem die Deutsche Gesellschaft für Internationale Zusammenarbeit GmbH (GIZ), der Deutsche Entwicklungsdienst (DED) oder die Internationale Weiterbildung und Entwicklung gGmbH (Inwent).

Seit Januar 2011 bündelt die GIZ die Kompetenzen und Erfahrungen der GTZ, des DED und von Inwent und hat 17.000 MitarbeiterInnen in 130 Ländern. Die wichtigsten Autraggeber sind neben dem BMZ, das BMU, BMBF, das Auswärtige Amt sowie Bundesländer und Kommunen sowie für öffentliche und private Auftraggeber im In- und Ausland tätig.

Der *Deutsche Entwicklungsdienst (DED)* agiert im Auftrag des Bundesministeriums für wirtschaftliche Zusammenarbeit und Entwicklung als einer der führenden europäischen Personalentsender in der Entwicklungszusammenarbeit. Im Jahr 2009 arbeiteten insgesamt 2826 Mitarbeiter für den Entwicklungsdienst, davon rund 2600 in 48 Ländern Afrikas, Asiens und Lateinamerikas. Seit seinem Gründungsjahr 1963 haben sich über 16 000 EntwicklungshelferInnen weltweit aktiv an einer Verbesserung der Lebensbedingungen der Menschen beteiligt.

Die *Internationale Weiterbildung und Entwicklung gGmbH (Inwent)* ist ein weltweit tätiges Unternehmen für Personalentwicklung, Weiterbildung und Dialog mit Hauptsitz in Bonn, das seit 2002 aktiv ist. Inwent unterstützt Menschen dabei, Veränderungsprozesse in ihren Ländern zu gestalten und qualifiziert diese, ihr Wissen weiterzugeben und langfristig Strukturen zu verändern. Nationale Auftraggeber sind die Bundesregierung, die deutsche Wirtschaft und die Bundesländer; zwei Drittel aller Programme werden im Auftrag des BMZ durchgeführt. Auftraggeber sind die Europäische Union, die Weltbank, der Internationale Währungsfonds, die Welthandelsorganisation und die Vereinten Nationen.

Das Tempo des technischen Fortschrittes bedingt weitere Akteure im Bereich Nachhaltigkeit. Mit den technischen Herausforderungen und deren Auswirkungen, Chancen und Risiken beschäftigen sich z.B. das *Institut für Technikfolgenabschätzung und Systemananalysen (ITAS)* und das *Büro für Technikfolgenabschätzung (TAB)*.

Umwelt- und Energiefragen, der Erhalt natürlicher Ressourcen – auch hierzu braucht es Spezialisten. Der *Sachverständigenrat für Umweltfragen (SRU, oder auch Umweltrat)* wurde 1971 als Teil des Umweltprogramms eingerichtet. Als Beratungsgremium der Bundesregierung hat es den Auftrag, die Umweltsituation und -politik in der Bundesrepublik Deutschland und deren Entwicklungstendenzen darzustellen, zu begutachten und Fehlentwicklungen und Möglichkeiten zu deren Vermeidung aufzuzeigen. Seit 2004 erstellt er alle zwei Jahre ein Gutachten. Zusätzlich kann er Gutachten oder Stellungnahmen zu umweltpolitischen Einzelfragen nach eigener Wahl erarbeiten. Ziel dieser Arbeit ist, die Urteilsbildung bei allen umweltpolitisch verantwortlichen Instanzen und in der Öffentlichkeit zu erleichtern. Am 26.01.2011 erschien z.B. das Sondergutachten „Wege zur 100% erneuerbaren Stromversorgung".

Der *Wissenschaftliche Beirat der Bundesregierung Globale Umweltveränderungen (WBGU)* wurde 1992 von der Bundesregierung als unabhängiges Beratergremium zu Fragen des Globalen Wandels eingerichtet. Hauptaufgabe des interdisziplinär besetzten WBGU ist es, wissenschaftliche Erkenntnisse aus allen Bereichen des globalen Wandels auszuwerten und aus diesen komplexen Zusammenhängen politische Handlungsempfehlungen für eine nachhaltige Entwicklung abzuleiten. Ein Beispiel für eine Beratungsleistung ist das 420-seitige Gutachten „Welt im Wandel Gesellschaftsvertrag für eine Große Transformation" (→QR). Der WBGU hat in erster Linie die Vermeidung von unumkehrbaren, schwerwiegenden Schäden für Mensch und Umwelt im Blick. Etwa alle zwei Jahre gibt der WBGU ein Gutachten mit Handlungs- und Forschungsempfehlungen unter dem Namen „Welt im Wandel" heraus, hinzukommen Sondergutachten, Politikpapiere und Factsheets.

5.2   Europäische Nachhaltigkeitspolitik

> *Failure to reverse trends that threaten future quality of life*
> *will steeply increase the costs to society.*
> *European Heads of State and Government*

Europäische Nachhaltigkeitspolitik lebt vom Engagement der Nationalstaaten. Sie kann nur funktionieren, wenn ihre Ziele und Maßnahmen auf nationaler Ebene festgeschrieben und umgesetzt werden. Die größte Aufmerksamkeit liegt dabei auf den supranationalen Regelungen der EU; ihre *Programme und Verträge* geben die Richtung vor, die auf Nachhaltigkeit hinwirkt (→QR). Die Vorgaben der EU werden dann Gegenstand nationaler Programme, von Nachhaltigkeitsstrategien und -plänen. Zentrale Politikfelder sind dabei Umwelt, Landwirtschaft und Energie.

Die Relevanz politischer *Mehrebenensysteme* für die Leitbildumsetzung von Nachhaltigkeit wird wissenschaftlich immer stärker thematisiert. Da die Anzahl an Akteuren und Institutionen als auch die Komplexität an Abstimmungsprozessen zunimmt, gewinnt strategisches und vernetztes Denken und Handeln an Bedeutung. Auch die Suche nach strategischen Partnern und Allianzen mit wissenschaftlichen Einrichtungen, NGOs, Medien und Öffentlichkeit wird wichtiger.

http://www.uvk-lucius.de/nachhaltigkeit

Was die EU angeht, so brachte das Inkrafttreten des Amsterdamer Vertrages von 1999 eine Aufwertung des Gemeinschaftsrechtes gegenüber nationalen Politiken. Durch die Bekenntnis zum Nachhaltigkeitsleitbild stieg der Stellenwert der Umweltpolitik, für die die „Querschnittsklausel" in *Artikel 6 EGV* besonders bedeutsam war. Der Einfluss der EU-Umweltpolitik auf die deutsche Politik zeigt sich z.b. darin, dass Regulierungsinstrumente wie Umweltaudits oder Umweltverträglichkeitsprüfungen zum Einsatz kommen (mehr dazu im Kapitel 7). Als *transnationales Politiklernen* könnte bezeichnet werden, was sich gegenwärtig mit dem Aufbau europaweiter Kooperationsnetzwerke sowie zahlreicher umweltbezogener Umweltforen-, agenturen, -gremien und -räte abspielt.

Lernen – kollektiv und lebenslang

Lebenslanges Lernen ist ein Konzept, Menschen zu befähigen, eigenständig während ihrer gesamten Lebensspanne zu lernen. Lebenslanges Lernen setzt auf die Informationskompetenz des Einzelnen und hat deshalb Aufnahme in viele bildungspolitische Programme gefunden. „Lebenslanges Lernen hilft, den Zusammenhalt in der Gesellschaft zu stärken und Ausgrenzung soweit wie möglich zu vermeiden. Im Rahmen einer Gesamtstrategie soll das Ziel verfolgt werden, die Bildungsteilhabe zu erhöhen, allen Menschen mehr Chancen zur persönlichen, ihren Begabungen entsprechenden gesellschaftlichen und beruflichen Entwicklung zu ermöglichen und den Standort Europa mitzugestalten", so das BMBF.[52]

Der Aufbau der EU spiegelt sich in ihren wichtigsten Organen wider. So ist der Europarat institutionell nicht mit der Europäischen Union verbunden, spielt auf politischer Ebene in Europa jedoche eine wichtige Rolle. Die Europäische Investitionsbank fördert die Umsetzung der Umweltpolitik u.a. mit Projektfinanzie-

---

[52] BMBF (2001) Aktionsprogramm „Lebensbegleitendes Lernen für alle". Berlin

rungen. Die Europäische Umweltagentur hat demgegenüber das Ziel, vergleichbare Informationen über die Umwelt an die Mitgliedstaaten zu liefern und ein Europäisches Umweltinformations- und Umweltbeobachtungsnetz zu unterhalten. Stärker auf soziale Themen ausgerichtet ist die Organisation für Sicherheit und Zusammenarbeit in Europa (OSZE).

Die EU benennt die wichtigsten Probleme in ihrer Nachhaltigkeitsstrategie wie folgt:

– Begrenzung des Klimawandels und gesteigerte Nutzung sauberer Energien

– Umgang mit Gefahren für die öffentliche Gesundheit

– Mehr Verantwortung im Umgang mit natürlichen Ressourcen

– Verbesserung des Verkehrssystems und der Flächennutzung

Um diesen Herausforderungen zu begegnen, schlägt die Kommission eine dreistufige EU-Strategie vor: 1) Ein Paket von allgemeinen Vorschlägen und Empfehlungen, um die Wirksamkeit der Politik zu verbessern. Damit soll sicher gestellt werden, dass die verschiedenen Politiken sich gegenseitig stärken, statt entgegengesetzte Ziele zu verfolgen; 2) Ein Paket von wichtigen Zielen und spezifischen Maßnahmen auf EU-Ebene; 3) Schritte zur Durchführung der Strategie und Überprüfung der erzielten Fortschritte.[53]

Maßnahmen, die die EU für obige Probleme empfiehlt:

– Internalisierung externer sozialer und ökologischer Kosten

– Abgemessene Diskontierung

– Entschuldung

– faire weltwirtschaftliche Rahmenbedingungen

– Förderung der internationalen Zusammenarbeit

– Resonanzfähigkeit der Gesellschaft

---

[53] Siehe hierzu www.bundesregierung.de/Webs/Breg/nachhaltigkeit/DE/Berichte/Berichte.html

- Reflexivität der Gesellschaft
- Steuerungsfähigkeit
- Selbstorganisation
- Machtausgleich

5.3   Internationale Nachhaltigkeitspolitik

Ein Inder oder ein Chinese hat genau das gleiche Recht, die Atmosphäre zu nutzen, wie wir Deutschen oder die Amerikaner.
Ernst Ulrich von Weizsäcker

Wer sorgt dafür, dass ökologische und soziale Gerechtigkeit in globalem Maßstab eingehalten wird?

Schon vor der Rio-Konferenz 1992 gab es Trippelschritte in Richtung eines *gemeinsamen internationalen Vorgehens zum Schutz von Natur und Umwelt*. So kann man den Beginn der Geschichte des internationalen Naturschutzes auf 1872 datieren, das Jahr, in dem durch Beschluss des Amerikanischen Kongresses der Yellowstone National Park gegründet wurde. Damit wurde die weltweite Einrichtung von Nationalparks und anderen Schutzgebieten im Verlauf des 20. Jahrhunderts eingeleitet, wie dem ersten Nationalpark Europas, genauer 1909 in Schweden. Einige der ersten internationalen Bemühungen waren folgende Veranstaltungen:

1911   Erste Int. Konferenz für Vogelschutz, Paris
1913   Erste Int. Konferenz für Naturschutz, Bern
1923   Erster Int. Kongress für Naturschutz, Paris
1925   Erster Deutscher Naturschutztag, München

Internationale Politik – unter diesem Oberbegriff werden Gipfeltreffen, internationale Konferenzen und Aktivitäten international agierender Akteure verstanden. Hierzu zählen beispielsweise die jährlich stattfindenden *G8-Treffen*. Die Gruppe der Acht (G8), die die größten Industrienationen der Welt umfasst, bezeichnet sich selbst als „ein Abstimmungsforum, das Fragen der Weltwirtschaft im Konsens erörtert". In der Funktion eines Regierungsgremiums diskutieren sie transnationale Themen wie globale Sicherheit, Klimawandel, Weltwirtschaft, Entwicklungszusammenarbeit sowie Ernährungssicherheit. Mitglieder sind Deutschland, Japan, die Vereinigten Staaten, das Vereinigte Königreich, Kanada, Frankreich, Italien und Russland.

Als Wegweiser für den globalen Klimaschutz gelten auch die UN-Klimakonferenzen wie die *UN-Klimaschutzkonferenzen* in Kopenhagen (2009), Bangkok (2008) und Bali (2007). Um die Vielzahl der Abkommen, Konferenzen und Bündnisse gebündelt zu erfassen, sei auf die Tabelle in Kapitel 2 verwiesen. Sie nennt die wichtigsten Meilensteine bei der Herausbildung des Nachhaltigkeitsbildes in der Weltpolitik.

5.3.1   Die Vereinten Nationen

Immer, wenn wir einen Menschen aus dem Leben in Armut erlösen,
verteidigen wir Menschenrechte. Und immer wenn wir versagen,
verraten wir Menschenrechte.
Kofi Annan

Die Vereinten Nationen (UN) sind eine komplexe internationale Organisation mit Völkerrechtscharakter, die sich aus vielen Neben- und Sonderorganisationen zusammensetzt. Sie befasst sich mit der Förderung freundschaftlicher und partnerschaftlicher Beziehungen zwischen den Nationen, dem Schutz und Erhalt der Menschenrechte, Friedenssicherung sowie mit Nachhaltigkeitsstrategien auf allen Ebenen.

Die UN gab Anstoß zu Konferenzen im Bereich Klima-, Umwelt- und Artenschutz, deren Anzahl so unüberschaubar wie ihre Wirkung fragwürdig ist. Bei internationalen (Klima-)Konferenzen der Vereinten Nationen werden nachhaltigkeitsbezogene Ziele festgesetzt, die den Handlungsrahmen der Nationalstaaten vorgeben.

Von zweifellos eminenter Bedeutung ist der Weltklimarat bzw. das *Intergovernmental Panel on Climate Change (IPCC)*. Er wurde 1988 vom UN-Umweltprogramm (UNEP) und der Weltorganisation für

Meteorologie (WMO) ins Leben gerufen. Seitdem erstellen Arbeitsgruppen Berichte zur aktuellen Klimaforschung als Grundlage
internationaler Klimaverhandlungen. Im Verbund des IPCC tragen
2500 Forscher über die Erde verteilt Studien, Daten und Erkenntnisse zum Klimawandel zusammen und geben diese in aggregierter
Form wieder. Die wichtigsten Ergebnisse des IPCC sind die Unter-
suchungsberichte zum Stand der Klimaentwicklung der Erde, die
sogenannten Sachstandsberichte bzw. Assessment Reports. Welt-
weiten Ruhm erlangte 2007 der 4. Sachstandsbericht
(→QR). Erstmals erläutert er Ursachen, Ausmaß und
regionale Folgen der Klimaerwärmung. Anthropogene, also vom Menschen verursachte Treibhausgas-
emissionen stellen die wesentliche Ursache des Treib-
hauseffektes dar. Für die wissenschaftlich fundierte Erhärtung
bisheriger Annahmen erhielt der Weltklimarat zusammen mit dem
ehemaligen US-Präsidentschaftskandidaten Al Gore 2007 den Frie-
densnobelpreis. In der Begründung heißt es, der Preis ginge an sie
„für ihre Bemühungen, tieferes Verständnis des menschengemach-
ten Klimawandels zu schaffen und zu verbreiten sowie für die
Grundlagenforschung zu notwendigen Maßnahmen, um diesem
Klimawandel entgegenzuwirken."[54]

Die UN initiierten mehr Projekte und Programme zur Förderung
nachhaltiger Entwicklung als sich hier anführen lassen; hier eine
Auswahl der wichtigsten:

▪ *UNEP – Umweltprogramm der Vereinten Nationen:* Die Gründung
  des UNEP wurde auf der Stockholm-Konferenz 1972 beschlossen und hat ihren Sitz in Nairobi/Kenia. Nach seinem Selbstverständnis ist das Programm die „Stimme der Umwelt" bei den
  UN. Die UNEP wirkt als Auslöser, Anwalt, Lehrer und Vermittler für den schonenden Umgang mit der Umwelt und für eine
  nachhaltige Entwicklung. Es arbeitet mit verschiedenen Partnern zusammen, darunter andere UN-Organisationen und ande-

---

[54]www.nobelprize.org/nobel_prizes/peace/laureates/2007/index.html;
oder: Nobelprize.org (2007) Zugriff am 20.12.2011

re internationale Organisationen, Regierungen, NGOs, Unternehmen und mit der Zivilgesellschaft.

- *UNDP – United Nations Development Programme:* Exekutivausschuss innerhalb der UN-Generalversammlung. Um die Millennium-Ziele zu erreichen und die globale Entwicklung voranzutreiben, konzentriert sich das UNDP auf die Armutsbekämpfung, HIV/AIDS, Demokratische Regierungsführung, Energie und Umwelt sowie Krisenprävention. Querschnittsaufgabe in allen Programmen ist dabei der Schutz der Menschenrechte sowie die Gleichbehandlung von Frauen.

- *Global Compact:* Auf dem Weltwirtschaftsforum in Davos 1999 beschlossen, um die Grundsätze bei Menschenrechten, Arbeitsstandards, Umweltschutz und Antikorruption als Minimalstandard zu verankern und auch weltweit voranzutreiben.

- *GEF – Global Environment Facility* bzw. „Globale Umwelteinrichtung": Die GEF ist ein internationaler Mechanismus zur Finanzierung von Umweltschutzprojekten in Entwicklungsländern. Schwerpunkte der Projekte sind Klimaschutz, Artenvielfalt, Gewässerschutz, Ozonschicht, Desertifikation bzw. Landdegradation sowie Chemikaliensicherheit.

- *UNU – United Nations University:* auch Weltuniversität genannt, ist sie ein Nebenorgan der Vereinten Nationen. Sie wurde 1973 mit dem Ziel gegründet, Zukunftsfragen der Menschheit in allen Lebensbereichen auf konzentrierter wissenschaftlicher Basis zu erarbeiten.

- UN-Millenniumsentwicklungsziele: im Folgenden dargestellt.

5.3.2   UN-Millenniumsentwicklungsziele

Die Weltlandwirtschaft könnte problemlos 12 Milliarden Menschen ernähren.
Das heißt, ein Kind, das heute an Hunger stirbt, wird ermordet.

Jean Ziegler

Die UN-Millenniumsentwicklungsziele – auch Millennium Development Goals bzw. MDGs – umfassen acht Ziele von globaler Bedeutung. Auf dem Millenniumgipfel im Jahr 2000 haben die Vereinten Nationen in New York vor dem Hintergrund weiter zunehmender *Verelendung in zahlreichen Entwicklungsländern*, der anhaltenden Benachteiligung von Frauen in vielen Staaten und der zunehmenden Umweltzerstörung acht Millenniumziele beschlossen. Diese Ziele sollen bis zum Jahr 2015 erreicht werden, stellen jedoch eine Jahrhundertaufgabe dar, was sich daran ablesen lässt, dass sie bislang bei Weitem nicht erreicht sind. Sie werden nachfolgend angeführt, weil sie Nachhaltigkeitsziele anhand von Zahlen greifbar machen.

Bekämpfung von extremer Armut und Hunger
* 2005 lebten ca. 1,4 Mio. Menschen mit weniger als 1,25 USD pro Tag. * Jedes Jahr sterben ca. 10 Mio. Menschen an Hunger oder an Krankheiten, die durch Hunger hervorgerufen werden. * Durch steigende Lebensmittelpreise besteht die Gefahr, dass 100 Mio. Menschen tiefer in Armut geraten. * Es sind weniger Kinder unter fünf Jahren unterernährt: Während die Prozentzahl 1990 bei 33% lag, waren es im Jahr 2006 26%.
Primärschulbildung für alle
* 75 Mio. Kinder haben keine Schulbildung: 34 Mio. Jungen und 41 Mio. Mädchen. * Rund 90% der Kinder in Entwicklungsländern gehen zur Primärschule und 54% besuchen die Sekundarstufe.
Stärkung der Rolle der Frau
* Trotz besserer Zugangsmöglichkeiten zur Erwerbsarbeit als je zuvor verdienen Frauen sie im Schnitt ein Drittel weniger als Männer. * 2008 lag der Frauenanteil bei der Belegung von Parlamentssitzen bei 18% weltweit.

Senkung der Kindersterblichkeit
* Die Sterblichkeitsrate bei Kindern unter fünf Jahren in Entwicklungsländern ist 13 Mal höher als bei Kindern, die in Industrieländern geboren werden.
Verbesserung der Gesundheitsversorgung von Müttern
* In Entwicklungsländern sterben jährlich mehr als 500.000 Frauen während der Schwangerschaft oder an den Folgen einer Geburt.
Bekämpfung von HIV/AIDS, Malaria etc.
* Im Jahr 2007 lebten ca. 33 Mio. Menschen mit HIV. * Jährlich infizieren sich 350–500 Mio. Kinder mit Malaria, davon sterben jährlich ungefähr 1 Million.
Ökologische Nachhaltigkeit
* Rund eine Milliarde Menschen weltweit wohnen in Slums. * 2,5 Mrd. Menschen leben ohne adäquate sanitäre Einrichtungen. * Bei einem Energieverbrauch von Menschen in Entwicklungsländern gemäß jener in Industrieländern, bräuchte es bis zu neun weitere Planeten, um die Emissionen zu absorbieren.
Aufbau einer globalen Partnerschaft für Entwicklung
* Die Ausgaben für Agrasubventionen der entwickelten Länder ist drei Mal so hoch wie ihre finanzielle Zuwendung zur Entwicklungszusammenarbeit. * Aktuell sind rund 40 arme Länder stark verschuldet.

Abb. 38: UN-Millenniumsentwicklungsziele

Der Rat für nachhaltige Entwicklung veröffentlichte am 12.09.2008 auf ihrer Homepage folgende Stellungnahme: „Trotz einiger Fortschritte hinkt die internationale Gemeinschaft den Zielen der Millenniumerklärung weit hinterher. Handelshemmnisse erschweren den Entwicklungsländern den Zugang zu Absatzmärkten, verschärft wird die Lage durch die weltweiten Krisen der Nahrungsmittel- und Finanzmärkte. Zugleich waren die Entwicklungshilfezahlungen der Geberländer zuletzt rückläufig." Basierend auf Zahlen der Weltbank stieg die Verschuldung von Entwicklungsländern von ca. 1.300 Milliarden USD 1990 auf 2.500 Milliarden USD im Jahr 2004.

Ein abschließender Blick auf Deutschlands Position lässt Zweifel an der Durchsetzungskraft einer nachhaltigkeitsorientierten Weltpolitik, vor allem hinsichtlich des Entwicklungshilfeaspektes, aufkommen. So verkündete FDP-Bundesentwicklungsminister Dirk Niebel am 18.11.2009 in einem Interview mit dem Evangelischen Pressedienst, dass der EU-Stufenplan zur Erhöhung der Entwicklungshilfe vorerst von deutscher Seite nicht unterstützt wird. Die Bundesregierung erhöht also nicht wie vor 40 Jahren versprochen ihren Anteil an Entwicklungshilfe von 0,7% auf 0,72% trotz eines Anstieges des BSP in diesem Zeitraum um 60%.

Eine *institutionelle Transformation der Politik* ist Voraussetzung für den künftigen Erfolg von Nachhaltigkeit, hieß es zu Beginn des Kapitels. Entstehen indessen neue Regelungsformen in der Nachhaltigkeitspolitik? Knopf et al. schreiben: „Der mit nachhaltiger Entwicklung verbundene Bereich ist zu einem vielfältigen Experimentierfeld für neue Governance-Mechanismen geworden. Neue Beteiligungsverfahren, neue Formen der interministeriellen Zusammenarbeit, neue Politikinstrumente oder die Entwicklung und Institutionalisierung von wissensbasierten Entscheidungsprozessen sollen dazu beitragen, die Relevanz von Nachhaltigkeitspolitik in Regierung, Wirtschaft und Gesellschaft zu stärken."[55]
Ihnen zufolge umfassen Nachhaltigkeitsstrategien auch prozedurale Elemente, die auf kontinuierliches Lernen abzielen.

Anforderungen, die an die Ausgestaltung einer *politischen Nachhaltigkeitsstrategie* zu stellen sind, umfassen dabei idealtypisch Ziele, die Zuweisung von Verantwortlichkeiten, Umsetzungsschritte und Ressourcen, Monitoring und Evaluierung sowie Mechanismen zur Förderung der Politikintegration.

Das *Konzept der Politikintegration* ist ein wichtiger Ansatz zur Forcierung nachhaltiger Entwicklung und umfasst den Autoren um Knopf zufolge folgende vier Aspekte:
[1] Ein übergeordnetes Ziel ist die Integration von kurz- und langfristigen Zielen. Nachhaltigkeitsstrategien bilden einen

---

[55] Knopf, J. et al. (2011) S. 20ff.

Rahmen, um die Interessen heutiger und künftiger Generationen in Einklang zu bringen. Ergänzend erfolgt eine Koordination und Abstimmung zwischen den staatlichen Einheiten.

[2]   Dies beinhaltet die Integration unterschiedlicher Ressortpolitiken (horizontale Integration) sowie

[3]   verschiedener Jurisdiktionen (vertikale Integration).

[4]   Schließlich sollen Nachhaltigkeitsstrategien die Integration nichtstaatlicher Akteure in politische Entscheidungsprozesse fördern.

Brand empfiehlt, dass neue, am Leitbild Nachhaltigkeit orientierte Strategien und Verfahren folgende Merkmale aufweisen sollten, um Stabilität und institutionellen Charakter zu erlangen.[56] Zu diesen zählen, dass sie

- einen klaren Problembezug haben,
- sie Sinnstiftung und Handlungsorientierung bieten müssen,
- sie in Alltags- und Routinepraktiken eingebettet sind,
- sie neuer, breiter Akteursallianzen bedürfen und
- sie über normierende und sanktionierende Kraft verfügen müssen.

Der letzte Punkt verweist auf den Aspekt Nachhaltigkeit und Recht, auf den in Kapitel 8 eingegangen wird.

Global Governance

Unter dem Begriff Global Governance werden Konzepte für eine *neue globale Strukturpolitik* diskutiert. Global Governance (→QR) ist weniger mit Weltregierung denn mit Weltordnungspolitik gleichzusetzen. Der Hintergrund: Die Zunahme internationaler Institutionen in den letzten Jahrzehnten hat zu einer neuen Qualität internationaler Beziehungen geführt, die über das traditionelle Verständnis zwischenstaat-

---

[56] Brand (2002), S. 68f.

licher Politik hinausgeht. Unter dem Eindruck schwindender Einflussmöglichkeiten auf nationaler Ebene soll im Zeichen der Globalisierung auch globales Regieren in den Vordergrund treten; Nationalstaaten werden nicht ersetzt, sondern zu einem Koordinierungsstaat transformiert. Zentrale Gestaltungskriterien sind dabei eine Multi-Ebenen-Vernetzung, flexible Steuerung und Subsidiarität.

5.4   Die Rolle der Zivilgesellschaft

Unsere Gesellschaft muss viel stärker über die Wertorientierung unserer Lebensstile und über den Wert öffentlicher Dinge reden.

Hans Geisler

Zivil- bzw. bürgerschaftliches Engagement hat eine eigene Handlungslogik. Und zwar eine, die das Thema Nachhaltigkeit maßgeblich mitträgt. Eigene Interessen werden mit jenen in der Öffentlichkeit abgewogen. Es schafft Sozialkapital in Form von gesellschaftlichem Vertrauen, Demokratiefähigkeit, Normen der Gegenseitigkeit oder Netzwerken. Dabei vereint es unterschiedlichste Formen im Bereich von Nachhaltigkeit wie z.b. soziale wie die Anti-AKW-Bewegung oder Attac, Verbände wie BUND und Greenpeace oder Umwelt- und Sozialinitiativen und Lokale Agenda 21-Gruppen. „In bürgerschaftlichem Engagement sind die Bürgerinnen und Bürger Expertinnen und Experten ihres eigenen Lebensalltages. Das Engagement gestaltet sich als offener gesellschaftlicher Lernprozess."[57]

Die Zivilgesellschaft befindet sich in einer vorstaatlichen oder nichtstaatlichen Handlungssphäre und besteht aus einer Vielzahl pluraler, auf freiwilliger Basis gegründeter Organisationen und Assoziationen, die ihre spezifische Interessen autonom organisieren. Im Zwischen-

---

[57] Brand (2002), S. 134. Siehe auch Dürr, H.-P. (2000) Für eine zivile Gesellschaft. Beiträge zu unserer Zukunftsfähigkeit. dtv München.

bereich von Privatsphäre und Staat angesiedelt umfasst sie *Akteure aus den Bereichen, Gewerkschaften, Jugend, Kirchen, Stiftungen, Forschungsinstitute, Verbände und Netzwerke*. Diese sind in die Politik involviert, ohne nach staatlichen Ämtern zu streben. Ihre Prinzipien sind Toleranz, Fairness und die Anerkennung anderer.

Eine Würdigung haben einzelne Mitglieder der Gesellschaft für ihr Nachhaltigkeitsengagement durch den Alternativen Nobelpreis bekommen. Themen gelangen so an das Licht der Öffentlichkeit, die bislang unbeachtet blieben.

Alternativer Nobelpreis – Würdigung der stillen Helden

Der Right Livelihood Award (RLA, „Preis für die richtige Lebensweise"), auch als Alternativer Nobelpreis bekannt, ist eine Auszeichnung „für die Gestaltung einer besseren Welt". Er wird jährlich von der Stiftung Right Livelihood Award Foundation vergeben und durch Spenden finanziert. Er ehrt Menschen und Initiativen, die Lösungen für die dringendsten Probleme unserer Zeit finden und erfolgreich umsetzen. „Die Preisträger sollten die eigentlichen Stars unserer Zeit sein, doch stattdessen wird ihre Arbeit oft bekämpft, belächelt oder ignoriert", so die Stiftung. Dabei kennt der Preis keine strengen Kategorien, häufig beziehen sich die Verdienste auf die Bereiche Umwelt, Frieden, Abrüstung, Menschenrechte, Entwicklung, Kultur und Spiritualität, indigene Völker, Verbraucherschutz, Bildung, Gesundheit, Energie oder Ressourcenschonung. Deutsche Preisträger sind Hans-Peter Dürr, Monika Hauser, Petra Kelly, Hermann Scheer und Michael Succow.

Mischen zivil-kollaborative Akteure künftig stärker im politischem Spiel mit? Gemäß jener, die eine solche Entwicklung vor allem anhand der Lokalen Agenda 21-Prozesse sehen, ja. Denn hier geht es um eine systematisch auf *Kooperation und Vernetzung* angelegte Form politischer Mitsprache, die Elemente zivilgesellschaftlicher Selbstorganisation ebenso umfasst wie von Protestgruppen und von NGOs betriebene Kampagnenpolitik. „Am ehesten lässt sich die Lokale Agenda 21 somit als mobilisierendes Netzwerk begreifen, das mittels breiter Partizipation, kommunikativer Vernetzung und dialogisch-kooperativer Verfahren lokale Nachhaltigkeit zu fördern versucht, zu diesem Zweck aber der Legitimation und Unterstützung in formellen Politikstrukturen und -verfahren (z.b. durch Stadtrat oder Verwaltungsspitze) bedarf."[58]

Gleichwohl kann zivilgesellschaftliches Engagement laut Brand allein genommen nur abmildern, nicht aber prinzipiell ändern. So wird z.b. die CO_2-Reduktion durch Car-Sharing-Projekte oder der Ausbau von Radwegenetzen sowie öffentlicher Verkehrsmittel durch die Zunahme von Flügen, Fahrzeugen und industrieller Produktion im Handumdrehen zunichtegemacht. *Bürgerschaftliches Engagement ist für eine nachhaltige Entwicklung notwendig, aber nicht hinreichend.* Hinzukommen müssen Bemühungen, freiwillig wie rechtlich verbindlich, auf diversen Ebenen, in sämtlichen Bereichen.

5.4.1   NGOs: Mächtige Zwerge, umstrittene Riesen

Nichts ist schwerer und nichts erfordert mehr Charakter als sich im offenen
Gegensatz zu seiner Zeit zu befinden und laut zu sagen: Nein!
Kurt Tucholsky

Nichtstaatliche Organisationen, kurz NGOs, sind Speerspitzen der Nachhaltigkeit. Unternehmen streben Profit, Parteien Macht, die Wissenschaft Deutungshoheit an. NGOs richten ihren Blick auf gesellschaftliche Schieflagen.

Non-Governmental Organisations (NGO) bzw. Nichtregierungsorganisationen (NRO) sind *nicht-gewinnorientierte und auf freiwilliger Arbeit basierende Organisationen* (bzw. Interessensverbände) von Bürgern, die sowohl lokal als auch national oder international organisiert und tätig sein können. Auf ein bestimmtes Ziel ausgerichtet und von Leuten mit einem gemeinsamen Interesse gegründet, versuchen NGOs, eine Vielfalt von Leistungen und humanitären Funktionen

---

[58] Brand (2002), S. 58. Siehe auch Brunold, A. (2004) Globales Lernen und Lokale Agenda 21: Aspekte kommunaler Bildungsprozesse in der „Einen Welt". VS Verlag Wiesbaden.

wahrzunehmen, Bürgeranliegen bei Regierungen vorzubringen, die politische Landschaft zu beobachten und das politische Engagement in der Bevölkerung zu wecken. Sie stellen Analysen und Sachverstand zur Verfügung, dienen als Frühwarnmechanismus und helfen, internationale Übereinkünfte zu beobachten und umzusetzen. NGOs sind für bestimmte Aufgaben gegründet wie z.B. Umwelt- und Sozialstandards, Menschenrechte, Entwicklungspolitik, Bildung oder Gesundheit. Wird der Begriff NGO breiter gefasst, dann werden alle privaten Akteure und Interessengruppen, also internationale Gewerkschaften, Wirtschaftsverbände, Verbände von wissenschaftlichen Einrichtungen, Wohlfahrtsverbände, Hilfsorganisationen, Stiftungen, Kirchen, Selbsthilfegruppen und Bürgerinitiativen dazu gezählt. Gemäß Artikel 71 der Charta der Vereinten Nationen können NGOs Konsultativstatus beim Wirtschafts- und Sozialrat der Vereinten Nationen erwirken, wenn sie die Kriterien der Economic and Social Council Resolution 1996/31 erfüllen.[59]

Die ersten Vorläufer von NGOs finden sich im 19. Jahrhundert. 1839 wurde die erste Menschenrechtsorganisation, die Anti-Sklaverei-Gesellschaft, gegründet. Mit dem Roten Kreuz gründete sich 1863 die erste humanitäre Organisation der Welt. Insbesondere die Rio-Konferenz führte zu einer neuen Akzeptanz von NGOs. Parallel zu ihrer steigenden Bedeutung durch Mitarbeit, Expertise und Lobbytätigkeit erhöhte sich die Anzahl der NGOs bis 2007 kontinuierlich auf rund 7.600. Eine Auswahl davon findet sich im „The Top 100 Best NGOs" von The Global Journal (→QR).

---

[59] Im Englischen werden auch Begriffe verwendet wie independent sector, volunteer sector, civic society, grassroots organizations respektive transnational social movement organizations, private voluntary organizations, self-help organizations, häufig auch non-state actors (NSAs). Im Deutschen wird teils auch vom Dritten Sektor gesprochen. Dieser Begriff geht auf den US-amerikanischen Soziologen Amitai Etzioni zurück. Siehe Amitai Etzioni, Amitai (1968). The Active Society: A Theory of Societal and Political Processes. Free Press. New York; (2011) Vom Empire zur Gemeinschaft: Ein neuer Entwurf der internationalen Beziehungen. Fischer Frankfurt/M.

Heute sind die NGOs ein fester Bestandteil aller Global Governance Ansätze. Sie sollen das Gewicht der Zivilgesellschaft auf globaler Ebene erhöhen und Themen wie *Umweltschutz, soziale Gerechtigkeit* und *Menschenrechte* zur Sprache bringen.

Die Rolle von NGOs ist in der Agenda 21 unter Punkt 27 beschrieben: „Nichtstaatliche Organisationen spielen eine entscheidende Rolle bei der Ausformung und Umsetzung einer teilhabenden Demokratie. Ihre Glaubwürdigkeit ist durch die verantwortliche und konstruktive Rolle begründet, die sie in der Gesellschaft spielen." (Kapitel 27.1). Sie „verfügen über fundierte und vielfältige Erfahrungen, Fachkenntnisse und Fähigkeiten in Bereichen, die von besonderer Bedeutung für die Umsetzung und Überprüfung einer umweltverträglichen und sozial ausgewogenen nachhaltigen Entwicklung sind, wie sie in der gesamten Agenda 21 angestrebt wird." (Kapitel 27.3)

Dass NGOs die Themensetzung von Dokumenten, wie der Agenda 21, beeinflussen, lässt sich auch an den dort berücksichtigten Anliegen ablesen: Umwelt- und Klimaschutz, Schutz der Regenwälder, Arbeitsschutz und Kinderarbeit, Frauen und Gleichberechtigung, Entwicklungszusammenarbeit, Dritte-Welt-Problematik sowie in ihrer Existenz bedrohte oder benachteiligte bzw. indigene Völker.

Für das Thema Nachhaltigkeit sind NGOs von besonderer Bedeutung, weil sich Nachhaltigkeit als *Gerechtigkeitsprinzip* per definitionem für „die Schwachen", das Unbeachtete, das zu Schützende und Erhaltende einsetzt. Während die Politik dabei eine am stärksten langfristig ausgerichtete Perspektive verfolgt, zielen Unternehmen vor allem auf Innovations- und Wertschöpfungspotenziale; Netzwerke wiederum verfolgen Nachhaltigkeit eher unter der Sicht von Wissensvermittlung und -austausch; NGOs begreifen Nachhaltigkeit demgegenüber als einen grundlegenden, existenzsichernden und gesellschaftsrelevanten Imperativ.

Welche NGOs haben es geschafft, sich auf internationalem Parkett Gehör zu verschaffen? Eine Auswahl nennt folgende Tabelle:

Aktion Mensch	Greenpeace	Pro Natura
Amnesty International	Health and Environment Alliance	Rainforest Alliance
Ärzte ohne Grenzen	Human Rights Watch	Save the Children International
Brot für die Welt	Interpeace	SOS Kinderdörfer
CARE International	Klima-Bündnis der europäischen Städte	TED
Climate Action Network	Manager ohne Grenzen	Terre des hommes
Friends of the Earth	Misereor	Transparency International
GfbV - Gesellschaft für bedrohte Völker	Oxfam	Wikimedia Foundation
Global Footprint Network	PETA	World Vision

Abb. 39: Nachhaltigkeitsrelevante NGOs

Im Zuge der Globalisierung organisieren sich NGOs heute stärker grenzüberschreitend und nehmen zunehmend erfolgreich Einfluss auf die Politikgestaltung. Als aktuelles Beispiel sei hier Acta oder das Thema Atomausstieg genannt. Die Mobilisierung tausender Unterzeichner via Online-Petitionen erlaubt Zivilisten, sich im basisdemokratischen Sinne schneller, leichter und besser zu organisieren. Ein kurz vor der Absegnung stehendes Gesetz kann so kippen. Auf das Thema Nachhaltigkeit hin besehen, fördern NGOs die Herausbildung einer *globalen Zivilgesellschaft*. Es vollzieht sich, was 40 Jahre zuvor mit *„Eine Welt"-Bewusstsein* bezeichnet wurde.[60]

---

[60] Die Bedeutung von NGOs beschreiben Brunngräber et al. in ihrem Band mit dem sinnfälligen Titel „NGOs im Prozess der Globalisierung: Mächtige Zwerge - umstrittene Riesen. Bürgergesellschaft und Demokratie".

Auf Konferenzen treten NGOs deshalb immer selbstbewusster auf. So reichten NGOs auf der Rio-Konferenz insgesamt 46 alternative Vertragsentwürfe, allesamt dokumentiert, ein; im Vorfeld der Rio-Folgekonferenz in Johannesburg 2002 schlossen sich die NGOs BUND, NABU, terre des hommes und WWF für die Kampagne „Globale Gerechtigkeit ökologisch gestalten" zusammen.

Ihre Finanzierung sichern NGOs durch Mitgliedsbeiträge, Spenden und Erlöse aus dem Verkauf von Waren und Dienstleistungen – aber auch durch staatliche Zuwendungen. Anders als der Begriff nahelegt, hängen NGOs auch von Fördermitteln ab, um ihre dauerhafte Existenz und damit das Fortführen von Themen sicherzustellen. Während einige große NGOs Jahresbudgets in Millionenhöhe haben, begnügt sich das Gros mit deutlich bescheideneren *Etats*. Aufgrund begrenzter finanzieller Ressourcen werden sie denn auch als Arbeitgeber häufig übersehen. Gleichwohl bieten NGOs ein Arbeitsumfeld, das als bereichernd ob des Engagements für Anliegen mit Sinn, Ziel und Gehalt empfunden wird.

Im Gegenzug wird NGOs vorgeworfen, sie nähmen für sich in Anspruch, allgemeine und universelle Gesellschaftsinteressen zu vertreten, reklamieren diese Gestaltungsmacht – jedoch ohne demokratische Legitimation. Selbst die NGOs, die sich auf globaler Ebene für mehr Demokratie einsetzten, seien nicht gewählt – und damit nicht ermächtigt, im Namen des Volkes zu agieren; entgegenzuhalten wäre, dass auch transnationale Politik bislang nicht öffentlich legitimiert ist. Positiv besehen, fänden sie in NGOs „Sparringpartner", die mehr Interessenausgleich bewirken. Ein weiterer Vorwurf lautet, NGOs seien selbst teils undemokratisch strukturiert und ihre Spendenabhängigkeit könne in Widerspruch zu ihrer Glaubwürdigkeit stehen. Letzteres würde auch durch eine einseitige Kommunikation wissenschaftlicher Fakten und Erkenntnisse verstärkt. Der Hauptvorwurf unter Ökonomen aber dürfte sein, dass NGOs zu wenig wirtschaftlich denken, lenken und argumentieren. Im Kontext von Nachhaltigkeit ist die Relativierung materiellen Nutzenkalküls aber ein Wesenszug, der die gewünschte Integration und Ganzheitlichkeit ökonomischer, ökologischer und sozialer Interessen befördert und einen wichtigen Kontrapunkt im globalen Konzert der Wachstumsgetriebenheit setzt.

Zusammengefasst sind NGOs wichtige Vertreter zivilgesellschaftlicher Interessen und leisten einen wertvollen Beitrag zur Demokratisierung internationaler Politik. Auch wenn die NGOs demokratisch legitimierte Institutionen und Personen nicht ersetzen können und sie im Vergleich zu Nationalstaaten und Multinationalen Unternehmen eine geringere „Investitionsmacht" haben, sind sie ein bedeutender Bestandteil der bestehenden Global Governance-Ansätze und für eine *Nachhaltigkeitsbewegung* systemrelevant.

Fazit – Steuerung des schwer Steuerbaren

Die Steuerung und Legitimation einer Politik für Nachhaltigkeit steht vor zwei Problemen: zum einen die grundlegende *Steuerungsproblematik* moderner Demokratien, zum anderen der Mangel an politischem Interesse und Partizipation; beide sind Voraussetzungen für Lösungen wie z.B. die Lokale Agenda 21 als neuer Politiktypus oder institutionelle Reformen. Zu Ersterem ist zu sagen: die traditionelle Vorstellung des Staates als zentraler Steuerungsinstanz wurde abgelöst. An die Stelle nationalstaatlicher Souveränität tritt eine funktional hochgradig untergliederte Gesellschaft, ein Akteurs- und Interessengeflecht, in das die europäische Mehrebenenpolitik, wirtschaftliche *Globalisierungsprozesse* und weltweit internetgestützte Kommunikation hineinspielen. Statt hierarchisch reguliert wird zunehmend horizontal und interaktiv verhandelt. Der Politik wächst dabei in die Rolle des Moderators, sei es bei der Einführung von Dosenpfand, Energiesparlampen, Ökosteuer, Antidiskriminierungsgesetz oder der Gesundheits- oder Bildungsreform. Damit werden tradionelle politische Kategorien und Denkmuster zugunsten einer stärkeren *Dialog- und Kooperationsfähigkeit* aufgeweicht. An die Stelle nationaler Gewissheiten tritt das Bewusstsein, Weltbürger mit zumindest digital zu bewerkstelligender Mitsprache zu sein.

http://www.uvk-lucius.de/nachhaltigkeit

Literatur

Brand, K.-W. (2002) Politik der Nachhaltigkeit. Sigma Berlin.

Brunnengräber, A. et al. (2005) NGOs im Prozess der Globalisierung: Mächtige Zwerge – umstrittene Riesen. Bürgergesellschaft und Demokratie. Verlag für Sozialwissenschaften.

Dürr, H.-P. (2000) Für eine zivile Gesellschaft. Beiträge zu unserer Zukunftsfähigkeit. dtv München.

Etzioni, A. (1968). The Active Society: A Theory of Societal and Political Processes. Free Press. New York; (2011) Vom Empire zur Gemeinschaft: Ein neuer Entwurf der internationalen Beziehungen. Fischer Frankfurt/M..

Knopf, J. et al. (2011) Nachhaltigkeitsstrategien in Politik und Wirtschaft. Treiber für Innovation und Kooperation. oekom München.

Kopfmüller, J. et al. (2001) Nachhaltige Entwicklung integrativ betrachtet. Konstitutive Elemente, Regeln, Indikatoren. edition sigma Berlin.

Müller, H. (2008) Wie kann eine neue Weltordnung aussehen? Wege in eine nachhaltige Politik. Fischer Frankfurt.

Schreiber, D. (2005) Netzwerklernen und Kreislaufwirtschaft. Nachhaltige Entwicklung im lernenden System. oekom München.

6   Nachhaltigkeit in Unternehmen

Problem	Wenn ich in einem Unternehmen mit Nachhaltig-keitsbezug arbeiten will, wie kann ich mir das vorstellen? Welche Aufgaben kommen auf mich als Nachhaltigkeitsverantwortlicher zu? Was ma-che ich, wenn ich Nachhaltigkeit umsetzen will?
Maßnahmen	Übersicht über Bausteine, Bereiche, Ebenen, Funktionen, Sphären, Maßnahmen, Werkzeuge, Instrumente; Kennzahlen, Sustainability Balanced Score Card, Strategiemodelle und -prinzipien, Projektmanagement-Tools, Schaubilder, Matrixen, Flussdiagramme, Tabellen, Beispiele.
Ergebnisse	Studierende bewegen sich sicher im betrieblichen Umfeld hinsichtlich der praktischen Umsetzung von Nachhaltigkeit z.B. in Sachen Organisation, Mana-gement etc.; sie sind mit einer klaren Vorgehens-weise für die praktische Umsetzung von Nachhal-tigkeit vertraut.

http://www.uvk-lucius.de/nachhaltigkeit

Die Wirtschaft muss beim Thema Nachhaltigkeit vorangehen –
technische Innovationen und gesellschaftliche Verantwortung sind
gleichberechtigte Schlüssel für unternehmerischen Erfolg.

Eric Schweitzer

Globalisierung, Wirtschaftskrise, Finanzkrise. Gesetzesverschärfungen, Fachkräftemangel, verändertes Konsum- und Nachfrageverhalten. Ressourcenverknappung, Klimawandel, Arm-Reich-Kluft. – Diese Aspekte zweingen Unternehmen zum *Umdenken*. Tun sie es nicht, werden sie mit den Kosten des Nichthandelns konfrontiert.

Deshalb stößt Nachhaltigkeit in Firmen auf mehr Gehör. Es hat sich vom lästigen Ökothema zum potentiellen Erfolgsrezept entwickelt. Unternehmen erhoffen sich einen *Innovationsschub*, weil das Thema Nachhaltigkeit, neu auf der Agenda, zu altem Wein in neuen Schläuchen (wie Ulrich Merkes in der Einleitung zitiert wurde) anregt, aber auch zu neuem Wein. Einige Firmen haben Nachhaltigkeit zum Geschäftsmodell gemacht. Dennoch sieht das Gros der Unternehmen darin noch immer primär den Nutzen für die eigene Überlebensfähigkeit, und weniger die der globalen Weltgemeinschaft.

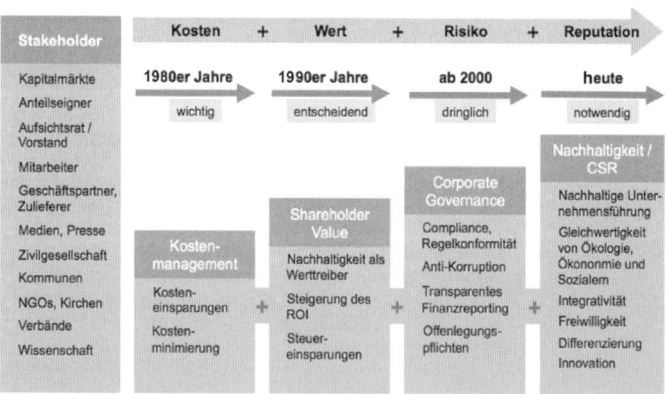

Abb. 40: Bedeutungsentwicklung von Nachhaltigkeit für Unternehmen (in Anlehnung an E&Y (2009)

Das Schaubild oben veranschaulicht, welche Karriere im Sinne von Relevanz, Stellenwert und Bedeutungszunahme das Leitbild der Nachhaltigkeit durchlaufen hat. Es zeigt, wie es von einem wichtigen, zu einem entscheidenden, dann dringenden und schließlich notwendigen Thema avancierte, dass die Anzahl der *Stakeholder* sich erhöht hat und dass die treibenden Kräfte dahinter sich von reinen Kostenfaktoren hin zu Wert,- Risiko- und Reputationsgründen entwickelt hat. Die Veränderungslinie verläuft dabei, über die letzten vier Jahrzehnte gesehen, von der anfänglichen Motivation der Kosteneinzusparung, in der Nachhaltigkeit als ein wichtiges Thema angesehen wurde, über eine Phase der *Bedeutungszunahme*, in der sich das Thema etablierte und als entscheidend gesehen wurde, als Werttreiber, ein Weg zur Steuereinsparung oder Return of Investment- Steigerung; ab der Jahrtausendwende gilt Nachhaltigkeit nicht länger als reines Kosten- oder Wertthema, sondern schon als Risiko, falls nicht betrieben – Transparenz, Korruption, Compliance sind die treibenden Kräfte hinter dem Bekenntnis zu Corporate Governance; heute ist Nachhaltigkeit auch bei Unternehmen noch nicht gänzlich, aber mehrheitlich aus der „Öko-Ecke" in die Erkenntnis wirtschaftlicher Notwendigkeit diffundiert. Die Integration von Umwelt- und Sozialkriterien in die Geschäftätigkeit wird nicht länger als Pferdefuß, sondern zunehmend als notwendig, als Chance zur *Differenzierung* und Innovation begriffen  und deshalb verstärkt auch freiwillig eingesetzt. Das sieht auch die Bunderegierung so, wie sich an ihrem umfangreichen Leitfaden „Nachhaltigkeitsmanagement in Unternehmen" ablesen lässt. (→QR)

Die Herausforderung für die Person, die sich dem Thema praktisch als „Nachhaltigkeitsverantwortlicher" annimmt, ist, mehrere Rollen, Funktionen und Perspektiven auf sich im Unternehmen zu vereinen. Er fungiert als

- Vermittler (Galionsfigur, Vorgesetzter, Vernetzer),
- Informant (Radarschirm, Sender, Sprecher) und
- Entscheider (Innovator, Ressourcenzuteiler, Verhandlungsführer).

6.1   Entwicklung einer Nachhaltigkeitsstrategie

Verzicht auf heute möglichen aber ethisch zweifelhaften Gewinn wird somit zur langfristig ausgerichteten Investition für Marktanteile, Umsatz und Gewinn. Sie werden zum Instrument der Zukunftssicherung des Unternehmens.

Klaus Leisinger

Strategie – vom altgriechischen strategós, Feldherr, Kommandant – ist ein längerfristig ausgerichtetes planvolles Anstreben eines Ziels unter Berücksichtigung verfügbarer Mittel und Ressourcen; dies mittelfristig (ca. drei Jahre) bis langfristig (fünf bis zehn Jahre). Eine Strategie dient als Schlachtplan, Roadmap, Kompass und Vorgehensüberblick. Gemeinhin impliziert strategisch, die Schachzüge und Bewegungen der Mit- und Wettbewerber miteinzubeziehen. Ein nachhaltigkeitsbezogenes Strategieverständnis dagegen begreift jene als Partner und Mitspieler im friedlichen Wettbewerb, geht es doch um die Gewährleistung eines branchen-, regionen- und portfolioübergreifenden Ziels – die Bewahrung der natürlichen Lebensvoraussetzungen auf der Erde.

Zur Erinnerung: Grundlegend zeichnen sich *Unternehmensstrategien* durch folgende Eigenschaften aus; sie sind a) ausgerichtet auf das ganze Geschäft, b) ausschlaggebend für die Vermögens- und Ertragslage, c) konkurrenzbezogen und zukunftsorientiert, d) reflektieren die Unternehmenskultur, e) orientieren sich an verfügbaren Ressourcen und berücksichtigen Rahmenbedingungen als Chancen und Risiken, f) erfordern Schwerpunkte und Maßnahmepläne für Unterbereiche und g) sind keine Endstation, sondern ein Prozess. All das gilt auch für nachhaltigkeitsbezogene Strategien, nur unter gezielter Berücksichtigung nebst ökonomischer auch sozialer und ökologischer Kriterien, kurz unter Berücksichtigung der Triple-Bottom-Line.

> **Triple-Bottom-Line – Unterm Strich auch ökosozial**
>
> TBL bedeutet, sein Kerngeschäft sowohl sozial und ökologisch verantwortlich als auch wirtschaftlich erfolgreich zu betreiben. Den Begriff prägte 1994 der britische Berater und

Buchautor John Elkington. Die „Bottom Line" ist das Ergebnis unter dem Schlussstrich der Gewinn- und Verlust-Rechnung. Elkington hat den Begriff um die ökologische Dimension und die soziale respektive gesellschaftliche Dimension erweitert. International ist der Begriff in Unternehmen und Politik etabliert. Die EU-Kommission hat börsennotierte Aktiengesellschaften aufgefordert, eine Triple-Bottom-Line in ihren Geschäftsberichten zu veröffentlichen.

TBL ist zudem *Grundlage einer Bewertung*, die Banken oder Kapitalgesellschaften für Unternehmen ausführen. Damit beurteilen sie die Kredit- und Geschäftswürdigkeit, wobei sie ethische, ökologische und finanzielle Leistungen berücksichtigen. Die Leistungen sind auf allen drei Feldern ‚unter dem Strich' dauerhaft zu steigern und der entsprechende Mehrwert ist zu messen und zu beziffern. Die weltweit größte Konferenz für Investoren und Finanzexperten zu Themen rund um nachhaltig orientiertes Investment ist die Triple-Bottom-Line Investing Conference.

Formal betrachtet setzt sich der Prozess des strategischen Unternehmensmanagements aus Analyse, Strategieformulierung und -implementierung zusammen. Es ist ein rollierender, wiederkehrender Prozess, in den die Erfahrungen aus der Implementierung strategischer Einzelprojekte wieder zurückfließen. So befruchten sich die formale Strategie und die aus ihr entwickelte Unternehmenspraxis wechselseitig und werden Hand in Hand weiterentwickelt. Der World Business Council for Sustainable (WBCSD) wertet dies als *evolutionären Managementprozess*, in dem das Erkennen und Verstehen der globalen Veränderungen eine genauso wichtige Rolle spielt wie die konsequente strategische Umsetzung.

In Sachen Strategie unterscheidet die klassische BWL zwischen Kostenführerschaft, durch die sich ein Unternehmen über eine möglichst kostengünstige Produktbereitstellung positioniert, und Qualitätsführerschaft, die darauf abhebt, hochwertige Produkte entsprechend hochpreisig anzubieten.

Nachhaltigkeitsorientierte Unternehmensstrategien kennzeichnet, dass sie ökologische und soziale Aspekte systematisch bei Entscheidungsprozessen einbeziehen. Ökologisches und gesellschaftliches Engagement werden so eingesetzt, dass sie Wettbewerbsvorteile und Differenzierung erlauben.

Ein Ansatz zur Ausrichtung einer Nachhaltigkeitsstrategie sind die in Kapitel 4 genannten Prinzipien *Effizienz, Suffizienz, Konsistenz* – wirksamer, sparsamer oder naturnaher. Die Aufgabe ist es, das für das Unternehmen jeweils am besten geeignete Prinzip auszuwählen und als handlungs- und entscheidungsleitend zugrunde zu legen.

• Durchlaufmenge an Material und Energie auf ein ökologisch und sozial tragfähiges, dauerhaftes und übertragbares Niveau senken • anthropogene Aktivitäten an ökologisch-soziale Erfordernisse anpassen			
Effizienz	**Suffizienz**		**Konsistenz**
Produktivität steigern, um dasselbe Resultat mit geringerem Ressourceneinsatz zu erzielen	Sparsame Konsumstile, „gut leben statt viel haben", „simple living, high thinking", Downsizing, Entschleunigung		Prinzipien der Natur und Abläufe der Biosphäre kopieren, Kreislaufwirtschaft, Abfälle als Wertstoffe
Drei-Liter-Auto, Hybrid	Carsharing, ÖPNV		Biokraftstoffe
Ressourcen	**Produktion**	**Konsum**	**Abfälle**

Abb. 41: Effizienz, Suffizienz, Konsistenz

Um ein Beispiel zu nennen: Konsistenz steht im Kern der Strategie der Reinigungsmittel-Produktlinie von Frosch.

Der grüne Frosch – konsistent erfolgreich

Froschs Strategie war, seine Produktpalette vor seinen Wettbewerbern auf biologisch abbaubare Substanzen und größtmögliche Umweltverträglichkeit umzustellen. Unter Verzicht auf Chemikalien wird gemäß den Prinzipien der Natur eine Säuberung durch biologische Stoffe verfolgt. Unter Voraussicht eines zunehmenden Umweltbewusstseins bei Kunden wurde dies durch einen grünen Frosch als Markenzeichen sichtbar gemacht.

Eine weitere Möglichkeit für Nachhaltigkeitsstrategien sind Basis-
und Zusatzstrategien. Die folgende Grafik zeigt die Optionen. Das
Fundament jeder Strategie ist die *Basisstrategie* Sicherheit mit dem
Ziel der Risikovermeidung, ohne die alle anderen Bemühungen auf
Sand gebaut würden. Die Absicherung an der Basis wird ergänzt
durch eine oder mehrere *Zusatzstrategien*. Unter dem Vorzeichen
Glaubwürdigkeit liegt bei der ersten Option der Schwerpunkt auf
Image und Reputation, die durch Kommunikation gestützt wird.
Die zweite Option zielt auf Effizienz. Produktivität und Wirksam-
keit werden dabei durch gekonntes Kostenmanagement befördert.
Drittens gibt es die Zusatzstrategie Innovation. Hier geht es um
Differenzierung und Positionierung durch Innovations- und Mar-
ketingmanagement. Welche Zusatzstrategien ein Unternehmen
wählt, liegt im Ermessen der Einschätzung der eigenen Kernkompetenz sowie der inneren und äußeren Voraussetzungen der Organisation.

Abb. 42: Nachhaltigkeit: Basis- und Zusatzsstrategien (in Anlehnung an Gminder 2006)

Intern – extern, defensiv – offensiv: *Ausrichtung und Intensität* sind
variabel. Unternehmen können Strategien nach innen ausrichten,
also auf die Belegschaft, betriebliche Organisation und interne

Prozesse abzielen, oder nach außen auf die Gesellschaft, den Markt, das Umfeld; sie können ihre Strategie als Abwehrschild begreifen, das defensiv auf Gefahren reagiert und sie antizipiert; oder als Katalysator und Turbobooster, der offensiv genutzt wird. Laut Sustainability Barometer von PricewaterhouseCoopers von 2011 sind aktuell die meisten Strategien von Unternehmen intern und defensiv ausgerichtet.

Um von der Strategie ausgehend konkreter zu werden, ist diese in ausgewählte Kernthemen bzw. *strategische Leitthemen* überzuführen. Wie diese strategischen Leitthemen in einen Zusammenhang zu bringen sind, zeigen die beiden folgenden Beispiele.

Im Fall von BMW wird das Drei-Säulen-Modell verwendet. Freilich gilt es bei der BMW-Grafik, die sehr allgemein gehaltenen Leitthemen operativ zu konkretisieren und mit Leben zu füllen.

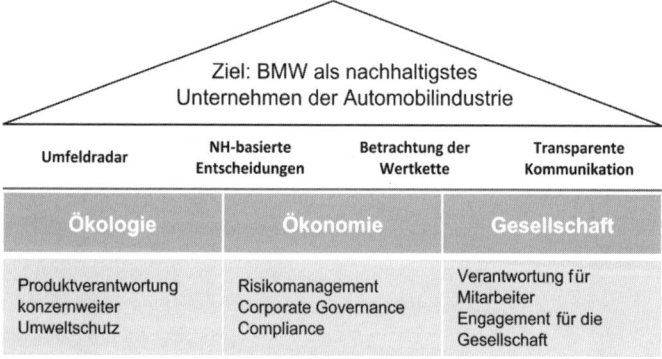

Abb. 43: Die Nachhaltigkeitsstrategie von BMW

Im Falle der Allgäu GmbH, die plant, mit ihrer Nachhaltigkeitsstrategie eine ganze Region unter das Vorzeichen Umwelt und Gesundheit zu setzen, das Nachhaltigkeitsdreieck; Letzteres scheint besser geeignet, um die fließenden Übergänge und das Ineinander der Strategiethemen darzustellen.

Ein weiterer Ansatz zur Definition einer Nachhaltigkeitsstrategie setzt bei einer konsequenten Zukunftsausrichtung an (siehe Kapitel 3). Dabei gilt es, die für das Unternehmen wichtigsten Trends auszuwählen und ins Zentrum aller Maßnahmen zu rücken. Dass Nachhaltigkeit dabei an unterschiedlichen Stellen ansetzt, vom Gesamtunternehmen über ausgewählte Geschäftsfelder, die Form der Produktion oder Revision der Zulieferkette, aber auch über den Hebel Personal oder Netzwerken, zeigt die Auflistung folgender Strategieebenen samt Beispielen.

Unternehmensstrategie In welchen Märkten will und kann das Unternehmen tätig sein?	Ein Hersteller von Energieanlagen erweitert sein Produktportfolio durch den Zukauf eines Windenergieanlagenherstellers in Voraussicht steigender Preise und Steuern bei fossilen Energieträgern.
Geschäftsfeldstrategie Mit welchen Wettbewerbsstrategien tritt das Unternehmen in einzelnen Geschäftsfeldern an?	Ein Produzent toxischer Chemikalien setzt auf Kostenführerschaft unter höchstmöglich umweltverträglichen Stoffen, ein anderer setzt im Rahmen seiner Differenzierungsstrategie auf besonders sichere und geschlossene Produktkreisläufe.
Produktionsstrategie Wie und wo wird produziert?	Statt die Produktion an Standorte mit derzeit niedrigen Energiepreisen zu verlagern, reduziert ein Unternehmen mit energieintensiven Herstellungsprozessen die Kostenrisiken im Energiebereich durch maximal energieeffiziente Produktionstechnologien.
Supply Chain Strategie Wie ist die Beschaffung zu optimieren?	Ein globaler Textilhersteller trennt sich von Zulieferern, die ökologische Mindeststandards, das Verbot von Kinderarbeit und Menschenrechte verletzen und verringert dadurch Image-, Qualitäts- und Lieferausfallrisiken.

Personalstrategie	Ein Finanzdienstleister investiert 10% mehr im Vergleich zum Vorjahr in Maßnahmen zur Personalentwicklung und -bindung und fängt so die auf längere Sicht deutlich höheren Kosten fehlender Arbeitskräfte bedingt durch den demografischen Wandel auf.
Welches Personal mit welcher Qualifikation steht langfristig zur Verfügung?	
Netzwerkstrategie	Ein Möbelhersteller gibt eine Studie beim WWF in Auftrag, um die Biodiversitätssituation hinsichtlich verwendeter Hölzer einzuschätzen.
Welche Wertschöpfungsbereiche deckt das Unternehmen ab und welche seine Partner?	

Abb. 44: Strategieebenen (WBCSD (2006))

Aufgabe: Recherche im Internet

Inspiration: Gehen Sie auf die Webseite eines in Ihren Augen faszinierenden Unternehmens.

Recherche: Notieren Sie sich in Orientierung an obige Liste alle Begriffe, die sich dort auf das Thema Nachhaltigkeit beziehen: Informationen, Fakten, Themen, Schlagwörter, Kategorien, Schwerpunkte etc. Durchforsten Sie den Webauftritt anhand von Fragen wie: Was steht dazu in der Unternehmensphilosophie, bezieht sich der Slogan oder die Bildsprache darauf? Gibt es eine eigene Abteilung oder einen Nachhaltigkeitsbericht dazu? Falls ja, was besagt er? Tragen Sie harte und weiche Fakten in diesem ersten Schritt noch ungefiltert zusammen.

Erkenntnis: Verdichten Sie das, was Sie glauben als Strategie des Unternehmens mit Bezug auf Nachhaltigkeit ausgemacht zu haben, in eine griffige, auf das Wesentliche reduzierte These.

6.2 Nachhaltige Wertschöpfungskette und Kernkompetenz

Ethik ohne Ökonomik ist leer, Ökonomik ohne Ethik ist blind.
Karl Homann

„Wo setze ich an? An welchen Stellschrauben kann ich drehen, damit sich etwas tut?!", fragt sich ein Nachhaltigkeitsverantwortlicher bei der Strategieformulierung.

Nachhaltigkeit als Querschnittsthema birgt als solches per se das Potenzial *entlang der gesamten Wertschöpfungskette* integriert zu werden. Jedes Glied der Kette wird abgeklopft, ob es umwelt- und sozialverträglicher gestaltet, ob es reformiert oder optimiert werden kann – mit dem Ziel, Schwachstellen auszumerzen und positive Aspekte zu stärken. Idealerweise wird das Nachhaltigkeitsprinzip – umwelt-, sozial- und wirtschaftsverträglich gleichermaßen zu handeln – im gesamten Unternehmen und allen Bereichen integriert; wahrscheinlicher ist die Konzentration auf ausgewählte Punkte.

Die Wertschöpfungskette ist ein Modell, das bei der Orientierung hilft. Es hilft, die vielen unterschiedlichen Ebenen und Prozesse zu strukturieren, in einen logischen, nachvollziehbaren Zusammenhang zu bringen. Ihre *Verbesserung der Wertschöpfung* setzt auf zwei Ebenen an:

– *direkte Aktivitäten:* Sie sind unmittelbar an der Wertbildung für den Kunden beteiligt. Beispiele sind Montage, maschinelle Bearbeitung, Außendienst, Werbung, Produktgestaltung, Forschung.

– *indirekte Aktivitäten:* Sie gewährleisten die kontinuierliche Ausführung von direkten Aktivitäten. Beispiele sind Instandhaltung, Terminplanung, Betrieb der Anlagen, Verkaufs- und Forschungsverwaltung.

Eine nachhaltigkeitsbezogene Wertschöpfungskette zeichnet sich dadurch aus, dass sie, wie oben erwähnt, die drei Dimensionen Ökologie, Ökonomie und Soziales immer im Blick behält, wie folgende Grafik veranschaulicht:

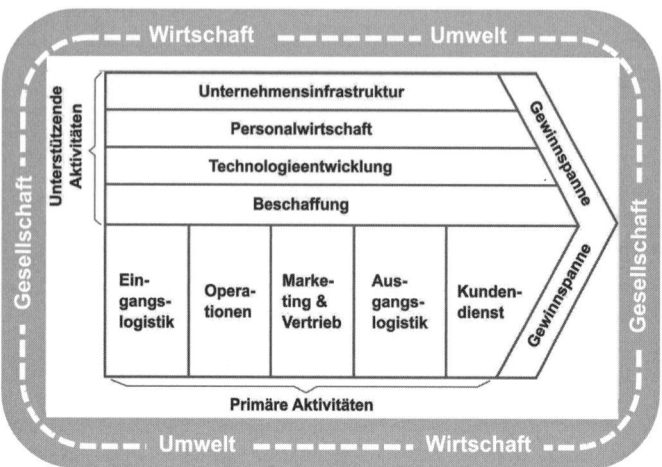

Abb. 45: Nachhaltigkeitsbezogene Wertschöpfungskette

Beachte: Unerlässlich ist, dass sich der Gedanke der Nachhaltigkeit wie ein *roter Faden* durch das eigene „Housekeeping" zieht, aber auch durch Forschung & Entwicklung, Einkauf, Produktion, Produktnutzungsphase, Logistik und Recycling.

Welche nachhaltige Kernkompetenz haben wir?

Im Zentrum Münchens gibt es an jeder Ecke eine Bäckerei der Kette Hofpfisterei. Die Verkäuferinnen sind freundlich, die Papiertüten recycelt und auch beim Markenlogo schwingt bei den Gerstenreigen Tradition mit. Trotzdem kauft kein Mensch allein deshalb dort seine Brötchen. Was zählt, ist die Fähigkeit, geschmackvolle und ausschließlich mit biologisch angebauten Zutaten in Orginialrezeptur zubereiteten und deshalb nahrhaften Backwaren, bei gleichbleibend hoher Qualität frisch herzustellen, dauerhaft und verlässlich. Dafür stehen die Leute Schlange. Die anderen Glieder der Wertkette – ein gut ausgebautes Vertriebsnetz, Qualifikation des Personals, die Kommunikation etc. – unterstützen diesen Schlüsselerfolgsfaktor, sind aber nicht Hauptauswahlkriterium der Kunden. Der Punkt ist die Kernkompetenz.

Kernkompetenz kann verstanden werden als die wesentliche Kompetenz, Qualifikation und (Be-)Fähigung eines Unternehmens in einem Aspekt, in dem es eine Leistung zur Meisterschaft gebracht hat und es von anderen Unternehmen unterscheidet. Es ist *Differenzierungs- und Alleinstellungsmerkmal*, die spezifische, nur schwer nachzuahmende Stärke eines Unternehmens. Durch die Fokussierung auf seine Kernkompetenz kann sich ein Unternehmen von innen heraus durch einen Aspekt positionieren, der unnachahmlich ist.

Die folgende Tabelle nennt Unternehmen, die ihre Kernkompetenz sinnvoll Richtung Nachhaltigkeit ausgeschöpft haben. Der Schwerpunkt liegt bei den einen auf dem Gesamtunternehmen, der Marke oder Strategie, bei anderen auf ihren Produkten oder gestarteten Initiativen.

Tipp: Bei Interesse an einem der Unternehmen empfiehlt sich eine Online-Recherche. Schauen Sie sich die Webseite des Unternehmens an, dessen Publikationen, Pressemitteilungen und Nachhaltigkeitsberichte. Die dort gefundenen Informationen könnten gemäß der hier angeführten Ausführungen strukutiert werden und so den Grundstein für eine Bachelor- oder Masterthesis legen.

http://www.uvk-lucius.de/nachhaltigkeit

Nachhaltigkeitspioniere		
Unternehmen	Alnatura	Vermarktung biologisch hergestellter Produkte; langfristige Kundenorientierung und anhaltendes organisches Wachstum
	ARAMARK	Großcaterer; konsequent ökologische Auswahl von Lieferanten und Vertragspartnern
	Hofpfisterei	Großbäckerei; hervorragende Qualität zu akzeptablen Preisen, vorbildliche Vermeidung von Lebensmittelverschwendung
Marke	GEPA	Gesellschaft zur Förderung der Partnerschaft mit der Dritten Welt mbH (GEPA); größter europäischer Importeur fair gehandelter Lebensmittel und Handwerksprodukte aus den südlichen Ländern der Welt
	Viessmann	Heiztechnik-Unternehmen; Nachhaltigkeit seit 1966 im Markenkern verankert, technische Lösungen zur Energiewende
Zukunftsstrategien (Konzern)	3M	Innovationskonzern; ehrgeizige, quantifizierbare Unternehmensziele, konkrete Nachhaltigkeitsprogramme, konsequente Umsetzung, Ziele wiederholt übertroffen
	SAP	Software-Riese; ermöglicht seinen Kunden die Umsetzung von Nachhaltigkeitsstrategien durch Softwarelösungen, die Nachhaltigkeitsmanagement in allen Unternehmensfunktionen erleichtert
	Siemens	Konzern; klares, vielschichtiges Bekenntnis zur Nachhaltigkeit, das konsequent umgesetzt wird, Vorreiterrolle im Bereich grüner Technologien, die global Impulse setzt

Zukunftsstrategien (KMU)	Herrmannsdorfer Landwerkstätten	Trendsetter in der nachhaltigen Herstellung von ökologischen Lebensmitteln; ausschließlicher Direktbezug von regionalen landwirtschaftlichen Betrieben und das Engagement im Erhalt von Nutztierrassen
	Müller - Die lila Logistik	innovatives Geschäftsmodell, das Speditionsgeschäft mit Beratungsleistung verbindet, ermöglicht besonders ressourcenschonende Prozesse
	VAUDE	will bis 2015 umweltfreundlichster Outdoor-Ausrüster werden; maßgeblicher Förderer für die Initiierung von Zertifizierungsstandards in der Textilbranche
Produkte / Dienstleistungen	Followfish	Handelsplattform; ermöglicht eine vollständige Transparenz über die Herkunft von Fischen, breite Plattform binnen kurzer Zeit etabliert
	SCHOTT	Technologiekonzern; die umweltfreundliche Kochfläche „SCHOTT Ceran" ist ein nachhaltiges Highlight, weil es unter kompletter Vermeidung von toxischen Emissionen über die gesamte Lieferkette hergestellt wird
	Vaillant	Systemtechnik-Unternehmen; bietet viele Lösungen für effiziente Wärmetechnik aus einer Hand, z.B. „EcoPOWER", das europaweit erste Mikrokraftwärmekopplungssystem für Einfamilienhäuser
Initiative	Adamec Recycling	vorbildhafte Initiative zum Recycling von Elektroschrott; ressourcenschonende Wiedergewinnung von Wertstoffen wie Edelmetallen und seltenen Erden schon in den Ländern der Nutzung, Schutz vor Gesundheitsschäden für Menschen in ärmeren Ländern, die heute die Wertstoffe trennen

	Bayer	Forschungsinitiative „Dream Production" zur Verwendung von CO_2 als Rohstoff für die Kunststoffproduktion
	dm drogerie-markt	Mit „Ideen Initiative Zukunft" unterstützt dm mit der Deutschen UNESCO-Kommission die Nachhaltigkeits-„Basis". dm fördert tausende nachhaltige Projekte unterschiedlicher Art in Deutschland und verschafft dem Thema Nachhaltigkeit eine Breitenwirkung

Abb. 46: Nachhaltigkeitspioniere

GLS: Die erste sozialökologische Bank der Welt

„Geld ist unsere Kernkompetenz", sagt Carsten Schmitz, Filialleiter der GLS Bank in München. „Als erste sozialökologische Universalbank der Welt geht es uns um Transparenz, Menschlichkeit und die Förderung von Projekten in diesem Sinn." 1974 gegründet, finanziert sie nur Vorhaben, die sich an wirtschaftlichen, sozialen und ökologischen Kriterien ausrichten. Projekte, die mit dem Geld der Kunden ermöglicht werden, fallen in die Bereiche ökologische Landwirtschaft, nachhaltiges Bauen, Wohnprojekte, regenerative Energien, die Biobranche, freie Schulen und Kindergärten, Gesundheit, Behinderteneinrichtungen, Leben im Alter oder Kultur. „Dabei können Kunden bei der Geldanlage angeben, wohin ihr Kapital fließen soll", so Schmitz. Über Fortschritte, Fakten und Hintergründe der jeweiligen Projekte informiert das Kundenmagazin Bankenspiegel einmal im Jahr. Die GLS Bank steigerte ihre Bilanzsumme 2010 um 37% und hat aktuell rund 90.000 Kunden, denen eine ethisch-ökologische Bank wichtiger ist als nur eine hohe Rendite.

Sustainability Balanced Scorecard

Ein weiteres Strategiewerkzeug ist die Sustainability Balanced Scorecard (SBSC) (→QR), die bei der Strategieformulierung verstärkt externe Faktoren und unterschiedliche Perspektiven einbezieht. Wörtlich übersetzt mit „ausgewogener Berichtsbogen" ist die Balanced Scorecard und ein *ganzheitliches Konzept zur Messung, Dokumentation und Steuerung* der Aktivitäten eines Unternehmens hinsichtlich seiner Vision und Strategie.

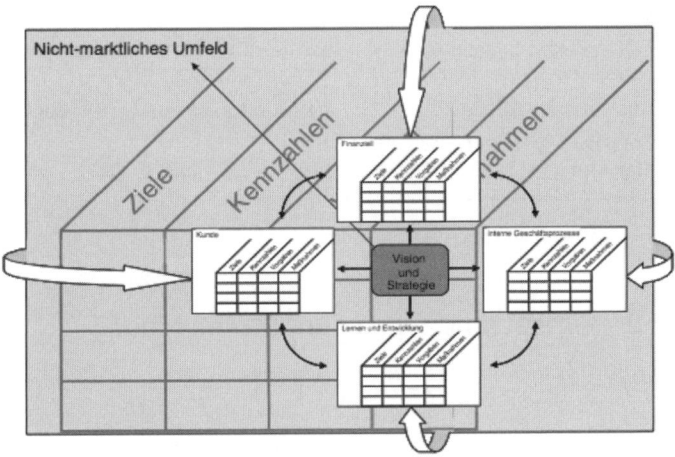

Abb. 47: Sustainability Balanced Scorecard (SBSC)

Die SBSC ist ein wertorientiertes Konzept des strategischen Nachhaltigkeitsmanagements und stellt die Erweiterung der konventionellen BSC dar, indem sie Umwelt- und Sozialaspekte – also *das nicht-marktliche bzw. nicht-monetäre Umfeld* – integriert. Die vier Perspektiven sind a) Finanzperspektive; b) Kundenperspektive; c) interne bzw. Prozessperspektive; d) Mitarbeiter-, Potenzial- bzw. Lern- und Wachstumsperspektive. Ziel ist, die strategisch zentralen ökonomischen, ökologischen und sozialen Ziele zu ermitteln, zu systematisieren und zu steuern sowie, nicht-monetäre Aspekte bei der Planung und Umsetzung von Unternehmensstrategien zu berücksichtigen.

Weitere Managementsysteme, die zur Orientierung heranzuziehen sind, sind in folgender Tabelle aufgeführt:

Qualitätsmanagementsysteme	Sozialmanagementsysteme
EMAS	AccountAbility (AA) 1000
ISO 14001	OHSAS 18001
PDCA Zyklus (plan, do, check, act)	Safety Certificate Contractors (SCC* und SCC**)
Sustainability EFQM	Social Accountability (SA) 8000
Total Quality (Environmental) Management (TQM, TQEM)	

Abb. 48: Managementsysteme

6.3   Umsetzung – das Fünf-Stufen-Modell

Moral, Werte, Vertrauen – das soziale Gerüst stellte früher die Gesellschaft
den Unternehmen zur Verfügung. Kostenlos.
Heute müssen Unternehmen in diese Faktoren investieren.
Manager Magazin

Als ressourcenökonomisches Gerechtigkeitsleitbild muss Nachhaltigkeit in sämtliche Funktionen, Bereiche und Ebenen – horizontal wie vertikal – integriert werden. In welche Sphären des Unternehmens es Eingang finden muss, veranschaulicht das Organisationsmodell in Abbildung 50.

Das Organisationsmodell ist als *orientierungsgebende Landkarte* zu verstehen, die im Hinterkopf zu behalten ist, wenn es an die Umsetzung von Nachhaltigkeit in Unternehmen geht. Während die Ausführungen zur Strategie helfen, die Grundausrichtung festlegen,

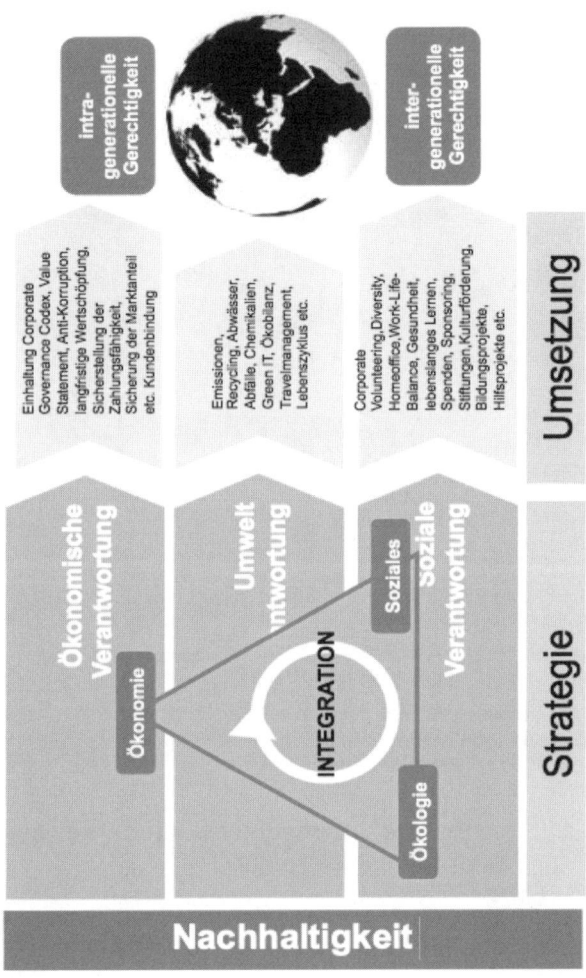

Abb. 49: Von der Strategie zur Umsetzung

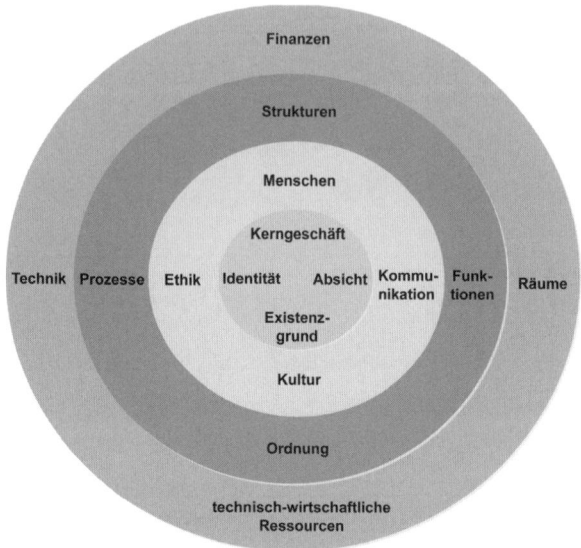

Abb. 50: Organisationsmodell (Management Center Vorarlberg)

werden in diesem Abschnitt Bereiche genannt, in denen diese operationalisiert und damit praktisch wirksam werden. In Kürze sind Wesen, Nutzen und Maßnahmen zu den fünf wichtigsten organisationalen Bausteinen beschrieben.

6.3.1 Nachhaltige Unternehmenskultur – weicher Faktor mit harten Folgen

> *Das höchste Ziel des Kapitals ist nicht Geld zu verdienen,*
> *sondern der Einsatz von Geld zur Verbesserung des Lebens.*
> *Henry Ford*

Auf trockener Erde gedeiht nichts. Die Unternehmenskultur ist der *Nährboden* für sämtliche Nachhaltigkeitsbemühungen in sozialer

Hinsicht. Sie schafft Rückendeckung, Motivation, Dynamik, Visions- und Schubkraft. Und damit die Voraussetzungen in den Köpfen und Herzen der Menschen, Mitarbeiter und Beteiligten, ohne die Nachhaltigkeit nicht vorankommt. Ohne breite *Akzeptanz* lässt sich keine Strategie in die Realität überführen. Für Nachhaltigkeitsstrategien gilt dies umso mehr, leben sie doch von Authentizität und Glaubwürdigkeit.

Unternehmenskultur meint die Gesamtheit geteilter Werte, Normen und Einstellungen in einem Unternehmen; es ist der Blick auf das Unternehmen als *Kultursystem* samt Eigenheiten. Jedes Unternehmen und jede Organisation bildet, pflegt und entwickelt seine spezifische Kultur. Sie wird erfahrbar im Zusammenleben der Mitarbeiter, darin, wie sie fühlen, denken, entscheiden und handeln; wie auch im Auftreten nach außen, der *Unternehmensidentität* bzw. Corporate Identity. Eine gute Unternehmenskultur ist der lebendigste Ausdruck von Nachhaltigkeit – menschliches, fürsorgliches, gesundes und daher produktives Miteinander. *Unternehmenskultur ist ein weicher Faktor mit harten Folgen.*

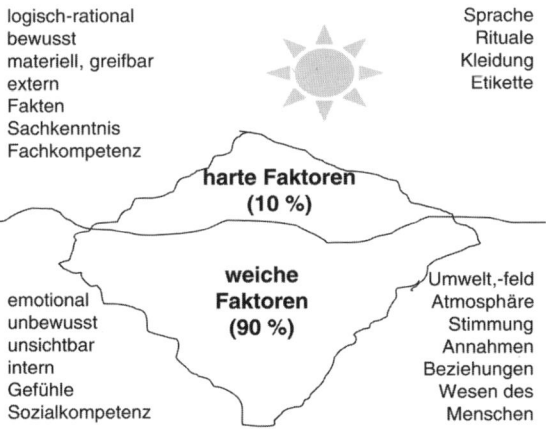

Abb. 51: Unternehmenskultur – das Eisberg-Modell

Das Eisberg-Modell illustriert: das Gros einer Unternehmenskultur spielt sich unter der Oberfläche ab. Während das Sichtbare zu gerademal 10% in Form von Sprache, Ritualen und Etikette erlebt wird, bleiben weiche Faktoren wie Stimmungen, Beziehungen und das Wesen von Menschen zu 90% dem logisch-rationalen Erfassen verschlossen.

Psychosoziale Gesundheit als Erfolgsfaktor

Das, was der Sozialforscher Leo A. Nefiodow die „psychosoziale Gesundheit" nennt, wird zum Angelpunkt der *nächsten Welle von Produktivitätssteigerung.* Nicht mehr die Anzahl oder die Datenbandbreite der Server, sondern wie Menschen in ihrem sozialen Umfeld agieren, wie sie im Unternehmen „empowert" sind, entscheidet über den Erfolg. *Soziale Techniken und Kompetenzen,* die sogenannten „soft factors", sind die eigentliche Produktivitätsreserve der nächsten Runde der Ökonomie.

Wie lässt sich nun eine für Nachhaltigkeitsengagement zuträgliche Unternehmenskultur schaffen, eine Kultur, die sensibilisiert für Verantwortung, Weitblick und Harmonie? Die Gestaltung der Unternehmenskultur muss dreierlei in Einklang bringen: Unternehmensziele, Mitarbeiterzufriedenheit und Kundenorientierung. Maßnahmen, die dabei helfen, sind z.B. ein *Unternehmensleitbild* in Übereinstimmung mit dem Nachhaltigkeitsleitbild; *Mitarbeiterumfragen,* um der Belegschaft eine Stimme zu geben; *Programme und Initiativen,* die informieren und das Bewusstsein erhöhen wie z.B. autofreier Tag, Fahrgemeinschaften, grünes Jobticket oder interne Informationstage; *Kompetenz-Entwicklungs-Systeme,* v.a. *immaterielle Anreizsysteme, Mentoring* sowie Jobrotation, die Mitarbeiter durch die Möglichkeit „unkonventionellen" Engagements motiviert und zufriedener macht, weil sie sehen, dass ihr Unternehmen menschlich, offen und entgegenkommend ist. Beispiele für Faktoren einer nachhaltigen Unternehmenskultur sind eine Führung, die auf Partnerschaftlichkeit, Verlässlichkeit und Vertrauen basiert; eine unabhängige, engagierte Unternehmensaufsicht; Moral, Ethik, gelebte Werte, Gemeinschaftssinn, Miteinander; Empowerment des Einzelnen und vor allem – Lern- und Entwicklungsbereitschaft.

Lernen wir als Organisation dazu?

Eine lernende Organisation (→QR) meint ein System, das in beständiger Bewegung ist. Ereignisse werden als Anregungen für Entwicklungsmöglichkeiten genutzt, um die Wissensbasis und Handlungsspielräume an die neuen  Erfordernisse anzupassen. Zugrunde liegt eine offene und von Individualität geprägte Organisation, die innovatives Problemlösen als Chance ergreift und unterstützt. Unternehmen, die sich daran orientieren, kreieren durch weiche Maßnahmen den Rahmen für messbaren, langfristigen Erfolg, weil eine tragfähige menschliche Basis und „glückliches Humankapital" das Fundament sind.

6.3.2 Nachhaltigkeits-Reporting – Ökosoziale Steuerung durch Kennzahlen

Woher weiß ein Unternehmen, ob es Emissionen reduziert; wie hoch die Krankenrate ist; wie viele Auszubildende übernommen oder „grüne" Produkte abgesetzt werden? Reporting erlaubt, diffuse Daten in klare, meßbare *Einheiten, Größen und Ratios* umzuwandeln. Formell meint Reporting die interne, regelmäßige, standardisierte Berichterstattung an die oberste Führungsebene. Es unterstützt die Kommunikation mit externen Stakeholdern, weil es *Indikatoren und Kennzahlen* heranzieht, die eine dauerhafte Unternehmensbeobachtung und -entwicklung erlauben, die sich gut kommunizieren lässt. Non-Financial Reporting (→QR)  bzw. Social Accounting bezieht ökologische und soziale Aspekte gezielt mit ein. Social Accounting meint dabei soviel wie einen Ansatz der Einbeziehung gesellschaftsbezogener Zielsetzungen bzw. gesellschaftsbezogener positiver (sozialer Nutzen) und negativer (sozialer Schäden) Auswirkungen unternehmerischer Tätigkeit in das betriebliche Rechnungswesen. Indem es sich an *Kriterien* wie Transparenz,

Offenlegungspflichten und Selbstverpflichtungen orientiert, befriedigt es die gestiegenen Informationsbedürfnisse seitens der Anspruchsgruppen wie Analysten, Kapitalgeber, NGOs oder Konsumenten. Für Controller selbst gilt: Ihr Herz weitet sich, wenn sie Zahlen an der Hand haben, die ihm/ihr sagen, wie viel und wofür. Die Leitfrage lautet, wie betriebliches Nachhaltigkeitsengagement wie Investitionen, Aktivitäten, Initiativen, Maßnahmen oder Programme in Zahlen gefasst werden kann.

> **Merke:** Für die Anwendung sind Kategorien wie Emissionsausstoß, Mitarbeiterengagement oder Kulturförderungsprojekte *in Indikatoren umzuwandeln* wie z.B. Kohlendioxid in Tonnen, Anzahl der Ideen im betrieblichen Vorschlagswesen, jährlicher Sponsoringaufwand in Euro. Das Unternehmen erkennt so, wo es steht und wo Veränderungen vorzunehmen sind, um seine Nachhaltigkeitsziele zu erreichen.

Die Schritte umfassen dabei a) die Vergegenwärtigung der Wertschöpfungskette; b) die Definition von Kategorien für die wichtigsten Stellen; c) die Definition von diesbezüglichen Indikatoren; d) die Festlegung von Zeitabständen, Form und Adressaten für das Reporting sowie e) die Erstellung und Distribution eines Nachhaltigkeitsberichts.

Ökonomie	GJ 2006	GJ 2007	GJ 2008	
Auftragseingang[1] (in Millionen Euro)	74.944	83.916	93.495	↑
Umsatz[1] (in Millionen Euro)	66.487	72.448	77.327	↑
Gewinn[1] (in Millionen Euro)	2.642	3.909	1.859	↓
Aufwendungen für Forschung und Entwicklung (in Millionen Euro)	3.091	3.399	3.784	↑
Anzahl der Compliance-Mitarbeiter weltweit	86[2]	170	621[3]	↑
Kumulierte Teilnehmerzahl an webbasierten und persönlichen Compliance-Schulungen (in Tausend)	–	32	175	↑

Umwelt				
Mit dem Siemens Umweltportfolio erzielter Umsatz (in Milliarden Euro)	14,7	16,9	18,9	↑
Anteil des mit dem Siemens Umweltportfolio erzielten Umsatzes am Gesamtumsatz (in Prozent)	–	23,3	24,4	↑

http://www.uvk-lucius.de/nachhaltigkeit

Zusätzliche mit Produkten und Lösungen des Umweltportfolios erzielte jährliche Vermeidung von Treibhausgasemissionen bei unseren Kunden (in Millionen Tonnen)	24,2	30,1	33,7	↑
Verbesserung der Ressourceneffizienz: Primärenergie und Fernwärme (in Prozent)	Basisjahr	16,0	21,0	↑
Verbesserung der Ressourceneffizienz: elektrische Energie (in Prozent)	Basisjahr	1,0	7,0	↑
Verbesserung der Ressourceneffizienz: CO_2-Emissionen, Energie (in Prozent)	Basisjahr	5,0	10,0	↑

Mitarbeiter und Gesellschaft

Anzahl der Mitarbeiter[4] (in Tausend)	371	398	427	↑
Frauenanteil (in Prozent der Mitarbeiter)	27	26	26	→
Frauenanteil im Management (in Prozent der Mitarbeiter im Management)	12,2	13,5	13,4	↓
Ausgaben für Aus- und Weiterbildung (in Millionen Euro)[5]	463	376	460	↑
Spenden (in Millionen Euro)	40,7	34,3	30,2[6]	↓

Abb. 52: Auszug Nachhaltigkeitsbericht von Siemens (Siemens 2009)

Das folgende Beispiel zeigt, welche Indikatoren, die sich in Zahlen konkretisieren lassen, die Allgäu GmbH ausgewählt hat und wie sich diese im Nachhaltigkeitsdreieck verorten lassen. Sie veranschaulicht die Möglichkeit eines integrativen Ansatz beim Controlling und Reporting.

Nachhaltigkeitsberichte sind ein klassisches Reporting- und Kommunikationsinstrument. Sie fördern die interne wie öffentliche Diskussion, beeinflussen Werte und Ziele des Unternehmens ebenso wie Wettbewerbsvorteile Einfluss, indem sie Daten gewinnen und aufbereiten.

Nachhaltigkeitsberichterstattung

Nachhaltigkeitberichte sind neben dem Geschäftsbericht ein wichtiger Bestandteil der *Informationspolitik* von Unternehmen. Aufgekommen in den 1990er Jahren bilden sie die Weiterentwicklung von *Umweltberichten.* Sie greifen die wichtigsten Themengebiete von Nachhaltigkeit auf und stellen die diesbezüglichen Tätigkeiten und Leistungen des Unternehmens. Damit sind sie ein Instrument des Nachhaltigkeitsmanagements als auch des *Marketings.* Inzwischen veröffentlichen

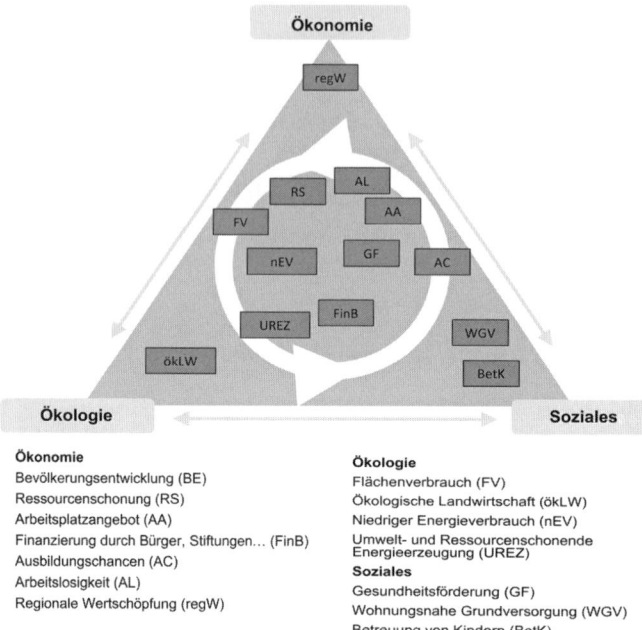

Ökonomie
Bevölkerungsentwicklung (BE)
Ressourcenschonung (RS)
Arbeitsplatzangebot (AA)
Finanzierung durch Bürger, Stiftungen... (FinB)
Ausbildungschancen (AC)
Arbeitslosigkeit (AL)
Regionale Wertschöpfung (regW)

Ökologie
Flächenverbrauch (FV)
Ökologische Landwirtschaft (ökLW)
Niedriger Energieverbrauch (nEV)
Umwelt- und Ressourcenschonende Energieerzeugung (UREZ)

Soziales
Gesundheitsförderung (GF)
Wohnungsnahe Grundversorgung (WGV)
Betreuung von Kindern (BetK)

Abb. 53: Nachhaltigkeitsindikatoren der Allgäu GmbH

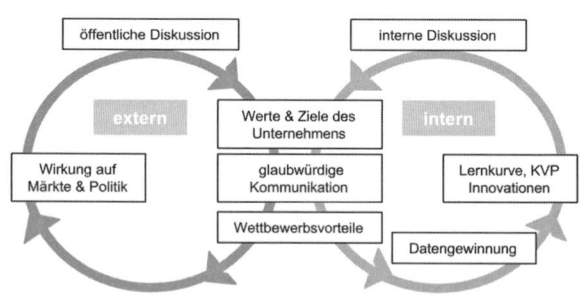

Abb. 54: Wirkung von Nachhaltigkeitsberichterstattung

vor allem Großunternehmen aller Branchen jährlich Nachhaltigkeitberichte.

Der Nachhaltigkeitsberichterstattung liegen vor allem drei Motive zugrunde: marktorientierte, managementorientierte sowie öffentlichkeitsorientierte Motive.

Elemente der Berichterstattung sind a) Kernkennzahlen, b) Vorwort der Unternehmensleitung, c) Profil des berichtenden Unternehmens, d) Vision und Strategie, e) Managementsysteme sowie f) Unternehmensleistung.

Seit 2005 werden in Deutschland in einem Ranking durch das Institut für ökologische Wirtschaftsforschung (IÖW) und future e.V. die Nachhaltigkeitsberichte von Unternehmen verglichen und bewertet.

„Ein Leitfaden zur Praxis glaubwürdiger Kommunikation für zukunftsfähige Unternehmen. Der Nachhaltigkeitsbericht." findet sich hier (→QR).

6.3.3 Prozesse & Strukturen

Wer macht was, wann, wie und womit? Prozessmanagement beschäftigt sich mit der Identifikation, Gestaltung, Dokumentation, Implementierung, Steuerung und Verbesserung von Geschäftsprozessen. *Nachhaltiges Prozessmanagement verbessert Abläufe im Unternehmen, so dass sich der ökologische und sozial-personelle Ressourcenaufwand bei gleichbleibender oder zunehmender Effizienz verringert.*

Ansatzpunkte für Verringerung von Belastungen sind dabei Nachhaltigkeit in Beschaffung und Einkauf, beim Ressourceneinsatz, im Transport- und Logistikbereich, in der Produktion (z.B. Lean Production), im Qualitätssystem (z.B. Verbesserungszirkel) sowie in Planung, Steuerung und Erhöhung der Messbarkeit von Nachhaltigkeit. *Gesamtziel ist die Vermeidung nicht-nachhaltiger Anteile bei sämtlichen Prozessen.*

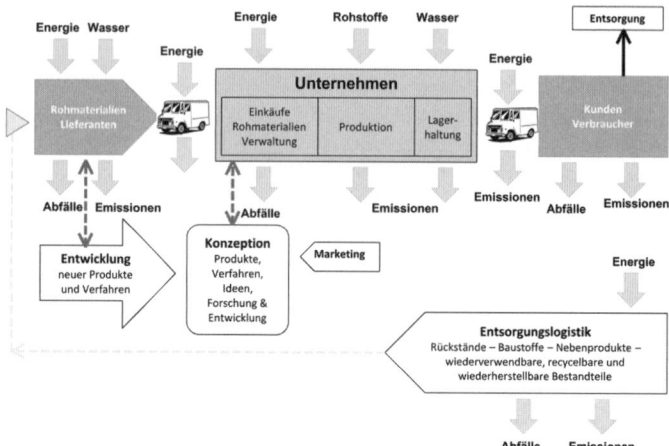

Abb. 55: Nachhaltigkeit in der Prozesskette

Zur Feststellung nicht-nachhaltiger Anteile im Produktionsprozess gilt es, diese Fragen zu beantworten:

– Wie viele der durchgeführten Tätigkeiten sind zur Erfüllung der Produktion unbedingt notwendig?

– Welche kosten-, umwelt- und sozial belastenden Tätigkeiten können ersetzt werden?

– Wie viele Tätigkeiten dienen tatsächlich der Wertsteigerung?

– Wie viele Tätigkeiten haben wirklich einen Bezug zu dem, was der Kunde sieht und was für ihn wichtig ist?

– Wie können die einzelnen Prozessschritte nachhaltig gestaltet werden?

Merke:

– Zwei Hebel, die bei geringem Aufwand hohen Nutzen bringen: positive Effekte verstärken oder negative vermindern mittels neuer oder veränderter Prozesse.

– Alles, was nicht der nachhaltigen Wertsteigerung dient, führt zu unnötiger Belastung.

Dargestellt werden Prozesse und Strukturen durch *Ablaufdiagramme und Organisationsmodelle*. Nachhaltige Gestaltungsprinzipien und Lösungen sind als Standard festzulegen und in der Organisation zu verankern. Zur besseren Steuerung werden entsprechende Kennzahlen verwendet. Diese können in einer Balanced Scorecard dargestellt werden.

Ein Beispiel dafür, wie nachhaltigkeitsorientierte Prozessoptimierung auf das Unternehmensziel emissionsfreies Fahrzeug hin ausdekliniert wird, ist Toyota.

Toyota: Null-Emissions-Auto als Unternehmensziel

Seit 2004 bewertet Toyota für jedes neue Fahrzeugmodell mittels Ecological Vehicle Assessment System (Eco-VAS) dessen Umweltauswirkungen von der Entwicklung über die Produktion hin zum Betrieb und der Entsorgung. Im Entwicklungsstadium werden quantitative Ziele zur höchstmöglichen Reduzierung von Umwelteffekten definiert. Dies umfasst z.B. die Prüfung verwendeter Materialien, Komponenten und Fertigungsmethoden, des Kraftstoffverbrauchs und der Emissionswerte während der Fahrzeugnutzung sowie der Wiederverwertbarkeitsrate. Erfolgreichstes Resultat ist der Toyota Prius. Bei seiner Produktion konnte in den letzten zehn Jahren ein Drittel an CO_2-Emissionen eingespart werden, z.B. durch die Verwendung von Dämmmatten aus pflanzlich hergestelltem Kunststoff. Der Hybrid-Antrieb reduziert den Kraftstoffverbrauch und die Emissionswerte während der Fahrzeugnutzung, die Wiederverwertbarkeit liegt bei 92%. Toyotas Ziel ist ein Auto, das nach vielen Jahren des emissionsfreien Gebrauchs zu 100% wiederverwertbar ist.

Tipp: Eine gute Webseite zur Überprüfung des Aspektes nachhaltiger Beschaffung bietet der Selbst-Check mit Online-Fragebogen und direkter Auswertung (→QR).

6.3.4   Produkte & Technologien

Jede Einheit industrieller Produktion benötigt eine bestimmte Menge nicht regenerierbarer Rohstoffe.
Mit der langsamen Erschöpfung der Rohstoffvorräte wird immer mehr Kapital erforderlich, um gleiche Mengen von Rohstoffen zu gewinnen.

Dennis Meadows

Reinigungstabs für die Spülmaschine, QR-Codes, das iPad von Apple: Sie sind das Ergebnis nachhaltiger Produktentwicklung, machen sie doch von den in Kapitel 4 erwähnten Prinzipien *Effizienz, Konsistenz, Suffizienz* Gebrauch. Nachhaltig meint hier einerseits das, *was* produziert wird, und andererseits *wie* es produziert wird. Anders gefragt: Wie stellt das Unternehmen nachhaltige Produkte auf nachhaltige Weise her?

Vorteile einer nachhaltigkeitsorientierten Produktentwicklung und Technologieverwendung sind, dass sich Unternehmen als innovative, weil stark umwelt- und gesellschaftsverantwortliche Unternehmen positionieren. Sie profitieren u.a. von First-Mover-Effekten, erschließen *neue Märkte, Geschäftsbereiche und Zielgruppen* und binden diese verlässlicher. Gleichzeitig bieten stete Verbesserungen und Fortschritte Material für die Außenkommunikation. Rechtlich besehen liegt der größte Vorteil darin, Gesetzverschärfungen, die sich heute schon abzeichnen, zuvorzukommen.

Management	Gebäudestruktur	Maschinelle Ausrüstung
Produktivitätssteigerung	Raumkonzepte	Ressourcenverbrauch
Wandlungsbereitschaft	Ressourcenverbrauch	Emissionen
Kosten-Nutzen-Optimum	Energiequellen	Total Cost of Ownership
Nachhaltigkeitsmessung	Humanfaktoren	effizienzsteigernde Technologien
Transparenz	Variabilität/Flexibilität	Lebensdauer
Ressourcenschonung	Schnittstellen	

Abb. 56: Nachhaltiges Produktionssystem

Obige Tabelle zeigt, mittels welcher Konzepte etwa im Bereich Management, Gebäudestruktur oder maschinelle Ausrüstung angesetzt werden kann.

Was meint Ökoeffizienz?

Ökoeffizienz ist der Quotient aus dem wirtschaftlichen Wert eines Produktes und den durch den Herstellungsvorgang auf die Umwelt ausgeübten Auswirkungen, gemessen in einer geeigneten Einheit.

$$\text{Ökoeffizienz} = \frac{\text{wirtschaftlicher Wert eines Produktes}}{\text{Einfluss bzw. Auswirkungen auf die Umwelt}}$$

Die Idee dahinter: Negative ökologische Wirkungen und die Ressourcenintensität eines Produktes sollen über dessen gesamten Lebenszyklus auf ein Niveau verringert werden, das mit der Tragfähigkeitsgrenze der Erde vereinbar ist. Die Verminderung der Material- und Energieintensität von Produkten und die Reduzierung des Schadstoffausstoßes sollen zusammen mit der Erhöhung der Recyclingfähigkeit von Produkten sowie dem maximalen Einsatz wiederverwendeter Materialien eine möglichst geringe Umweltbelastung bewirken.

Im Folgenden werden drei neue Ansätze – C2C, Biomimetik und nachhaltiges Design – angeführt, um für die Spielräume im Prozess- und Technologiemanagement zu sensibilisieren.

Cradle-to-Cradle – Von der Wiege zur Wiege

Neuartige Produkte sind am Ende ihres Lebens kein Müll, sondern Rohstoffe für die nächsten Waren. Das ist das Prinzip von Cradle-to-Cradle (C2C), zu deutsch „von der Wiege zur Wiege", das im Kontext von Ökoeffektivität und Lebenszyklusanalysen zu verorten ist. Durch das C2C-Konzept soll die Intelligenz natürlicher Systeme für die Entwicklung neuer Produkte genutzt werden wie z.B. die Effektivität des Nährstoffkreislaufs. Entwickelt von Braungart und McDonough folgt es dem Grundgedanken, „Abfall" sei gleichbedeutend mit „Nahrung". C2C löst damit das „Cradle-to-Grave"-Modell (von der Wiege zum Grab) ab. Hier wurden mit dem Produkt zusammenhängende Stoffströme als unerwünschter Output in die Natur zurückgegeben, ohne je wiederverwendet zu werden, bei gleichzeitiger Anreicherung der Umwelt mit Schadstoffen.

Das C2C-Prinzip bringt auch der Werbespruch „Don't throw anything away. There is no *away*" zum Ausdruck. Er stammt ironischerweise von einem am stärksten umwelt- und menschenrechtsverletzenden Unternehmen der Welt, dem Mineralöl- und Erdgaskonzern Shell.

Das C2C-Konzept erschöpft sich nicht in einem neuen Ansatz für das Produktdesign. Oft erweist es sich auch als günstiger, wenn die Waren gar nicht mehr verkauft werden, sondern nur vermietet. Der weltgrößte Teppichboden-Hersteller, die US-Firma Shaw, verfährt so. Er verleast die „grünen" Textilböden und nimmt sie nach einer gewissen Zeit wieder zurück, um sie komplett zu recyceln. Ähnliches kommt etwa auch für die Elektronikindustrie infrage, indem Kunden Geräte wie Fernseher, Computer oder MP3-Player nurmehr vom Hersteller leihen.

Bio-Pionier Patagonia

Mit ihrem Kampf für möglichst *umweltfreundliche Materialien und Fertigungstechniken* spielt Patagonia eine Vorreiterrolle in der Textilindustrie. Anfang der 1990er Jahre stellte die Firma fest, dass die Produktion von recycelten Polyesterfasern gegenüber neuen 76% Energie einspart. Der Verzicht auf konventionell mit Pestizid-Giften besprühte Baumwolle brachte die Produktion von Biobaumwolle weltweit in Schwung. Die verwendete Schafswolle wird einer besonders *schonenden, chlor-*

freien Spezialwäsche unterzogen. Der penetrante Geruch der Rohwolle wird statt mit Chemikalien mit einer Eigenentwicklung aus zerstoßenen Krabbenschalen beseitigt. Vor zwei Jahren entwickelte Patagonia in Zusammenarbeit mit der japanischen Firma Tejin ein Verfahren, das es erlaubt, Fasern beliebig oft wiederzuwerten. Bis 2010 soll die gesamte Bekleidungslinie von Patagonia ausschließlich aus Recycling-Material gefertigt werden. Die ersten Versuche mit recycelter Baumwolle sind vielversprechend, aber gewöhnungsbedürftig. „Die Färbung ist noch ein Abenteuer", heißt es dort in der Führung.

Einen weiteren Ansatz in Sachen nachhaltige Produktionsverfahren bietet die Biomimetik.

Biomimetik – Von der Natur lernen

Die Natur besticht durch Anpassungsfähigkeit, Flexibilität, Redundanz und Störungstoleranz. Der Reiz der Technik liegt in ihrer Präzision, Geschwindigkeit, Effizienz und Reproduzierbarkeit. *Biomimetik bezeichnet das Übertragen von in der Natur bewährten Konstruktions- und Funktionsprinzipien auf technische Anwendungen.* Als Fundgrube biomimetischer Innovationen haben sich neben Pflanzen auch Tiere erwiesen, deren Einzigartikgkeit und Vielfalt in einem 3,8 Milliarden Jahre andauernden Evolutionsprozess entstanden sind. Anwendungsbereiche sind z.B. die Materialprüfung, Fluiddynamik, faserbasierte Werkstoffe und Verbundmaterialien, Leichtbau oder Architektur.

Greenkitchen von Bauknecht

Den Energieverbrauch um 50%, die Energiekosten um bis zu 70% reduzieren. Diese Einsparungen will Bauknecht Haushalten durch das innovative Produkt- und Technologiekonzept Greenkitchen ermöglichen. Hier die Neuerungen im Detail:

H₂O Optimum Garer: Sensoren messen Gewicht und Konsistenz der Lebensmittel und errechnen selbstständig Garzeit und benötigte Wassermenge. Somit wird nur die Menge an Wasser und Energie verbraucht, die wirklich benötigt wird.

Freestyle Kochfeld: konzentriert die Hitze und passt sie individuell der Topfgröße an, um somit Energie- und Wärmeverlust zu vermeiden.

Herbarium: beheizt durch die Restwärme des Backofens bietet es ganzjährig ein Klima für den Kräuteranbau in der eigenen Küche.

Spülbecken: sauberes Wasser wird in einen speziellen Tank abgeleitet, gereinigt und danach wieder in den Nutzungskreislauf geführt, z.B. für Geschirrspüler oder Pflanzenbewässerung.

Schubladengeschirrspüler: Erhöhte Leistung bei gleichzeitig verringertem Energieverbrauch. Flexible Innenraumausnutzung durch zwei Bereiche, die Geschirr mit unterschiedlichem Verschmutzungsgrad spülen. Zeitersparnis.

Fazit: Alle Geräte sind auf drei Kriterien ausgerichtet: den Verbrauch anzupassen, ihn zu reduzieren und die genutzte Energie zu recyceln.

Welche Prinzipien zusammenfassend der Orientierung in Sachen nachhaltiges Design dienen, zeigt nebenstehendes Schaubild.

6.3.5   Nachhaltiges Personalmanagement

Eine nachhaltige Unternehmenskultur ist der Nährboden umwelt- und sozialverträglichen Wirtschaftens. Nachhaltigkeitsorientiertes Personal- bzw. Human Resource Management kümmert sich um die *Entwicklung der Mitarbeiter als wichtigste soziale Ressource* und zentrales Humankapital auf diesem Boden. Ganzheitliches Personalwesen sorgt für eine dauerhaft hohe Motivation, Verantwortungsbereitschaft und Leistungsfähigkeit; dafür, dass das Unternehmen zu jedem

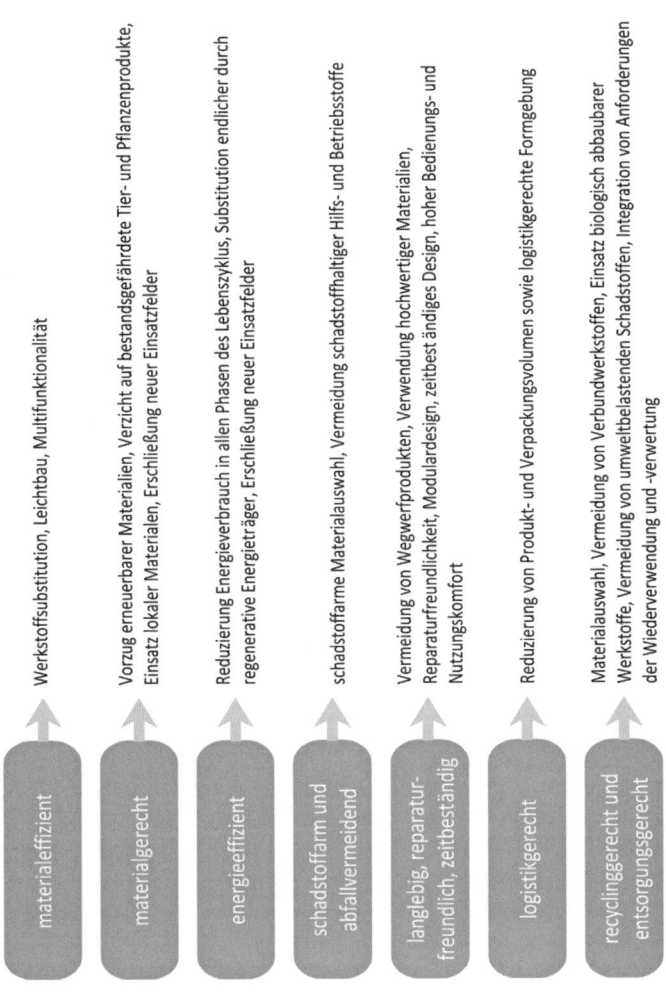

Abb. 57: Prinzipien nachhaltigen Designs

Zeitpunkt über die richtig qualifizierten Leute in ausreichendem Maße verfügt, und dass diese dank positiver Hygienefaktoren und hoher Identität mit dem Unternehmen sich produktiv und mit Freude einbringen.

Fachkräftemangel, War-for-Talents, demografischer Wandel, Wissensgesellschaft. Zeiten, in denen der Erfolg eines Unternehmens zunehmend von Verfügbarkeit, Kompetenz und Engagement der Mitarbeiter abhängen, wird es immer wichtiger, diese zu gewinnen, zu halten und zu entwickeln.

Für deutsche Unternehmen werden fehlende Fachkräfte immer mehr zum Problem. Einer Umfrage des Deutschen Industrie- und Handelskammertages (DIHK) zufolge können bereits heute 37% der Firmen offene Stellen zwei Monate oder länger nicht besetzen. Das entspricht rund 1,3 Millionen Arbeitsplätzen. Laut Umfrage wird auch die *Vereinbarkeit von Familie und Beruf* immer wichtiger, um Fachkräfte anzulocken. Innerhalb der vergangenen vier Jahre stieg der Anteil der Unternehmen, die ihre entsprechenden Maßnahmen ausbauen wollen, von 15% auf 25%. Ferner will jedes vierte Unternehmen die Einstellung und Beschäftigung Älterer ausweiten. Eine einfachere Beschäftigung ausländischer Fachkräfte wäre für 17% der Unternehmen hilfreich. Die Unternehmen selbst wollen laut dem Verband verstärkt auf den eigenen Nachwuchs setzen und ihre Ausbildung ausweiten – 52% der befragten Firmen kündigten das an.

Der Fachkräftemangel könnte sonst „die Achillesferse für Wohlstand, Fortschritt und Innovation" in den nächsten 15 bis 20 Jahren in Deutschland und Europa werden, fürchtet nicht nur die CDU. Bis zum Jahr 2050 wird die Bevölkerung in Deutschland um rund sieben Millionen Menschen auf insgesamt 75 Millionen schrumpfen, hat das Statistische Bundesamt berechnet.

Maßnahmen, qualifizierte Mitarbeiter zu finden und zu halten, umfassen z.B. Anreizmodelle zur Mitarbeiterbildung oder Entlohnung. Darüber hinaus spielen neuere, nachhaltigkeitsorientierte Ansätze eine zunehmende Rolle wie z.B. *Employer Branding, Sabbaticals, Home-Office, Teleworking, Gleitzeit und Work-Life-Balance* bzw. die Vereinbarkeit von Beruf und Familie. Basierend auf dem Qualifika-

Abb. 58: Anforderungen an ein nachhaltiges HRM

tions- und Bedarfsprofil der Mitarbeiterschaft werden so Angebote entwickelt und eingeführt, die auf die Bedürfnisse der Mitarbeiter auch wirklich zugeschnitten sind. Beim *Cafeteria-System* z.b. können Mitarbeiter analog einer Menüauswahl in einer Cafeteria zwischen verschiedenen Sozialleistungen wie Freizeitausgleich, Versicherung, Weiterbildung, Dienstwagen etc. unter der Prämisse der Kostenneutralität zwischen inhaltlich und zeitlich verschiedenen Entgeltbestandteilen innerhalb eines bestimmten Budgets wählen. Das Cafeteria-System hat sich dabei für Unternehmen ökonomisch und Mitarbeiter persönlich vorteilhaft erwiesen. Es bietet eine *Win-win-Situation*, bei der Monetäres durch Soziales aufgewogen wird, was für beide Seiten sinnvoll ist.

Der demographische Wandel verleiht auch dem Thema Employer Branding bzw. *Arbeitgeberattraktivität* Aufwind. „Employer Branding ist die identitätsbasierte, intern wie extern wirksame Entwicklung und Positionierung eines Unternehmens als glaubwürdiger und attraktiver Arbeitgeber", so die Deutsche Employer Branding Akademie.

Der flexible Mensch

Im Kontext eines *veränderten Gesellschaftsverständnisses* sei Richard Sennett erwähnt, der sich als Kulturkritiker mit den Auswirkungen der globalen Ökonomie auf unsere Gesellschaft auseinandersetzt. In „Der flexible Mensch. Die Kultur des neuen Kapitalismus" analysiert er die Folgen des Kapitalismus auf die Lebensführung. Von Menschen als Arbeitnehmern werde verlangt, flexibel und offen für kurzfristige Veränderungen zu sein, ständig Risiken einzugehen, unabhängiger von Regeln und formalen Prozeduren zu werden. Für Sennett ist das zukunftsorientierte Wirtschaften ganz auf Kurzfristigkeit und Elastizität angelegt. Individuelle Biographien werden bis zum äußersten strapaziert, da sich der flexible Mensch ständig neuen Anforderungen stellt und stets bereit ist, Arbeitsstelle, -aufgaben und -wohnort zu wechseln. Altes Erfahrungswissen zählt immer weniger und es entsteht eine Unternehmenskultur der Oberflächlichkeit, die vom Menschen, welcher auf die Kontinuität sozialer Beziehungen, wie Langfristigkeit, Verlässlichkeit und Entwicklung, angewiesen ist, nicht verkraftet wird. Die Loyalität zum Unternehmen erodiert, diese wiederum entstehen und vergehen und hinterlassen dabei Orientierungslose.[61]

Fazit – Nachhaltigkeit als roter Faden in der Geschäftstätigkeit

Zusammenfassend gilt es, eine Reihe von Grundsätzen bei der Verankerung des Nachhaltigkeitsleitbildes in Unternehmen zu beachten. Zunächst muss Nachhaltigkeitsengagement aus der *Führungsebene* heraus als *Strategie und Leitbild* formuliert und von dort aktiv unterstützt werden. Das Führungsverhalten dient dabei als Vorbild für nachhaltiges Handeln unter Mitarbeitern. Alle Bereiche

---

[61] Sennett, R. (1998) Der flexible Mensch. Die Kultur des neuen Kapitalismus. Berlin Verlag Berlin.

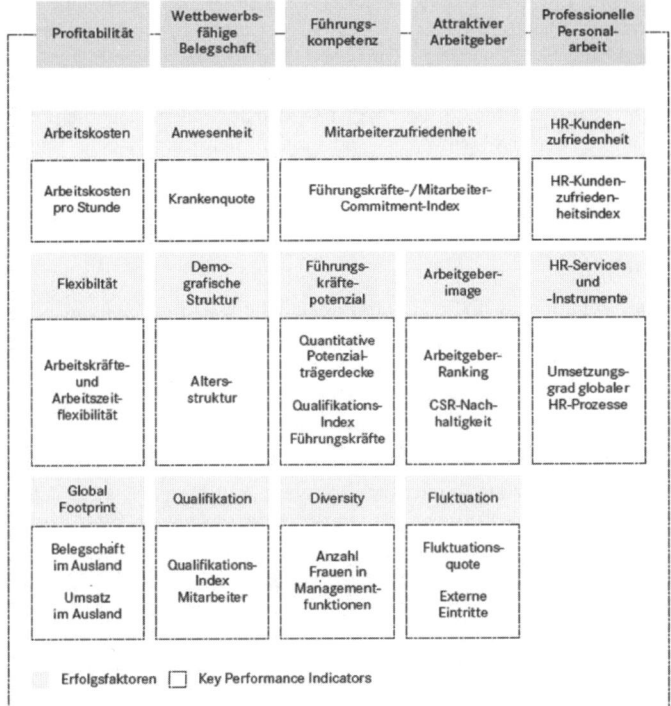

Abb. 59: Personalmanagement bei Daimler (Daimler 2011)

eines Unternehmens sowie vor- und nachgelagerte Teile der *Wert-schöpfungskette* sind in eine nachhaltige Ausrichtung einzubinden, damit von Nachhaltigkeit in seiner wahren Bedeutung gesprochen werden kann. Dies verhindert zugleich, dass sich Unternehmen der Kritik des *Greenwashings* aussetzen. Umgekehrt erlauben stete Fortschritte bei der *Nachhaltigkeitsperformance*, Sinn, Ziel, Struktur, Richtung – und Inhalte für die Außenkommunikation zu haben. Unterstützt wird die Operationalisierung dabei von Kennzahlen und Indikatoren, indem sie Nachhaltigkeitsziele mess- und steuerbar machen. Ein Nachhaltigkeitsbericht ist hierzu ein sinnvolles Instrument. Die Ressource Personal ist genauso umsichtig zu handhaben wie ökologische. *Nachhaltiges Personalmanagement* bietet die Möglichkeiten, das Beste aus Mitarbeitern herauszuholen – und für diese herauszuholen. Insgesamt ist Nachhaltigkeitsmanagement ein selbstreflexiver Prozess ohne Endstadium, denn jede Ebene bildet die Basis für die nächste Verbesserung im Sinne von Umwelt- und Sozialverträglichkeit.

Literatur

Balik, M.; Frühwald, C. (2006) Nachhaltigkeitsmanagement. Mit Sustainability Management durch Innovation und Verantwortung langfristig Werte schaffen. Saarbrücken.

Baumast, A.; Pape, J. (2009) Betriebliches Umweltmanagement. Theoretische Grundlagen, Praxisbeispiele. Stuttgart.

Baumgartner, R. et al. (2005) Sustainability Management for Industries. Wertsteigerung durch Nachhaltigkeit. Stuttgart.

Becherberger, M.; Reiche, D. (2006) Ökologische Transformation der Energiewirtschaft. Erich Schmidt Verlag Berlin.

Esty, D. C.; Winston, A. S. (2006) Green to Gold. Yale University Press.

Gminder, C. U. (2006) Nachhaltigkeitsstrategien systemisch umsetzen. Wiesbaden.

Habisch, A.; Schmidpeter, R.; Neureiter, M. (2007) Handbuch Corporate Citizenship: Corporate Social Responsibility für Manager. Berlin.

Hardtke, A.; Kleinfeld, A. (2010) Corporate Social Responsibility – Gesellschaftliche Verantwortung von Unternehmen: Von der Idee der Corporate Social Responsibility zur erfolgreichen Umsetzung. Wiesbaden.

Jackson, T. (2011) Wohlstand ohne Wachstum: Leben und Wirtschaften in einer endlichen Welt. München.

Müller-Prothmann, T.; Dörr, N. (2009) Innovationsmanagement. Strategien, Methoden und Werkzeuge für systematische Innovationsprozesse. München.

Pufé, I. (2011) Best Practices in Corporate Social Responsibility. München.

Sennett, R. (1998) Der flexible Mensch. Die Kultur des neuen Kapitalismus. Berlin Verlag Berlin.

Stoll, B. (2009) Sozial und ökonomisch handeln: Corporate Social Responsibility kleiner und mittlerer Unternehmen. Frankfurt/M..

von Weizsäcker, E. U. (2010) Faktor Fünf: Die Formel für nachhaltiges Wachstum. Droemer München.

World Business Council for Sustainable Development (2006) From Challenge to Opportunity. The Role of business in tomorrow's society.

7 Transformation des Nachhaltigkeits-prinzips in das Recht

Problem	Wie wird das Prinzip Nachhaltigkeit in Recht transfor-miert? Was sind Vorschriften, Gesetze, Pflicht? Was Möglichkeiten freiwilligen Engagements? Wie weit ist das „Nachhaltigkeitsrecht" deutschland-, europa- und weltweit gediehen? Lässt sich Nachhaltigkeit als uni-verselles Querschnittsanliegen überhaupt verrecht-lichen?
Maß-nahmen	Allgemeines zum „Nachhaltigkeitsrecht", Abgrenzung Pflicht – Kür, relevante Rechtsgebiete und Gesetze als Beispiele, Recht aus Mehrebenenperspektive, nationa-les, EU- und internationales Recht, Gesetze, Vorga-ben, Bestimmungen, Empfehlungen, Rechtsvorschrif-ten auf den verschiedenen Ebenen und in NH-relevan-ten Bereichen beleuchten, die wichtigsten Gesetze und Fachgebiete kennen
Ergeb-nisse	Studierende haben einen Grobüberblick über die Rechts-lage in Sachen Nachhaltigkeit.

7.1   Gratwanderung zwischen Pflicht und Kür

Jeder hat soviel Recht, wie er Macht hat.

Spinoza

Nachhaltigkeit in das Recht überzuführen gleicht einem Balanceakt aus Pflichterfüllung und Philanthrophie, einer Gratwanderung zwischen *Compliance und Freiwilligkeit*. Ohne gültige *Rechtsordnung* ist Nachhaltigkeit bar jeder Durchsetzungskraft und Glaubwürdigkeit; was in weiten Teilen noch der Fall ist. Gleichwohl geht der Trend zur Verrechtlichung. Der Querschnittscharakter, der Imperativ des Integrativen, das Übergreifende und in alles Eingreifende erschweren es, ein spezielles Rechtsgebiet dafür verantwortlich zu zeichnen. Das Prinzip Nachhaltigkeit berührt so viele Bereiche, dass es schwerfällt, *Ressorts und Zuständigkeiten* festzulegen und abzugrenzen. Nur so aber wird es seinem Anspruch flächendeckender Wirksamkeit und des in jeder Handlung, jedem Gesetz und Entscheid zum Ausdruck kommenden Bedarf nach *intra- und intergenerationeller Gerechtigkeit* gerecht.

	Nachhaltigkeitsrecht			
Glokalisierung	Gesetze	Umweltrecht	CSR-Maßnahmen − Stiftungen − Sponsoring − Diversity Mgt.	Institutionalisierung
	Auflagen	Verbraucher- schutz		
	Vorschriften	etc.		
	Regulierung		Freiwilligkeit	
	intra- und intergenerationelle Gerechtigkeit			

Abb. 60: Überblick „Nachhaltigkeitsrecht"

Je nachdem, wie weit Begriff und Prinzip von Nachhaltigkeit gefasst werden, fällt das Spektrum dafür verantwortlicher Rechtsgebiete und Gesetze aus. Zweifellos von zentraler Bedeutung sind die nachfolgend angeführten Bereiche *Umwelt- und Verbraucherschutz*. Wird der Begriff weiter gefasst, potenziert sich die Anzahl zu beachtender rechtlicher Regelungen auf ebenso viele Bereiche wie sich wissenschaftliche Disziplinen damit beschäftigen.

Im Rahmen dieses Kapitels wird dabei einerseits auf die wichtigsten Rechtsgebiete fokussiert, Umwelt- und Verbraucherschutz, andererseits auf weitere wichtige angrenzende. Rechtsgebiete, die sich mit nachhaltigkeitsbezogenen Anliegen auseinandersetzen sind u.a:

- Umweltrecht
- Abfallwirtschaftsrecht
- Chemikalienrecht (REACH)
- Energierecht
- Gewässerschutzrecht
- Immissionsschutzrecht
- Natur- und Bodenschutzrecht
- Strahlenschutzrecht
- Verbraucherschutzrecht

Umweltrecht im Überblick

Umweltrecht bezeichnet die Gesamtheit der Rechtsnormen, die den Schutz der natürlichen Umwelt und die Erhaltung der Funktionsfähigkeit der Ökosysteme bezwecken; es ist kein scharf abgrenzbares Rechtsgebiet. Ansatzpunkt ist der Schutz vor Beeinträchtigungen, dieser erfolgt mittels verschiedener Herangehensweisen:

1) **Minimierung** der Einwirkungen auf das Schutzgut; z.B. Wasserhaushaltsgesetz, Naturschutzgesetze, Landeswassergesetze.

2) **Begrenzung** der schädlichen Wirkungen bekannter Umweltgefahren; a) quellenbezogen, d.h. Regelung der Gefährdungsquelle ausgehender Emissionen, und b) umweltbezogen, z.B. Gesamtimmissionsbelastung sind zu unterschreiten.

3) **Regelungen** zu umweltgefährdenden Stoffen und Gegenständen wie z.B. *Abfall-, Chemikalien-,* teils *Atomrecht.*

Seit 1994 verpflichtet das deutsche Verfassungsrecht in Art. 20a des Grundgesetzes den Staat zum Schutz der natürlichen Lebensgrundlagen. Dies ist kein Grundrecht, sondern eine Staatszielbestimmung, d.h. ein Programmauftrag für die öffentliche Gewalt. Gesetzgeber und Verwaltung werden dadurch zwar allgemein verpflichtet, können aber nicht belangt werden.

Viele planerische Vorschriften sind dem Umweltrecht zuzurechnen, da sie auch dem Umweltschutz dienen, indem bereits im Planungsstadium etwaige Umweltbeeinträchtigungen vorweggenommen werden. Hierzu zählen das *Baugesetzbuch,* das *Raumordnungsgesetz* oder die *Umweltverträglichkeitsprüfung.* Zudem gibt es zunehmend Straf- und Ordnungswidrigkeitentatbestände, die dem Umweltschutz dienen sollen. Schwere Umweltschutzdelikte sind im 29. Abschnitt des Besonderen Teils des *Strafgesetzbuches* (§§ 324–330d) geregelt. Schließlich gibt es Überschneidungen mit dem allgemeinen Gesundheitsschutz und dem besonderen *Gesundheitsschutz* am Arbeitsplatz. Viele Regelungen mit diesen Zielsetzungen bewirken sozusagen nebenbei einen Schutz vor Umweltbeeinträchtigungen; manche werden jedoch auch parallel auf beide Zielsetzungen hin formuliert.

Eine Übersicht relevanter Umweltgesetze bietet die Datenbank Umwelt Online (→QR).

Nationales und internationales Umweltrecht lassen sich dabei nach folgenden Rechtsebenen unterscheiden:

Nationales Umweltrecht	Internationales Umweltrecht	
Umweltverfassungsrecht	Europäisches Umweltrecht	Umweltvölkerrecht
Umweltverwaltungsrecht	Primärrecht • Art. 6 EGV • Art. 174ff. EGV	Gewohnheitsrechts Allg. Rechtsgrundsätze
• Umweltverwaltungsrecht • Umweltstrafrecht • Umweltprivatrecht	Sekundärrecht • Verordnung • Richtlinie • Entscheidung	Völkerrechtliche Verträge

Abb. 61: Nationales und Internationales Umweltrecht

Verbraucherrecht im Überblick

Auch im Verbraucherschutz überschneiden sich die Ziele mit vielen anderen Rechtsgebieten. Abgesehen davon existiert kein gesondertes Verbraucherschutzgesetz, das alle Fragen des Verbraucherrechts regelt, sondern vielmehr gibt es Rechtsnormen in vielen Einzelgesetzen, die dem Verbraucherschutz hauptsächlich oder „nebenbei" dienen. So kann eine Vorschrift zum Umgang mit Chemikalien dem *Verbraucher-, Arbeits- oder Umweltschutz* dienen. Viele Verbraucherschutzvorschriften finden sich zudem im Bürgerlichen Gesetzbuch (BGB). Auch Vorschriften des öffentlichen Rechts, die auf zahlreiche Gesetze verstreut sind, dienen dem, meist gesundheitlichen, Verbraucherschutz. Sie verpflichten Warenhersteller und -händler, Mindeststandards bei Rohstoffen, Ausgangsmaterialien, Zusatzstoffen, Herstellungsverfahren oder Verpackungen einzuhalten. Wichtige derartige Rechtsnormen sind die Gesetze über den Verkehr mit Lebensmitteln, Tabakerzeugnissen, kosmetischen Produkten und sonstigen Bedarfsgegenständen (*Lebensmittel- und Futtermittelgesetzbuch* (LFGB)).

Umweltgifte, Gefahrstoffe, Chemikalien. Ein kurzer Blick auf das novellierte Chemikalienrecht zeigt, dass sich hier mit REACH etwas getan hat. REACH ist ein global harmonisiertes System zur Einstufung und Kennzeichnung von Chemikalien. 2007 in Kraft getreten ist REACH eine EU-Chemikalienverordnung und das Kürzel für Registration, Evaluation, Authorisation and Restriction of Chemicals, also für die Registrierung, Bewertung, Zulassung und Beschränkung von Chemikalien. Das REACH-System basiert auf dem Grundsatz der *Eigenverantwortung der Industrie*. Nach dem Prinzip „no data, no market" dürfen innerhalb des Geltungsbereiches nur noch chemische Stoffe in Verkehr gebracht werden, die vorher registriert worden sind. Jeder Hersteller oder Importeur, der seine Stoffe, die in den Geltungsbereich von REACH fallen, in Verkehr bringen will, muss für diese Stoffe eine eigene Registrierungsnummer besitzen.

Zum juristischen Nachhaltigkeitsverständnis

Das Prinzip nachhaltiger Entwicklung ist in den letzten Jahren verstärkt Gegenstand rechtlicher und planerischer Maßnahmen geworden. Dennoch bleibt offen, wie Nachhaltigkeit als Prinzip und Leitbild klar und allgemeingültig sowie juristisch verbindlich zu fassen ist. *In der juristischen Diskussion wird über die Frage gestritten, ob Nachhaltigkeit lediglich den Charakter eines politischen Leitziels hat oder ob ein verbindliches Rechtsprinzips und Nachhaltigkeitsgebot daraus ableitbar ist.*

Für die Übersetzung des Nachhaltigkeitsprinzips in das Recht ist zunächst zu klären, welche Konzepte, Modelle und Annahmen zugrunde liegen. Wird vom *Paradigma* schwacher oder starker Nachhaltigkeit ausgegangen? Liegt der Schwerpunkt auf der Erhaltung der Ressourcenbasis als Fundament dauerhafter Entwicklung oder gleichermaßen auf sozialer Gerechtigkeit, auf Armutsbekämpfung und globaler Chancengleichheit? Unterschiedliche *Annahmen* ziehen unterschiedliche Rechtsauslegungen nach sich. Zweifellos besteht dringender Bedarf, sich unter konkurrierenden *Interpretationen* auf jene Annahmen zu verständigen, die der ebenso notwendigen rechtlichen Ausgestaltung eine Grundlage geben.

Gleichwohl wird auch im Recht meist auf die Definition des Brundtland-Berichts rekurriert, die inhaltlich so gehaltvoll wie interpretatorisch ein schwerer Brocken ist: „Dauerhafte Entwicklung ist Entwicklung, die die Bedürfnisse der Gegenwart befriedigt, ohne zu riskieren, dass zukünftige Generationen ihre eigenen Bedürfnisse nicht befriedigen können."

Unter rechtlicher Perspektive sticht insbesondere jener Aspekt hervor: Der Begriff von „Bedürfnissen", insbesondere der Grundbedürfnisse der Ärmsten der Welt, die die überwiegende Priorität haben sollten.[62]

Irrespektiv des zugrundegelegten Verständnisses bleiben die bisher eingegangenen Verpflichtungen weit hinter den Erfordernissen zurück, betont doch Angela Merkel auf der 11. Jahreskonferenz des Rates für Nachhaltige Entwicklung am 20.06.2011: „Die Summe der Verpflichtungen der Industrie- und der Schwellenländer reicht aber längst nicht aus, um das Ziel – keine Erderwärmung um mehr als zwei Grad Celsius – zu erreichen. [...] Mit den bisher eingegangenen Verpflichtungen haut das nicht hin. Deshalb müssen wir härtere Verpflichtungen anmahnen."

Fraglich ist, ob sich Verantwortung und Gerechtigkeitssinn bis zu den Ärmsten erstrecken, wenn die Bemühungen schon im eigenen Land zu kurz greifen.

7.2 Nationales und EU-Nachhaltigkeitsrecht

Europe has become a giant laboratory for rethinking humanity's future.
Jeremy Rifkin

Der Umgang von Regierung und Verwaltung mit dem Nachhaltigkeitsprinzip ist nicht eindeutig bestimmbar. Zwar haben sich die Bundesregierung und speziell das Umweltministerium in einer Reihe von Dokumenten dazu bekannt, so etwa im Umweltprogrammentwurf von 1998, im Bericht „Aus Verantwortung für die Zukunft" von 2000 und in der „Nationalen Nachhaltigkeitsstrate-

---

[62] Hauff (1987) S. 46

gie" von 2002. „Doch ungeachtet dieser und anderer Verlautbarungen wird Nachhaltigkeit weniger als Verpflichtung zu einer Politik in den Grenzen des Ökosystems verstanden – einer ‚Politik innerhalb der ökologischen Leitplanken'. [...] Auch ist die Tendenz erkennbar, nachhaltige Entwicklung weniger als politisches Gesamtkonzept zu sehen, sondern auf vermeintlich wichtige Schwerpunktbereiche zu beschränken. [...] Dieser zurückhaltende Umgang der Bundesregierung mit dem Nachhaltigkeitsprinzip wirkt sich auch auf dessen Transformation in das Recht aus – und erklärt die bislang nur unzureichende Umsetzung." (Bückmann (2003) S. 27f).

Wie das Thema organisatorisch von der Bundesregierung angegangen wird, zeigt folgendes Schaubild.

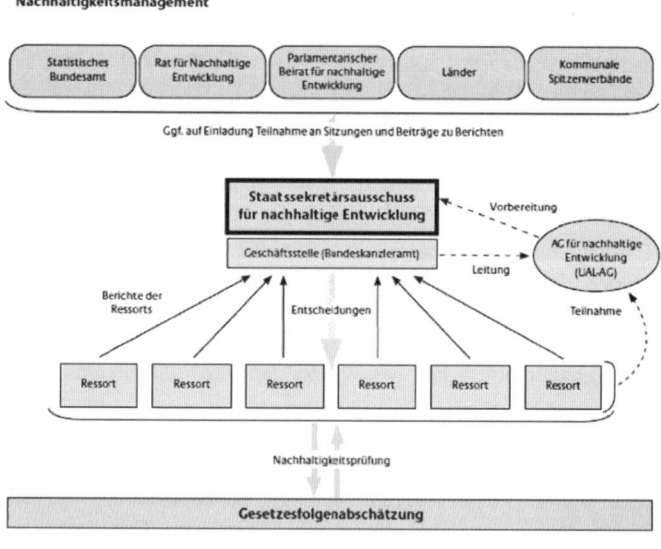

Abb. 62: Das Nachhaltigkeitsmanagement der Bundesregierung

Das Leitbild der Nachhaltigkeit hat sich mittlerweile zu einem internationalen Rechtsbegriff entwickelt. Trotzdem bestehen weiterhin Unsicherheiten bezüglich der Notwendigkeit, es in das deutsche Recht aufzunehmen. Gleichwohl wurde das Prinzip Nachhaltigkeit in eine Reihe von Fachgesetzen einbezogen. War es 1998 noch nicht im Bau- und *Raumordnungsgesetz* enthalten, wurde es auf Vorschlag des Bundestagsausschusses für Raumordnung, Bauwesen und Städtebau aufgenommen und in ein Gesetz übergeführt. Mit Paragraph § 1 Satz 1 formuliert das *Bundesbodenschutzgesetzes* (BbodSchG) einen „nachhaltigen" Bodenschutz als Zielbestimmung. Weitere Maßnahmen, mit denen eine nachhaltige Flächenhaushaltspolitik vorangetrieben werden könnte, sind z.B.: a) die Stärkung des Bodenschutzes in der Planung, b) Versiegelungs- oder Naturschutzabgaben, c) die Verstärkung der Entsiegelungspflichten, d) eine Reform der Grundsteuer, e) Steuerliche Abschreibungen, f) grundlegende Reduzierung oder Reform staatlicher Förderungen, g) Reformen des kommunalen Finanzausgleichs oder h) die Einführung handelbarer Flächenausweisungsrechte.

Im Vergleich zu früher wurde das Nachhaltigkeitsprinzip in das *Naturschutzrecht*, mit teils konfligierenden Schutzkategorien, aufgenommen. Dort umfasst es u.a den Schutz, die Pflege und die Entwicklung von Natur und Landschaft, die Sicherung der Tier- und Pflanzenwelt, des Naturhaushalts unter Berücksichtigung der standortprägenden biologischen Funktionen, Stoff- und Energieflüsse sowie der landschaftlichen Strukturen, der Regenerationsfähigkeit der Naturgüter und die sparsame und schonende Nutzung dieser Güter. Doch auch wenn das Prinzip zudem in Rechtsgebiete wie das *Wald-*, das *Jagd-* und *Fischerei-* sowie das *Abfallrecht* Eingang gefunden hat, bezweifeln Nachhaltigkeitsexperten, ob es damit im Umweltrecht bereits hinreichend instrumentiert ist.

Eingang fand das Nachhaltigkeitsprinzip auch in das *Energierecht*. Es ist in mehreren Zielbestimmungen enthalten, insbesondere in § 1 des Energiewirtschaftsgesetzes (EnWiG), in § 1 des Kraft-Wärme-Kopplungs-Gesetz (KWKG) und in § 1 des Erneuerbare-Energien-Gesetzes (EEG).

Das Erneuerbare-Energien-Gesetz (EEG)

Das deutsche Gesetz für den Vorrang Erneuerbarer Energien – kurz Erneuerbare-Energien-Gesetz oder EEG – regelt die bevorzugte Einspeisung von Strom aus erneuerbaren Quellen ins Stromnetz und garantiert deren Erzeugern feste Einspeisevergütungen. Mit dem EEG erhalten Anlagebetreiber 15 bis 20 Jahre lang eine festgelegte Einspeisevergütung für ihren erzeugten Strom und Netzbetreiber werden zu dessen vorrangiger Abnahme verpflichtet (§ 21 und § 8 Abs. 1 EEG vom 25. Oktober 2008). Die Vergütungssätze sind nach Technologien und Standorten differenziert und sollen einen wirtschaftlichen Betrieb der Anlagen ermöglichen. Der für neu installierte Anlagen festgelegte Satz sinkt jährlich um einen bestimmten Prozentsatz (Degression). Durch diese stetige Degression wird ein Kostendruck im Sinne einer gewollten Anreizregulierung erzeugt: Anlagen sollen effizienter und kostengünstiger hergestellt werden, um langfristig auch ohne Hilfen am Markt bestehen zu können. Gefördert wird die Erzeugung von Strom aus Wasserkraft, Deponiegas, Klärgas und Grubengas, Biomasse, Geothermie, Windenergie sowie aus solarer Strahlungsenergie z.B. Photovoltaik (siehe auch www.unendlich-viel-energie.de).

Für Planung und Steuerung von nachhaltiger Entwicklung ist das *Raumordnungsrecht* eines der wichtigsten Instrumentarien. Nachhaltigkeit bildet infolge seiner Aufnahme in die Ziel- und Grundsätzebestimmungen des Bundesraumordnungsgesetzes (BROG) das raumordnerische Leitprinzip. Laut §§ 1 und 2 des Bundesraumordnungsgesetzes (BROG) meint Nachhaltigkeit, bei der Raumentwicklung die sozialen und wirtschaftlichen Ansprüche an den Raum mit seinen ökologischen Funktionen in Einklang zu bringen, dies unter Vorbehalt planerischer Abwägungen. Die Crux: Das Raumordnungsrecht ist ein Rahmenrecht ohne direkte Möglichkeit, die Realisierung des Nachhaltigkeitsprinzips zu gewährleisten.

Zwei Beispiele für mehr Nachhaltigkeit durch eine Reformierung der nationalstaatlichen Rechtsordnung sind Neuseeland und Südkorea. Mit dem Resource Management Act von 1999 wurde das neuseeländische Umwelt- und Planungsrechts erneuert, indem in das Nachhaltigkeitsprinzip als Vorschrift aufgenommen wurde (§ 5). Ökonomische Anliegen genießen demnach nur so lange Vorrang, wie ein *ökologischer Minimumstandard*, die sogenannte *ecological bottom line*, nicht gefährdet wird. Auch die Novellierung des südkoreanischen Gesetz geht mit der Vorrangregelung ökologischer Belange einen Schritt weiter. Die grundlegende Verrechtlichung des Nachhaltigkeitsprinzips findet sich im 1999 novellierten Grundgesetz für die Umweltpolitik (GUP). Hier wurde das Nachhaltigkeitsprinzip durch prägnante Zweck- und Grundsatznormen verrechtlicht, von denen der Grundsatz der „vorrangigen Berücksichtigung der Belange des Umweltschutzes bei jeder Nutzung der Umwelt" hervorsticht. Interessant ist auch das koreanische „Grundlagengesetz für die Landesentwicklung". Nach § 2 bildet das Land die Lebensgrundlage der Bevölkerung, das es kommenden Generationen intakt weiterzugeben gilt, wodurch alle drei Dimensionen adressiert werden.

Ein Fortschritt in der deutschen Nachhaltigkeitspolitik ist, dass bei der *Planung neuer Gesetze* künftig möglichst früh gefragt werden soll: Trägt es dazu bei, das Ziel einer nachhaltigen Entwicklung zu erreichen oder gerät es mit diesem Ziel in Konflikt? Dies veranschaulicht folgende Mitteilung der Bundesregierung vom 27.05.2009: „Gesetze werden künftig auf ihre Wirkungen unter ökonomischer, ökologischer und sozialer Sicht geprüft. Auf diese Weise wird deutlich, welche Vor- und Nachteile ein Gesetz für künftige Generationen hat. Das Prinzip der Nachhaltigkeit trägt dazu bei, kommenden Generationen ein intaktes ökonomisches, ökologisches und soziales Umfeld zu hinterlassen. Mit der nationalen Nachhaltigkeitsstrategie hat sich die Bundesregierung zur Nachhaltigkeit als Leitprinzip ihrer Politik bekannt".

Nachhaltigkeit im Europäischen Gemeinschaftsrecht

Wie verhält es sich mit intra- und intergenerationeller Gerechtigkeit im Rahmen des europäischen Gemeinschaftsrechts? Für das Verständnis der Nachhaltigkeit im deutschen Recht ist das Begriffsverständnis der EU, insbesondere im *EG-Vertrag* in der Fassung des Vertrages von Amsterdam vom 2. Oktober 1997 (EGV), von Belang. Im Vertragstext von Maastricht von 1993 taucht der Begriff Nachhaltigkeit lediglich einmal, bei der Förderung der Entwicklungszusammenarbeit in Art. 130 u Abs. 1, auf, obgleich Elemente des Nachhaltigkeitskonzepts in mehreren Umweltschutzbestimmungen des Vertrages enthalten sind. In der Präambel bekunden die Mitgliedsstaaten den „festen Willen, im Rahmen der Verwirklichung des Binnenmarkts sowie der Stärkung des Zusammenhalts und des Umweltschutzes den wirtschaftlichen und sozialen Fortschritt ihrer Völker unter Berücksichtigung des Grundsatzes der nachhaltigen Entwicklung zu fördern". Die Querschnittsklausel des *Art. 6 EGV* fordert die Umsetzung des Grundsatzes der nachhaltigen Entwicklung in das Umweltrecht und verlangt die Einbeziehung der Erfordernisse des Umweltschutzes in alle Gemeinschaftspolitiken. Sie soll für das europäische Recht sicherstellen, dass der Umweltschutz mit ökonomischen und sozialen Entwicklungsinteressen der Gegenwart in Einklang gebracht wird, ohne dass künftigen Generationen die Fähigkeit zur Befriedigung ihrer Bedürfnisse genommen und damit zugleich ein dauerhafter Erhalt der menschlichen Lebensgrundlagen gewährleistet wird.

Als Beispiele für zwei konkrete umweltrelevante Bestimmungen des EU-Vertrages seien hier Artikel 2 und 130 genannt. Artikel 2 benennt die Aufgabe der Gemeinschaft, „ein beständiges, nicht inflationäres und umweltverträgliches Wachstum zu fördern, Lebenshaltung und Lebensqualität zu heben." Artikel 130 stellt die Prinzipien der Umweltpolitik der Gemeinschaft ins Zentrum, genauer das *Vorsorge-, Ursprungs-, Verursacherprinzip*.

Dass das Nachhaltigkeitsprinzip auf europäischer Ebene aber unterschiedlich interpretiert wird, ergibt sich aktuell aus Art. 3 Abs. 2 des Europäischen Verfassungsentwurfs, demzufolge die Union „ein Europa der nachhaltigen Entwicklung auf der Grundlage eines

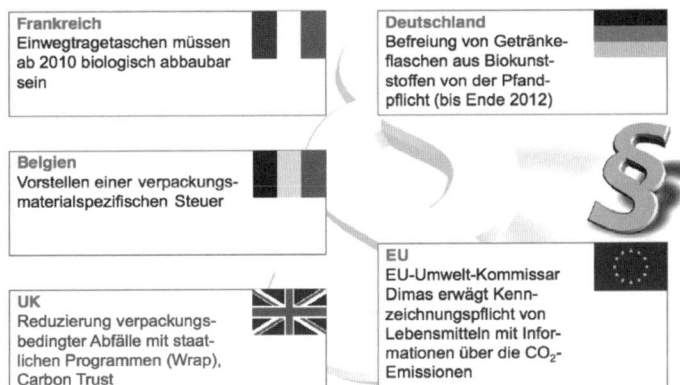

Abb. 63: Beispiele für Rechtsvorschriften der EU

ausgewogenen Wirtschaftswachstums und sozialer Gerechtigkeit" anstrebt. In dieser Formulierung ist von einer gleichgewichtigen Berücksichtigung der ökologischen Grundlagen nicht die Rede, erst recht nicht von einer nach dem Brundtland-Bericht intendierten Vorrangstellung. Gleichwohl bemüht sich die Europäische Union, das Nachhaltigkeitsprinzip in *konkretes Verwaltungshandeln* überzuführen. So verabschiedete der Europäische Rat 2002 in Barcelona die „Europäische Strategie für eine Nachhaltige Entwicklung" und bekundete so – in eklatantem Gegensatz zum Entwurf der Europäischen Verfassung – die Absicht, nachhaltige Entwicklung unter gleichgewichtiger Beachtung ökonomischer, ökologischer und sozialer Ziele in der Union umzusetzen.

Die folgende Grafik gibt einen guten Überblick über die Instrumente der indirekten Verhaltenssteuerung, welche die bekannten Instrumente *Kyoto-Protokoll, Emissionenshandel und EMAS* (→QR) in einen Zusammenhang stellt und ihren ebenso wichtigen wie leidlich indirekten Charakter aufzeigt.

Instrumente indirekter Verhaltenssteuerung / indirekte Instrumente			
ökonomische Instrumente	Zertifikate & Kompensations-modelle	informelle Instrumente	weitere Instrumente
Abgaben (Lenkung, Finanzierung, Ausgleich) Subventionen (Leistung, Ver-schonung) Preisfestsetzung Auftragsvergabe	Emissionshandel (Kyoto-Protokoll) Kompensation (z.B. §§ 7 III, 17 III a 48 BimSchG)	Empfehlun-gen Warnungen Absprachen	Strafrecht Umwelt-Audit (EMAS II), Öko-Audit Ökobilanz Umweltinfor-mation (UIG)

Abb. 64: Instrumente indirekter Verhaltenssteuerung

Auch Subventionen sind ein gangbarer Weg. Sie können einerseits umweltfreundliche Technologien begünstigen, andererseits sind „perverse Subventionen" langfristig schädlich für Wirtschaft und Umwelt wie etwa Diesel- und Kohlesubventionen oder die Kero-sinsteuerbefreiung.

Um Recht zu setzten, das das Überleben der Menschheit ressour-cenökonomisch und fair geregelt gewährleistet, müsste Nachhaltig-keit zum universellen Rechtsprinzip erhoben werden, was aber durch das Gebot nationalstaatlicher Souveränität unmöglich wird, Stichwort Kyoto-Protokoll und Weltumweltbehörde.

7.3   Freiwilliges Engagement

Alle Gesetze sind Versuche, sich den Absichten der moralischen Weltordnung
im Welt- und Lebenslaufe zu nähern.
Johann Wolfgang von Goethe

Das rechtliche Feld ist ein *Spannungsfeld*. – Regulierung, Kontrolle, Gesetze einerseits, Freiwilligkeit und Selbstverpflichtung andererseits; verbindliche, starre Vorgaben versus flexible, variable Maßnahmen. Es ist an den Akteuren, zu entscheiden, inwieweit sie bereit sind, sich über die gesetzlichen Mindeststandards hinaus zu verpflichten.

Grundsätzlich ist dabei zwischen *zwingenden, quasi-gesetzlichen und freiwilligen Vorgaben* zu unterscheiden. Während Steuer-, Aktien- oder Strafgesetze grundständigste Anforderungen darstellen, umfassen quasi-gesetzliche Vorgaben Instrumente wie den Corporate Governance Kodex (-> QR) oder Richtlinien laut UN Global Compact oder Social Accounting 8000 (siehe Box).  Freiwilliges Engagament geht häufig in Richtung CSR – das Unternehmen übernimmt eigenständig soziale Unternehmensverantwortung, dies meist mittels öffentlichkeitwirksamer Maßnahmen. Hierzu zählen *Firmenrichtlinien, Selbstverpflichtungen, Verhaltenskodexe,* Aussagen zur *Unternehmensphilosophie* und *öffentliche Bekanntmachungen,* wie sie auf der Webseite, in Kundenmagazinen und in Nachhaltigkeitsberichten zu finden sind. Die Grundsatzentscheidung zwischen Pflicht, Kür und der Grauzone dazwischen veranschaulicht der folgende Überblick.

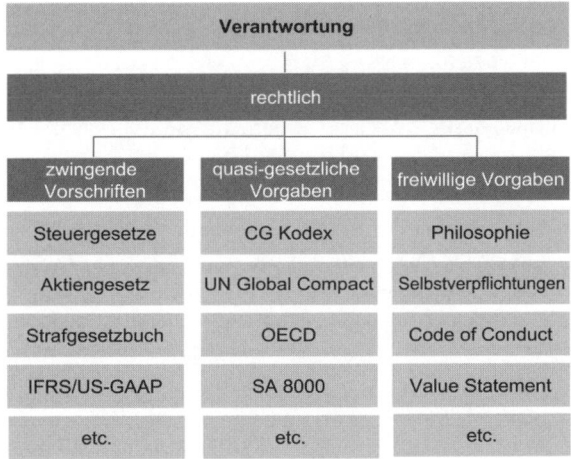

Abb. 65: Gesetze, Vorgaben, Freiwilligkeit (Ernst & Young (2009))

Social Accounting (SA) 8000

SA8000 ist ein internationaler Standard mit dem Ziel, Arbeitsbedingungen von Arbeitnehmern zu verbessern. Ins Leben gerufen von der NGO Social Accountability International (SAI) dient er vor allem transnationalen Unternehmen als Mindestanforderung an Sozial- und Arbeitsstandards und ergänzt damit Managementsysteme wie ISO 9000 oder 14000. Für die Zertifizierung melden sich Unternehmen selbständig bei der SAI an. Im Gegensatz zu nationalen Gesetzen und Verordnungen beruht sie auf der freiwilligen Entscheidung der Unternehmen. Die Grundlage sind Konventionen der Internationalen Arbeitsorganisation (ILO) und der Vereinten Nationen. Am stärksten verbreitet ist die Norm im Bereich der Bekleidungs- und Textilindustrie. Um das Zertifikat zu erhalten muss ein Unternehmen folgende Anforderungen erfüllen:

– keine Kinderarbeit

– keine Zwangsarbeit

– keine Diskriminierung

– keine physischen oder psychischen Bestrafungen

– Beschränkungen der Arbeitszeit

– ein nicht zu niedriges Lohnniveau

– Mindeststandards im Bereich Gesundheitsschutz und Arbeitssicherheit

– Gewerkschaften erlauben

– weitere Anforderungen an das Management

Der *Prozess der Wahl rechtlicher Maßnahmen* verläuft wie folgt. Zunächst wird hinterfragt, in was das Vertrauen der Öffentlichkeit zu bestärken ist; dies kann die Tätigkeit einer Partei, Organisation oder eines Unternehmen sein, deren Berichterstattung oder Ratings und Rankings. Die Kontrollinstrumente, die im Anschluss daran einzuführen sind, um das *Vertrauen* zu gewinnen und zu rechtfertigen, sind z.B. Einbindung von Nachhaltigkeits- oder CSR-Maßnahmen in die gesamte Organisation, Selbstregulierung, aber auch externe Prüfungen und Gesetzesvorgaben. Schließlich wird festgelegt wer die gewählte Maßnahmen zur Vertrauensbildung überwachen soll. Dies können organisationsinterne Entscheidungsträger sein, Kunden, Gewerkschaften, NGOs sowie politische oder juristische Akteure. Wie Instrumente und Maßnahmen im Unternehmen etabliert werden zeigt folgende Grafik:

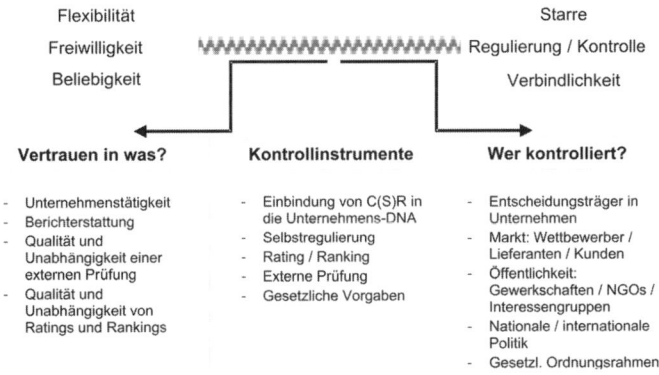

Abb. 66: Prozess der Wahl rechtlicher Maßnahmen (E&Y (2009))

Wie weit ist die Verrechtlichung des Nachhaltigkeitsprinzips in Unternehmen fortgeschritten? Wo gibt es noch Handlungsbedarf? Als Fortschritt zu werten ist z.B. die Reform des Vergaberechts, d.h. soziale und ökologische Kriterien werden zunehmend bei Ausschreibungen um Projekte und Fördermittel einbezogen (z.B. bei der Bewerbung um Olympia 2020). Ebenfalls positiv ist, dass rund ein Drittel der deutschen Großunternehmen bereits einen Nachhaltigkeits- oder CSR-Bericht vorlegt, ein Viertel befürwortet eine Berichtspflicht. Wenn auch von lediglich empfehlenden Charakter, so empfiehlt das BMU dennoch die Anwendung der GRI Richtlinien. Auf Konsumentenseite kommt die Studie Eurobarometer zu dem Ergebnis, dass immer mehr Verbraucher ökologische und soziale Kriterien bei ihrer Kaufentscheidung berücksichtigen, während die EU gleichzeitig zunehmend die Produktgestaltung unter jenen Kriterien beeinflusst (z.b. Verbot der Glühbirne, Einführung der Energiesparlampe).

Handlungsbedarf dagegen besteht z.b. darin, dass nur sieben der DAX 30-Nachhaltigkeits- oder CSR-Berichte extern (von Auditoren, unabhängigen Dritten) geprüft sind und 60% der Unternehmen gegen eine Berichtspflicht sind sowie nur knapp die Hälfte der DAX 30 die GRI-Richtlinien heranzieht. In den 200 größten deutschen Unternehmen (Finanzsektor ausgeschlossen) besetzen Frauen nur 3% der obersten Führungspositionen. Statt einheitlicher, nachvollziehbarer, transparenter Kriterien zur Produktkennzeichnung anhand klarer Bio- und Öko-Siegel herrscht ein Labeldschungel; so wie es an eindeutigen Richtlinien für Unternehmen auch insgesamt fehlt. Zudem ist zu befürchten, dass die Wirtschaftskrisen die Bemühungen und Fortschritte zu nachhaltiger Entwicklung zurückwirft.

Grundsätzliche branchenübergreifende *Kriterien* bei der Auswahl von Nachhaltigkeitsmaßnahmen bieten dabei folgende Regelwerke und Quellen:

- Leistungsindikatoren der Global Reporting Initiative

- International Organization for Standardization – ISO 140001, ISO 16001, ISO 26000

- Eco-Management and Audit Scheme (EMAS)

- Nachhaltigkeitsberichterstattung: Empfehlungen für eine gute Unternehmenspraxis (lt. BMU)

- Empfehlungen der IHK, HK und diverser anderer Verbände und Institutionen

Im Folgenden ist eine Reihe von CSR-Maßnahmen genannt, die Unternehmen zur Übernahme gesellschaftlicher Verantwortung freiwillig ergreifen können. Nebst der genannten Reputationsverbesserung oder Arbeitgeberattraktivität ist eine Hauptmotivation von Unternehmen, damit etwaigen Gesetzesverschärfungen zuvorzukommen.

Ein jüngeres Beispiel für das freiwillige Engagement eines Groß-unternehmens ist die Deutsche Telekom. Sie führte als erstes DAX-30 Unternehmen eine *Frauenquote* ein. Demnach sollen 30% der oberen und mittleren Führungspositionen bis 2015 von Frauen besetzt sein. Diese freiwillige Selbstverpflichtung erfolgte in Über-einstimmung mit dem Ruf nach einer größeren Diversität der Auf-sichtsräte, um eine bessere Unternehmenskontrolle herbeizuführen. Auch Daimler will bis 2020 kon-zernweit den Anteil von Frauen in Führungspositio-nen auf 20% steigern. Hintergrund der Maßnahmen sind Studien wie „Women matter" (→QR) von  McKinsey aus dem Jahre 2010, derzufolge die finanziellen Ergeb-nisse von Unternehmen mit höherem Anteil weiblicher Führungs-kräfte im Schnitt ein Drittel besser sind. Die Prognosen der Har-vard Business Review von 2009 gehen davon aus, dass das weltwei-te Einkommen der Frauen von 13 Billionen USD im Jahr 2009 bis 2014 auf 18 Billionen USD steigen wird.

Die beiden Beispiele zeigen, wie sich bislang unverbindliche Rege-lungen in verbindliche Vorschriften verkehren könnten. Unter-nehmen, die Maßnahmen pro-aktiv einleiten, kommen so etwaigen Gesetzesverschärfungen voraus. Zudem profitieren sie von *First-Mover-Vorteilen*, einer höheren *Attraktivität als Arbeitgeber* und einem stärkerem *Stakeholdervertrauen*.

Beispiele für Maßnahmen freiwilligen Engagements, auch als CSR-Maßnahmen bezeichnet, umfassen:

- Arbeitsmotivation-Incentives
- Community Involvement
- Corporate Partnerships
- Corporate Volunteering
- Diversity Management
- Employer Branding
- Fort- und Weiterbildung
- Kooperationen und Allianzen mit NGOs
- Unternehmensstiftungen
- Work-Life-Balance

7.4   Zukünftige Verrechtlichung des Nachhaltigkeitsprinzips

We will create the environment of the future, either through action or inaction.

John Duggan

Welche Möglichkeit gibt es für die künftige Weiterentwicklung des Rechts im Sinne des Nachhaltigkeitsprinzips? Eine Auswahl sei hier vorgestellt anhand der Beispiele Umweltgesetzbuch, der Nachhaltigkeitsverträglichkeitsprüfung oder dem Stoffstrommanagement.

Die *Strategische Umweltprüfung*, auch SUP-Richtlinie, ist ein systematisches Prüfungsverfahren, mit dem die Umweltaspekte bei strategischen Planungen und dem Entwurf von Programmen untersucht werden. Typische Anwendungsfälle sind Regionalentwicklungspläne, Bauleitpläne, Verkehrskonzepte, Abfallwirtschaftspläne, Energiekonzepte, Tourismusprogramme etc. Auch der von der EU-Kommission entwickelte Ansatz der Nachhaltigkeitsverträglichkeitsprüfung, auch Sustainability Impact Assessment (SIA) genannt, der in Deutschland bisher vornehmlich in Bezug auf energiewirtschaftliche Bewertungsfragen diskutiert worden ist, scheint als sinnvoller Ansatz das Nachhaltigkeitsprinzip zu verrechtlichen. Die EU-Kommission betrachtet den SIA-Ansatz als Instrument für die Umsetzung nachhaltiger Entwicklung nach Maßgabe ihrer eigenen Nachhaltigkeitsstrategie. Ein weiterer Ansatz für die Umsetzung des Nachhaltigkeitsprinzips im Bereich Umwelt- und Ressourcenschutz ist die Installation eines *Stoffstrommanagements*. Dabei wird bei der Konzeption des Rechts von einer Gesamtanalyse der Auswirkung von Stoffen von ihrer Gewinnung über die Bearbeitung bis hin zum Verbrauch ausgegangen. In der Rechtswissenschaft läuft dazu eine kontroverse Diskussion. Denn das Spektrum an Möglichkeiten reicht von der Neuschaffung eines Stoff- oder Produktgesetzes über den Ausbau einzelner Gesetze bis hin zu einem einheitlichen umfassenden Stoffgesetz. Einen ähnlichen Ansatz verfolgen *Ökobilanzen*. Auch sie könnten als künftige Instrumente des Umweltrechts dienen, wie Rehbinder und Schmihing darlegen.

Fazit – Die Verrechtlichung des Leitbildes steht aus

In der rechtlichen Diskussion bleibt die Konkretisierung des Nachhaltigkeitsprinzips auf wenige plakative Beispiele beschränkt. Für eine *Novellierung der Rechtsordnung* ergeben sich mehrere Ansätze, die sich teils überlagern. Ein guter Ansatz wäre ein Umweltgesetzbuch, weil es Regelungen die gebührende Breite wie Tiefe bei bindender Kraft verleiht. Die *Verrechtlichung des Nachhaltigkeitsprinzips* durch Aufnahme in die Verfassung wie im Falle der Schweiz geschehen oder durch eine *medienübergreifende Regelung* im einfachen Recht würde befördern, Nachhaltigkeit über das *ethische Gebotensein* hinaus als Vorgabe für die staatliche Gewalt zu etablieren. Die Einbeziehung des Nachhaltigkeitsprinzips in eine medienübergreifende Regelung wäre daher, wie Vergleiche mit anderen Rechtsordnungen belegen, eine attraktive Möglichkeit, der Nachhaltigkeit zum Durchbruch zu verhelfen.

Literatur

Becker, B. (2010) Das neue Umweltrecht. C.H. Beck München.

BMU (2002) Nachhaltige Entwicklung in Deutschland. Entwurf eines umweltpolitischen Schwerpunktprogramms, Bonn 1998; Bundesregierung, Perspektiven für Deutschland. Unsere Strategie für eine nachhaltige Entwicklung. Berlin.

Bückmann, W. et al. (2003) Nachhaltigkeit und das Recht. Politik und Zeitgeschichte B 27/2003.

Bund/Misereor (1996) Zukunftsfähiges Deutschland. Basel.

Enquete-Kommission des Deutschen Bundestages Schutz des Menschen und der Umwelt (1994) Die Industriegesellschaft gestalten. Perspektiven für einen nachhaltigen Umgang mit Stoff- und Materialströmen. Bonn.

Hauff, V. (Hrsg.) (1987) Unsere gemeinsame Zukunft. Der Brundtland-Bericht der Weltkommission für Umwelt und Entwicklung. Eggenkamp Verlag Greven.

Koch, H.-J. (2010) Umweltrecht. Handbuch. 3. Aufl. Vahlen München.

Rehbinder, E.; Schmihing, C. (2001): Ökobilanzen als Instrumente des Umweltrechts. Schmidt Berlin.

SRU, Umweltgutachten 1994, 2000, 2002. Stuttgart.

UBA (2002) Nachhaltige Entwicklung in Deutschland. Die Zukunft dauerhaft umweltgerecht gestalten. Berlin.

Willand, A. et al. (2005) Nachhaltigkeit durch Rechtsgestaltung. Umweltforschungsplan des Umweltbundesamt. Dessau.

8   Nachhaltigkeit und Wissenschaft

Problem	Wird das Thema Nachhaltigkeit in der Wissenschaft überhaupt aufgegriffen? Falls ja, wie und in welchen Zusammenhängen? Wie lässt sich dieses Querschnittsthema erforschen und erschließen? Ist das nur was für Ökologen?
Maßnahmen	Studiengänge und Discipline mit Nachhaltigkeitsbezug; Curricula, Inhalte, Kompetenzen, Rolle der Hochschule, Nachhaltigkeit in Forschung & Lehre.
Ergebnisse	Studierende haben einen Überblick über die Nachhaltigkeitslandschaft unter wissenschaftlicher Perspektive.

http://www.uvk-lucius.de/nachhaltigkeit

8.1   Nachhaltigkeitswissenschaft und -forschung – warum?!

Nachhaltigkeit als übergeordnetes Thema muss Pflichtveranstaltung aller Studiengänge werden, wenn die globalen Herausforderungen in Zukunft bewältigt werden sollen.

BMBF

Nachhaltigkeit braucht Wissen. Sie ist ohne den Zustrom neuen Wissens, frischer Erkenntnisse, ungekannter Zusammenhänge, Ursachen-Wirkungs-Gefüge und Wechselwirkungen nicht denkbar. Als Vorsorgeforschung zur Diagnose und Therapie von ökonomisch-ökologisch-sozialen Problemen ist sie eine Frühwarninstanz. Ohne die Wissenschaft hätten Akteure blind auszuprobieren. Ein Trial-and-Error, zeitaufwändig und mühsam, wäre die Folge.

Hochschulen und Universitäten haben eine *Vorreiterrolle*: Sie beschreiben und erklären heute, was Akteure morgen in der Praxis brauchen. Sie sind die Bildungs- und Prägungsstätte, der Hort und die Wiege künftiger Generationen von Menschen, Bürgern, Arbeitnehmern und -gebern, von Konsumenten, Managern und Investoren. Hierzu verfügen sie über Wissen in allen Forschungsgebieten, in den technischen Disziplinen, in den Natur-, Geistes- und Sozialwissenschaften. Für diese Rolle übernehmen sie vier Funktionen:

− wissenschaftliche Forschungsfunktion
− Wissensvermittlungsfunktion
− Funktion als Akteure in Wissenschaft und Gesellschaft
− Vorbildfunktion in der Gesellschaft.

Benötigt wird ein neuer Vertrag zwischen Gesellschaft und Wissenschaft, mehr Forschung und Bildung für die Transformation wie der WBGU es nennt (→QR).

Ziel ist, die zukünftigen Generationen für diese Herausforderungen vorzubereiten und sie zu befähigen, den ökonomischen, ökologischen und sozialen Bedürfnissen der Menschheit Rechnung zu tragen. An den Hochschulen liegt es, ihren Zöglingen zu vermitteln, welche globalen Herausforderungen auf sie zukommen und inwiefern ihre jeweilige *Wissenschaft und Spezialisierung* mit technischen, aber auch ökologischen und sozialen Innovationen hierzu einen Beitrag leisten kann; gleichzeitig gilt es, die für die Umsetzung dieser Prozess- und Produktinnovationen notwendigen ökonomischen und sozialpolitischen Bedingungen zu erkennen ebenso wie, dass *interdisziplinäre und globale Zusammenarbeit* in Wirtschaft wie Wissenschaft der hierzu intelligente, weil konsensuelle, friedliche und integrative Weg ist. Hochschulen stehen damit in der Verantwortung, „umweltbewusste Einstellungen, Fähigkeiten und Verhaltensstrukturen sowie ein Gefühl für ethische Verantwortung [zu] fördern" (BMBF (2004) S. 5). Dass die Hochschulen der geeignete Ort sind, darauf verweist Brand: „Das erkenntnisorientierte und explanatorische Selbstverständnis der Wissenschaft als Ort praxisferner Kontemplation, Experimentierkunst und Theoriebildung, wie es dem Ideal der klassischen Physik entspricht und von dort seinen Siegeszug antrat, ist heute nur noch in Teilen der Wissenschaft anzutreffen. Andere Teile hingegen wurden in die Entscheidungsprozesse der Gesellschaft hineingezogen: Wissenschaft als Beitrag zu politischer Meinungsbildung-, Entscheidungs- und Gestaltungsprozessen."[63]

Nachhaltigkeitswissenschaft oder *Sustainability Science* ist eine neue angewandte Wissenschaft. Sie beschäftigt sich mit der Forschung und Umsetzung von Nachhaltigkeit, nachhaltiger Entwicklung und Nachhaltigkeitsstrategien auf lokaler, regionaler, nationaler und globaler Ebene und in Praxisfeldern wie betriebliches Nachhaltigkeitsmanagement, Bildung etc.. *Earth System Science* (→QR) zielt darauf, die Erde als System zu verstehen, und betrachtet hierzu die Wechselwirkungen zwischen der Atmosphäre, Hydrosphäre, Lithosphäre (Geosphäre), Biosphäre und Heliosphäre.

Normativität	Verantwortung
NW ist Richtschnur, Regel, Winkelmaß; Aufstellen von Normen und Regeln, norm-	NW gründet auf der Verantwortung der Wissenschaft und des einzelnen Wissenschaftlers

---

[63] Brand (2002) S. 113

geben; ein Sollen vorschreibend.	gegenüber zukünftiger Generationen und dem Planeten.
Inter-, Multi- und Transdisziplinärität Integrative Forschung, die verschiedene Ansätzen, Denkweisen, Methoden und Fachrichtungen einbezieht sowie wissenschaftliches und praktisches Wissen verbindet.	**Praxisorientierung** Ziel von NW ist die Lösung existenzieller Probleme der Weltgesellschaft und des Lebenssystems Erde.

Abb. 67: Kennzeichen von Nachhaltigkeitswissenschaft (NW)

Viele Bildungseinrichtungen sind dem Appell der Rio-Umweltgipfel gefolgt, das Thema in der Gesellschaft zu verankern; **Initiativen** wurden in Gang gesetzt, Projekte angegangen, Wettbewerbe ausgeschrieben. Die internationale Dekade zur „Bildung für nachhaltige Entwicklung", 2005 ausgerufen, hat deutsche Bildungseinrichtungen in ihrem Elan unterstützt; Bund und Länder haben eine Reihe dieser Initiativen mitgetragen.[64]

Dekade zur Bildung für nachhaltige Entwicklung

„Bildung für nachhaltige Entwicklung ist ein Bildungskonzept, das Kindern und Erwachsenen nachhaltiges Denken und Handeln vermittelt. Denn wir müssen lernen: Mein heutiges Handeln hat Einfluss auf das Leben meiner Kinder und

---

[64] Die wichtigste deutsche Plattform zur Nachhaltigkeitsforschung ist das Netzwerk Forschung für Nachhaltigkeit (FONA) des BMBF; siehe www.fona.de. Hier findet sich eine alphabetische Auflistung von rund 700 Nachhaltigkeitsakteuren, von Forschungs- über Bildungseinrichtungen bis zu Behörden und Stiftungen sowie NGOs. Der Blog http://nachhaltigewissenschaft.blog.de/ gibt einen Überblick über Initiativen und Projekte zu einer nachhaltigen Wissenschaft auf nationaler und internationaler Ebene.

auf das Leben von Menschen in anderen Weltregionen. Mit der UN-Dekade Bildung für nachhaltige Entwicklung (2005-2014) haben sich die Staaten der Vereinten Nationen verpflichtet, dieses Bildungskonzept zu stärken", heißt es auf bne-portal.de.

Die kulturelle Dimension einer Bildung für nachhaltige Entwicklung betont die UNESCO. Gemeint ist ein tiefgreifender Mentalitätswandel unter Achtung lokaler kultureller Kontexte. Der Ansatz basiert auf der Annahme, dass die globale ökologisch-soziale Krise in erster Linie kultureller Natur ist, also Ausdruck problematischer Wertorientierungen, Verhaltensweisen und Lebensstile. Bildungsinitiativen sollten an diesem Punkt ansetzen und Kulturen der Nachhaltigkeit befördern.

Die Agenda 21 definiert eine innovative Weiterentwicklung der *Bildung* in allen Bereichen als eine wesentliche Voraussetzung für eine gesellschaftliche Modernisierung in Richtung Nachhaltigkeit. Wissen, Sensibilisierung, Befähigung, Kompetenz, Qualifizierung – das sind die Weichen, die in den Köpfen der Menschen von heute und morgen Entscheidungsträger, eine nachhaltige Entwicklung verwirklichen, verstärken, verstetigen. Schließlich handelt es sich bei nachhaltiger Entwicklung um „ein umfassendes gesellschaftliches *Modernisierungskonzept*", so das BMBF.[65]

Deutsche Hochschulen, Universitäten und Fachhochschulen zeigen sich zunehmend offen, das Thema einzubeziehen, wenn auch zögerlich. Sie machen Studierenden, Hochschulabsolventen oder Berufstätigen hier zunehmend Bildungsangebote – gelten doch Nachhaltigkeitsmanagement, Umwelttechnik und Umweltforschung als zukunftsweisende Sektoren für den *Wirtschafts- und Bildungsstandort Deutschland.*

Das Nachhaltigkeitsleitbild findet sich immer öfter in der Aus- und Weiterbildung von Ingenieuren und Wirtschaftswissenschaftlern. Aber nicht nur. Auch die Sozial- und Kulturwissenschaften bezie-

---

[65] BMBF (2004) S. 5

hen es ein und adressieren angehende LehrerInnen, Pädagogen, Künstler, Philosophen. Nachfolgend steht eine Auswahl an deutschen Studiengängen, die sich am Thema Nachhaltigkeit ausrichten, mal mit stärkerem Umweltbezug, mal mit stärkeren sozialen Bezug.

Studiengänge mit stärkerem Umweltbezug
Agrarökologie
Angewandte Systemwissenschaft
Umweltinformatik
Bio- and Environmental Engineering
Bioprodukttechnologie
Bio-, Umwelt- und Prozess-Verfahrenstechnik
Chemie- und Umweltingenieurwesen/-technik
Energie-, Gebäude- und Umweltmanagement
Energietechnik und Regenerative Energien
Environmental Technology and Management
Geoinformation und Kommunaltechnik
Innovationsmanagement
Ökosystemmanagement
Global Change Management
Infrastrukturmanagement
Internationaler Naturschutz
Kreislaufwirtschaft, Altlasten und Recycling
Landnutzung und Wasserbewirtschaftung
Landschaftsökologie und Naturschutz, Landschaftsplanung
Life-Science Engineering
Landwirtschaft und Umwelt
Management natürlicher Ressourcen, Ressource Management
Nachhaltige Energieökonomie
Nachhaltigkeits- und Qualitätsmanagement
Öffentliches und betriebliches Umweltmanagement

Regionalentwicklung und Naturschutz, Stadtökologie

Renewable Energy Design

Sicherheit und Gefahrenabwehr, Technik – Sicherheitswesen

Social Entrepreneurship

Sustainability Management MBA

Technischer Umweltschutz

Umwelt-, Hygiene- und Sicherheitstechnik

Umweltingenieurswesen/-wissenschaften

Umweltanalyse, -planung, -modellierung und -monitoring

Umweltschutztechnik, Umwelt- und Verfahrenstechnik

Verfahrens-, Energie- und Umwelttechnik

Versorungs- und Entsorgungstechnik

Wasser- und Bodenmanagement

Wirtschaftsingenieuresen (Umweltplanung)

Wirtschafts- und Umweltrecht

Studiengänge mit stärkerem sozialem Bezug

Nachhaltiges Tourismusmanagement

Sozial- und Humanökologie

Soziale Arbeit

Gesundheitswissenschaften

Soziokultur/Gemeinwesenentwicklung

Civil Engineering

Kultur- und Sozialanthropologie

Coaching und Systementwickung

Sozialmanagement

Kultur und Technik

Management sozialer Innovationen

etc.

Abb. 68: Studiengänge deutscher Hochschulen mit Nachhaltig-keitsbezug

http://www.uvk-lucius.de/nachhaltigkeit

Das Zusammenspiel von *Human- und Naturwissenschaften* kann man sich dabei wie im Schaubild vorstellen. Die Humanwissenschaften zielen auf das anthropogene System und fokussieren auf Orientierung, Handlungskompetenzen, Kommunikation, Partizipation und Diskurs; die Naturwissenschaften beziehen sich auf die natürliche Umwelt samt Stoffströmen, Wirkungen in und auf Ökosysteme sowie Ökosystemdienstleistungen. Die beiden Wissenschaften tauschen sich aus und gleichen sich mittels Adaption, Rekonstruktion und Mitigation ab.

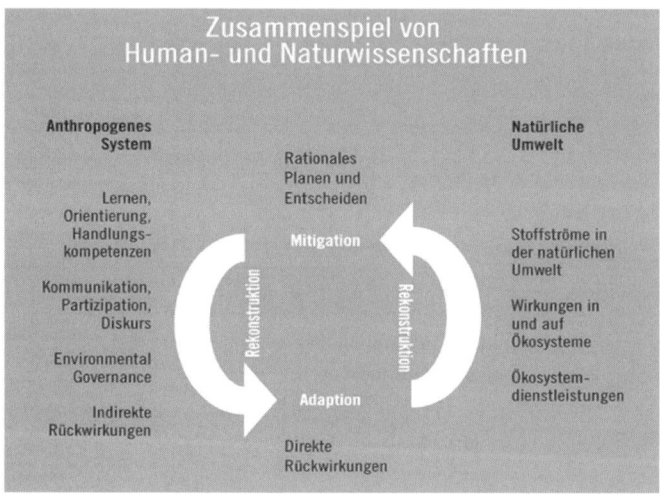

Abb. 69: Zusammenspiel von Human- und Naturwissenschaften (Leuphana Universität)

Um welche Inhalte, Themen und Aspekte geht es bei nachhaltigkeitsbezogenen Studiengängen? Es umfasst einerseits Aspekte aus den Humanwissenschaften wie z.B. zentrale gesellschaftliche, staatliche, rechtliche, unternehmerische sowie individuelle Akteure; andererseits kommen Inhalte aus den Natur- und Technikwissenschaften wie z.B. Informationen zu Ökosystemen, Raumplanung, Design oder Infrastruktur. Wie Bausteine aus beiden Bereichen schließlich in Forschung, Methoden und Projekten, die transdiziplinär ausgerichtet sind, zusammengeführt werden, stellt folgendes *Modell* dar.

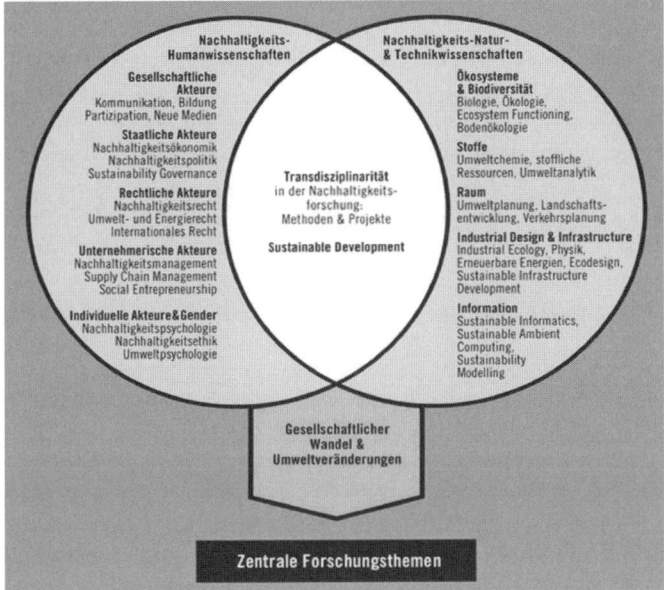

Abb. 70: Modell der Nachhaltigkeitswissenschaften (Leuphana Universität)

Auch wenn die vorher genannten Kennzeichen die Anforderungen an Studiengänge, die das Etikett „nachhaltig" tragen, konkretisiert, verbindlich sind sie nicht. Am Thema Nachhaltigkeit Interessierte taten sich deshalb bis dato schwer, diesbezüglich einen Überblick zu Studiengängen zu gewinnen, sei es für ein Vollstudium, Teilqualifikation oder Ergänzungsstudium. Deshalb hat das Bundesministeriums für Bildung und Forschung (BMBF) die Erarbeitung eines *Leitfadens* in Auftrag gegeben, der alle gegenwärtigen Studiengänge mit Nachhaltigkeitsbezug auflistet. Unter www.leitfaden-nachhaltig-

keit.de (→QR) sind nun rund 300 Studienangebote
sowie 60 außeruniversitäre und 130 universitäre For-
schungseinrichtungen beschrieben.

Welche Studiengänge zum Thema Nachhaltigkeit gibt es?

Der Leitfaden orientiert sich an den Kriterien Integration von
ökologischen, ökonomischen und sozialen Zielen und Perspektiven
sowie Partizipation und Gerechtigkeit. Unterschieden werden
Studiengänge nach drei Gruppen:

1) *Ausdrückliche Nachhaltigkeits-Studiengänge:* Studiengänge, die sich in
ihrem Profil explizit, umfassend und eingehend auf das Themenfeld
ausgerichtet haben und sämtliche Schlüsselthemen behandeln.

2) *Studiengänge mit dem Schwerpunkt Nachhaltigkeit:* Hier werden
Aspekte der Nachhaltigkeit abgedeckt durch Wahlpflichtfächer,
Studienrichtungen und -schwerpunkte, Vertiefungsmöglichkeiten
oder Module; d.h. auf einen grundständigen Studiengang wird das
Thema Nachhaltigkeit aufgesattelt.

3) *Einzelne nachhaltigkeitsbezogene Lehrangebote:* Dabei handelt es sich
um Studienangebote, bei denen lediglich einzelne Lehrveranstal-
tungen einen Nachhaltigkeitsbezug aufweisen.

Laut Leitfaden sind von den 300 Studiengängen und anderen Stu-
dienangeboten mit Nachhaltigkeitsbezug, 260 Studiengänge, die die
nachhaltige Entwicklung ausdrücklich und umfassend zum Gegenstand machen oder einen entsprechenden Studienschwerpunkt
anbieten; und das bei einer etwa 90-prozentigen Erfassung aller
nachhaltigkeitsbezogenen Studienangebote in Deutschland.

8.2 Die Notwendigkeit von Gestaltungskompetenz

Nur mit ökologischer Intelligenz
werden wir die beispiellosen Herausforderungen unserer Zeit bewältigen.

Daniel Goleman

Wie vermitteln Bildungsinstitutionen im Rahmen der genannten Studiengänge das Können und Wissen, um sie zu befähigen, wissenschaftliche Leistungen bereitzustellen? Wie sind Studierende auf globale Aufgaben vorzubereiten wie globale Armut zu bekämpfen, verknappende Ressourcen sparsamer einzusetzen, die Auswirkungen heutigen menschlichen Handelns zu antizipieren, das Leben so zu gestalten, dass auch künftige Generationen eine lebenswerte Welt vorfinden? Wie sensibilisieren sie für ethische, moralische und normative Fragestellungen und Perspektiven, für ein Urteilsvermögen, das ganzheitlich, verantwortungsbewusst und fair ist? Und wie lässt sich etwas vermitteln, das kein festes Konzept, sondern erst zu entdeckende neue Optionen und *Verbesserungs-, Effizienz-* und *Integrationspotenziale* bietet? Oder anders, wie lässt sich ein *Problem- und Lösungsbewusstsein* vermitteln, das auf die Komplexität einer dynamischen, globalisierenden und vernetzten Welt mit angemessenen Strategien reagiert? Kurz, wie schult man *Zukunftsfähigkeit*?!

„Es wird deutlich, dass die Problemlösungen in vernetzten, dynamischen und intransparenten Systemen ansetzen und große Zeithorizonte sowie vielfache Rückkoppelungen berücksichtigen müssen" sagt Lenelis Kruse in der Zeitschrift Politische Ökologie unter dem Titel: Baustelle Hochschule. Nachhaltigkeit als neues Fundament für Lehre und Forschung.[66]

Die Wissenschaft leistet ihren Beitrag zu Nachhaltigkeit durch vielfältige Maßnahmen[67]:

---

[66] Politische Ökologie (2005) S. 28
[67] In Anlehnung an Brand (2002) S. 115ff

Wissenschaftliche Leistungen	Beispiele
Erkennen von Nachhaltigkeitsproblemen	Ozonloch, Treibhauseffekt, Wassermangel, Umweltflüchtlinge
Empirische Beobachtung von Entwicklungen über die Zeit	Zusammenwirken chemischer Substanzen über Jahrzehnte; Monitoring
Extrapolation für die Zukunft	Prognosen zur Klimaveränderung, -erwärmung
Simulation und Szenarienentwicklung	Skizzierung möglicher Zukünfte, Worst-/Best-Case-Entwicklungen, Delphi-Methode
Bewertung unter Nachhaltigkeitskriterien	Kennzahlen, Kriterien, Indikatoren
Aufdeckung/Identifizierung von Ursache-Wirkungs-Zusammenhängen	Kenntnis von Kausalverhältnissen, um Stellschrauben anzusetzen; Front- versus End-of-pipe, Zuliefer-/Wertkettenanalyse
Interpretation von Ergebnissen	Hermeneutik, Wissenschaftstheorie etc.
Erarbeitung von Handlungsstrategien	Nachhaltigkeitsstrategien des Bundeslandes Bayern für die EU
Maßnahmen/Wirkungsforschung und Alternativenabwägung	Technikfolgenabschätzung, (Cross-) Impact-Analysen, Öko-Assessments
Verifikation und Überwachung der Maßnahmen	(Health-, Condition-, Usage-)Monitoring, sektorale Umweltbeoachtung
Rückverfolgung von Abweichungen der Zielerreichung	Lernkurve, Lessons Learned, Wissensmanagement, Verbesserung des Systemverständnisses

Abb. 71: Wissenschaftliche Leistungen für Nachhaltigkeit

Was die Umsetzung der Jahrhundertherausforderung Nachhaltigkeit angeht, sehen sich Hochschulen aufgrund ihrer disziplinären
Strukturen und untergegliederten Verwaltung unvorbereitet. Ver-
besserungsmöglichkeiten bestünden *hochschulintern* in der formellen
Zuschreibung von Zuständigkeiten und Rechten, der Schaffung
struktureller Voraussetzungen, z.b. im Bereich der Mittelzuweisun-
gen, um daraus spezielle Deputate oder Möglichkeiten für Lehr-
beauftragungen zu schaffen sowie dem Einbezug von Nachhaltigkeitsthemen in Prüfungsordnungen. Viel weitreichender aber
bräuchte es gänzlich *neue Bildungskonzepte* gemäß Albert Einsteins
Aussage „Probleme kann man niemals mit derselben Denkweise
lösen, durch die sie entstanden sind." Hinzukommt im Kontext
von Nachhaltigkeit als ganzheitlicher Wissenschaft die Erfordernis
einer systemischen Sicht- und Herangehensweise, zu der sich Ein-
stein abermals zitieren ließe: „Wir können der Tatsache nicht aus-
weichen, dass jede einzelne Handlung, die wir tun, ihre Auswirkung
auf das Ganze hat." In diesem Sinne wäre es am sinnvollsten und
wirksamsten das Nachhaltigkeitsprinzip in jegliche (Hochschul-)
Bildung zu integrieren. Ferner zu bewältigen wäre die Herkulesaufgabe, die über Epochen zementierte *Dichotomie von Ökonomie und
Ökologie* zu überwinden. Zudem müsste über Faktenwissen hinaus
Handlungswissen, statt Hard- auch Soft-Skills, *nicht nur logisch-
analytische, sondern auch soziale-interpersonelle Kompetenz* an die Führungskräfte von morgen vermittelt werden, Stichwort vernetztes
Denken.

Vernetztes und systemisches Denken

Damit ist ein Ansatz gemeint, bei dem die Eigenschaften
eines Systems als *ein vernetztes Wirkungsgefüge* gesehen werden.
Einzelne Faktoren verstärken oder schwächen andere Größen des Systems in Form von Rückkopplungen – und ergeben ein Netz, das den linear denkenden Betrachter verwirrt.
Unter Berufung auf die (Bio-)Kybernetik propagiert vor allem Frederic Vester diesen Ansatz. Sein softwarebasiertes
Sensitivitätsmodell macht positive, selbstverstärkende und

negative, selbstregulierende Rückkopplungskreisläufe erkenn-, analysier- und begreifbar. *Einflussgrößen* werden in ihrer Systemqualität sichtbar und bewertet z.B. als stabilisierend, kritisch, puffernd oder empfindlich für äußere Einflüsse. Durch *Simulationen* können langfristige oder spezielle Verläufe von Eigenschaften betrachtet werden. Auf der Grundlage eines so erarbeiteten Modells können Fragen nach sinnvollen Eingriffsmöglichkeiten, zukünftiger Entwicklung oder möglichen Systemverbesserungen beantwortet werden. In seinem Bestseller „Denken, Lernen, Vergessen" unterscheidet Vester Lerntypen und deren Präferenz für auditive, visuelle, haptische oder verbal-abstrakte „Kanäle", die die innewohnenden Eigenschaften des Menschen beim Aufnehmen, Verknüpfen und Speichern von Informationen beschreibt.

Spielend vernetztes Denken lernen ist das Ziel von Vesters Simulationsspiel „ecopolicy". (→QR)

Erkannt wird von den Hochschulen auch die Notwendigkeit für eine hochschulübergreifende *Koordination* zu Nachhaltigkeitsthemen vor allem in Forschung und Lehre z.B. zum Transfer von Best Practices. So gesehen repräsentieren Hochschulen regionale *Wissens- und Kompetenzzentren* zum Thema Nachhaltigkeit. Prof. Uwe Schneidewind, Präsident des Wuppertal-Instituts für Umwelt, Klima, Energiemacht empfiehlt: „Gut vernetzte Kompetenzzentren […] würden die Methodenprofessionalisierung und den Methodentransfer verbessern und den Stellenwert einer transdisziplinären Forschung verdeutlichen."[68] Darüber hinaus sorgen *Partnerschaften* zwischen Hochschulen und Behörden, Unternehmen, Arbeitsverwaltungen, NGOs oder anderen Akteuren auf regionaler Ebene dafür, dass Strategien für eine nachhaltige Entwicklung vor Ort Form annehmen. Theoretisches Wissen würde so in Projekten und Kooperationen mit Leben gefüllt. Zugleich käme damit der Gedanke der Partizipation, Inklusion und des Dialogs zum Tragen.

---

[68] Schneidewind (2009) S. 111

http://www.uvk-lucius.de/nachhaltigkeit

In jedem Fall unabdingbar wäre eine finanziell bessere Ausstattung von Hochschulen, um den neuen Aufgaben und Herausforderungen nachkommen zu können. Darauf verweist auch der Appell des BUND in folgender Pressemeldung am 2.2.2012:

Eine Milliarde Euro für Nachhaltigkeitsforschung

Berlin: Der Bund für Umwelt und Naturschutz Deutschland (BUND) hat Bundesforschungsministerin Annette Schavan aufgefordert, die Forschungspolitik in Deutschland stärker am Motto des Wissenschaftsjahres 2012 – „Zukunftsprojekt Erde" – auszurichten. Dafür sei es notwendig, jährlich rund eine Milliarde Euro für eine gesellschaftsorientierte Forschung zu Umwelt- und Nachhaltigkeitsfragen umzuwidmen. Mittel in dieser Größenordnung seien nötig, um vorhandene Defizite in der Wissenschafts- und Forschungspolitik auszugleichen.

„Die zunehmende Drittmittel- und Exzellenzorientierung hat den Blickwinkel der Wissenschaft stark verengt. Auf drängende Fragen zur Energie- und Mobilitätswende oder zu neuen ökonomischen Konzepten in der Finanzkrise fehlen gesellschaftlich angemessene Antworten. Die zu starke Technikfixierung führt dazu, dass Gefahren und Risiken neuer Technologien oft ausgeblendet werden", sagte der BUND-Vorsitzende Hubert Weiger bei einer Pressekonferenz in Berlin. Forschungsministerin Annette Schavan und die Bundesländer müssten dringend gegensteuern und die Forschung stärker als bisher an den Prinzipien der Nachhaltigkeit ausrichten. Die notwendigen Mittel dafür müssten aus anderen, nicht zukunftsfähigen Bereichen umgeschichtet werden. Statt beispielsweise im Energiebereich 2012 rund 150 Millionen Euro in die Kernfusion zu stecken, müssten Forschungen zur Dezentralisierung des Stromnetzes und zur Steigerung der Energieeffizienz verstärkt gefördert werden. (siehe www. bund.net/nc/presse/pressemitteilungen/detail/artikel/bund-fordert-eine-milliarde-euro-fuer-nachhaltigkeitsforschung)

Last not least seien zwei Beispiele für Hochschulen genannt, die sich durch die Konzentration auf ökosoziale Fragestellungen ökonomisch erfolgreich aufgestellt haben. Die kürzlich in *Hochschule für nachhaltige Entwicklung Eberswalde (FH)* umbenannte Fachhochschule Eberswalde bietet 16 Bachelor- und Master-Studiengänge mit direktem Nachhaltigkeitsbezug an. Einen Bachelor of Science können Studierende dort unter anderem in Landschaftsnutzung und Naturschutz, Ökolandbau und Vermarktung oder International Forest Ecosystem Management erlangen. Studierende, die einen Masterabschluss anstreben, können zwischen Studiengängen wie Nachhaltiges Tourismusmanagement, Global Change Management oder Öko-Agrarmanagement wählen. Der englischsprachige Master-Studiengang Global Change Management vermittelt, wie nachhaltige Veränderungsprozesse in Organisationen anzustoßen sind. Zugangsvoraussetzung ist ein bereits absolviertes naturwissenschaftliches Bachelor-Studium.

Zu Reputation in Sachen Nachhaltigkeit hat es die *Leuphana Universität Lüneburg* gebracht. Die Fakultät Nachhaltigkeit umfasst das Institut für Ethik und transdisziplinäre Nachhaltigkeitsforschung, das Institut für Nachhaltigkeitssteuerung, das Institut für Ökologie, Institut für Nachhaltige Chemie und Umweltchemie, Institut für Umweltkommunikation sowie das Centre for Sustainability Management. Dabei verbindet die Fakultät in transdisziplinärer Ausrichtung Human- und Naturwissenschaften mit derzeit etwa 25 Professuren aus den Disziplinen Chemie, Informatik, Kommunikation, Management, Ökologie, Philosophie, Planung, Politik, Psychologie, Recht, Technik und VWL.

In den vergangenen Jahren haben die deutschen Hochschulen viele Aktivitäten ergriffen, um ihrem Auftrag, Zukunftssicherung der Gesellschaft durch Bildung nachzukommen, dies in Forschung und Lehre, Transfer und Hochschulbetrieb. Auch im *internationalen Vergleich* sind die Ansätze an deutschen Hochschulen fortgeschritten.

Hochschulen profilieren sich zudem als ein immer wichtigerer *zivilgesellschaftlicher Akteur*. Als solcher beteiligen sie sich an der gesellschaftlichen Entwicklung und übernehmen eine aktive Rolle bei der Gestaltung einer nachhaltigen Entwicklung. Dabei haben sie eine Doppelfunktion: zum einen stellen sie als Forschungsstätte den örtlichen Rahmen bereit zu Generierung neuen (nachhaltigkeitsbezogenen) Wissens; zum anderen schaffen sie Wissen und geben es weiter, kurz sind Wissensvermittler. Hochschulen sind wichtige Zahnräder im Nachhaltigkeitsgetriebe, um das Thema voranzubringen.

Allerdings fallen die Maßnahmen sehr unterschiedlich aus, dass nicht grundsätzlich und flächendeckend von einem Bekenntnis zum Nachhaltigkeitsleitbild gesprochen werden kann. So divers die deutsche Hochschullandschaft ist, so mannigfaltig sind auch die Ansätze und die Intensität, mit der sie angegangen werden. Während einige Hochschulen sich dem Bedarf an Wandel, Änderungen und *Transformation* öffnen, proaktiv „umrüsten" oder es gar zur Profilierung nutzen, legen andere kaum oder keine Ambitionen Richtung stärkerer Einbindung von Umwelt- und Sozialanliegen in Inhalte und Organisation an den Tag. Das BMBF schreibt dazu: „Bei aller positiven Entwicklung in den Hochschulen kann deshalb noch nicht davon ausgegangen werden, dass sich die gesellschaftliche Aufgabe der nachhaltigen Entwicklung zu einer allgemein akzeptierten und gemeinsam formulierten Hauptrichtung im Bildungsbereich Hochschule in Deutschland entwickelt hat. [...] Erst langsam bilden sich strukturelle Prozesse heraus, die auf dem Austausch gemeinsamer Erfahrungen und Handlungsprinzipien beruhen. Diese Gemeinsamkeiten beziehen sich im Wesentlichen auf Zielsetzungen, die auch außerhalb der Hochschulen zunehmend Akzeptanz gefunden haben, beispielsweise im Bereich des Umweltmanagements oder der Lokalen Agenda 21. Auffallend ist hierbei allerdings, dass die Hochschulen in Deutschland eher dahin tendieren, individuelle Maßnahmen zu entwickeln, statt sich gemeinsam mit anderen Hochschulen den gemeinsamen Aufgaben zu stellen, sich gegenseitig zu informieren und damit gegenseitig zu helfen. Dieses Einzelkämpfertum führt in der Konsequenz dazu, dass der gesamte Erkenntnisprozess sehr langsam abläuft und sehr viel vermeidbare Doppelarbeit mit sich bringt." (BMBF (2004) S. 7).

Neben organisatorischen und inhaltlichen Herausforderungen besteht beim Thema Nachhaltigkeit noch ein grundständiges Problem – das der *Unsicherheit.*

8.3 Wissens- und Bewertungsprobleme

> *Prediction is very difficult, especially about the future.*
>
> *Niels Bohr*

Immer noch und immer wieder kommt die Frage auf: Wissen wir überhaupt genug über Zusammenhänge, Entwicklungen, Aussichten, als dass dies unser Handeln legitimierte, dass wir handeln müssen? Vielleicht stimmen die ganzen Klimakollapshypothesen gar nicht – und wir versuchen ganz umsonst, die Erde zu retten? Die Argumentation lautet: Das gegenwärtig verfügbare Wissen ist nicht hinreichend genug, um ein Handeln pro Nachhaltigkeit angesichts der damit verbundenen Kosten und Mühen zu rechtfertigen. Der Anspruch auf vollständiges, aktuelles, umfassendes, verlässliches Wissen begründet *Handlungslähmung, Verzögerung, Verhinderung* von Maßnahmen. „So lange das System noch funktioniert, kann es so schlimm nicht sein."

Nachhaltigkeit meint Vorsorge. Damit das *Vorsorgeprinzip* greifen kann, muss aber erst eine reale oder potenzielle Gefährdung nachgewiesen werden. Fukushima ist ein Beispiel dafür: Es muss erst ein Schaden eintreten, dessen Ausmaß und Konsequenzen ein präventiv umsichtiges Handeln rechtfertigen. Durch die Kernsschmelze wurde die Gefahr nuklearer Unfälle als radikal real erfahren, während sie bis dahin eine rein hypothetische Größe war. Der schnelle Ausstieg aus der Atomkraft belegt, wie schnell Handeln abgestellt, umgelenkt, verändert werden kann, samt Gesetzen, Beschlüssen, Abkommen, wenn aus Unsicherheit erst einmal Sicherheit geworden ist.

Unsicherheiten sind themeninhärent. Kleinste Abweichungen der Ausgangsdaten, die aufgrund von Messungenauigkeiten unvermeidlich sind, führen bei *nichtlinearen Zusammenhängen* zu quantitativ und qualitativ völlig unterschiedlichen Prognosen. Auch steht kein

Labor zur Verfügung, das Experimente erlaubt, die die Realität angemessen abbilden. An die Stelle praktischer Erfahrungen und empirischer Forschung treten Modelle, Szenarien, Simulationen. Schadenspotenziale und -wahrscheinlichkeiten müssen gedanklich antizipiert werden. Denn würde im Experiment die chemische Zusammensetzung der Atmosphäre so lange geändert werden bis das Umkippen des Golfstroms beobachtet werden kann? Ersatzweise kommen also Modelle zum Einsatz, deren *Vereinfachung* (wie auch die Kritik an „Grenzen des Wachstums" lautete) erneut Unsicherheiten mit sich bringen.

Von der *Bewertung* von Nachhaltigkeitsproblemen hängt einerseits die Diagnose von Nachhaltigkeitsdefiziten ab sowie andererseits die *Empfehlungen* für Maßnahmen und Strategien. Für diese Bewertungen sind normative Bewertungskriterien notwendig. Dies bringt die Frage auf: Wer legt diese Kriterien fest? Die Wissenschaften selber? Und falls ja, sind sie hierzu gesellschaftlich legitimiert? Und falls eine Einigung zwischen Richter und Rechtssprecher erzielt wird – bringt jener nicht auch verdeckte Konflikte, Ambiguitäten, Prämissen, unterschwellige Annahmen, Werte und Sinnzuschreibungen mit sich? Direkt oder indirekt sind die Bewertungskriterien dabei ein Spiegel normativer Anschauungen der Gesellschaft, sie sind abhängig von deren *Recht-, Moral- und Wertvorstellungen*, die ihrerseits einem Wertewandel unterliegen. Die Bewertung von Nachhaltigkeitsproblemen kann sich ändern, weil sich der zugrundeliegende Wertekodex ändert. Mit Nachhaltigkeit soll nicht nur das physische Überleben der Menschheit, sondern eine menschenwürdige Existenz auf Dauer gesichert werden. Was aber unter menschenwürdig zu verstehen ist, ändert sich von Ära zu Ära. Nicht nur das Wissen ist vorläufig, sondern auch die Werte folgen einer „morale provisoire".

Fazit – Wissenschaft als Frühwarninstanz mit Unsicherheiten

Die Notwendigkeit bei Problemen von Nicht-Nachhaltigkeit wird verschleiert, weil die Herausforderungen schleichender, prozesshafter Natur sind, weil sie global verstreut und oft überdeckt sind.

Wissenschaft als Vorsorgeforschung zur Diagnose und Therapie von Nachhaltigkeitsproblemen ist dabei zu einer *Frühwarninstanz* für die Gesellschaft geworden, wie das Problem der Ozonlochvergrößerung zeigt. Damit das *Vorsorgeprinzip* greifen kann, ist eine potenzielle Gefährdung nachvollziehbar nachzuweisen. Nur: Wie „vollständig, wie sicher muss das verfügbare Wissen sein? Der Anspruch auf garantiert sicheres Wissen scheitert in der Nachhaltigkeitsforschung daran, dass Komplexität und Vielfalt sich überlagernder kausaler Zusammenhänge und Kreisprozesse analytisch kaum zu fassen sind. Die Skepsis fällt je nachdem aus, was als „klare Korridore" (im Falle der Metapher des Nachhaltigkeitstrichters) oder „hinreichend verlässliches" Wissen verstanden wird. Hierbei aber gilt es zu bedenken, dass mit der Produktion von Wissen auch das *Nichtwissen* zunimmt. Darauf zu warten, endgültig, umfassende, gesicherte Informationen zu haben, entzieht aber Nachhaltigkeitsbemühungen den Boden.

Unabdingbar erfordert Nachhaltigkeit, in *Langzeitkategorien* zu denken. Viele der Entwicklungen und Problemfelder, die die Nachhaltigkeitsdiskussion primär motivierten und die zentral für die Thematik sind, sind globale *Entwicklungen von großer zeitlicher Reichweite*. Die Herausforderungen an das Nachhaltigkeitsleitbild sind, für diese Dimension zu sensibilisieren und gleichermaßen die Implikationen auf kurzfristigere Sicht ob ihrer *Erfahrbarkeit* zu vermitteln.

Literatur

Brand, K.-W. (2000) Nachhaltigkeitsforschung – Besonderheiten, Probleme und Erfordernisse eines neuen Forschungstypus. In: Brand, K.-W. (Hrsg.) (2000) Nachhaltige Entwicklung und Transdisziplinarität. Besonderheiten, Probleme und Erfordernisse der Nachhaltigkeitsforschung. Analytica Verlag Berlin.

BMBF (2004) Hochschulbildung für eine nachhaltige Entwicklung. www.bmbf.de/pub/uni_21.pdf Zugriff am 19.03.2012

BMBF (2004) Rahmenprogramm des BMBF für eine zukunftsfähige innovative Gesellschaft. Berlin www.bmbf.de/pub/forschung_nachhaltigkeit.pdf Zugriff am 21.02.2012

de Haan, G. (2008) Gestaltungskompetenz als Kompetenzkonzept der Bildung für nachhaltige Entwicklung. In: Bormann, I.; de Haan, G. (Hrsg.): Kompetenzen der Bildung für nachhaltige Entwicklung. VS Verlag Wiesbaden.

Goleman, D. (2009) Ökologische Intelligenz. Wer umdenkt, lebt besser. Droemer.

Jahn, T. (2003) Sozial-ökologische Forschung. Ein neuer Forschungstyp in der Nachhaltigkeitsforschung. www.nachhaltiges-wirtschaften.net/ftp/ThJ_nachhandbuch.pdf Zugriff am 21.02. 2012

Politische Ökologie 93 (2005) Baustelle Hochschule. Nachhaltigkeit als neues Fundament für Lehre und Forschung. oekom München.

Schneidewind, U. (2009) Nachhaltige Wissenschaft. Plädoyer für einen Klimawandel im deutschen Wissenschafts- und Hochschulsystem. Metropolis Marburg.

Senge, P. M. (2008) Die fünfte Disziplin. Kunst und Praxis der lernenden Organisation. Klett-Cotta Stuttgart.

Vester, F. (1982) Das kybernetische Zeitalter. Neue Dimensionen des Denkens. Fischer Verlag; (1998) Denken, Lernen, Vergessen: Was geht in unserem Kopf vor, wie lernt das Gehirn, und wann lässt es uns im Stich? dtv München.

9 Fazit

Climate change is not an environmental problem. It is a civilizational problem.

Ross Gelbspan

Das Problem: Business as usual ist keine Option

Ein freier Markt kennt kein Gut und Böse. Dazu fehlen Mechanismen und Regeln der ethischen Bewertung und Kontrolle. Weiterhin begründet ein unhinterfragter *Fortschritts- und Technikoptimismus* die Strapazierung der natürlichen Ressourcen. Der Glauben an die unendliche Steigerung von Wachstum und Wohlstand hält sich, so aufgeklärt und fortschrittlich unsere Zivilisation sich auch sieht.

Die Globalisierung fördert eine *Polarisierung der Welt*: einerseits sind da die „Veredelungswirtschaften" in den Industrieländern und den Regionen, die von der Globalisierung profitieren; andererseits die „Verelendungswirtschaften" in den armen und ärmsten Ländern, die als Verlierer aus der Ökonomisierung und dem Ausverkauf der Welt hervorgehen. Die Industrienationen lagern Umweltbelastungen in entfernte Regionen aus, übernutzen den globalen Umweltraum, für den Rest der Welt lassen sie wenig übrig. Der material- und energieintensive Konsum- und Lebensstil der Industrieländer geht auf Kosten ärmerer Länder. Die Schere geht auf – mit unabsehbaren Folgen für das wirtschaftliche, ökologische und gesellschaftliche Gleichgewicht weltweit. Ein Fortschritt, der global nicht gleichmäßig und gerecht verteilt ist, beschwört soziale Spannungen herauf; er verstärkt die Gegensätze. Der *Modernisierungsprozess* der Industriegesellschaft wird „sich selbst zum Thema und Problem", sagt Ulrich Beck; der Soziologe Ralf Dahrendorf spricht von der „Orientierungslosigkeit in einer haltlosen Welt"; Klaus Töpfer meint: „Nachhaltige Entwicklung ist nicht nur karikativ und unsere ethische Verpflichtung, sondern eine Investition in eine friedliche Welt".[69]

---

[69] Siehe Beck, U. (1986) Risikogesellschaft. Auf dem Weg in einer andere Moderne. Frankfurt/M.; Ralf Dahrendorf (1992) Der moderne soziale

Wir sind vom Weg abgekommen

Die Natur verhandelt nicht. Wir können unsere Bedürfnisse anpassen, nicht aber die Gesetze der Natur ändern. Dass wir auf einen Irrweg mit unabsehbaren Risiken und Gefahren gelangt sind, wusste Rachel Carson schon 1962. Und trotzdem – der Konsens und Irrglauben eines unbegrenzten Wirtschaftswachstums setzt sich fort. Wir ignorieren die ökologischen Grenzen, die *Tragfähigkeit.* Das Schlachtschiff Erde läuft bald auf Grund auf. Dabei dürfte einleuchten: Das ressourcenintensive westliche *Wohlstandsmodell,* das heute für eine Milliarde gilt, lässt sich nicht auf weitere fünf Milliarden Menschen bis 2050 übertragen.

Was Ökologen und Systemtheoretiker schon lange wissen, muss Allgemeinwissen werden: Wir sprengen die biophysikalischen Grenzen des begrenzten, geschlossenen Systems Erde – mit unabsehbaren Folgen, sind die Abläufe doch komplex, vernetzt, teils unvorhersehbar. Zu spät wird erkannt, wenn *kritische Grenzen und Schwellen* überschritten werden.

Unwissenheit schützt vor Schaden nicht. Und trotzdem sind es gerade Wissens- und Bewertungsprobleme, die die Umsetzung des Nachhaltigkeitsleitbilds erschweren. Für eine erfolgreiche Bewältigung globaler Krisenkomplexe aber ist entscheidend, dass sich diese experimentelle Situation, ihre *Unvollständigkeit, Unzulänglichkeit und Unsicherheit* nicht lähmend, blockierend, stagnierend auf Engagement, Ressourcenbereitstellung und Intensitität auswirkt, sondern dass dabei möglichst viele Lernmöglichkeiten erschlossen werden.

Vom homo oeconomicus zum homo sustinens

Wir befinden uns in einem Zielkonflikt: einerseits erfordert nachhaltige Entwicklung einen *radikalen Wandel;* andererseits sind wir uns einig, dass das bestehende Gesellschaftssystem aufrechterhalten werden soll und praktisch nicht verhandelbar ist. Unhinterfragt wird die Sichtweise beibehalten, ein radikaler Systemwechsel sei nicht erforderlich, weil ökologische Ziele durch *Anpasssungen* inner-

---

Konflikt Essay zur Politik der Freiheit. DVA Stuttgart; Klaus Töpfer im Interview mit dem Hamburger Abendblatt, 30.06.2006.

halb der bestehenden Strukturen realisiert werden können. Karl Marx hat die Verselbständigung gesellschaftlicher Verhältnisse gegenüber den darin lebenden Menschen unter den Begriffen „Entfremdung" und „Fetischcharakter der Ware" als Merkmale des kapitalistischen Gesellschaftssystems beschrieben. Max Horkheimer und Theodor W. Adorno sprechen vom „gesellschaftlichen Verblendungszusammenhang".[70] Der homo sustinens ist das Ziel, der homo oeconomicus die Realität.

Die Durchsicht bestehender Organisationen, Programme und Initiativen erweckt den Eindruck, es werde viel getan. *Aber wird genug getan?* Stehen die Bemühungen in Relation zur Bedeutung und Dringlichkeit des Themas – der Sicherung des auf dem Erhalt natürlicher Ressourcen basierenden Überleben der Menschheit? Eine Reihe vormals nicht bestehender Einrichtungen ins Leben zu rufen, bedeutet nicht, dass diese ausreichen. Es besteht die Gefahr der Scheinsicherheit und des Irrglaubens, jene werden das Problem schon lösen, denn zu diesem Zwecke wurden sie begründet. Nur weil Politik, Wirtschaft und Wissenschaft Nachhaltigkeitsrhetorik verwenden, heißt das nicht, dass ihr Handeln die erforderlichen Ergebnisse bewirkt. Ebenso wie die Gefahr besteht, dass hinter der Rhetorik die Machtverhältnisse nicht wirklich zugunsten von mehr Nachhaltigkeit verschoben werden. Tatsächliche Zeichen wären enstprechende Institutionen mit Wissen, Personal und Geld auszustatten oder der Aufbau einer sanktionierfähigen Weltumweltbehörde.

Es ist daran zu entscheiden, welche Zukunft die Menschheit will. Inwieweit sind wir bereit, stetige wirschaftliche Prosperität für wegen einzutauschen gegen Gerechtigkeit in der Verteilung von Chancen und Wohlstand für alle?

---

[70] Marx, K. (1968) Ökonomisch-philosophische Manuskripte aus dem Jahre 1844. Dietz Berlin. 1. Aufl. S. 510ff sowie Marx, K. (1975) Das Kapital. Kritik der politischen Ökonomie. S. 85ff; Horkheimer, M.; Adorno, T.W. (1996) Dialektische Aufklärung. Fischer Frankfurt/M. 16. Aufl. Dietz Berlin. 11. Aufl. S. 48.

Ist Fortschritt und Lebensqualität allein abhängig vom jährlichen Zuwachs unseres Pro-Kopf-Einkommens? Wachsender Wohlstand bedeutet nicht wachsendes Glück, Wirtschaftswachstum ist nicht allein Maß für gesellschaftlichen Fortschritt. Solange wir der Meinung sind, dass die Beschränkungen durch diese Selbstbegrenzung den Nutzen nicht aufwiegt, wird sich keine Veränderung vollziehen.

Die Lösung: umwelt- und sozialverträgliches Wachstum

Keine blinde Opposition gegen Fortschritt,
aber Opposition gegen blinden Fortschritt.

Bei dem Begriff der Nachhaltigkeit bzw. nachhaltigen Entwicklung handelt es sich um ein normatives Leitbild. Als *gemeinschaftsstiftende Vision der Zukunft der Menschheit* in einer endlichen Welt orientiert es sich dabei an einem Norm-, Soll- oder Idealzustand, der anleitenden Charakter für alle Beteiligten haben soll, um flächendeckend, global wirksam zu werden. Die gemeinsame Vision lenkt dabei einzelne Entscheidungen und Handlungen wie Projekte, die in ihrem Verbund auf das gemeinsame Ziel hinwirken sollen, integrativ, ganzheitlich, interdepent, lernend.

Leitbild auch deshalb, weil künftig notwendige Maßnahmen heute noch nicht bekannt sind, aber deren Entstehen sich vor der Vergegenwärtigung des angestrebten Zustandes abzeichnen.

Gerechtigkeit und Verantwortung bilden das Fundament. Sie sind die Grundprinzipen, an denen sich jede Entscheidung und Handlung zu messen hat. Gerechtigkeit für alle gegenwärtig lebenden Menschen wie alle künftig lebenden. Alle Akteure, individuell, kollektiv wie institutionell sind damit gefordert. Das macht Nachhaltigkeit zur planetaren Gestaltungsaufgabe.

7 Thesen zu einer nachhaltigen Entwicklung

— Mit dem Leitbild ist eine Gestaltungsaufgabe in einer Komplexität verbunden, die einmalig in der Menschheitsgeschichte ist.

— Es braucht einen Wandel, eine Umsteuerung, eine Transformation, Global Change.

- Die Zeit ist reif für diesen Wandel.
- Hierzu braucht es ein kollektives Verständnis von Integrativität, Ganzheitlichkeit, einen systemischen Blick aufs Ganze.
- Es braucht Wissen, Bildung, Forschung, Grundlagen und Rahmenbedingungen, die das Leitbild konkretisieren und stützen. Es braucht Institutionen, Ressourcen, Steuerung, Verrechtlichung, Freiwilligkeit, die es umsetzen.
- Das Leitbild muss umgesetzt werden, um wirksam zu sein; es braucht positive Beispiele, Vorbilder, Pioniere.
- Es gibt keine Alternative zu einer nachhaltigen Entwicklung, denn eine nicht-nachhaltige Entwicklung mündet in die Minderung der Überlebensfähigkeit der Menschheit.

Im Kern geht es darum: eine langfristig umweltverträgliche Ressourcennutzung, die die Basis produktiven Wirtschaftens und friedlichen Zusammenlebens darstellt und das unter Bezugnahme auf moralisch-ethische Prinzipien.

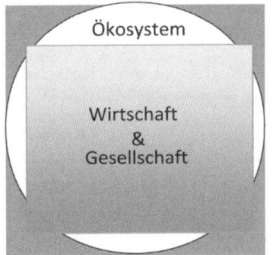 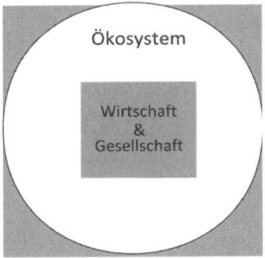

Abb. 72: Handlungsspielräume ohne und mit Nachhaltigkeit

Weltweit besteht mittlerweile eine hohe Bekanntheit und zunehmende Akzeptanz des Leibildes Nachhaltigkeit. Der Versuch dagegen, den Begriff *konsens- und umsetzungsfähig* zu machen, nimmt erst Kontur an. Uneinigkeit herrscht, wie dieses verwirklicht werden soll. Normativ liegt die Uneinigkeit darin begründet, was künftigen

http://www.uvk-lucius.de/nachhaltigkeit

Generationen als Erbe zu hinterlassen ist. Denn kulturelle Heterogenität führt zu einer großen Vielfalt an Gerechtigkeitsverständnissen, bei der die Vorstellung der Industrieländer von Gerechtigkeit nicht universalisierbar ist. Um globale Probleme aber gemeinsam lösen zu können, braucht es ein gemeinsames *Gerechtigkeitsverständnis*. Statt auf konkreten gemeinsamen Inhalten, könnte die Lösung hier vielmehr auf der Einigung auf gerechte Verfahrensprozesse liegen.

Praktisch besehen gibt es Beispiele, die Nachhaltigkeitsleitbild erfolgreich angewendet haben. (So hat von Hauff die Nachhaltigkeitsstrategie für die Rheinland-Pfalz schlüssig und nachvollziehbar erarbeitet, indem er jeden Schritt im Nachhaltigkeitsdreieck verortet und mit Zahlen, Koordinaten und Maßnahmen unterlegt hat.) Noch aber ist die konsequente, ganzheitliche, integrative Umsetzung die Ausnahme. Die Hoffnung bleibt, dass sich mit der Zunahme *positiver Beispiele* die Anzahl an Nachahmern erhöht. Die guten Beispiele und deren langfristigen Positiveffekte könnten diese Akzeptanz legitimieren und für mehr Manövrier- und Verhandlungsmasse sorgen.

Wandel, Transition, Zukunftsfähigkeit

Gefragt ist *Transitionsmanagement*. Nachhaltige Entwicklung bedeutet Veränderung, Dynamik, gesellschaftlicher Wandel. Ihre flächendeckende und langfristige Umsetzung ist an eine fundamentale Transition gegenwärtiger *Konsum-, Produktions- und Entscheidungsmuster* gekoppelt. Hierzu braucht es eine Erneuerung der miteinander in Beziehung stehenden Bereiche Technologie, Wirtschaft, Institutionen, Verhalten, Kultur, Wertesysteme oder ökologischen Rahmenbedingungen. Es braucht einen kollektiven und kooperativen Versuch, nachhaltigen gesellschaftlichen Wandel im Sinne flexibler und schrittweiser Prozesse zu fördern und die interaktive Dynamik sozioökonomischer Wechselbeziehungen, systemischer Innovation und sozialer Visionen zu nützen.

Was Lösungen angeht, sind die *Potenziale* der in den Kapiteln genannten Bereiche zu hinterfragen. So sind die in Kapitel 1 angeführten Push- und Pull-Faktoren auszudefinieren, sprich, was Gründe gegen Nicht-Nachhaltigkeit sowie Anreize für mehr Nachhaltigkeit sind. Ein Rekurrieren auf die Geschichte, wie in Kapitel 2, liefert Vorlagen, wie das Ursprungskonzept auf aktuelle Kontexte anzuwenden ist. Die Trends laut Kapitel 3 geben ein Gefühl für Entwicklungslinien, auf die bereits heute Bezug genommen werden kann durch technische oder soziale Innovationen. Die Systematik des Nachhaltigkeitskonzeptes (Kapitel 4) bietet Anknüpfungspunkte für Forschung und Wissenschaft, um die Theorie hinter der Praxis und Umsetzung voranzutreiben, um dadurch die Operationalisierung zu erleichtern und verbessern. Wenn es an die Überführung des Konzeptes in die Umsetzung geht, stehen Politik, Unternehmen, Recht und Wissenschaft in der Pflicht. Für die Politik (Kapitel 5) gilt es, institutionelle Arrangements inhaltlich wie strukturell etwa durch Global Governance-Ansätze basierend auf dem Prinzip der Glokalität durchzusetzen, im Rahmen eines Mehrebenensystem, das auf eine integrative Problemlösung abzielt. Der größte Hebel und Beitrag von Unternehmen (Kapitel 6) liegt demgegenüber in der nachhaltigkeitsorientierten Reformierung von Wertschöpfungsketten, so dass das Thema im ganzen Unternehmen verankert und damit in höchstmöglicher Effizienz wirksam wird. Dem Recht kommt die Aufgabe zu, für verlässliche Rahmenbedingungen zu sorgen, die Nachhaltigkeitsengagement unterstützen, belohnen und absichern (Kapitel 7); und dies indem das Nachhaltigkeitsprinzip zunehmend auf den unterschiedlichen Ebenen verrechtlicht wird; begleitend hierzu sollte die Politik für das Spektrum freiwilliger Maßnahmen und deren Nutzen sensibilisieren. Die Wissenschaft ist aufgerufen, unter Bildungsperspektive die richtigen Rahmenbedingungen zu stellen, die Nachhaltigkeit in Forschung und Lehre befördern. Hier gilt es, Studierende so auszubilden, dass sie den Wissens- und Forschungsbedarf, der für einen globalgesellschaftlichen Wandel notwendig ist, erkennen und dass sie Probleme inter-, multi- und transdisziplinär erfassen und ebensolche Lösungen erarbeiten (Kapitel 8).

„Vorausschauend denken und handeln"

Eine Zukunftsorientierung erfordert Prioritäten zu setzen, was die individuelle und kollektive Lebensgestaltung und den Nachhaltigkeitsdiskurs selbst angeht. Was es braucht, ist eine qualitative Reflexion und eine kritische Überprüfung des eigenen Handelns. Ein gesamtgesellschaftlicher Diskurs muss dies auf drei Ebenen begleiten: die des *Wissens*, der *Bewertung* und der *Reflektion*; d.h. Welches Wissens bedarf es? Wie ist dieses zu bewerten? Und: Tun wir auch wirklich das Richtige?

Eine wichtige Bedeutung kommt dabei zweifellos einer neuen *Bildungskonzeption* zu. Was es braucht, ist Orientierungwissen und Konzepte, die in der Lage sind, den Transfer des Nachhaltigkeitsprinzips in Innovationen sicherzustellen. Notwendig ist auch die Vermittlung von *Gestaltungskompetenzen* wie „weltoffen und neue Perspektiven integrierend Wissen aufbauen", „vorausschauend denken und handeln" und sich „motivieren können, aktiv zu werden". Ein solches Wissen muss bildungspolitisch verankert werden und Themen, die für die Zukunftsfähigkeit der Menschheit am wichtigsten sind, müssen dabei die höchste Priorität haben. Dies impliziert vor allem die Neuausrichtung der betriebswirtschaftlichen Ausbildung. Als „Verantwortungsökonomik" muss sie den Blick der Manager von morgen für das Mensch-Umwelt-System wie global gesamtgesellschaftliche Zusammenhänge schärfen, sie ermutigen, sich aktiv für eine nachhaltige Wirtschaftsweise einzusetzen.

Die Chancen stehen gut, falls heute noch gilt, was Meadows et al. 1972 schrieben: „Gegenwärtig, für einen kurzen Zeitraum in der Geschichte, besitzt der Mensch die wirksamste Kombination aus Wissen, technischen Hilfsmitteln und Rohstoffquellen, alles, was physisch notwendig ist, um eine völlig neue Form der menschlichen Gemeinschaft zu schaffen, die für Generationen Bestand hätte. Was noch fehlt, sind ein realistisches, auf längere Zeit berechnetes Ziel, das den Menschen in den Gleichgewichtszustand führen kann, und der menschliche Wille, dieses Ziel auch zu erreichen. Ohne dieses Ziel vor Augen, fördern die kurzfristigen Wünsche und Bestrebungen das exponentielle Wachstum und treiben es gegen die irdischen Grenzen und in den Zusammenbruch."[71]

Vielleicht liegt es an mangelnder Vorstellungskraft, wie eine Welt, die nach friedlicheren Regeln tickt als bisher, aussieht, es verlangt eine Vision, ein gemeinsames Ziel. Dass davon Gutes zu erwarten ist, sah John Stuart Mill bereits vor 150 Jahren. „Es scheint kaum notwendig, besonders zu betonen, dass ein Zustand konstanten Kapitals und gleichbleibender Bevölkerungszahl nicht mit einem stillstehenden Zustand menschlicher Erfindungsgabe gleichzusetzen ist. Es gäbe ebensoviel Spielraum für alle Arten geistiger Kultur, für moralischen und sozialen Fortschritt, genausoviel Möglichkeiten, die Lebensführung zu verbessern, und es wäre wahrscheinlicher, dass die auch geschehen würde."[72]

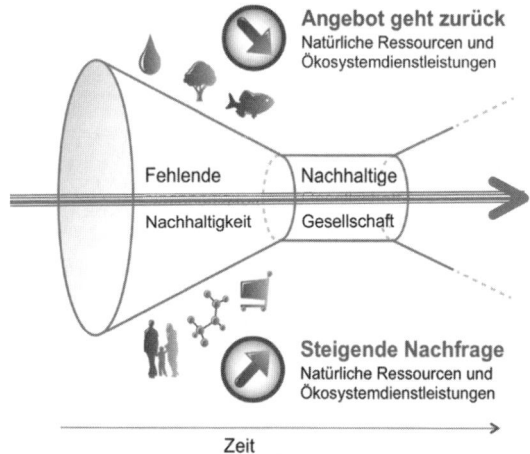

Abb. 73: Der Nachhaltigkeitstrichter

---

[71] Meadows et al. (1972) S. 164.
[72] Mill, J. S. (1857) Principles of Political Economy. In: The Collected Works of J. S. Mill. Toronto.

http://www.uvk-lucius.de/nachhaltigkeit

Um auf die in der Einleitung angeführte Metapher des Nachhaltigkeitstrichters Bezug zu nehmen: Wie gestalten wir unsere Entwicklung, dass sie sich den erschwerten Rahmenbedingungen anpasst, oder vielmehr noch, dass die verengten Handlungskorridore künftig wieder erweitert? Die Tendenz ist klar, exakte Trends und genaue Zahlen aber haben wir nicht. Deshalb hat eine nachhaltige Entwicklung etwas Experimentelles. Sie ist ein Experiment, das wohlüberlegt und sorgfältig zu durchdenken, das fachübergreifend zu erarbeiten und immer wieder zu reflektieren ist – und das auf einem Lösungsansatz beruhen muss, der lernfähig ist. Kurz, es gilt für eine möglichst gute Vorbereitung zu sorgen (z.B. durch Analysen, Kausalanalysen, durch Modellierung und Simulation der geplanten Maßnahmen), die von einer sorgfältigen Duchführung begleitet wird und bei dem sodann die Folgen der Umsetzung beobachtet (Monitoring) und mit den verfolgten Zielen verglichen werden, um die die Ursachen der Abweichungen erkennen.

Eine nachhaltige Entwicklung in einem begrenzten Umweltraum ist nach dem bisher Gesagten nur unter *zwei Bedingungen* zu erreichen: Zum einen muss die Menschheit innerhalb der ökologischen Kapazität der Erde leben, um eine weitere Verschärfung der Ressourcenverknappung abzuwenden; zum anderen muss sie sich zuspitzender Gefahren wie vor allem der Bevölkerungsexplosion stellen, um zu vermeiden, dass sich das Problem der Verteilungsgerechtigkeit verschärft. Wollen wir das Nadelöhr passieren und die sich verengenden Gestaltungsspielräume für die, die nach uns kommen erhalten, müssen alle Akteure, Ebenen, Bereiche mitmachen. *The revolution will not be televised.*

Index

Wie schreibe ich eine wissenschaftliche Arbeit

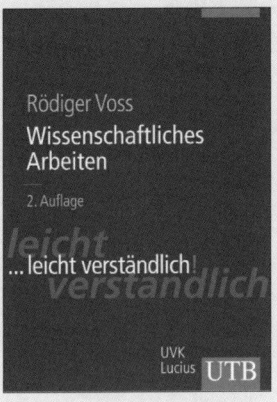

Rödiger Voss
Wissenschaftliches Arbeiten
...leicht verständlich!
2., überarb. u. korrig. Auflage 2011
184 Seiten, zahlr. Abb. u. Tabellen
ISBN 978-3-8252-8483-1
ca. € (D) 19,90 / € (A) 20,50 / SFr 28,90

Die erste Haus- oder Semesterarbeit schreiben, die Bachelor-Thesis planen oder vor der Masterarbeit stehen – nicht selten treten eine Vielzahl von Fragen auf: „Wie kann ich am besten recherchieren? Wie verarbeite ich meine Literatur in einem Vortrag darüber?" Oder „Wie finde ich ein passendes Thema?"

Das Buch bietet deswegen eine umfassende Grundlage für

- die inhaltliche und formale Gestaltung einer wissenschaftlichen Arbeit,
- das Zeitmanagement sowie
- die Darstellung wissenschaftlicher Vorträge.

Neben einem klaren Schreibstil ermöglichen zahlreiche Beispiele, Merkhilfen und Tabellen den Zugang zum Stoff auf leichte Weise. Durch die Übungsaufgaben können Studierende zudem ihren Wissensstand nach jedem Kapitel reflektieren.

Das Buch richtet sich an Studierende der Wirtschafts- und Sozialwissenschaften.

www.uvk-lucius.de

UVK
Lucius

Das Studium mit Erfolg meistern

Holger Walther
Ohne Prüfungsangst studieren
ca. 190 Seiten
ISBN 978-3-8252-3675-5
ET ca. 02.2012

Schweißausbrüche, Nervosität und Denkblockaden: Diese Symptome der Prüfungsangst kennen viele Studierende nur allzu gut.
Der Ratgeber hilft dabei, das Selbstbewusstsein vor, während und nach Prüfungssituationen Schritt für Schritt zu steigern. Er verrät außerdem, welche Entspannungstechniken den Körper wieder zur Ruhe bringen und welche Arbeitstechniken das Lernen sinnvoll bereichern.
Zum Buch wird ein Fragebogen angeboten. Er verrät den Studierenden, in welchen Situationen die Prüfungsangst am stärksten ist und welche Kapitel des Buchs beim Bewältigen helfen.

Dieses Lehrbuch richtet sich an Studierende aller Disziplinen.

www.uvk-lucius.de

UVK
Lucius